Videobasierte Kompetenzforschung in den Fachdidaktiken

Waxmann Verlag GmbH
Steinfurter Straße 555, 48159 Münster
info@waxmann.com

Fachdidaktische Forschungen

Herausgegeben vom
Vorstand der Gesellschaft für Fachdidaktik (GFD)

Band 4

Fachdidaktik ist die Wissenschaft vom fachspezifischen Lehren und Lernen innerhalb und außerhalb der Schule. In ihren Forschungsarbeiten befasst sie sich mit der
Auswahl, Legitimation und didaktischen Rekonstruktion von Lerngegenständen,
der Festlegung und Begründung von Zielen des Unterrichts, der methodischen
Strukturierung von Lernprozessen sowie der angemessenen Berücksichtigung der
psychischen und sozialen Ausgangsbedingungen von Lehrenden und Lernenden.
Außerdem widmet sie sich der Entwicklung und Evaluation von Lehr- und Lern-
materialien (Konferenz der Vorsitzenden der Fachdidaktischen Fachgesellschaften,
KVFF 1998).

Mit der Gründung der Gesellschaft für Fachdidaktik (GFD) im Jahre 2001 haben
die Fachdidaktiken in Deutschland eine organisierte Vertretung und ein effektives
Sprachrohr bekommen. Gleichzeitig wurde eine eigene Publikationsreihe (Forschungen zur Fachdidaktik) eingerichtet, die nun als Fachdidaktische Forschungen
weitergeführt wird. In dieser Reihe erscheinen Monographien und Sammelbände,
die aufgrund ihrer methodischen Anlage oder inhaltlichen Schwerpunkte von all-
gemeinem fachdidaktischem Forschungsinteresse sind. Dadurch soll die interdisziplinäre Kooperation der Fachdidaktiken auf dem Gebiet der Forschung angeregt und gefördert werden.

Ulrich Riegel, Klaas Macha (Hrsg.)

Videobasierte Kompetenzforschung in den Fachdidaktiken

Waxmann 2013
Münster / New York / München / Berlin

Bibliografische Informationen der Deutschen Nationalbibliothek
Die Deutsche Nationalbibliothek verzeichnet diese Publikation in
der Deutschen Nationalbibliografie; detaillierte bibliografische
Daten sind im Internet über http://dnb.d-nb.de abrufbar.

Fachdidaktische Forschungen, Band 4

ISSN 2191-6160
ISBN 978-3-8309-2880-5

© Waxmann Verlag GmbH, Münster 2013

www.waxmann.com
info@waxmann.com

Umschlaggestaltung: Pleßmann Design, Ascheberg
Gedruckt auf alterungsbeständigem Papier,
säurefrei gemäß ISO 9706

Printed in Germany

Vorwort

Mit der Digitalisierung der Videografie stieg die Zahl erziehungswissenschaftlicher und fachdidaktischer Studien stark an, welche sich den Strukturen und Prozessen im Unterrichtsgeschehen mit dieser Methode widmeten. Videografierte Unterrichtssequenzen erlauben einen nahezu unmittelbaren Blick auf das Unterrichtsgeschehen und Ratingmanuale ermöglichen den Schluss auf Tiefenstrukturen des Unterrichtens, welche nicht direkt sichtbar sind. Allerdings sind derartige Studien sehr unterschiedlich über die einzelnen Domänen verteilt. Während in Mathematik, den Naturwissenschaften und den Sprachen eine Vielzahl empirisch bewährter fach- und allgemeindidaktischer Kategoriensysteme und Ratingmanuale vorliegen, finden sich in anderen Domänen wie der Musik, der Politik, der Religion oder dem Wirtschaftsunterricht bislang nur wenige bis keine Videostudien. Mit seiner Tagung im März 2012 suchte der Bereich Bildungsforschung im Siegener Zentrum für Lehrerbildung und Bildungsforschung die Vielfalt eines videobasierten Zugriffs auf Unterricht in den verschiedenen Fächern sichtbar zu machen. Bewusst wurden speziell auch die Fachdidaktiken angesprochen, die bislang noch nicht in der ersten Reihe der Videostudien stehen, um das Gespräch über die Grenzen der einzelnen Fächer hinweg zu ermöglichen

Der vorliegende Band dokumentiert diese Tagung. Zum einen finden sich an seinem Beginn drei grundsätzliche Beiträge zur videobasierten Kompetenzforschung (Blömeke, Lindmeier) und zur Rolle von Unterrichtsvideos in webbasierten Lernprogrammen für angehende Lehrer/innen (Janík, Mináříková & Najvar). Zum anderen versammelt er fünfzehn Studien zur videobasierten Kompetenzforschung in den verschiedenen Fachdidaktiken und der Erziehungswissenschaft. Beiträge aus den Domänen der Geographie (Kulick, Lindner & Lindau), der Musik (Kranefeld), der Politik (Manzel & Gronostay), der Religion (Englert, Riegel), des Sachunterrichts (Wettstädt & Asbrand) und des Tanzunterrichts (Becker et al.) stehen an der Seite von Beiträgen aus den bereits etablierten Domänen der Chemie und der Physik (Brückmann & Bernholt, Vogelsang & Reinhold), der Erziehungswissenschaft (Wyss, Kocher & Baer, Brouwer & Robijns), der Mathematik (Batzel et al.) und den Sprachen (Mahler & Neumann, Abendroth-Timmer & Frevel). Gleichzeitig wird in den verschiedenen Projekten die methodische Vielfalt eines videobasierten Zugriffs auf Kompetenz und Kompetenzerwerb deutlich. Klassische Videostudien (Batzel et al., Manzel & Gronostay) stehen neben qualitativen Ansätzen (z.B. Abendroth-Timmer & Frevel, Kranefeld). Schließlich dokumentieren die Beiträge verschiedene Entwicklungsstufen videobasierter Forschungsansätze, denn einzelne Beiträge berichten von Befunden auf der Basis etablierter Kategorien- und Ratingsysteme (z.B. Becker et al., Wyss, Kocher & Baer), während andere Beiträge die Entwicklung derartiger Instrumente beschreiben (z.B. Riegel, Vogelsang & Reinhold).

Als Herausgeber bedanken wir uns bei allen Autor/inn/en, dass sie sich auf den sportlichen Zeitplan für die Veröffentlichung eingelassen und kooperativ mit uns zusammengearbeitet haben. Beate Plugge, Lektorin beim Waxmann Verlag, gilt unser Dank für die aufmerksame und sorgfältige Begleitung dieses Projekts. Schließlich bedanken wir uns bei der GFD und deren Vorsitzenden Martin Rothgangel für die Aufnahme dieses Bandes in die Reihe „Fachdidaktische Forschungen". Zum Schluss bleibt uns nur noch der Wunsch, dass der Band das weiterführen möge, was auf der Siegener Tagung so verheißungsvoll stattgefunden hat, nämlich den interdisziplinären Dialog über die Grenzen der einzelnen fachdidaktischen Disziplinen hinweg.

Ulrich Riegel & Klaas Macha

Inhalt

Inhalt

Videobasierte Kompetenzforschung in den Fachdidaktiken
Einleitung

Ulrich Riegel (Universität Siegen)

Spätestens seit den internationalen Vergleichsstudien TIMMS und PISA gehört die Erforschung von Kompetenzen bei Lernenden und bei Lehrpersonen zum zentralen Anliegen der erziehungswissenschaftlichen und fachdidaktischen Agenda. Setzten die genannten Studien Maßstäbe in der Konzeptualisierung, Operationalisierung und empirischen Erhebung des Outputs von Bildungsprozessen, können sie den Bildungsprozess selbst nur ungenügend erfassen. Diese Blackbox öffnen erziehungswissenschaftliche und fachdidaktische Videostudien, insofern sie die Interaktionen im Unterricht der wissenschaftlichen Analyse zugänglich machen. Darüber hinaus werden videografierte Unterrichtssequenzen immer stärker in der Lehrerbildung und -weiterbildung eingesetzt, weil man sich von der Auseinandersetzung mit realisiertem Unterricht eine effektivere Steigerung unterrichtlicher Kompetenzen verspricht. Im Folgenden fasse ich kurz den Stand der Kompetenzdiskussion zusammen (1), gehe auf die Rolle der Videografie in der empirischen Unterrichtsforschung (2) und der Lehrerbildung und -weiterbildung ein (3), stelle knapp die aktuellen Standards des Einsatzes von Videografie in der Unterrichts- und Lehrerbildungsforschung dar (4) und bilanziere die Bedeutung videobasierter Kompetenzforschung in den einzelnen fachdidaktischen Domänen (5).

1   Kompetenz als Gegenstand erziehungswissenschaftlicher und fachdidaktischer Forschung

Kompetenz lässt sich auf vielfältige Weise konzeptualisieren (vgl. Weinert, 1999). Als Kompetenzen wurden Eigenschaften von Personen ebenso definiert wie Fertigkeiten, die Fähigkeit zur Lösung neuer Probleme ebenso wie die motivationale Orientierungen für die Bewältigung anspruchsvoller Aufgaben. Eine Begriffsbestimmung Weinerts, die sich als Referenzzitat für die Formulierung von Bildungsstandards durchgesetzt hat, wählt einen allgemeinen Zugang. Demnach sind Kompetenzen

> „die bei Individuen verfügbaren oder durch sie erlernbaren kognitiven Fähigkeiten und Fertigkeiten, um bestimmte Probleme zu lösen, sowie die damit verbundenen motivationalen, volitionalen und sozialen Bereitschaften und Fähigkeiten, um die Problemlösungen in variablen Situationen erfolgreich und verantwortungsvoll nutzen zu können" (Weinert, 2001: S. 27-28).

Im 2006 eingerichteten Schwerpunktprogramm der DFG wird Kompetenz dagegen definiert als *„kontextspezifische kognitive Leistungsdispositionen*, die sich funktional auf Situationen und Anforderungen in bestimmten *Domänen* beziehen" (Klieme & Leutner, 2006: S. 879; Hervorhebungen im Original). Individuelle Kompetenz stellt im Gegensatz zu Weinert damit in erster Linie eine kognitive Größe dar. Sie wird als Disposition aufgefasst, welche eine Person befähigt, konkrete Anforderungssituationen eines bestimmten Typs zu bewältigen. Sichtbares Zeichen einer Kompetenz ist eine Performanz, d.h. eine tatsächlich erbrachte Leistung im Sinne der in Frage stehenden Kompetenz. Damit stellt der Kompetenzbegriff eine Verbindung zwischen dem Wissen einer Person und deren Können her. Schließlich bezieht sich eine Kompetenz auf eine spezifische Domäne, d.h. es geht um die Bewältigung von Aufgaben, die typisch für ein bestimmtes Unterrichtsfach sind.

Die Kompetenzforschung im Bereich der Lehrerbildung speist sich wie schon die beiden oben referierten Referenzdefinitionen stark aus dem Professionalitäts- und Expertisediskurs (Mulder & Gruber, 2011; vgl. Allemann-Ghionda & Terhart, 2006; Bromme, 1997; Darling-Hammond, 2000; Munby, Russell & Martin, 2001). Die äußere Struktur der sich aus dem Unterricht für Lehrpersonen ergebenden Aufgaben steht darin in einem engen Verhältnis zur inneren Struktur individueller Fähigkeiten. Im Detail spielen für die Forschung vor allem die Kompetenzdimensionen des Fachwissens, des pädagogischen Wissens und des fachdidaktisch-methodischen Wissens eine zentrale Rolle (vgl. Baumert & Kunter, 2006; Blömeke et al., 2003; Shulman, 1986).

Der an gezeigten Leistungen orientierte Kompetenzbegriff, der den obigen Konzeptualisierungen zu Grunde liegt, hat in Deutschland zu einer Ausformulierung von nationalen Bildungsstandards in den Fachdidaktiken geführt, wobei aktuell bundesweit geltende Standards für die Fächer Deutsch, Mathematik, Englisch/Französisch (als erste Fremdsprache), Biologie, Chemie und Physik vorliegen (Jgst. 10) bzw. in Arbeit sind (gymn. Oberstufe; vgl. www.kmk.org). Parallel dazu starteten im Bereich der empirischen Unterrichtsforschung nationale und internationale Vergleichsstudien (z.B. VERA 3 und VERA 8 bzw. PISA). In ihnen wurden die mit den Bildungsstandards verbundenen Kompetenzen entlang von Kompetenzstufen so operationalisiert, dass präzise beschrieben werden kann, welche Leistungen ein Mensch auf einer spezifischen Kompetenzstufe erbringt. Im Bereich der Lehrerbildung wurden ebenfalls nationale und internationale Vergleichsstudien durchgeführt (z.B. COACTIV bzw. P-TEDS oder TEDS-M). Insbesondere die Befunde internationaler Studien sind aufgrund der unterschiedlichen Bildungstraditionen in den verschiedenen Ländern aber nicht ohne Probleme zu interpretieren (Blömeke, 2007: S. 17-21). Gemeinsam ist diesen Studien, dass sie den Erwerb von Kompetenzen innerhalb eines Angebots-Nutzen-Modells erfassen (Kiel, 2010: S. 773-776; Klieme, 2006: S. 765-766). „Schulisches Lernen hängt in dieser Sicht davon ab, inwieweit es Lehrpersonen gelingt, unter den Bedingungen wirkender

Stützsysteme ein optimales Lernangebot zu schaffen und zugleich die Lernenden darin zu unterstützen, diese Angebot optimal wirksam zu nutzen." (Pauli & Reusser, 2006: S. 789) Demnach gilt Unterricht als sozialer Prozess, in dem die Lernenden individuell und konstruktiv mit den durch die Lehrpersonen arrangierten Lernangeboten umgehen. Diese Konstrukte sind neben dem Lernarrangement auch durch den institutionellen, sozialen und kulturellen Kontext geprägt.

Methodisch greift die Kompetenzforschung auf ein breites Spektrum an Erhebungsinstrumenten zurück, welches von traditionellen Fragebogenerhebungen im paper-pencil-Verfahren bis zur Bewältigung komplexer, computergestützter Simulationsaufgaben reicht (z.B. für Letzteres: Achtenhagen & Winther, 2006). Analytisch wurde insbesondere an die in der differentiellen Psychologie entwickelten Item-Response-Modelle angeschlossen, weil es diese erlauben, latente Variablen auf der Personenebene mit situationsspezifischen Faktoren zu verbinden (Klieme & Leutner, 2006: S. 885-886). Ebenso kommen verstärkt Mehrebenenanalysen zum Einsatz, weil sie die die Komplexität von Haupt- und Interaktionseffekten im Bildungsgeschehen angemessener erfassen können (Seel, Pirnay-Dummer & Ifenthaler, 2010: S. 561-563). Videobasierte Erhebungsmethoden spielen dabei in diesem Forschungsfeld eine zunehmend wichtiger werdende Rolle. Sie schließen damit eine Lücke herkömmlicher Erhebungsmethoden, insbesondere der quantifizierenden.

2 Videografie in der empirischen Unterrichtsforschung

Der Einsatz von Videografie in der empirischen Unterrichtsforschung reicht bis die 1970er Jahre des letzten Jahrhunderts zurück, wobei aufgrund der technisch aufwändigen Aufzeichnung und Auswertung vor allem Fallstudien, oft in sog. Mitschauanlagen durchgeführt, entstanden (Pauli & Reusser, 2006: S. 775; vgl. Seidel & Prenzel, 2003; Stigler, Gallimore & Hiebert, 2000: S. 89). Diese ersten Untersuchungen waren in der Regel einem Prozess-Produkt-Paradigma verpflichtet, in welchem man kausal von Unterrichtsarrangements auf Lerneffekte schloss (Petko et al., 2003: S. 267; vgl. Borko, Liston & Whitcomb, 2007: S. 3-4; Brophy & Good, 1986). Seit Mitte der 1990er Jahre erlebt die videobasierte Unterrichtsforschung einen neuen Schub, welcher vor allem durch technologische Neuerungen und das öffentliche Interesse an der Unterrichtsqualität im Gefolge internationaler Vergleichsstudien wie TIMMS und PISA ausgelöst wurde. Aufgrund der Fortschritte in der Digitalisierung von Videos können digital aufgezeichnete Videodaten computergestützt kodiert und mit entsprechender statistischer oder textbezogener Analysesoftware ausgewertet werden (Wild, 2003: S. 99). Was früher mit einem hohen technologischen Aufwand verbunden war, stellt mittlerweile nur noch eine geringe technische Herausforderung dar. Gleichzeitig weckten die internationalen Vergleichsstudien das öffentliche Interesse an effektivem Unterricht. Für derartige, lern- oder motivationspsychologisch eingebundene Studien eignen sich

Unterrichtsvideos in besonderer Weise, weil sie durch ihre Ganzheitlichkeit und Authentizität verschiedene Analyseperspektiven und -verfahren zulassen und mit anderen Datenquellen kombiniert werden können (Pauli & Reusser, 2006: S. 787-788).

Pauli & Reusser (2006) unterscheiden in einer Bilanz der Rolle von Videografie in der empirischen Unterrichtsforschung zwischen zwei typischen Zugängen, dem Video Survey und der videobasierten Unterrichtsforschung. Unter dem Video Survey verstehen sie den Einsatz von Videografie zur systematischen und quantifizierenden Erfassung von Prozessmerkmalen des Unterrichts (Stigler, Gallimore & Hiebert, 2000). Video Surveys beziehen sich in der Regel auf Sichtstrukturen von Unterricht, d.h. unmittelbar sicht- bzw. identifizierbare Kennzeichen des Unterrichtsverlaufs (z.B. Unterrichtsphasen) oder unterrichtlichen Handelns (z.B. Arbeitsformen). Typische Beispiele eines solchen Video Surveys sind die TIMSS Videostudien von 1995 (Baumert et al., 1997; Stigler & Hiebert, 1999) und 1999 (Hiebert et al., 2003, 2005; Reusser & Pauli, 2003). Eine videobasierte Unterrichtsforschung erklärt unterrichtliches Handeln dagegen theoriegeleitet, indem die videografierten Daten und ihre Analyse in ein theoretisches Modell schulischen Lernens eingebettet sind. Gegenwärtig dominiert hier ein Angebots-Nutzen-Modell, welches Unterricht als Interaktion vielfältiger Variablen begreift (Petko et al., 2003: S. 267-268). An die Stelle von Sichtmerkmalen des Unterrichts treten in diesem Ansatz in vielen Fällen theoretisch abgeleitete Konzepte, welche aus beobachtbarem Verhalten erschlossen werden. Beispiele für derartige Studien sind die Rekonstruktion kognitiver Stile von Lehrpersonen (Blömeke, Eichler & Müller, 2003) oder die IPN Videostudie zum Physikunterricht (Seidel et al., 2006).

Neben diesen beiden quantifizierenden Forschungsstrategien finden sich auch qualitative[1] Ansätze, welche mit Videografie in der Unterrichtsforschung arbeiten, insbesondere der sog. „video-stimulated recall" (Calderhead, 1981; Gass & Mackey, 2000; Mead & McMeniman, 1992) und die Kamera-Ethnographie (Mohn, 2010; Mohn & Amman, 1998; Wiesemann, 2011; Wiesemann & Amann, 2002). Diesen Arbeiten geht es um die verstehende Analyse von Mikrostrukturen des sozialen Geschehens in der schulischen Alltagspraxis. Beim video-stimulated recall werden die Probanden – seien es Schülerinnen und Schüler (z.B. Morgan, 2007; Theobald, 2008), seien es Lehrpersonen (z.B. Heil, 2006; Muir, 2010; Powell, 2005) – mit Videosequenzen aus dem Unterricht konfrontiert und gebeten, sich zu im subjektiven Sinn außergewöhnlichen Szenen zu äußern. Ziel ist es, durch dieses laute Denken über eigene Handlungspraxis die subjektive Rationalität bzw. die subjektiven Theorien der Probanden zu erfassen. Bei der Kamera-Ethnografie wird entsprechend dem ethnografischen Forschungsansatz das im Alltag als normal Erfahrene hinterfragt, dekonstruiert und somit in seiner impliziten Regelhaftigkeit sichtbar gemacht (Thole et al., 2010; vgl. Hirschauer & Amann, 1997). In der Ka-

---

1   Qualitativ wird hier nicht verwendet im statistischen Sinn als Analyse von nominal skalierten Daten. Vielmehr geht es hier um eine Hermeneutik, die mit verbalen Kodes arbeitet.

mera-Ethnografie wird diese Exploration durch Bildsequenzen geleistet. Ihr geht es dabei nicht um ein videografiertes Duplikat einer schulischen Wirklichkeit. Vielmehr werden „beim Drehen Beobachtungen in fokussierte Videobilder übersetzt und anschließend durch digitalen Schnitt interpretativ verdichtet" (Mohn & Wiesemann, 2007: S. 1). In der kamera-ethnographischen Forschung entstehen somit Videos, deren einzelne Szenen so arrangiert sind, dass sie die Regelhaftigkeit des sozialen Geschehens im schulischen Alltag sichtbar machen (vgl. z.B. http://www.kamera-ethnographie.de).

Die Vorzüge videografierter Daten für die empirische Unterrichtsforschung sind vielfältig (vgl. Blömeke, Eichler & Müller, 2003: S. 109-110: Pauli & Reusser, 2006: S. 787-789; Stigler, Gallimore & Hiebert, 2000: S. 90-91). Videodaten liegen heute in der Regel digitalisiert vor und können somit leicht bearbeitet (z.B. sequenziert) und in Analysesoftware eingespielt werden. Sie repräsentieren gegenüber vielen anderweitig erhobenen Daten zum Unterricht realisiertes Unterrichtshandeln; ein Schluss von Einstellungen oder Motiven auf unterrichtliches Handeln ist somit nicht notwendig. Außerdem können abgeleitete Begriffe (wie etwa „problemlösendes Verhalten") durch ihren engen Bezug zu beobachtetem Verhalten präzise beschrieben werden. Darüber hinaus sind Unterrichtsvideos beliebig häufig abspielbar. In der Folge können sie nicht nur für komplexe Analyseschritte, in denen eine Sequenz mehrmals durchlaufen werden muss, herangezogen werden, sondern eignen sich auch für die rekursive Konstruktion von Analyseinstrumenten (z. B. Ratingskalen). Schließlich beinhalten Videodokumente von Unterricht eine Fülle von Informationen, so dass sie Unterricht weitgehend ganzheitlich und authentisch darstellen. Dadurch lassen sich Unterrichtsvideos unter verschiedenen Analyseperspektiven untersuchen. Auch erlauben sie die Kombination von quantitativen und qualitativen Analysesträngen. Insofern die Videos selbst weitgehend theoriefrei sind, ist eine spätere Re-Analyse der Daten unter einem anderen Paradigma schulischen Lernens möglich.

Seine Grenze erfährt der Einsatz von Videografie in der Unterrichtsforschung darin, dass er trotz aller technologischen Fortschritte immer noch einen erheblichen Aufwand an Aufzeichnungstechnik mit sich bringt (Petko et al., 2003: S. 268-271; Stigler, Gallimore & Hiebert, 2000: S. 91). Ferner definiert die Kameraperspektive die Erkenntnismöglichkeiten, denn sie zeichnet nur einen Ausschnitt des Unterrichts auf. Die aufgezeichneten Daten sind somit weniger authentisch und ganzheitlich als sie auf den ersten Blick wirken. Offen bleibt auch, inwieweit sich bei den Untersuchten ein Kameraeffekt einstellt, d.h. die Lehrpersonen und Schülerinnen und Schüler angesichts der Kamera anders agieren als normal. Insbesondere in Video Surveys fehlt die Zeit, dass sich Klasse und Lehrperson an die Kamera gewöhnen. Allerdings zeigen erste Erfahrungen, dass die Invasivität der Kamera recht gering ausfällt. Schließlich stellt sich die Frage des Datenschutzes, denn eine visuelle Anonymisierung abgebildeter Personen ist technisch aufwändig und vermindert die Aussagekraft der Daten. Faktisch lässt sich der Datenschutz nur über eine verantwortliche Regelung des Zugangs zu den Videos zufriedenstellend regeln. Rechtliche Sicherheit gewinnt man dadurch, dass man das schriftliche Einverständnis der Videografierten einholt.

3 Videografie in der Lehrerbildung

Auch in der Lehrerbildung und -weiterbildung hat der Einsatz von Videos hat eine lange Tradition (vgl. Sherin, 2007a: S. 3-10). Bereits in den 1970ern wurden videografierte Unterrichtssequenzen eingesetzt, um unterrichtsrelevante Interaktionen zu analysieren (z.B. Flanders ,1970). Gleichzeitig wurde das sog. „micro-teaching" populär, bei welchem kleine Übungen zu spezifischen Unterrichtstechniken – meist unter Peers – videografiert und im Anschluss besprochen wurden (z. B. Borg, 1972; Levis, 1987). Beide Praktiken folgten im Wesentlichen einem behaviouristischen Ansatz, indem man durch die Vermittlung erfolgversprechender Unterrichtstechniken Studierende zu qualifizierten Lehrpersonen auszubilden suchte. In den 1980ern veränderte sich der Schwerpunkt des Einsatzes von Videos in der Lehrerbildung in Richtung der Rekonstruktion des strategischen Kalküls und der edukativen Schemata von Experten, welchen die gezeigten Unterrichtsinteraktionen und -techniken unterliegen (z.B. Berliner, 1986; Rowley & Hart, 1993). Gemäß einem kognitionspsychologischen Paradigma konzentrierte man sich auf den professionellen Habitus hinter der gezeigten Praxis. Diesem Ziel folgen auch die seit Beginn der 1990er aufkommenden Fallstudien, in denen die Trainees videografierte Dilemmasituationen aus der realen Unterrichtspraxis analysieren und diskutieren (z.B. Barnett, Goldenstein & Jackson, 1994; Rosaen et al., 2010). Ebenfalls in den 1990ern ist es durch die informationstechnologischen Fortschritte möglich, den Trainees Pools von videografierten Unterrichtssequenzen anzubieten, welche gemäß verschiedenen Dimensionen (Thema, Methode, kognitives Niveau der Auseinandersetzung, …) klassifiziert wurden. Die Trainees können selbständig oder anhand von Leitfragen in diesem Pool surfen und sich ihr eigenes Daten-Set für die Analyse zusammenstellen (Lampert, Heaton & Ball, 1994). In den 2000ern wurden diese Möglichkeiten des Einsatzes digitalisierter Videos verfeinert, sei es durch Video-Clubs in Schulen vor Ort (Sherin, 2003; Sherin & Han, 2004) oder online (Bowers & Doerr, 2003), sei es durch videobasierte Lernprogramme in Hochschulkursen (Santagata & Guarino, 2011).

Für die Verwendung von Videos in der Lehrerbildung werden verschiedene Gründe genannt (vgl. Hannafin, Shepherd & Polly, 2010: S. 32-34; Santagata & Guarino, 2011: S. 136; Sherin, 2007a: S. 10-14). Erstens sind Videos ein stabiles Medium, dessen gespeicherte Informationen zu jeder Zeit zur Verfügung stehen und beliebig oft und in beliebigen Ausschnitten angeschaut werden können. In der Regel enthalten Videos auch mehr Informationen als die individuelle oder kollektive Erinnerung an beobachteten Unterricht (Rich & Hannafin, 2009). Im Fall digitalisierter Videos können die Daten zusätzlich im Sinn einer Fragestellung bearbeitet werden, indem etwa vergleichbare Fälle gesammelt oder Unterrichtssequenzen segmentiert oder kommentiert werden. Zweitens geht man davon aus, dass Videos es Trainees erlauben, ihre unterrichtsrelevanten Kompetenzen zu steigern (Barron & Goldman, 1996; van Es & Sherin, 2006) und einen professionellen Habitus auszubilden (Sherin, 2007b). Videos sind anschaulich, insofern sie stets realisierten Unterricht zeigen. Diese Anschaulichkeit regt Trainees zu einer differenzierteren Reflexion über Unterricht an (Star & Strickland, 2002) und es fällt ihnen leichter, alternative Unterrichtsstrategien zu entwickeln (Satagata & Guarino, 2011: S. 142-143). Gleichzeitig überbrücken Unterrichtsvideos den Graben zwischen Theorie und Praxis, weil sie stets – mehr oder weniger geglückt – realisierte Theorie zeigen. Schließlich fördert die Reflexion von Unterrichtsvideos die Ausbildung analytischer Fertigkeiten, weil in der Betrachtung dieser Videos kein unmittelbarer Handlungsdruck entsteht (wie etwa in einer analogen Unterrichtssituation selbst; Sherin, 2002). Drittens eignen sich Videos dazu, den Unterschied zwischen Einstellungen zum Unterricht und realem Unterricht zu erheben. Insbesondere der Abgleich eigener Einstellungen mit eigenem Unterricht hat sich hier als erfolgreich erwiesen (Bryan & Recesso, 2006).

Allerdings stehen diesen Stärken auch Probleme des Einsatzes von Videos in der Lehrerbildung gegenüber. Erstens sind die Trainees gegenüber dem Video passive Beobachter, insofern sie auf die im Video zur Verfügung gestellten Perspektiven auf Unterricht festgelegt sind. Dazu kommt, dass der Eindruck von einer Unterrichtsstunde, die man selbst beobachtet hat, reichhaltiger ist als der Eindruck, den ein Video präsentieren kann. Insbesondere atmosphärische Eindrücke können in einem Video kaum gespeichert werden, aber auch alle Interaktionen außerhalb der Kameraeinstellung (Sherin, 2007a: S. 10). Zweitens bleibt die Standardisierung von Beobachtungsinstrumenten ein offenes Problem (Hanafin, Shepherd & Polly, 2010: S. 35). Zum einen müssen vorliegende Kategorienschemata immer wieder ergänzt werden, weil sich in der realen Unterrichtspraxis abweichende Realisierungen finden lassen. Zum anderen bleiben Lehrpersonen bei der Klassifizierung von Unterrichtsvideos anhand vorliegender Kodierschemata immer wieder unterhalb der notwendigen Kennziffern einer zufriedenstellenden Inter-Rater-Reliabilität. Allerdings stellt sich dieses Problem vor allem quantifiziert arbeitenden Ansätzen, welche Videos anhand vorliegender Kategorienschemata analysieren. Qualitativ arbeitende Ansätze kennen diese Problematik eher nicht (vgl. Towers, 2007). Drittens gibt es bisher nur wenige Studien, die empirisch fundiert belegen, dass der Einsatz von Videos in der Lehrerbildung zu einem Kompetenzgewinn führt bzw. dies besser tut als alternative Curricula (Hannafin, Shepherd & Polly, 2010: S. 35; Krammer & Reusser, 2005: S. 46)

4 Technische Standards und videospezifische Analyseverfahren

Die Mindestausstattung für Videoaufzeichnungen in der empirischen Unterrichtsforschung sind heute zwei Kameras und zwei Mikrofone (vgl. Seidel, Dalehefte & Meyer, 2003). Eine der beiden Kameras wird dabei als statische Überblickskamera eingesetzt, die so im Klassenzimmer platziert wird, dass sie im Prinzip den gesamten Klassenraum erfasst. Je nach Forschungsfrage kann sie entweder die Schülerinnen und Schüler oder die Lehrperson in den Blick nehmen. Idealerweise wird diese Kamera möglichst weit oben an der Fensterseite im Klassenzimmer angebracht. Die zweite Kamera wird beweglich aufgestellt, um für die Forschungsfrage relevante Unterrichtsinteraktionen fokussiert aufnehmen zu können („zone-of-interaction-camera"). Das können z.B. Interaktionen in der Gruppenarbeit sein oder aber die Erklärungen einer Lehrperson für einen Schüler an dessen Arbeitsplatz in einer Übungsphase. Diese zweite Kamera wird üblicherweise im ersten Drittel des Klassenzimmers aufgestellt, um sowohl nahe an der Lehrperson zu sein als auch auf die Schülerinnen und Schüler zoomen zu können. Bei den Mikrofonen wird in der Regel mit einem Klassen- und einem Lehrer-Mikrofon gearbeitet. Das Klassenmikrofon nimmt die Aussagen der Schülerinnen und Schüler auf, während das Lehrer-Mikrofon die Aussagen der Lehrperson dokumentiert. Diese Mindestausstattung ist beliebig erweiterbar, wobei zu beachten ist, dass die technische Ausrüstung so im Klassenzimmer installiert werden muss, dass sie den Unterricht nicht behindert. Für die Durchführung der Studie regeln detaillierte Kameraskripts den Einsatz der Kameras und Mikrofone (z.B. Petko, 2006).

Für die Analyse videografierten Unterrichts liegen mittlerweile hinreichend viele Softwarepakete vor: ATLAS/ti (Muhr 1994), Catmovie (www-campus.uni-regensburg.de/edu1/catmovie/), Constellations (orion.njit.edu); DIVER (diver.stanford.org); Transana (transana.org); Videograph (http://www.DerVideograph.de) oder vPrism (Knoll & Stigler, 1999). Bei aller Unterschiedlichkeit in der Handhabung erlauben es diese Programme, Videosequenzen und zugehörige Transkriptionen parallel zu betrachten und diesen Informationseinheiten Kategorien zuzuordnen. Auch der sekundenschnelle Wechsel zwischen Sequenzen ist in diesen Programmen möglich. Darüber hinaus entstanden in den letzten Jahren einige Softwarepakete, welche die Reflexion von Lehrpersonen über – u.U. auch ihren eigenen – Unterricht unterstützen: Video Analysis Support Tool (professional-vision.org), Video Analysis Tool (vat.uga.edu), Video Paper (vbp.concord.org), Video Interactions for Teaching and Learning (vital.ccnmtl.columbia.edu) und Video Traces (depts.washington.edu/pettt/projects/videotraces.html). Diese Programme erlauben es den Nutzern, ausgewählte Videoclips anhand von vorgegebenen Fragen zu kommentieren, zum Teil unterstützen sie die Nutzer auch darin, eigene Videos zu bearbeiten. Sofern web-basiert ermöglichen diese Programme auch eine Vernetzung zwischen verschiedenen Nutzern, so dass vorliegende Reflexionen in Online-Foren diskutiert werden können (vgl. Rich & Hannafin, 2009). Zusätzlich entstanden online-Netzwerke wie CPV Videoweb (vgl. Janik et al., 2010) oder LessonLab (2009 wieder geschlossen), die Lehrpersonen in der videobasierten Reflexion von Unterricht unterstützen (zu den aktuellen Entwicklungen vgl. Janik et al. in diesem Band).

Die Segmentierung des Videomaterials erfolgt prinzipiell entlang zweier Strategien (Bakemann & Gottmann, 1994). Beim time-sampling wird das Material in gleich lange Zeitabschnitte gegliedert, welche die Grundeinheit für die Zuordnung von Kategorien darstellen. Beim event-sampling gliedert sich das Material in im Vorfeld definierte Ereignisse, z.B. Unterrichtsphasen oder Sprechakte (turns). Für die Analyse der Sequenzen stehen dann prinzipiell Kategorien- oder Ratingsysteme zur Verfügung (Langer & Schulz von Thun, 2007; Petko et al., 2003: S. 275-276; Seidel, 2003). Kategoriensysteme unterscheiden verschiedene Ereignisse hinsichtlich einer interessierenden Variablen, wobei sich die Ereignisse gegenseitig ausschließen müssen, um eine eineindeutige Zuordnung zu ermöglichen. Kategoriensysteme beziehen sich in der Regel auf Sichtmerkmale des Unterrichts, die direkt beobachtet werden können. Es handelt sich bei der Anwendung von Kategoriensystemen somit um ein niedriginferentes Verfahren, das weitgehend objektivierbar ist. Ratingsysteme stellen dagegen Messwerte für die Einschätzung des Unterrichts bzgl. einer Variablen zur Verfügung, welche sich in der Regel auf die Qualität von Unterricht beziehen (Clausen, Reusser & Klieme, 2003). Sie erfordern somit das Urteil des Raters, weil sich Qualität auf mehrere Sichtmerkmale bezieht, welche u.U. über eine gesamte Stunde verstreut sind. Die Anwendung von Ratingsystemen stellt damit ein hochinferentes Verfahren dar. Um die Vergleichbarkeit hochinferenter Ratings zu gewährleisten, werden detaillierte Ratingmanuale erstellt, die in der Regel präzise beschreiben, in welchen Fällen welcher Messwert bzgl. des beforschten Phänomens einzutragen ist (z.B. Helmke et al., 2007; Rakoczy & Pauli, 2003). In den meisten Video Studien, die sich auf fachdidaktische Fragestellungen beziehen, werden heute beide Zugänge miteinander kombiniert. „Niedrig-inferente Codierungen der Sichtstrukturen von Unterricht vermitteln in erster Linie präzise Informationen über methodische Gestaltungsformen und Choreografien des Unterrichts, können jedoch allgemein- und fachdidaktisch relevante Qualitätsmerkmale, welche aus theoretischer Perspektive [...] für den Lernerfolg der Schüler relevant sind, kaum erfassen. Solche Merkmale lassen sich eher durch hochinferente Einschätzungen anhand von Rating-Verfahren erfassen, welche aber ihrerseits keine detaillierte Auskunft über Formen der Unterrichtsorganisation oder die Qualität von Aufgaben geben." (Pauli & Reusser, 2006: S. 785)

5 Videobasierte Unterrichts- und Lehrerbildungsforschung in den fachdidaktischen Domänen

Betrachtet man die Verteilung videobasierter Unterrichtsforschung bzw. Lehrerbildungsforschung, findet sich ein eindeutiger Schwerpunkt in der Mathematik, den Naturwissenschaften und den Fremdsprachen, insbesondere Englisch (Klieme, 2006: S. 770).

Das mit dem Mittel der Videographie wohl am besten beforschte Fach ist die Mathematik, und zwar sowohl in der Unterrichtsforschung als auch hinsichtlich des Kompetenzerwerbs zukünftiger Lehrpersonen. Markantestes Beispiel sind die TIMSS-Video Surveys, welche als internationale Vergleichsstudien die Erkenntnisse der TIMMS-Studien ergänzen. Weitere Projekte in Deutschland beziehen sich auf den Kompetenzerwerb von Schülerinnen und Schülern[2] oder die Performanz von Lehrpersonen[3], zum Teil stellt der Mathematikunterricht die unterrichtliche Grundlage für die Erforschung allgemeiner, lernrelevanter Thematiken[4]. Darüber hinaus entstanden einige Studien zum Kompetenzerwerb zukünftiger Lehrpersonen, die sich entweder ausschließlich oder auch auf den Mathematikunterricht als unterrichtlichen Referenzrahmen beziehen.[5] Schließlich entstanden auf der Grundlage dieses Fachs insbesondere in den USA lokale oder webbasierte Netzwerke, in denen Lehrpersonen über ihren Unterricht reflektieren (z.B. Sherin & Han, 2004; van Es & Sherin, 2010).

Neben der Mathematik wird auch der naturwissenschaftliche Unterricht zunehmend mittels videobasierten Erhebungsmethoden beforscht. Einige derartige Studien finden sich zur Physik, und zwar sowohl hinsichtlich der Unterrichtsprozesse[6]

---

2   Z.B. „Systematische Analyse des Lernverhaltens und des Verständnisses in Mathematik: Entwicklungstrends und Fördermöglichkeiten (SALVE)"; Heuristisches Arbeiten mit Repräsentationen funktionaler Zusammenhänge-Diagnose math. Kompetenzen (HEUREKO) oder „Begründen und Beweisen in der Geometrie – Bedingungen des Wissensaufbaus bei Schülerinnen und Schüler der Sekundarstufe" (Universität Augsburg).

3   Z.B. „Unterrichtsqualität und mathematisches Verständnis in verschiedenen Unterrichtskulturen" (DIPF), „Teacher Education and Development Study in Mathematics" (TEDS-FU), „Handlungsmuster von Lehrerinnen und Lehrern beim Einsatz neuer Medien im Unterricht der Fächer Deutsch, Mathematik und Informatik" (HU Berlin) oder „Teaching Adaptivity in Classroom Interactions" (TU München).

4   Z.B. „Die Förderung selbstbestimmter Formen der Lernmotivation in Elternhaus und Schule" (Uni Bielefeld) oder „Persönlichkeits- und Lernentwicklung von Grundschulkindern (PERLE)".

5   „Teacher Education and Development Study in Mathematics" (TEDS-FU), „Handlungsmuster von Lehrerinnen und Lehrern beim Einsatz neuer Medien im Unterricht der Fächer Deutsch, Mathematik und Informatik" (HU Berlin) oder „Teaching Adaptivity in Classroom Interactions" (TU München).

6   Z.B. „Lehr-Lern-Prozesse im Physikunterricht – eine Video Studie" (IPN), „Unterrichtsskripts und Lehrerexpertise: Bedingungen ihrer Modifikation" (IPN), „Individuelle Förderung und adaptive Lern-Gelegenheiten in der Grundschule" (IGEL) (DIPF) oder „Entwicklung der Wahrnehmung naturwissenschaftlichen Unterrichts durch Schülerinnen und Schüler in der Übergangsphase von der Primar- in die Sekundarstufe und Zusammenhänge mit der Entwicklung motivationaler und selbstbezogener Zielbereiche (Längsschnitt PLUS)" (Universität Dusiburg-Essen).

als auch hinsichtlich des Kompetenzerwerbs von Lehrpersonen dieses Fachs[7]. Darüber hinaus finden sich Studien in der Biologie[8] oder der Chemie[9]. Schließlich spielt die Videographie eine zentrale Rolle im 2009 gestarteten EU-Projekt „Science – Teacher Education Advanced Methods (S-TEAM)", das das Interesse von Schülerinnen und Schülern an naturwissenschaftlichen Fächern steigern will, indem es die Lehrerbildung durch innovative Methoden zu verbessern sucht.

Das dritte große Feld, in dem videobasierte Forschung in nennenswertem Umfang betrieben wird, sind die Sprachwissenschaften, insbesondere in den Fächern Deutsch und Englisch (vgl. Schramm & Aguado, 2010). Paradigmatisch kann hier die internationale Vergleichsstudie „Deutsch-Englisch-Schülerleistungen-International (DESI) genannt werden. Insbesondere am Standort der Universität Koblenz-Landau, Campus Landau entstanden in der Folge daran anschließende videobasierte Projekte.[10]

Schließlich finden sich zunehmend videobasierte Forschungsprojekte zu allgemeinen Kompetenzen, welche die Grenzen eines Fachs überschreiten. Charakteristisches Beispiel für diesen Typ Forschung ist etwa das Projekt „Persönlichkeits- und Lernentwicklung von Grundschulkindern (PERLE)", in dessen erster Periode (2006-2008) durch die Videostudien in den Fächern Deutsch, Mathematik und Bildende Kunst die unterrichtlichen Bedingungen für die Persönlichkeits- und Lernentwicklung untersucht wurden. Andere Projekte dieses Typs widmen sich der Förderung pädagogisch-psychologischer Kompetenz bei zukünftigen Lehrpersonen[11], der Beratungskompetenz von Lehrerinnen und Lehrern[12], der Verbesserung der Hochschuldidaktik (Seidel & Hoppert, 2011) oder der Kommunikationskompetenz[13].

In den Didaktiken der anderen Fächer fanden sich bislang nur vereinzelte Projekte, welche Videografie einsetzen.[14] Allerdings beginnen auch sie sich in jüngerer

---

7   Z.B. „LUV – Lernen aus Unterrichtsvideos für Physik-Lehrkräfte" (IPN), „Lehrerprofessionalisierung durch eine Ziel gerichtete Video gestützte Intervention (IPN)", „Dialogue – Lehrerfortbildung zum Klassengespräch im Physikunterricht" (TUM).

8   Z.B. „Biologie im Kontext" (IPN Kiel) oder „Inhaltliche und strategische Hilfen beim kooperativen Lernen mit biologischen Aufgaben" (Universität Duisburg-Essen) sowie Jatzwauk, Rumann & Sandmann 2008.

9   Z.B. „Förderung experimenteller Arbeitsweisen im naturwissenschaftlichen Unterricht" oder „Schulische und familiale Bedingungen des Lernens und der Lernmotivation im Fach Chemie" (beide Universität Duisburg-Essen).

10 Z.B. „Englischunterricht aus kulturvergleichender Perspektive", „Vera – gute Unterrichtspraxis", „Qualität des Englischunterrichts in Vietnam" oder „Unterrichtsqualität im Leseunterricht".

11 „Lernwirksame Unterrichtsmerkmale erkennen. Studien zur Entwicklung pädagogisch-psychologischer Kompetenzen bei zukünftigen Lehrerinnen und Lehrern (Observe)" (TUM).

12 „Modellierung der Beratungskompetenz von Lehrern unter besonderer Berücksichtigung der Diagnostischen Kompetenz (DIPF)" oder „Die Förderung selbstbestimmter Formen der Lernmotivation in Elternhaus und Schule" (Universität Bielefeld).

13 „ProfKom Professionalisierung von zukünftigen Ärzt/innen und Lehrkräften im Bereich der Kommunikationskompetenz (ProfKom)" (TUM).

14 Die meisten Belege gibt es für den Einsatz eines video-stimulated recall (z.B. Sportdidaktik: Behrens, 2011; Religionsdidaktik: Heil, 2006; Geschichtsdidaktik: Bürgler & Hodel, 2011). Untersu-

Zeit verstärkt der videobasierten Kompetenzforschung zuzuwenden. Der vorliegende Band dokumentiert einen breiten Ausschnitt aus diesen Neuaufbrüchen.

Literatur

Achtenhagen F. & Winther E. (2006), Möglichkeiten des Kompetenzaufbaus und seiner Erfassung, in: Minnameier G. & Wuttke E. (Hg.), *Berufs- und wirtschaftspädagogische Grundlagenforschung*, Frankfurt: Peter Lang, 345-360.

Allemann-Ghionda C. & Terhart E. (2006) (Hg.), *Kompetenzen und Kompetenzentwicklung von Lehrerinnen und Lehrern; Ausbildung und Beruf* (51. Beiheft der Zeitschrift für Pädagogik).

Bakemann R. & Gottmann J. (1994), *Observing interaction: An introduction to sequential analysis* (2nd ed.), Cambridge: Cambridge University Press.

Barnett C., Goldenstein D. & Jackson B. (1994) (eds.), *Mathematic's Teaching Cases. Fractions, Decimals, Ratios & Percents. Hard to Teach and Hard to Learn?*, Portsmouth: Heinemann.

Barron L. & Goldman E. (1996), *CD-ROM Learning Environments to Support Mathematics Teacher Development*, Paper presented at the Annual Meeting of the National Council of Teachers of Mathematics, San Diego.

Baumert J. & Kunter M. (2006), Stichwort: professionelle Kompetenz von Lehrkräften, in: *Zeitschrift für Erziehungswissenschaft* 4, 469-520.

Baumert J., Lehmann R., Lehrke M., Schmitz B., Clausen M., Hosenfeld I., Köller O. & Neubrand J. (1997), *TIMSS – Mathematisch-naturwissenschaftlicher Unterricht im internationalen Vergleich. Deskriptive Befunde*, Opladen: leske + budrich.

Behrens C. (2011), *Bewegungsgestaltung aus Schülerperspektive – eine empirische Studie zum Erleben von Gestalten, Tanzen und Darstellen*. Dissertation Thesis, Deutsche Sporthochschule Köln [http://esport.dshs-koeln.de/235/; download: 4.8.11].

Berliner D. (1986), In pursuit of the expert pedagogue, in: *Educational Researcher* 15/7, 5-13.

Blömeke S. (2007), Qualitativ – quantitativ, induktiv – deduktiv, Prozess – Produkt, national – international, in: Lüders M. & Wissinger J. (Hg.), *Forschung zur Lehrerbildung. Kompetenzentwicklung und Programmevaluation*, Münster: Waxmann, 13-36.

Blömeke S.; Eichler D. & Müller C. (2003), Rekonstruktion kognitiver Strukturen von Lehrpersonen als Herausforderung für die empirische Unterrichtsforschung, in: *Unterrichtswissenschaft* 31, 103-121.

Borg W. (1972), The Minicourse as a Vehicle for Changing Teacher Behavior: A Three Year Follow-Up, in: *Journal of Educational Psychology* 63/6, 572-579.

Borko H., Liston D. & Whitcomb J. (2007), Genres of Empirical Research in Teacher Education, in: *Journal of Teacher Education* 58/1, 3-11.

Bowers J. & Doerr H. (2003), Designing Multimedia Cases for Prospective Mathematics Teachers, in: *Journal of Educational Multimedia and Hypermedia* 12/2, 135-161.

---

chungen im Sinn einer Video Study oder der von Pauli & Reusser (2006) so genannten videobasierten Unterrichtsforschung sind dagegen die Ausnahme (z.B. Religionsdidaktik: Englert & Reese-Schnitker, 2011). Gleiches gilt für videobasierten Projekte zur Kompetenzentwicklung von Lehrpersonen (z.B. Romanistik: Abendroth-Timmer, 2011; Religionsdidaktik: Hoffmann, 2010).

Bromme R. (1997), Kompetenzen, Funktionen und unterrichtliches Handeln des Lehrers, in: Weinert F. (Hg.), *Psychologie des Unterrichts und der Schule*, Göttingen: Hogrefe, 177-212.

Brophy J. & Good T. (1986), Teacher Behavior and Student Achievment, in: Wittrock M. (ed.), *Handbook of Research on Teaching* (3rd ed.), New York: Mac Millan, 328-375.

Bryan L. & Recesso A. (2006), Promoting Reflection with a Web-Based video Analysis Tool, in: *Journal of Computing in Teacher Education*, 23/1, 31-39.

Bürgler B. & Hodel J. (2011), "Political Perspectives" in the Classroom – Results of Video Analyses in History and Civic Education, in: *Journal of Social Science Education* 9/3, 26-34.

Calderhead J. (1981), Stimulated recall: A method for research on teaching, in: *British Educational Research Journal* 84, 107-114.

Clausen M., Reusser K. & Klieme E. (2003), Unterrichtsqualität auf der Basis hoch-inferenter Unterrichtsbeurteilungen. Ein Vergleich zwischen Deutschland und der deutschsprachigen Schweiz, in: *Unterrichtswissenschaft* 31/2, 122-141.

Darling-Hammond L. (2000), How Teacher Education Matters, in: *Journal of Teacher Education* 51, 166-173.

Englert R. & Reese-Schnitker A. (2011), Varianten korrelativer Didaktik im Religionsunterricht. Eine Essener Unterrichtsstudie, in: Bayrhuber H. u.a. (Hg.), *Empirische Fundierung in den Fachdidaktiken*, Münster: Waxmann, 59-73.

Flanders N. (1970), *Analyzing Teacher Behavior*, Reading: Addison-Wesley.

Gass S. & Mackey A. (2000), *Stimulated recall methodology in second language research*, Mahwah: Lawrence Erlbaum Associates.

Hannafin M., Shepherd C. & Polly D. (2010), Video Assessment of Classroom Teaching Practices. Lessons Learned, Problems and Issues, in: *Educational Technology* 50/1, 32-37.

Heil St. (2006), *Strukturprinzipien religionspädagogischer Professionalität*, Münster: LIT.

Helmke A., Helme T., Schrader F.-W. & Wagner W. (2007), *Der Ratingbogen der DESI-Videostudie*, Landau: Universität Koblenz-Landau.

Hiebert J., Gallimore R., Garnier H., Givvin K., Hollingsworth H. & Jacobs J. (2003), *Teaching mathematics in seven countries. Results from the TIMSS 1999 Video study*, Washington: U.S. Department of Education, National Center for Education Studies.

Hiebert J., Stigler J., Jacobs J., Givvin K., Garnier H., Smith M., Hollingsworth H., Manaster A., Waerne D. & Gallimore R. (2005), Mathematics teaching in the United States today (and tomorrow). Results from the TIMSS 1999 Video Study, in: *Educational Evaluation and Policy Analysis* 27, 111-132.

Hirschauer St. & Amann K. (1997) (Hg.), *Die Befremdung der eigenen Kultur. Zur ethnografischen Herausforderung soziologischer Empirie*, Frankfurt: Suhrkamp.

Janik T., Knecht P., Janikova M. & Valkoundova E. (2010), Diagnostische Kompetenz von LehrerInnen: Erfassung und Entwicklung im Rahmen einer videobasierten Lernumgebung, in: Janik T. & Knecht P. (Hg.), *New Pathways in the Professional Development of Teachers,* Munster: LIT Verlag, 87-93.

Jatzwauk P., Rumann St. & Sandmann A. (2008), Der Einfluss des Aufgabeneinsatzes im Biologieunterricht auf die Lernleistung der Schüler – Ergebnisse einer Videostudie, in: *Zeitschrift für Didaktik der Naturwissenschaften* 14, 263-282.

Kiel E. (2010), Unterrichtsforschung, in: Tippel R. (Hg.), *Handbuch Bildungsforschung*, 3. Aufl., Wiesbaden: VS Verlag für Sozialwissenschaften, 773-790.

Klieme E. (2006), Empirische Unterrichtsforschung: aktuelle Entwicklungen, theoretische Grundlagen und fachspezifische Befunde. Einführung in den Thementeil, in: *Zeitschrift für Pädagogik* 52/6, 765-773.

Klieme E. & Leutner D. (2006), Kompetenzmodell zur Erfassung individueller Lernergebnisse und zur Bilanzierung von Bildungsprozessen. Beschreibung eines neu eingerichteten Schwerpunktprogramms der DFG, in: *Zeitschrift für Pädagogik* 52/6, 876-903.

Krammer K. & Reusser K. (2005), Unterrichtsvideos als Medium der Aus- und Weiterbildung von Lehrpersonen, in: *Beiträge zur Lehrerbildung, 23,* 35-50.

Lampert M., Heaton R. & Ball D. (1994), Using Technology to Support a New Pedagogy of Mathematics Teacher Education, in: *Journal of Special Education Technology* 12/3, 276-289.

Langer I. & Schulz von Thun F. (2007), *Messung komplexer Merkmale in Psychologie und Pädagogik – Ratingverfahren*, Münster: Waxmann.

Levis D. (1987), Microteaching: Feedback, in: Dunkin M. (ed.), *The International Encyclopedia of Teaching and Teacher Education*, Oxford: Pergamon, 722-726.

Lyle J. (2003), Stimulated recall: A report on its use in naturalistic research, in: *British Educational Research Journal* 29/6, 861-878.

Meade P. & McMeniman M. (1992), Stimulated recall: An effective methodology for examining successful teaching in science, in: *Australian Educational Researcher*, 19/3, 1-18.

Mohn E. (2010), Dichtes Zeigen beginnt beim Drehen, in: Thole W.; Heinzel F.; Cloos P. & Köngeter S. (Hg.), *Auf unsicherem Terrain. Ethnographische Forschung im Kontext des Bildungs- und Sozialwesens*, Wiesbaden: VS Verlag für Sozialwissenschaften, 153-169.

Mohn E. & Amann Kl. (1998), Forschung mit der Kamera, in: *Anthropolitan: Visuelle Anthropologie* 6, 4-20.

Mohn E. & Wiesemann J. (2007) (Hg.), *Handwerk des Lernens. Kamera-ethnographische Studien zur verborgenen Kreativität im Klassenzimmer*. Göttingen: IWF Wissen und Media gGmbH.

Morgan A. (2007), Using video-stimulated recall to understand young children's perceptions of learning in classroom settings, in: *European Early Childhood Education Research Journal* 15/2, 213-226.

Muhr T. (1994), ATLAS/ti. Ein Werkzeug für die Textinterpretation, in: Boehm A.; Mengel T. & Muhr T. (Hg.), *Texte verstehen. Konzepte, Methoden und Werkzeuge*, Konstanz: Universitätsverlag Konstanz, 317-324.

Muir T. (2010), Using Video-Stimulated Recall as a Tool for Reflecting on the Teaching of Mathematics, in: Sparrow L., Kissane B. & Hurst Chr. (eds.), *Shaping the Future of Mathematics Education: Proceedings of the 33rd annual conference of the Mathematics Education Research Group of Australasia*, Freemantle: MERGA, 438-445.

Multer R. & Gruber H. (2011), Die Lehrperson im Lichte von Professions-, Kompetenz- und Expertiseforschung – die drei Seiten einer Medaille, in: Zlatkin-Troitschanskaia (Hg.), *Stationen Empirischer Bildungsforschung. Traditionslinien und Perspektiven*, Wiesbaden: VS Verlag für Sozialwissenschaften, 427-438.

Munby H., Russell T. & Martin A. (2001), Teachers' Knowledge and How it Develops, in: Richardson V. (ed.): *Handbook of Research on Teaching*. 4th ed., Washington: American Educational Research Association, 877-904.

Pauli Ch. & Reusser K. (2006), Von international vergleichenden Video Surveys zur videobasierten Unterrichtsforschung und -entwicklung, in: *Zeitschrift für Pädagogik* 52/6, 744-798.

Petko D. (2006), Kameraskript, in: Hugener I.; Pauli C. & Reusser K. (Hg.), *Dokumentation der Erhebungs- und Auswertungsinstrumente zur schweizerisch-deutschen Videostudie „Unterrichtsqualität, Lernverhalten und mathematisches Verständnis". Teil 3: Videoanalysen*, Frankfurt: Gesellschaft zur Förderung pädagogischer Forschung, 15-37.

Petko D., Waldis M., Pauli C. & Reusser K. (2003), Methodologische Überlegungen zur videogestützten Forschung in der Mathematikdidaktik. Ansätze der TIMSS 1999 Video Studie und ihrer schweizerischen Erweiterung, in: *ZDM. Zeitschrift für die Didaktik der Mathematik* 35/6, 265-280.

Powell E. (2005), Conceptualising and facilitating active learning: teachers' video-stimulated reflective dialogues, in: *Reflective Practice* 6/3, 407-418.

Rakoczy K. & Pauli C. (2003), Hoch-inferentes Rating: Beurteilung der Qualität unterrichtlicher Prozesse, in: Hugener I.; Pauli C. & Reusser K. (Hg.), *Dokumentation der Erhebungs- und Auswertungsinstrumente zur schweizerisch-deutschen Videostudie „Unterrichtsqualität, Lernverhalten und mathematisches Verständnis". Teil 3: Videoanalysen*, Frankfurt: Gesellschaft zur Förderung pädagogischer Forschung, 206-233.

Reusser K. & Pauli C. (2003) (Hg.): *Mathematikunterricht in der Schweiz und in weiteren sechs Ländern. Bericht über die Ergebnisse einer internationalen und schweizerischen Video-Unterrichtsstudie.* Doppel-CD-ROM (Schlussbericht mit Videodokumentation), Universität Zürich: Pädagogisches Institut.

Rich P. & Hannafin M. (2009), Video Annotation Tools. Technologies to Scaffold, Structure, and Transform Teacher Reflection, in: *Journal of Teacher Education* 60/1, 52-67.

Rosaen C., Lundeberg M., Terpstra M., Cooper M., Niu R. & Fu J. (2010), Constructing videocases to help novices learn to facilitate discussions in science and English: how does subject matter matter?, in: *Teachers and Teaching* 16/4, 507-524.

Rowley J. & Hart P. (1993), Catching and Releasing Expert Teacher Thought: The Effects of Using Videotaped Presentations of Expert Teaching Knowledge to Promote Preservice Teacher Thinking, in: O'Hair M. & Odell S. (eds.), *Diversity and Teaching*, Ft. Worth: Harcourt Brace Jovanovich, 122-137.

Santagata R. & Guarino J. (2011), Using Video to Teach Future Teachers to Learn from Teaching, in: *ZDM Mathematics Education* 43, 133-145.

Schramm K. & Aguado K. (2010), Videographie in den Fremdsprachendidaktiken – Ein Überblick, in: Aguado K., Schramm K. & Vollmer H. (Hg.), *Fremdsprachliches Handeln beobachten, messen, evaluieren. Neue methodische Ansätze in der Kompetenzforschung und der Videographie*, Frankfurt: Peter Lang, 185-214.

Seel N., Pirnay-Dummer P. & Ifenthaler D. (2010), Quantitative Bildungsforschung, in: Tippelt R. (Hg.), *Handbuch Bildungsforschung*, 3. Aufl., Wiesbaden: VS Verlag für Sozialwissenschaften, 551-570.

Seidel T. (2003), Überblick über Beobachtungs- und Codierungsverfahren, in: Seidel T., Prenzel M., Duit T. & Lehrke M. (Hg.), *Technischer Bericht zur Videostudie „Lehr-Lern-Prozesse im Physikunterricht"*, Kiel: IPN, 99-112.

Seidel T., Dalehefte I. & Meyer L. (2003), Aufzeichnen von Physikunterricht, in: Seidel T., Prenzel M., Duit T. & Lehrke M. (Hg.), *Technischer Bericht zur Videostudie „Lehr-Lern-Prozesse im Physikunterricht"*, Kiel: IPN, 47-76.

Seidel T. & Hoppert A. (2011), Merkmale von Lehre an der Hochschule. Ergebnisse zur Gestaltung von Hochschulseminaren mittels Videoanalysen, in: *Unterrichtswissenschaft 2*, 154-172.

Seidel T. & Prenzel M. (2003). Video als Methode in der Lehr-Lern-Forschung, in: *Journal für LehrerInnenbildung 1*, 54-61.

Seidel T., Prenzel M., Rimmele R., Dalehefte I., Herweg C., Kobarg M. & Schwindt K. (2006), Blick auf den Physikunterricht. Ergebnisse der IPN Videostudie, in: *Zeitschrift für Pädagogik* 52/6, 799-821.

Sherin M. (2002), When Teaching becomes Learning, in: *Cognition and Instruction* 20/2, 119-150.

Sherin M. (2003), Using video clubs to Support Conversations among Teachers and Researchers, in: *Action in Teacher Education* 4, 33-45.

Sherin M. (2007a), New Perspectives on the Role of Video in Teacher Education, in: Brophy J. (ed.), *Using Video in Teacher Education*, Bringley: Howard House, 1-27.

Sherin M. (2007b), The Development of Teacher's Professional Vision in Video Clubs, in: Goldman R. et al. (eds.), *Video Research in the Learning Sciences*, Mahwah: Lawrence Earlbaum Associates, 383-396.

Sherin M. & Han S. (2004), Teacher Learning in the Context of a Teacher club, in: *Teacher and Teacher Education*, 20, 163-183.

Shulman L. (1986), Those who understand: Knowledge growth in teaching, in: *Educational Researcher* 15, 4-14.

Star J. & Strickland S. (2008), Learning to Observe: Using Video to Improve Preservice Mathematics Teacher's Ability to Notice, in: *Journal of Mathematics Teacher Education* 11, 107-125.

Stigler J., Gallimore R. & Hiebert J. (2000), Using Video Surveys to compare Classrooms and Teaching Across Cultures: Examples and Lessons From the TIMSS Video Studies, in: *Educational Psychologist* 35/2, 87-100.

Stigler J. & Hiebert J. (1999), *The Teaching Gap*, New York: Free Press.

Theobald M. (2008), *Methodological issues arising from video-stimulated recall with young children*, paper presented at the Annual Meeting of the Australian Association for Research in Education, 30. Nov. – 4. Dec., Brisbane [http://eprints.qut.edu.au/17817/1/c17817.pdf; download: 29.7.11].

Thole W., Heinzel F., Cloos P. & Köngeter S. (2010) (Hg.), *Auf unsicherem Terrain. Ethnographische Forschung im Kontext des Bildungs- und Sozialwesens*, Wiesbaden: VS Verlag für Sozialwissenschaften.

Towers J. (2007), Using Video in Teacher Education, in: *Canadian Journal of Learning and Technology* 33/2 (Online-Ressource).

Van Es E. & Sherin M. (2006), How Different Video Club Designs Support Teachers in „Learning to Notice", in: *Journal of Computing in Teacher Education* 22, 571-596.

Van Es E. & Sherin M. (2010), The influence of video clubs on teachers' thinking and practice, in: *Journal of Mathematics Teacher Education* 13/2, 155-176.

Weinert F. (1999), *Konzepte der Kompetenz*, Paris: OECD.

Weinert F. (2001), Vergleichende Leistungsmessung in Schulen – eine umstrittene Selbstverständlichkeit, in: Weinert F. (Hg.), *Leistungsmessungen in Schulen*, Weinheim: Beltz, 17-31

Wiesemann J. (2011), Ethnographische Forschung im Kontext der Schule, in: Moser H. (Hg.), *Aus der Empirie lernen? Forschung in der Lehrerbildung. Band 10*, Hohengehren: Schneider Verlag, (in press).

Wiesemann J. & Amann Kl. (2002), Situationistische Unterrichtsforschung, in: Breidenstein G.; Combe A.; Helsper W. & Stelmaszyk B. (Hg.), *Forum qualitative Schulforschung 2. Interpretative Unterrichts- und Schulbegleitforschung*, Opladen: leske + budrich, 133-158.

Wild K.-P. (2003), Videoanalysen als neue Impulsgeber für eine praxisnahe prozessorientierte empirische Unterrichtsforschung, in: *Unterrichtswissenschaft* 31/2, 98-102.

Moving to a higher state of confusion
Der Beitrag der Videoforschung zur Kompetenzforschung

Sigrid Blömeke (Humboldt-Universität zu Berlin)

1 Vorbemerkung

In seinem Allgemeinheitsgrad ist der Titel des Beitrags irreführend. Insofern ist diese Vorbemerkung nötig. So wenig wie es „die" Videoforschung gibt, so wenig gibt es „die" Kompetenzforschung. In der Forschung, die Videos – in welcher Form auch immer – nutzt, werden unterschiedliche Fragestellungen verfolgt und es ist eine Vielzahl an methodischen Zugängen denkbar. Diese gehen über klassische Unterscheidungen von qualitativer, quantitativer und ethnographischer Forschung hinaus. Vergleichbar wird in der Forschung, die den Kompetenzbegriff verwendet, der Kompetenzbegriff unterschiedlich konzeptualisiert und damit auch unterschiedlich operationalisiert. Zudem finden sich unterschiedliche methodische Zugänge, die über die typischerweise vorgenommene Unterscheidung von Kognitionen und Handeln hinausgehen.

Der vorliegende Beitrag thematisiert in erster Linie die Kompetenzforschung im Kontext der empirischen Lehrerforschung. Andere Kontexte werden nur gestreift. Im Anschluss an einen grundsätzlichen Überblick zur Lehrerkompetenzforschung werden die Potenziale der Videoforschung für diese diskutiert und es werden neu auftretende Probleme reflektiert. Abschließend werden zentrale Forschungsbedarfe vorgestellt.

2 Kompetenzmodellierung im Kontext der Lehrerforschung

2.1 Erlernbarkeit als Kernkriterium von Kompetenz

Im Kontext der Lehrerforschung sind solche Kompetenzmodellierungen am weitesten entwickelt, die zum Ziel haben, zwischen verschiedenen Dimensionen bzw. Facetten professioneller Kompetenz zu unterscheiden, um sie möglichst präzise definieren zu können. Dabei gilt, dass Kompetenz – anders als Intelligenz – als *domänenspezifisch* ausgeprägt angesehen wird, dass sie eine latente *Disposition* darstellt, die funktional wirksam werden kann, wenn es darum geht, spezifische Anforderungen in einer Domäne zu bewältigen, dass sie *erlernbar* ist und dass sie eine gewisse *Stabilität* über Einzelsituationen hinweg aufweist (Weinert, 1999; 2001).

Vor allem mit dem Postulat der Erlernbarkeit unterscheidet sich dieses pädagogisch-psychologische Verständnis von biologischen oder anthropologischen Ansätzen wie beispielsweise von Lepenies (1971), nach denen es sich bei Kompetenzen
um angeborene Fähigkeiten handelt. Demgegenüber besteht eine Nähe des pädagogisch-psychologischen Kompetenzbegriffs zu einem anderen soziologischen Ansatz, und zwar dem von Habermas. In seiner Theorie der „kommunikativen Kompetenz" formuliert er ein Kompetenztheorem für an Situationen gebundene Sprechakte. Habermas (1971, S. 102): „Unter Standardbedingungen kehren in jeder
möglichen Redesituation allgemeine Bestandteile wieder."

Kompetenzen betrachtet Habermas als das Ergebnis von Reifungs- und Lernprozessen, die in Doppelinteraktion mit den eigenen Voraussetzungen und der Umwelt erworben werden. Der Soziologe Heming (1996, S. 104) formuliert entsprechend ganz im Sinne der Pädagogik: „Die Kompetenzentfaltung muss demnach als
Bildungsprozess beschrieben werden."[1]

2.2 Analytische Ausdifferenzierung der Kompetenzfacetten

Abb. 1: Modell professioneller Lehrerkompetenz

In der empirischen Lehrerforschung wird „Kompetenz" im Anschluss an Weinert
(1999) in kognitive Leistungsdispositionen sowie damit verbundene motivationale,
volitionale und soziale Bereitschaften und Fähigkeiten differenziert, die als notwendig angesehen werden, um kognitiv erarbeitete Problemlösungen in variablen
Situationen erfolgreich und verantwortungsvoll nutzen zu können. Die Modellierung professioneller Kompetenz von Lehrkräften ist in Abbildung 1 dokumentiert.
Sowohl die kognitiven als auch die affektiv-motivationalen Facetten werden je-

---

1   Zu weiteren Gemeinsamkeiten und Unterschieden der pädagogisch-psychologischen Kompetenz-
    modellierung mit den Modellierungen in anderen Disziplinen sowie einer detaillierten Ausdifferen-
    zierung des pädagogisch-psychologischen Ansatzes siehe ausführlich Blömeke, 2012b. Für die lan-
    ge Zeit in der Berufspädagogik und der zweiten Phase der Lehrerausbildung einflussreiche Unter-
    scheidung von Sach-, Sozial- und Selbstkompetenz siehe insbesondere Klieme & Hartig, 2007.

weils weiter analytisch ausdifferenziert. Für Lehrkräfte wird in kognitiver Hinsicht zwischen fachbezogenem, fachdidaktischem und pädagogischem Wissen unterschieden (Bromme, 1997; Blömeke, 2002; Baumert & Kunter, 2006). In affektiv-motivationaler Hinsicht wird ähnlich zwischen domänenspezifischen und generischen Eigenschaften differenziert. Quer zu diesen Unterscheidungen lässt sich der Wissensbestand von Lehrkräften nach Shulman (1985) jeweils weiter in propositionales, fallbezogenes und strategisches Wissen ausdifferenzieren, so dass man bei der Bestimmung professioneller Lehrerkompetenz eine Matrix erhält.

Das fachbezogene Professionswissen (*content knowledge*) meint nicht nur – wie in traditioneller Manier – das Verfügen über Theorien und Fakten, sondern umfasst nach Shulman (1991, S. 150) auch das „Verstehen der Strukturen eines Faches", also warum bestimmte Forschungsansätze, -methoden und -ergebnisse wichtig sind und welchen Stellenwert sie in der Gesamtstruktur des Fachs einnehmen.

Fachdidaktisches Professionswissen (*pedagogical content knowledge*) umfasst das fachliche Wissen für den Unterricht, inkludiert also die Fachinhalte unter der Perspektive der „Lehrbarkeit". Hier wird die Perspektive der Lehrkraft eingenommen, die „die sinnvollsten Formen der Repräsentation dieser Themen, [...] Illustrationen" (ebd., S. 151), typische Lernvoraussetzung von Schülerinnen und Schülern etc. kennen muss. Das curriculare Wissen schließlich (*curricular knowledge*), in deutschen Konzeptionen in der Regel als Bestandteil des fachdidaktischen Professionswissens gesehen, umfasst die auf das Fachwissen bezogenen Unterrichtsmaterialien und Richtlinien.

Blickt man nun auf die jeweils mögliche weitere Differenzierung nach Wissensarten, umfasst propositionales Wissen (*knowledge in teaching*) dekontextualisiert die Prinzipien wissenschaftlicher Forschung, die Maximen praktischer Erfahrung und die Normen moral-ethischen Raisonnements (ebd., S. 153). Fallbezogenes Wissen ist auf das propositionale Wissen bezogen und kontextualisiert dieses als „Fall von Etwas". Es umfasst Prototypen, die theoretische Prinzipien verdeutlichen, Präzedenzfälle, die Maximen vermitteln, und Parabeln, die Normen vermitteln. Diesem Wissenstyp kommt also eine Art Scharnierfunktion zu.

Strategisches Wissen schließlich ist praktisches Handlungswissen und kommt in Dilemma-Situationen zur Geltung. Shulman (ebd., S. 158) beschreibt es auch als „Urteilskraft" (*practical wisdom*). Praktisches Handlungswissen entsteht durch Vergleichen und Kontrastieren von Prinzipien und Fällen; sich ergebende Handlungskonsequenzen werden als neue Propositionen oder Fälle abgespeichert.

2.3 Kompetenzmodellierung in der internationalen Vergleichsstudie TEDS-M

Die internationale „Teacher Education and Development Study: Learning to Teach Mathematics (TEDS-M)" hat zum ersten Mal standardisierte Kompetenztests für angehende Lehrkräfte entwickelt, so dass der Modellierung, die in dieser Studie vorgenommen wurde, besondere Bedeutung zukommt.[2] An der Vergleichsstudie, die in Regie der „International Association for the Evaluation of Educational Achievement (IEA)" durchgeführt wurde, die auch TIMSS und PIRLS (in Deutschland besser bekannt unter dem Namen IGLU) organisiert, haben rund 24.000 Primar- und Sekundarstufen-I-Lehrkräfte aus 16 Ländern teilgenommen (siehe Tab. 1), die sich im letzten Jahr ihrer Ausbildung befanden.

Tab. 1: Teilnahmeländer an den TEDS-M-Primar- und Sekundarstufenstudien

Botswana	Chile	Deutschland	Georgien
Malaysia	Norwegen	Oman****	Philippinen
Polen**	Russland	Schweiz*	Singapur
Spanien*****	Taiwan	Thailand	USA***

*	Pädagogische Hochschulen in den deutschsprachigen Kantonen		
**	grundständige Ausbildungsgänge	****	nur Sekundarstufenstudie
***	Hochschulen in staatlicher Trägerschaft	*****	nur Primarstufenstudie

Untersucht wurden angehende Lehrkräfte, die eine Lehrberechtigung für den Mathematikunterricht in einer der Klassen 1 bis 4 (Primarstufen-Studie) bzw. 8 (Sekundarstufen-I-Studie) erwerben würden. Da mit Ausnahme von Thailand und Malaysia für die Primarstufe in allen übrigen Teilnahmeländern Klassenlehrkräfte ausgebildet wurden, war jeweils die gesamte Grundschullehrerausbildung in TEDS-M einbezogen. Mathematik zu unterrichten stellt für diese Lehrkräfte eine kleine, aber gesellschaftlich und schulisch bedeutsame Aufgabe dar.

In der Sekundarstufe I dominiert das Fachlehrerprinzip, so dass angehende Lehrkräfte mit dem Unterrichtsfach Mathematik untersucht wurden (ausführlich zur Studie TEDS-M siehe Blömeke, Kaiser und Lehmann, 2010a, b).

Die in Abschnitt 1.2.2 vorgestellte Modellierung professioneller Lehrerkompetenz bildet in TEDS-M den Ausgangspunkt für die Entwicklung von Erhebungsinstrumenten. Mit dem Postulat der Erlernbarkeit war zudem die Annahme verbunden, dass der Kompetenzerwerb der angehenden Lehrkräfte durch ein Bündel an Einflussfaktoren zustande gekommen ist. Entsprechend wurde zwischen nationalen Kontextmerkmalen, institutionellen Lerngelegenheiten und individuellen Lernvoraussetzungen unterschieden (siehe Abb. 2). Die am Ende der Ausbildung erreichte Kompetenz wird also in Abhängigkeit von demographischen Merkmalen, individuell unterschiedlichen Verhaltensweisen bei der Nutzung von Lerngelegenheiten während der Ausbildung und den jeweils vor Ort gebotenen Kontexten gesehen.

---

2   TEDS-M wurde von der IEA, der US National Science Foundation (REC 0514431) und den TEDS-M-Teilnahmeländern gefördert. In Deutschland erfolgte eine Förderung durch die Deutsche Forschungsgemeinschaft (BL 548/3-1). Das Copyright für die Messinstrumente liegt beim International Study Center der Michigan State University, USA (ISC). Alle Darlegungen in diesem Beitrag stammen von der Autorin und spiegeln nicht notwendigerweise die Ansichten der IEA, des ISC oder der Förderorganisationen wider.

Abb. 2: Mehrebenenmodell der Bedingungsfaktoren professioneller Kompetenz

		Gesellschaftssystem				
Natio-nale Ebene	Level III	Allgemeiner Entwicklungsstand		Status des Lehrerberufs		Status von Mathematik
	Level II	**Bildungssystem**				
		Steuerung und Kontrolle		Ziele der Schule		Arbeitsbedingungen im Lehrerberuf
	Level I	**Lehrerausbildungssystem**				
		Ziele/ Standards	Ausbildungs-komponenten	Kosten pro Absolvent/in	Institutiona-lisierung	Eingangs-selektivität

		Institutionell intendiertes Curriculum				
Institu-tio-nelle Ebene	Level II	Ziele und Inhalte	Lehr-Lernmethoden	Kontrolle und Steuerung	Beratung und Unterstützung	Selektivität
	Level I	**Lehrerausbildner/innen**			**Implementiertes Curriculum**	
		Wissen	*Beliefs*	Demographi-sche Daten	Ziele und Inhalte	Lehr-Lern-methoden	Selektivität
		Ziele und Inhalte		Lehr-Lernmethoden	Kontrolle, Steuerung	Beratung	Stud-ierenden-

		Lernvorausetzungen		Nutzung des Lehrangebots		
Indivi-duelle Ebene	Level II	Wissen	*Beliefs*	Inhalte	Lehr-Lernmethoden	
		Persönlichkeits-merkmale	Demographisches	Investierte Lernzeit	Lernstrate-gien	Affektive Komponenten
	Level I	**Erworbene professionelle Kompetenz**				
		Professionelles Wissen	Professionelle *beliefs*	Persönlichkeitsmerkmale	Demographisches	

3 Erfassung der professionellen Kompetenz von Lehrkräften

3.1 Die TEDS-M-Tests

Auf der Basis des vorgestellten theoretischen Rahmens erfolgte in den empirischen Lehrerstudien die Operationalisierung der zu erfassenden Konstrukte und ihre Umsetzung in Testitems. Bei den TEDS-M-Tests handelte es sich um klassische Papier-und-Bleistift-Tests. Sie enthielten sowohl in der Primar- als auch in der Sekundarstufen-I-Studie rd. 70 Mathematik-, 30 Mathematikdidaktik- und 100 Pädagogik-Items. Die Abbildungen 4 bis 7 zeigen beispielhaft je zwei Items aus den fachbezogenen TEDS-M-Tests für die Primarstufe und die Sekundarstufe I.

Die Testzeit betrug insgesamt 90 Minuten. Zur besseren Nutzung der Erhebungszeit wurde ein rotiertes Matrixdesign mit fünf bzw. drei Testheften verwendet, d.h. jeder Testperson wurde eine Auswahl der Items zur Bearbeitung vorgelegt, wobei die Testhefte über Anker-Items miteinander verknüpft waren. Es wurden Multiple-Choice-Aufgaben und offene Antwortformate genutzt. Die Rohdaten wurden in separaten eindimensionalen Modellen raschskaliert und jeweils auf Mittelwerte von 500 Testpunkten und eine Standardabweichung von 100 transformiert.

Für weitere Item-Beispiele und methodische Details siehe die ausführlichen Dokumentationen in Blömeke, Kaiser und Lehmann (2010a, b). Ein Item-Satz, der rund 25 Prozent der eingesetzten Items und die Kodiermanuale enthält, ist erhältlich unter tedsm@staff.hu-berlin.de.

Abb. 4: Beispiel-Item aus der TEDS-M-Primarstufen-Studie zur Erfassung mathematischen Professionswissens

Drei Schüler zeichneten die folgenden Venndiagramme, um die Beziehungen zwischen vier Typen von Vierecken zu verdeutlichen:
Rechtecke (RE), Parallelogramme (PA), Rhomben (RH), and Quadrate (SQ).

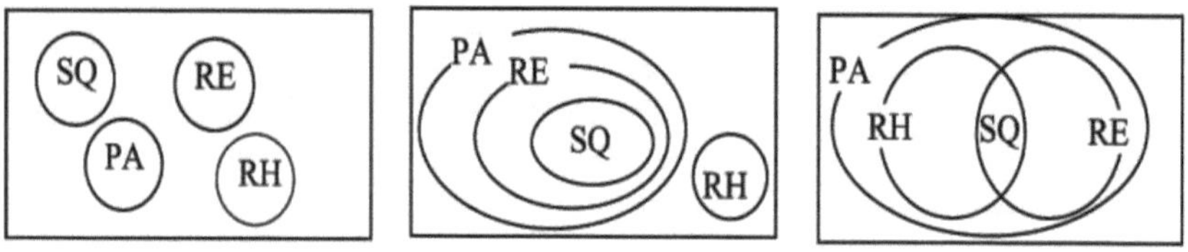

Tobias   Julian   Max

Welches Schülerdiagramm ist richtig?

Kreuzen Sie ein Kästchen an

A. Tobias   ☐

B. Julian   ☐

C. Max   ☐

Abb. 5: Beispiel-Item aus der TEDS-M-Primarstufen-Studie zur Erfassung mathematikdidaktischen Professionswissens

Bei der Einführung der Messung von Längen, lässt Frau Heine üblicherweise ihre Schüler(innen) zunächst die Breite ihrer Bücher mit Hilfe von Büroklammern und danach noch einmal mit Stiften messen.

Nennen Sie **ZWEI** Gründe für die Wahl dieser Einführungsart, anstatt die Kinder einfach im Gebrauch eines Lineal zu unterrichten?

Abb. 6: Beispiel-Item aus der TEDS-M-Sekundarstufen-Studie zur Erfassung mathematischen Professionswissens

---

In einer Klasse sind 10 Schüler. Einmal werden 2 Schüler der Klasse zufällig ausgewählt, ein anderes Mal 8 Schüler. Welche der folgenden Aussagen ist richtig?

Kreuzen Sie nur ein Kästchen an.

A. Es gibt mehr Möglichkeiten, 2 Schüler aus der Klasse zu
    wählen als 8.   ☐

B. Es gibt mehr Möglichkeiten, 8 Schüler aus der Klasse zu
    wählen als 2.   ☐

C. Die Anzahl der Möglichkeiten, 2 Schüler aus der Klasse
    zu wählen ist genauso groß wie die Anzahl der
    Möglichkeiten 8 zu wählen.   ☐

D. Es ist nicht möglich zu entscheiden, für welche Auswahl
    mehr Möglichkeiten existieren.   ☐

Abb. 7: Beispiel-Item aus der TEDS-M-Sekundarstufen-Studie zur Erfassung mathematikdidaktischen Professionswissens (b)

Die folgenden Aufgaben stammen aus einem Mathematikschulbuch für die Sekundarstufe I.

1. Peter, David and Jonathan spielen mit Murmeln. Zusammen haben sie 198 Murmeln. Peter hat 6-mal so viele Murmeln wie David und Jonathan hat 2-mal so viele Murmeln wie David. Wie viele Murmeln hat jeder der Jungen?

2. Die drei Kinder Anna, Philipp und Lukas besitzen zusammen 198 €. Anna hat 6-mal so viel Geld wie Philipp und 3-mal so viel wie Lukas. Wie viele Euro hat jedes Kind?

(a) Lösen Sie beide Aufgaben.

(b) Üblicherweise bereitet die zweite Aufgabe Schülerinnen und Schülern der Sekundarstufe I größere Probleme als die erste. Nennen Sie einen Grund, der für den unterschiedlichen Schwierigkeitsgrad verantwortlich sein könnte.

Abb. 8: Beispiel-Item aus der TEDS-M-Studie zur Erfassung pädagogischen Professionswissens

Bei welchen der folgenden Fälle handelt es sich um eine <u>intrinsische</u> Motivation, bei welchen um eine <u>extrinsische</u> Motivation?

Kreuzen Sie <u>ein</u> Kästchen <u>pro Zeile</u> an.

		intrinsisch	extrinsische
Ein Schüler lernt vor einer Mathematikarbeit, weil er…			
A.	für eine gute Note eine Belohnung erwartet.	$\square_1$	$\square_2$
B.	einen Tadel für eine schlechte Note vermeiden möchte.	$\square_1$	$\square_2$
C.	an mathematischen Problemen interessiert ist.	$\square_1$	$\square_2$
D	seine Eltern nicht enttäuschen möchte.	$\square_1$	$\square_2$
E.	seine gute Leistungsposition in der Klasse auch in Zukunft behalten möchte.	$\square_1$	$\square_2$

Abbildung 8 zeigt ein Beispiel-Item aus dem Pädagogik-Test. Die standardisierte Erfassung des pädagogischen Professionswissens angehender Lehrkräfte stellt für die empirische Bildungsforschung Neuland dar. TEDS-M ist die erste international-vergleichende, mit repräsentativen Stichproben arbeitende Studie, die sich einer systematischen institutionen- sowie länder- und kulturübergreifenden Erfassung und Modellierung dieser Wissensdomäne widmet. Das pädagogische Wissen wurde anhand von Erkenntnissen der Allgemeinen Didaktik und der Unterrichtsforschung definiert und strukturiert (für Details siehe König & Blömeke, 2009).

Fünf berufsbezogene Anforderungen – das Planen und Strukturieren von Unterricht, der Umgang mit Heterogenität, Klassenführung und Motivation sowie die Leistungsbeurteilung – bilden die Inhaltsbereiche, die mit den Testaufgaben abgedeckt werden. Die Testaufgaben weisen jeweils etwa zur Hälfte ein geschlossenes bzw. offenes Antwortformat auf. Der Test wurde in Deutschland und den USA (Primarstufenstudie) bzw. in Deutschland, Taiwan und den USA (Sekundarstufen-I-Studie) in derselben Form eingesetzt. Es handelt sich um eine gemeinsame Entwicklung der drei Länder unter deutscher Leitung.

3.2 Das TEDS-M-Untersuchungsdesign

Basis von TEDS-M war ein mehrstufiges stratifiziertes Samplingdesign. Dieses gewährleistete Zufallsziehungen repräsentativer Einheiten auf den Ebenen Ausbildungsinstitutionen, Lehrerausbildende und angehende Lehrkräfte mit einer Mathematik-Lehrberechtigung für eine der Klassen 1 bis 4 (Primarstufenstudie) bzw. der Klasse 8 (Sekundarstufen-I-Studie) im letzten Jahr ihrer Ausbildung (für Details siehe Tatto et al., 2012).

Als IEA-Studie war TEDS-M strengen Qualitätssicherungsmaßnahmen unterworfen. Neben der Sicherung hinreichender Rücklaufquoten gehörte dazu die Kontrolle der Testsituation. Die entsprechenden Maßnahmen umfassten eine Kontrolle aller Übersetzungen und nationalen Anpassungen der Instrumente, eine Kontrolle der Durchführung der Erhebung sowie des Prozesses der Dateneingabe und -verarbeitung. Für die Übersetzungen lag ein Manual vor, dem gefolgt werden musste, um sicherzustellen, dass die nationalen Versionen dem internationalen Original entsprechen. Zudem mussten Übersetzungen, nationale Ergänzungen und das Layout bei der IEA zur Überprüfung durch unabhängige Expertinnen und Experten eingereicht werden.

In Deutschland erfolgten die Qualitätskontrollen in Bezug auf die Durchführung der Erhebung extern und intern. Zehn zufällig gezogene Testsitzungen wurden von einem Repräsentanten der IEA, für Deutschland war dies Prof. Dr. Helmut Schreier, weitere zehn ebenfalls zufällig gezogene Testsitzungen wurden von einer Kontrolleurin der nationalen Projektleitung beobachtet. Dabei wurde jeweils überprüft, inwieweit die Vorgaben des Testmanuals organisatorisch und inhaltlich eingehalten wurden. Sowohl die nationale als auch die internationale Überprüfung bescheinigten eine ordnungsgemäße Durchführung von TEDS-M in Deutschland.

Aufgrund der Unterstützung durch die Kultusministerien und der Offenheit der Studienseminare konnten die strengen Kriterien der IEA zur Rücklaufquote in Deutschland erfüllt werden. Die institutionelle Rücklaufquote betrug 93 bzw. 100%, die Rücklaufquote unter den Lehrkräften 82 bzw. 81% (Primarstufe bzw. Sekundarstufe I). Dies wurde erreicht, obwohl Studienseminare und angehende Lehrkräfte im letzten Ausbildungsjahr mit umfangreichen Prüfungsverpflichtungen belastet sind.

Auf Ergebnisse aus TEDS-M kann in diesem Beitrag nicht eingegangen werden, da es um Fragen der theoretischen Kompetenzmodellierung und der methodischen Zugänge zur Kompetenzerfassung, insbesondere der Chancen und Grenzen von Videostudien geht. Für zentrale Analysen siehe vor allem Blömeke (2012a), Blömeke, Kaiser & Döhrmann (2011), Blömeke, Suhl & Kaiser (2011) sowie Blömeke, Suhl, Kaiser & Döhrmann (2012).

4 Der Beitrag der Videoforschung zur Kompetenzforschung

4.1 Leistungen und Grenzen der bisherigen Lehrerstudien

Das dargestellte Herangehen der Kompetenzforschung im Kontext der Lehrerstudien hat weitreichende Ansprüche und kann mit überzeugenden Vorteilen im Vergleich zu anderen Herangehensweisen aufwarten. So ermöglicht die analytische Ausdifferenzierung der verschiedenen Kompetenzfacetten eine präzise Definition von Problemen bzw. Situationen, was zu den klassischen Standards pädagogisch-psychologisch-sozialwissenschaftlicher Forschung gehört (siehe z.B. Atteslander,

2006; Kromrey, 2007). Im Sinne des zugrunde gelegten Kompetenzbegriffs sind die Testaufgaben ebenfalls auf spezifizier- und abgrenzbare unterrichtliche Anforderungen ausgerichtet. Im Englischen entspricht ein solches Herangehen der Bedeutung von *competencies* im Unterschied zu *competences*.

Professionelle Kompetenz wird in den Lehrerstudien meist über kognitive Leistungsdispositionen hinaus mehrdimensional modelliert, so dass dem Forschungsstand Rechnung getragen wird, dass Lehrkräfte nicht nur über Professionswissen verfügen, sondern auch bereit sein müssen, dieses anzuwenden (Bromme, 2005). Die verschiedenen Facetten werden dabei im Zuge der empirischen Erhebungen getrennt voneinander erfasst. Dieses Vorgehen führt zu einer hohen diagnostischen Genauigkeit der Ergebnisse und ermöglicht im Zuge der Datenanalyse die Isolation von Problembereichen. Auch dies gehört zu klassischen Standards pädagogisch-psychologischer Forschung. Die große Zahl an Beobachtungen (Items) geht dabei mit einer hohen Zuverlässigkeit der Ergebnisse einher. Insgesamt gesehen handelt es sich um eine relativ zeit- und kostengünstige Variante der Kompetenzmessung.

Nicht verschwiegen werden soll aber, dass das Herangehen der bisherigen Lehrerstudien ungelöste Probleme aufweist, die auf Herausforderungen der Kompetenzmessung zurückgehen. So wird Kompetenz zwar als mehrdimensionales Konstrukt modelliert, die Rolle der nicht-kognitiven Facetten bleibt in vielen Modellen letztlich aber unklar. Sind sie tatsächlich inhärenter Bestandteil professioneller Kompetenz oder kommt ihnen nicht viel mehr die Funktion von Mediatoren zu? Selten wird auch die Normativität der zahlreichen Entscheidungen im Zuge der Kompetenzmodellierung beispielsweise bei der Operationalisierung oder im Zuge der Kompetenzerfassung beispielsweise bei der Auswahl der Messverfahren oder angesichts der Interdependenz von Zielen, Inhalten und Methoden diskutiert.

Ein besonderer Problemkomplex ergibt sich daraus, dass Kompetenz ein latentes Konstrukt darstellt, das selbst nicht direkt beobachtbar ist. Damit ist das Verhältnis von Kompetenz und Performanz weitgehend offen. Mit diesem Problem ist mehr als nur die Forderung nach Validierung verknüpft, in der geprüft wird, ob die Testergebnisse tatsächlich Lehrerhandeln oder gar Schülerleistungen systematisch voraussagen. Erste solcher Validierungen liegen vor (Baumert et al., 2010). Es stellt sich aber zudem die Frage nach dem Prozess, der der Umsetzung von Kompetenz in Performanz unterliegt.

Getreu der Aussage „Das Ganze ist mehr als die Summe seiner Teile" wäre ein erster Schritt hier zu klären, wie die Verknüpfung der distinkten *competencies* so erfolgt, dass sie von Lehrkräften im Unterricht miteinander verknüpft und in Handeln umgesetzt werden können. Das analytische Vorgehen der bisherigen Lehrerstudien erreicht hier seine Grenzen. Stärker holistische Messverfahren haben vielleicht ein größeres Potenzial, kohärentes Handeln abzubilden (Benjamin, Chun & Shavelson, 2007; Klein, Benjamin, Shavelson & Bolus, 2007).

In einem nächsten Schritt wäre in den Blick zu nehmen, dass Lehrerprofessionalität bisher als individuelle Personeneigenschaft diskutiert wird. Ihre Anwendung findet aber in einem sozialen Kontext statt (Blömeke, 2002). Die Situationsspezifität des Lehrerhandelns bringt es mit sich, dass ggf. nicht von einer linearen Wissensanwendung ausgegangen werden kann. Es finden sich möglicherweise reziproke und kontingente Zusammenhänge. Im Unterricht tauchen zudem wiederholt widersprüchliche Anforderungen auf, die gegeneinander abgewogen werden müssen, so dass Lehrerhandeln nur begrenzt plan- und steuerbar und der Aufbau von Routinen fragil ist. Die Schulentwicklungsforschung hat schließlich zunehmend deutlich gemacht, wie bedeutsam geteilte Wissensbestände und Organisationswissen sind (Altrichter & Helm, 2011; Bonsen & Berkemeyer, 2011).

4.2   Potenziale der Videoforschung

Mit traditionellen Papier-und-Bleistift-Tests sind die dargestellten Grenzen vermutlich kaum zu überwinden. Videogestützte Forschung könnte hier weiterhelfen. Den theoretischen Rahmen dafür stellt die Expertiseforschung bereit. In dieser werden berufserfahrene und aufgrund verschiedener Indikatoren als herausragend definierte „Expertenlehrer" auf der einen Seite sowie „Novizen" in ihren ersten Berufsjahren auf der anderen Seite gegenübergestellt. Die beiden Gruppen unterscheiden sich offensichtlich in der kognitiven Organisation ihres Professionswissens. Für Expertenhandeln spielen vor allem die „mentale Repräsentation, hierarchische Organisation und flexible Zugänglichkeit" (Weinert, Schrader & Helmke 1990, S. 176) von professionellem Wissen eine Rolle.

Experten zeichnen sich gegenüber Novizen durch eine schnellere Wahrnehmung von Informationen und eine fehlerfreiere Erinnerung aufgrund höheren Vorwissens, eine bessere Organisationsleistungen bei der Speicherung und dem Abrufen der Informationen sowie den Besitz von Schemata mit fallbasierten Scripts aus (Gruber, 1998). Das professionelle Wissen besitzt für den einzelnen Expertenlehrer zudem eine kohärente Struktur, die nicht mit der wissenschaftlichen Struktur übereinstimmen muss, und es ist mit Bezug auf Unterrichtssituationen organisiert, nicht im Hinblick auf einen einzelnen Schüler (Bromme, 1992).

Verschiedene Formen der Videoforschung sind denkbar, um solche Entwicklungsprozesse zu untersuchen:

1)   Videographierter Unterricht kann als *Datenpool für die Analyse kontextsensitiver Fragestellungen* genutzt werden. Hier sind verschiedene methodische Zugänge denkbar. Die Analyse kann qualitativ-ethnographisch geschehen, wie dies beispielsweise Breidenstein (2006) für die Analyse von Peer-Group-Prozessen während des Unterrichts vorgeführt hat. Sie kann aber auch quantitativ geschehen, wie dies beispielsweise in den international-vergleichenden TIMSS-Videostudien von Hiebert et al. (2003) erfolgt ist. Innerhalb von Deutschland finden sich ähnliche Videostudien im Kontext von DESI (Helmke et al., 2008) oder beispielsweise zum Einsatz neuer Medien im Unterricht (Blömeke, Eichler & Müller, 2003; Müller, Eichler & Blömeke, 2006).

2) In einem zweiten Ansatz wird der videographierte Unterricht als *kontextsensitiver Impuls für die Datengewinnung* genutzt. Es kann sich dabei um simulierte oder natürliche Unterrichtsszenen handeln, die ungeschnitten in voller Länge oder zu kurzen Sequenzen verarbeitet gezeigt werden. Auch hier sind wieder verschiedene methodische Zugänge denkbar.

   a. Unter dem Begriff der *video-cued multivocal ethnography* wird dieselbe Unterrichtsszene unterschiedlichen Gruppen an direkt oder indirekt Beteiligten vorgeführt (Tobin, 2007). Dies können die Schülerinnen und Schüler, die Lehrkräfte, Eltern und die Schulleitung oder die Schulinspektion sein. In der Form des Lauten Denkens wird mehrperspektivisch beschrieben, wie die Situation wahrgenommen wird, was Hintergründe der gewählten Handlungsstrategien waren und welche Gründe dafür vorlagen.

   In solchen Studien kann besonders deutlich werden, welche Bedeutung Überzeugungen zukommt und wie wichtig die Berücksichtigung des sozialen Kontextes und die Sequenzialität von Handeln sind.

   b. Bei *video-cued interviews*, die in strukturierter oder narrativer Form sowie mit Experten oder in biographischer Form geführt werden können, geht es darum, Gesprächsanlässe zu schaffen, um detailreich Unterrichtsmerkmale beschreiben zu können. Viele Geschehnisse laufen so routiniert ab, dass sie ohne Anschauungsmaterial nicht bewusst rekonstruiert werden können.

   Als besonders produktiv hat es sich in diesem Zusammenhang erwiesen, mit dem Gegenstand nicht vertraute Personen den Unterricht wahrnehmen oder sie die Fragen stellen zu lassen. Oft werden erst so Selbstverständlichkeiten thematisiert, die andernfalls unbeachtet blieben. Tobin et al. (1989, 2009) haben die Produktivität dieser Form der Videoforschung in ihren beiden Drei-Länder-Studien zum Kindergarten in China, Japan und den USA vorgeführt.

   c. Als *video-cued testing* wird eine Form der Videoforschung bezeichnet, mit der situiert das Professionswissen von Lehrkräften erfasst werden soll. Hierzu liegen fächerübergreifend (Seidel & Prenzel, 2007) und domänenspezifisch (Biologie; Schmelzing, 2010) einige Studien vor. Die Testung kann sowohl standardisiert oder offen stattfinden. Auf die Potenziale dieses Ansatzes wird im nächsten Abschnitt anhand der „Teacher Education and Development Study: Follow Up zu TEDS-M (TEDS-FU; Blömeke, Kaiser & König, 2009)" eingegangen.

3) Ein dritter Ansatz soll schließlich noch erwähnt werden, auch wenn es sich eher um Entwicklung als Grundlagenforschung handelt, und zwar die Nutzung von Videos zur Beschreibung, Klassifizierung oder Veranschaulichung von *Best Practice*. Dieser Ansatz wird oft in der Lehrerfortbil-

dung genutzt, um Anregungen für zukünftiges Lehrerhandeln zu geben (siehe z.B. Welzel & Stadler, 2005).

4.3 Die Videostudie TEDS-FU

Ziel von TEDS-FU ist die längsschnittliche Modellierung des Übergangs von Lehrkräften aus der Ausbildung in den Beruf.[3] Über *video-cued testing* wird situiert das Professionswissen von Mathematiklehrkräften für die Primarstufe und die Sekundarstufe I erfasst. Dies geschieht in Form eines internationalen Vergleichs in drei Ländern: in Deutschland, Taiwan und den USA. Inhaltlich stehen die Analyse von Schülerfehlern, das Erklären von mathematischen Sachverhalten, der Umgang mit Leistungsheterogenität und das *Classroom Management* im Vordergrund. Auf der Basis der erhobenen Daten erfolgen Analysen zur prognostischen Validität der Ausbildungsergebnisse, zur Kompetenzentwicklung in den ersten Berufsjahren und die Identifikation förderlicher Bedingungsfaktoren (Blömeke, Kaiser & König, 2009).

Als Stichprobe dienen die Lehrkräfte, die 2008 im Zuge von TEDS-M getestet wurden. Sie wurden zu zwei weiteren Messzeitpunkten angeschrieben. 2011 haben sie einen Online-Survey zu ihrem Berufsstatus, ihren Arbeitsanforderungen, ihrer Berufszufriedenheit, zu ihren Überzeugungen und den Merkmalen ihres Schulkontextes ausgefüllt. 2012 haben sie einen Online-Videovignetten-Test absolviert. Anhand von sechs Videovignetten (je drei für die Primarstufe und die Sekundarstufe I) wurden ihre Unterrichtswahrnehmung und -analyse sowie ihre situativen Reaktionen und Handlungsentwürfe erfasst. Zudem waren sie aufgefordert, ihre Entscheidungen zu begründen.

Ergänzend erfolgte eine Testung ihres mathematischen, mathematikdidaktischen und pädagogischen Wissens mit Kurzformen des ursprünglichen TEDS-M-Tests und sie wurden in einem Geschwindigkeitstest auf ihre Fähigkeit hin geprüft, Schülerfehler schnell und korrekt zu erkennen.

Die theoretische Basis dieser Versuchsanlage stellt die Expertiseforschung dar. Anhand von drei- bis vierminütigen Videovignetten (für Szenen daraus siehe Abb. 9), die typische Unterrichtsszenen im Mathematikunterricht der Klassen 3 und 4 bzw. 8 und 9 thematisieren, sollen über Indikatoren für Expertise Entwicklungsprozesse unterschieden werden. Die Daten werden zum einen in ökonomischer Form über bewährte Likertskalen aus anderen Studien erfasst, mit denen der Unterricht beurteilt wird (Pauli, Reusser & Grob, 2007 auf der Basis von Clausen, 2002). Zum anderen werden offene Fragen gestellt, auf die relativ umfangreich zu antworten ist. Hier handelt es sich also nicht nur um Kurzantwortaufgaben, sondern um längere Ausführungen, die differenziert kodiert werden.

Indikatoren für eine Unterscheidung von Novizen und Experten sind beispielsweise (siehe als Protagonisten der Expertiseforschung Borko & Livingston, 1989;

---

3   TEDS-FU wird in Deutschland durch die DFG gefördert (BL 548/8-1).

Leinhardt & Greeno, 1986; Housner & Griffey, 1985; Chi, Feltovich & Glaser, 1981; Berliner, 1986; zusammenfassend Hogan & Rabinowitz, 2009; Chi, 2011):

- Erinnern die beobachtenden Lehrkräfte nur Offensichtliches oder können sie im Nachhinein zahlreiche Vorkommnisse identifizieren? Eine Beispielfrage aus TEDS-FU hierfür lautet: „Welche Repräsentationsformen bietet die Lehrerin in dieser Vignette zur Problemlösung an?"
- Wie genau nehmen die beobachtenden Lehrkräfte den Unterrichtsablauf wahr? Eine Beispielfrage hierfür lautet: „Karolas Lösung beinhaltet zwei Fehler [diese werden dann erläutert; S.B.]. Bitte geben Sie drei Aspekte des Unterrichtseinstiegs aus dem Video an, die diese Fehler begünstigen."
- Ist die Wahrnehmung der Lehrkraft eher auf die gesamte Klasse, auf Schülergruppen oder auf Individuen ausgerichtet? Steht die Lehrkraft oder stehen die Schülerinnen und Schüler im Fokus der Wahrnehmung?
- Verfügen die beobachtenden Lehrkräfte über ein reiches Repertoire an zusätzlichen Strategien oder haben sie kaum Alternativen zum Vorgehen, das in der Videovignette beobachtet werden konnte?

Abb. 9: Unterrichtsszene aus TEDS-FU zur Erfassung situierten Professionswissens von Mathematiklehrkräften

 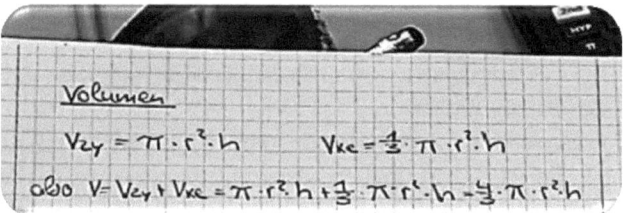

4.4   Videoforschung: Neue Probleme – neue Forschungsbedarfe

Die angeführten Beispiele aktueller Videoforschung haben enormes Potenzial, die Kompetenzforschung weiterzuentwickeln. Allerdings sind mit ihr nicht geringe neue Herausforderungen verbunden. Die gewünschte Situations- und Kontextabhängigkeit von Lösungen, die deren Validität deutlich erhöhen dürfte, ist mit typischen Problemen verhaltensnaher Maße behaftet, die zu Einbußen im Hinblick auf ein anderes wichtiges Gütekriterium empirischer Forschung führen, der Reliabilität von Messungen (vgl. Kane, 1992):

- So ist die *Bewertung* einer spezifischen Testleistung – beispielsweise ob die gewählte Handlungsoption an einer bestimmten Stelle des Videos als richtig bzw. falsch oder als effektiv bzw. nicht effektiv zu klassifizieren ist – in komplexen Situationen weniger eindeutig als in künstlich reduzierten Testitems.

Damit ergibt sich das Reliabilitätsproblem, dass Expertenreviews ggf. zu keinen eindeutigen Ergebnissen kommen.

- In diesem Zusammenhang stellt sich als ein *Samplingproblem* die Herausforderung zu bestimmen, wer eigentlich als Experte gelten kann, die Entscheidung über richtig/falsch vorzunehmen, und wie viele Expertinnen und Experten zur Bestimmung notwendig sind (Shavelson & Rui-Primo, 2000). Im Unterrichtskontext kommen immer mehrere Personengruppen in Frage: universitäre Experten wie Fachdidaktiker oder Fachwissenschaftler, Praxisexperten wie Seminarleiter oder Lehrkräfte, Qualitätsbeurteiler aus der Praxis wie Schulinspektoren oder Schulleiter, aber auch Schüler und Eltern.
- Selbst wenn diese Probleme überwunden sind, stellt sich die Frage, inwieweit die Ergebnisse zu einer Videovignette, die eine ganz spezifische Situation darstellt, *generalisiert* werden können. Sind Lehrkräfte, die hier mit einer sehr guten Lösung aufwarten, auch in anderen Situationen besonders gut? Aller Erfahrung mit performanzbasierten Maßen nach ist der Messfehler bei dieser Art von Forschung deutlich höher als in der traditionellen Forschung.
- Unter methodischen Gesichtspunkten ist zu erwähnen, dass die Daten nicht unabhängig von den Videos gesehen werden können. Wir haben es hier mit einer *Nestung* von Einheiten zu tun, da spezifische Lehrer- und Schülerkontexte gegeben sind (Kane, 1998). Diese haben offensichtlich in erheblichem Maße Auswirkung auf die Testleistungen von Lehrkräften (Gold, 2012).
- Nach welchen Kriterien werden die Situationen und Unterrichtskontexte ausgewählt, die in den notwendigerweise wenigen Videos präsentiert werden? Damit sich hier nicht ggf. ein Problem mangelnder *Repräsentativität* stellt, muss das Sampling erneut begründet werden. Dabei können verschiedene Kriterien angewendet werden: besonders häufige Unterrichtssituationen oder auch solche, die für Schülerfehler zentral sind. Eindeutigkeit ist jedenfalls schwierig zu erreichen, da es sich mit den Worten von Kane (1992) wie bei der Expertenauswahl um „fuzzy universes" handelt.
- Offen bleiben muss derzeit, inwieweit sich die videobasierten Testleistungen zur Unterrichtsrealität *extrapolieren* lassen. Auch wenn Videotests dem alltäglichen Verhalten näher kommen als Papier-und-Bleistift-Tests ist das Verhältnis nicht wirklich erforscht.

Multivariate Zugänge und Varianzkomponentenanalysen liefern methodisch das Instrumentarium, das Ausmaß dieser Probleme zu bestimmen. Messfehler können aus allen angesprochenen Samplingproblemen resultieren. Cronbach et al. (1972), Shavelson, Bexter and Gao (1993) und Brennan (1997; 2000) haben mit der *Generalizability Theory* den konzeptionellen Rahmen dafür vorgelegt. Allerdings sind die Probleme dadurch noch nicht behoben. Technische Neuentwicklung wie *Eyetracker* und *Logfiles* liefern ggf. eine ganz neue Datenqualität, um weiterzukommen, indem weitere Indikatoren erfasst werden können wie beispielsweise die Augenbewegungen von Lehrkräften mit Hinweisen auf ihre Aufmerksamkeitsfokussierung oder das Eingabeverhalten während der Testbearbeitung per Logfiles, so-dass Geschwindigkeitsmaße entwickelt werden können (Miller & Zhou, 2007).

Letztlich ist aber davon auszugehen, dass das grundsätzliche Spannungsverhält-nis von Validität und Reliabilität nicht aufgehoben werden kann. Je näher die Er-hebung an der alltäglichen Situation mit ihrer Unbestimmtheit und Mehrdimensio-nalität liegt, desto höher ist die Validität der Messung – desto mehr Einbußen muss man aber vermutlich im Hinblick auf deren Zuverlässigkeit hinnehmen. Oder wie Kane (1992, S. 164) sagt: „Basically, you can't win." Und er macht als neues Ziel verhaltensnaher Forschung aus:

> „The purpose of inquiry is not to move from confusion to understanding, but to move from confusion to a higher state of confusion, one in which we clearly under-stand what we are confused about."

Literatur

Altrichter H. & Helm C. (Hg.), *Akteure und Instrumente der Schulentwicklung,* Zürich: Verlag Pestalozzianum.

Bonsen, M. & Berkemeyer, N. (2011), Lehrerinnen und Lehrer in Schulentwicklungsprozes-sen, in: Terhart E., Bennewitz H. & Rothland M. (Hg.), *Handbuch der Forschung zum Lehrerberuf,* Münster: Waxmann, 731-747.

Atteslander P. (2006), *Methoden der empirischen Sozialforschung* (11. Aufl.), Berlin: Schmidt.

Benjamin R., Chun M. & Shavelson R. (2007), *Holistic Tests in a sub-score world: The diag-nostic logic of the Collegiate Learning Assessment,* New York, NY: Council for Aid to Education.

Kromrey H. (2007), *Empirische Sozialforschung* (11. Aufl.), Stuttgart: UTB.

Baumert J. & Kunter M. (2006), Stichwort: Professionelle Kompetenz von Lehrkräften, in: *Zeitschrift für Erziehungswissenschaft* 9, 469-520.

Baumert J., Kunter M., Blum W., Brunner M., Voss T., Jordan A., Tsai Y.-M. (2010), Teach-ers' mathematical knowledge, cognitive activation in the classroom, and student progress, in: *American Educational Research Journal* 47/1, 133–180.

Berliner D. (1986), In pursuit of the expert pedagogue, in: *Educational Researcher* 15/7, 5-13.

Blömeke S. (2002), *Universität und Lehrerausbildung,* Bad Heilbrunn/Obb.: Klinkhardt.

Blömeke S. (2012a), Content, professional preparation and teaching methods: How diverse is teacher education across countries?, in: *Comparative Education Review* 56, 684-714.

Blömeke S. (2012b), Kompetenzerfassung in der empirischen Bildungsforschung. Historische und disziplinäre Entwicklungen sowie die aktuelle Umsetzung in Studien, in: Pfadenhauer M. & Kunz AM MAIN (Hg.), *Kompetenzen in der Kompetenzerfassung. Ansätze und Auswirkungen der Vermessung von Bildung,* Weinheim: Juventa.

Blömeke S., Eichler D. & Müller Ch. (2003), Rekonstruktion kognitiver Prozesse von Lehr-personen als Herausforderung für die empirische Unterrichtsforschung. Theoretische und methodische Überlegungen zu Chancen und Grenzen von Videostudien, in: *Unterrichts-wissenschaft* 31, 103-121.

Blömeke S., Kaiser G. & Döhrmann M. (2011), Bedingungsfaktoren des fachbezogenen Kom-petenzerwerbs von Lehrkräften. Zum Einfluss von Ausbildungs-, Persönlichkeits- und Kompositionsmerkmalen in der Mathematiklehrerausbildung für die Sekundarstufe I, in: *Zeitschrift für Pädagogik,* Beiheft 57, 77-103.

Blömeke S., Suhl U. & Kaiser G. (2011), Teacher education effectiveness: Quality and equity of future primary teachers' mathematics and mathematics pedagogical content knowledge, in: *Journal of Teacher Education* 62, 154-171.

Blömeke S., Kaiser G., & König J. (2009), *Längsschnittliche Entwicklung der Kompetenzen von Junglehrkräften: Follow-Up zur internationalen Vergleichsstudie TEDS-M (TEDS-FU). Antrag auf Gewährung einer DFG-Sachbeihilfe im Rahmen des Normalverfahrens* (Ms.; bewilligt als BL 548/8-1), Berlin, Hamburg & Köln: Universität.

Blömeke S., Kaiser G. & Lehmann R. (2010) (Hg.), *TEDS-M 2008 – Professionelle Kompetenz und Lerngelegenheiten angehender Mathematiklehrkräfte für die Sekundarstufe I im internationalen Vergleich*, Münster: Waxmann.

Blömeke S., Kaiser G. & Lehmann R. (2010) (Hg.), *TEDS-M 2008 – Professionelle Kompetenz und Lerngelegenheiten angehender Mathematiklehrkräfte für die Sekundarstufe I im internationalen Vergleich*, Münster: Waxmann.

Blömeke S., Suhl U., Kaiser G. & Döhrmann M. (2012), Family background, entry selectivity and opportunities to learn: What matters in primary teacher education? An international comparison of fifteen countries, in: *Teaching and Teacher Education* 28, 44–55.

Borko H., & Livingston C. (1989), Cognition and improvisation: Differences in mathematics instruction by expert and novice teachers, in: *American Educational Research Journal*, 26, 473-498.

Breidenstein G. (2006), *Teilnahme am Unterricht. Ethnographische Studien zum Schülerjob* (Studien zur Schul- und Bildungsforschung, Band 24), Wiesbaden: VS Verlag für Sozialwissenschaften.

Brennan R. L. (1997), A perspective on the history of generalizability theory, in: *Educational Measurement: Issues and Practice* 16/4, 14–20.

Brennan R. L. (2000), (Mis)conceptions about generalizability theory, in: *Educational Measurement: Issues and Practice* 19/1, 5–10.

Bromme R. (1992), *Der Lehrer als Experte. Zur Psychologie des professionellen Wissens*, Bern: Hans Huber.

Bromme R. (1997), Kompetenzen, Funktionen und unterrichtliches Handeln des Lehrers, in: Weinert F. E. (Hg.), *Psychologie des Unterrichts und der Schule*, Göttingen: Hogrefe.

Chi M. T. H., Feltovich P. J. & Glaser R. (1981), Categorization and representation of physics problems by experts and novices, in: *Cognitive Science*, 5, 121-152.

Clausen M. (2002), *Unterrichtsqualität: Eine Frage der Perspektive? Empirische Analysen zur Übereinstimmung, Konstrukt- und Kriteriumsvalidität* (Vol. 29), Münster: Waxmann.

Cronbach L. J., Gleser G. C., Nanda H., & Rajaratnam N. (1972), *The dependability of behavioral measurements: Theory of generalizability for scores and profiles*, New York: Wiley.

Gruber H. (1998), Expertise, in: Rost D. H. (Hg.), *Handwörterbuch Pädagogische Psychologie*, Weinheim: Psychologie Verlags Union, 25-52.

Habermas J. (1971), Vorbereitende Bemerkungen zu einer Theorie der kommunikativen Kompetenz. Vorlage für Zwecke einer Seminardiskussion, in: Habermas J. & Luhmann N. (Hg.), *Theorie der Gesellschaft oder Sozialtechnologie – Was leistet die Systemforschung?*, Frankfurt/M.: Suhrkamp, 101-141.

Helmke T., Helmke A., Schrader F.-W., Wagner W., Nold G. & Schröder K. (2008): Die Videostudie des Englischunterrichts, in: DESI-Konsortium (Hg.), *Unterricht und Kompetenzerwerb zu Deutsch und Englisch. Ergebnisse der DESI-Studie*, Weinheim: Beltz, 345-363.

Heming R. (1996), *Individuum, Soziogenese und kommunikative Kompetenz. Zur Bestimmung und Kritik sozialisationstheoretischer Implikationen im Habermas'schen Theorieentwurf.* Sinzheim: Pro Universitate.

Klieme E. & Hartig J. (2007), Kompetenzkonzepte in den Sozialwissenschaften und im empirischen Diskurs, in: Prenzel M., Gogolin I. & Krüger H.-H. (Hg.), *Kompetenzdiagnostik. Sonderheft 8 der Zeitschrift für Erziehungswissenschaft*, 11-29.

Hiebert J., Gallimore R., Garnier H., Givvin K. B., Hollingsworth H., Jacobs J. (…) & Stigler J. (2003), *Teaching Mathematics in Seven Countries: Results from the TIMSS 1999 Video Study*, NCES (2003-013), U.S. Department of Education, Washington, DC: National Center for Education Statistics.

Housner L. D., & Griffey, D. C. (1985), Teacher cognition: Differences in planning and interactive decision-making between experienced and inexperienced teachers, in: *Research Quarterly for Exercise and Sport*, 56, 45-53.

Kane M. (1992), The assessment of professional competence, in: *Eval Health Prof* 15/2, 163-82.

Klein S., Benjamin R., Shavelson R., & Bolus R. (2007), The Collegiate Learning Assessment: Facts and fantasies, in: *Evaluation Review* 31/5, 415-439.

König J. & Blömeke S. (2009), Pädagogisches Wissen von angehenden Lehrkräften. Erfassung und Struktur von Ergebnissen der fachübergreifenden Lehrerausbildung, in: *Zeitschrift für Erziehungswissenschaft*, 12, 499-527.

Leinhardt G. & Greeno J. G. (1986), The cognitive skill of teaching, in: *Journal of Educational Psychology* 78/2, 75-95.

Lepenies W. (1971), *Soziologische Anthropologie: Materialien*, München: Hanser.

Miller K. F. & Zhou X. (2007), Learning from classroom video: What makes it compelling and what makes it hard, in: Goldman R., Pea R., Barron B. & Derry S. (eds.), *Video research in the learning sciences*, Mahwah, NJ: Erlbaum, 321-334

Müller Ch., Blömeke S. & Eichler D. (2006), Unterricht mit digitalen Medien – zwischen Innovation und Tradition? Eine empirische Studie zum Lehrerhandeln im Medienzusammenhang, in: *Zeitschrift für Erziehungswissenschaft* 9, 632-650.

Pauli C., Reusser K. & Grob U. (2007), Teaching for understanding and/or selfregulated learning? A video-based analysis of reform-oriented mathematics instruction in Switzerland, in: *International Journal of Educational Research* 46/5, 294-305.

Richardson V. (1996), The role of attitudes and beliefs in learning to teach, in: Sikula J. (Hg.), *Handbook of research on teacher education* (2nd ed.), New York: Macmillan, 102-119

Schmelzing S. (2010), *Das fachdidaktische Wissen von Biologielehrkräften: Konzeptionalisierung, Diagnostik, Struktur und Entwicklung im Rahmen der Biologielehrerbildung*, Berlin: Logos Verlag.

Seidel T. & Prenzel M. (2007), Wie Lehrpersonen Unterricht wahrnehmen und einschätzen – Erfassung pädagogisch-psychologischer Kompetenzen mit Videosequenzen, in: *Zeitschrift für Erziehungswissenschaft, Sonderheft 8,* 201-216.

Shavelson R. J., Baxter G. P. & Gao X. (1993), Sampling variability of performance assessments, in: *Journal of Educational Measurement*, 30, 215–232.

Shavelson & Rui-Primo (2000), On the psychometrics of assessing science understanding.

Shulman L. S. (1985), Paradigms and research programs in the study of teaching: A contemporary perspective, in: Wittrock M. C. (Hg.), *Handbook of Research on Teaching* (3rd ed.), New York: Macmillan, 3-36.

Shulman L. S. (1991), Von einer Sache etwas verstehen. Wissensentwicklung bei Lehrern, in: Terhart, E. (Hg.), *Unterrichten als Beruf. Neuere amerikanische und englische Arbeiten zur Berufskultur und Berufsbiographie von Lehrern und Lehrerinnen*, Köln: Böhlau (= Studien und Dokumentationen zur vergleichenden Bildungsforschung 50), 145-160.

Tatto M. T., Peck R., Schwille J., Bankov K., Senk S. L., Rodriguez M., Ingvarson L., Reckase M., & Rowley G. (2012), *Policy, practice, and readiness to teach primary and secondary mathematics in 17 Countries. Findings from the IEA Teacher Education and Development Study in Mathematics (TEDS-M)*, Amsterdam: IEA.

Thompson A. (1996), Teachers' beliefs and conceptions: A synthesis of the research, in: Grouws D. (Hg.), *Handbook of research on mathematics teaching and learning: A project of the National Council of Teachers of Mathematics*, New York: Macmillan, 127-146.

Tobin J., Yeh H. & Karasawa M. (2009), *Preschool in Three Cultures Revisited: China, Japan, and the United States*, Chicago: University of Chicago Press.

Tobin J., Wu D. & Davidson D. (1989), *Preschool in Three Cultures: Japan, China, and the United States*, New Haven, CT: Yale University Press.

Tobin J. (2007), The Poetics and Pleasures of Video Ethnography of Education.

Weinert F. E. (1999), *Konzepte der Kompetenz. Gutachten zum OECD-Projekt "Definition and Selection of Competencies: Theoretical and Conceptual Foundations (DeSeCo)"*, Neuchatel: Bundesamt für Statistik.

Weinert F. E. (2001), Concept of Competence: A Conceptual Clarification, in: Rychen D. S. & Salganik L. H. (Hg.), *Defining and Selecting Key Competencies*, Göttingen: Hogrefe.

Weinert F. E., Schrader F.-W. & Helmke A. (1990), Unterrichtsexpertise – Ein Konzept zur Verringerung der Kluft zwischen zwei theoretischen Paradigmen, in: Alisch L.-M., Baumert J. & Beck K. (Hg.), *Professionswissen und Professionalisierung. Sonderband in Zusammenarbeit mit der Zeitschrift Empirische Pädagogik*, Braunschweig: Copy-Center Colmsee (= Braunschweiger Studien zur Erziehungs- und Sozialarbeit 28), 173-206.

Welzel M. & Stadler H. (2005) (Hg.), *Nimm doch mal die Kamera. Nutzung von Videos in der Lehrerfortbildung.* Münster: Waxmann.

Video-vignettenbasierte standardisierte Erhebung von Lehrerkognitionen

Anke Lindmeier (IPN – Leibniz Institut für die Pädagogik der Naturwissenschaften und Mathematik Kiel)

1 Lehrerkognitionen als Untersuchungsgegenstand

Der Lehrkraft wird als unterrichtsgestaltende Größe eine wichtige Rolle zuteil. Sie plant und gestaltet Unterricht und ist dafür verantwortlich, im jeweiligen Kontext lernförderliche Lernumgebungen zu realisieren. Diesem Umstand wurde in den letzten Jahren zunehmend Rechnung getragen, indem die Expertise von Lehrkräften vermehrt zum Untersuchungsgegenstand wurde. Sind individuelle kognitive Faktoren dieser Expertise von Interesse, so werden im Wesentlichen drei unterschiedliche Konstrukttypen in den Blick genommen, wobei meist fachspezifische, teils auch fachunabhängige Konzeptionalisierungen vorgenommen wurden.

Zum einen wird *professionelles Wissen* von Lehrkräften untersucht. Dabei sind in Anlehnung an Shulman (1986) meist die Komponenten Fachwissen, fachdidaktisches Wissen und pädagogisches Wissen auf Interesse gestoßen, so dass man für einige Domänen bereits von breit untersuchten Konstrukten sprechen kann. Zum anderen werden Aspekte *professioneller Wahrnehmung* als wissensbasierte Prozesse in den Fokus genommen. Dabei wird angenommen, dass professionelle Wahrnehmung eine notwendige Voraussetzung für professionelles Handeln darstellt (Sherin, Jacobs & Randolph, 2011). Eine dritte Kategorie von Zugängen konzentriert sich auf *handlungsnahe professionelle Kompetenzen*. Kompetenzen werden dabei im Sinne von Klieme und Hartig (2007) als anforderungsspezifische Leistungsdispositionen verstanden, so dass diese Konzepte weiter gefasst sind als die o. g. Wissens- und Wahrnehmungskonstrukte.

Die standardisierte Erhebung der *Wissen*skonstrukte wird traditionell über Papier-Bleistift-Tests realisiert. Für die standardisierte Erhebung der handlungsnäheren Konstrukte wird jedoch die Eignung dieser Verfahren diskutiert. Es stellt sich die Frage, welches Erhebungsverfahren den professionellen Anforderungen des Lehrberufs Rechnung tragen kann (Haertel, 1991; Hartig & Klieme, 2007; Heinze & Lindmeier, 2007). Gerade zur Erfassung von Kompetenz- und Wahrnehmungskonstrukten mit Bezug zum Unterrichten wurden deswegen alternativ videobasierte Erhebungsverfahren vorgeschlagen, die auf Lehr-Lernsituationen in Form von Videovignetten beruhen. Solchen Verfahren wird das Potential zugeschrieben, im Vergleich zu schriftlichen Maßen eine höhere Validität erreichen zu können. Innerhalb dieser video-vignettenbasierten Erhebungsverfahren gibt es allerdings erhebliche Unterschiede.

In diesem Review soll deswegen der Einsatz von Videos in standardisierten Testverfahren verglichen werden.[1] Dabei werden zuerst die theoretischen Rahmungen skizziert und dann videobasierte Operationalisierungen analysiert. Durch die systematische Betrachtung der bisherigen Forschungslage werden in diesem Beitrag zentrale Forschungsfelder sichtbar.

Die Auswahl der Literatur für dieses Review wurde dabei nach weichen Kriterien vorgenommen und erhebt keinen Anspruch auf Vollständigkeit. Es wurde versucht, das aktuell sehr innovative Forschungsfeld in Bezug auf videobasierte Messverfahren (im o. g. Sinn) für Lehrerkognitionen in seiner Breite abzubilden. Dabei sollten auch Ansätze integriert werden, wenn sie noch nicht in einschlägigen Zitationsindexen auffindbar sind. Dieses Vorgehen scheint der Autorin angesichts des Innovationspotentials der Zugänge gerechtfertigt. Diese Zusammenschau trägt auch dazu bei, dass besser eingeschätzt werden kann, inwiefern die Zugänge auf andere Domänen als die bisher vorherrschenden übertragbar sind. In Tabelle 1 ist die Auswahl der Studien zusammengefasst.

Tab. 1: Dieser Analyse zugrundeliegende videobasierte Forschungsarbeiten

Kurzbezeich-nung hier	Literatur	Videobasiert erhobene Ziel-konstrukt(e)	Domäne	Stichproben-größe der Stu-dien
CVA (Classroom Video Analysis Assessment)	Kersting, 2008; Kersting et al., 2010 Kersting et al., 2012	Wissen von Mathematiklehr-kräften (PCK und CK) in Anwendung	Mathematik	N=62 (2008) N=237 (2010) N=36 (2012)
Oser et al.	Oser & Heinzer 2009 Oser, Salzmann & Heinzer, 2009 Oser, Heinzer & Salzmann, 2010	Kompetenzprofi-le von Berufs-schullehrkräften (für Handlungs-kerne „Feed-back" und „Gruppenunter-richt")	Allgemein-pädagogisch (Feedback, Gruppenunter-richt)	N=110 (2009, Feedback) N=164 (2010, Gruppenunter-richt)
Observer	Seidel, Blomberg & Stürmer, 2010 Jahn et al., 2011* Blomberg, Stür-mer & Seidel, 2011** Stürmer, Kö-nings & Seidel, 2012	Professionelle Unterrichtswahr-nehmung in den Facetten Zielori-entierung, Lern-atmosphäre und Lernatmosphäre	Allgemein-pädagogisch (lernwirksame Faktoren)	N=40 (2010) N=387 (2011*) N=88 (2011**) N=53 (2012)

---

1 Insbesondere sind in diesem Artikel also Methoden der Videographie nicht berücksichtigt.

Videotest	Bischoff, Brühwiler & Baer, 2005 Beck et al., 2008 Vogt & Rogalla, 2009 Brühwiler & Blatchford, 2011	Adaptive Handlungskompetenz	Naturwissenschaften (Biologie)	N=32/18 (Interventions-/Kontrollgruppe)
Lindmeier	Lindmeier, 2011	Aktionsbezogene Kompetenzen	Mathematik	N=40 (Sek. I)
Sherin & van Es	van Es & Sherin, 2008 Sherin & van Es, 2009	Professional Vision	Mathematik	N=7
Steffensky et al.	Steffensky et al., 2012	Analysekompetenz Dimension Lernunterstützung	Naturwissenschaften (Elementarbereich)	N=193 (BA-studierende) N=116 (MA-Studierende) N=124 (Lehrkräfte)
Holodynski & Gold	Holodynski & Gold, 2012	Analysekompetenz Dimension Klassenführung	Allgemein-pädagogisch (Klassenführung)	*s. o.* Steffensky *et al.*

2   Rahmenkonstrukte

In diesem Abschnitt werden zuerst die Konstrukte, die als Grundlage der standardisierten Maße beschrieben werden, skizziert. Die Arbeiten zum Lehrerwissen können als Ausgangspunkt zur Erforschung kognitiver Strukturen von Lehrkräften gesehen werden. Die Arbeiten zur Wahrnehmung und Kompetenz von Lehrkräften werden meist als Weiterentwicklungen dieses Zugangs verstanden.

2.1   Professionelles Wissen

Befunde aus der Expertiseforschung zeigen, dass Wissen eine zentrale Rolle bei der Entwicklung von Expertise spielt (Ericsson, Krampe & Tesch-Römer, 1993; Glaser & Chi, 1988). Für das professionelle Wissen von Lehrkräften gelten die theoretischen Arbeiten von Shulman (1986) als wegweisend. Er identifiziert verschiedene Arten von professionellem Wissen von Lehrkräften. Neben fächerübergreifendem Wissen, wozu z. B. allgemein-pädagogisches Wissen (*general pedagogical knowledge*, PK) gehört, beschreibt er fachspezifisches Wissen, wobei darunter Fachwissen (*content knowledge*, CK) und das Konstrukt des fachdidaktischen Wissens (*pedagogical content knowledge*, PCK) gefasst sind. Fachdidaktisches Wissen (PCK) wird als fachliches Wissen beschrieben, unterscheidet sich aber vom reinen Fachwissen (CK), insofern es Wissen ist, das speziell für das Lehren und Lernen des Faches relevant ist. Dazu gehört z. B. Wissen über verschiedene Repräsentationen eines Sachverhalts und deren Eignung für den Unterricht oder aber Wissen über typische Fehlvorstellungen und Schwierigkeiten von Lernenden in einem Bereich. An anderer Stelle hat Shulman (1987) dafür den Begriff des „Amalgams zwischen fachlichem und pädagogischen Wissen"[2] geprägt. Vorschläge zur Operationalisierung der Konstrukte findet man bei Shulman nicht.

Für den mathematischen Bereich kann das Modell des *mathematical knowledge for teaching* (MKT) der Gruppe um Deborah Ball als eine weitere Ausdifferenzierung fachgebundenen Wissens verstanden werden, das Shulmans Unterscheidung zwischen CK und PCK aufgreift, und für beide Bereiche eine noch feinere Unterteilung vornimmt. Teile dieses MKT-Modells wurden in einem Papier-Bleistift-basiertem Messinstrument für den Elementar-[3] und auch den Sekundarbereich operationalisiert (Hill, Ball & Schilling, 2004; Hill, Rowan & Ball, 2005; Hill et al., 2008). Im deutschsprachigen Raum sind Maße für CK und PCK für Sekundarstufe I im Rahmen der Coactiv-Studie entstanden (Krauss et al., 2008).

Obwohl Shulman die Wissenstypen für das Fach Mathematik illustrierte, sind die Überlegungen in weiteren Fächern analog angewendet worden, so dass vor allem fachdidaktisches Wissen in seiner Abgrenzung zu fachlichem Wissen in den Fokus gerückt ist. Im Bereich der Naturwissenschaften existieren u. a. Konzepte und standardisierte Maße zum CK und PCK von Lehrkräften der Physik (Riese & Reinhold, 2012) und der Biologie (Jüttner & Neuhaus, 2012).

Den hier in Auswahl skizzierten Arbeiten ist gemein, dass sie versuchen, Teilaspekte des Wissens von Lehrkräften zu beschreiben. Die dabei entstehenden Papier-Bleistift Maße werden für unterschiedliche Zwecke eingesetzt, so z. B. in internationalen Vergleichsstudien zum Lehrerbildungsoutcome (z. B. Blömeke, Kaiser & Lehmann, 2010), zur Evaluation von Aus- und Fortbildungsmaßnahmen oder zur Erklärung von Unterschieden im Lernzuwachs der Schülerinnen und Schüler in nationalen Settings (z. B. Krauss, Neubrand, Blum et al., 2008).

2.2   Professionelle Wahrnehmung

Aus der Expertiseforschung ist bekannt, dass bei Experten die Fähigkeiten, für ihren Tätigkeitsbereich bedeutsame Muster und Geschehen wahrzunehmen, höher ausgeprägt sind als bei Laien (z. B. in Spielkonstellationen bei Schachspielern, Röntgenbildern bei Chirurgen, Unterrichtssituationen bei Lehrkräften, vgl. Chase & Simon, 1973; Kundel et al., 2007; Berliner, 1986, 2004).

Die aktuellen Arbeiten zur Wahrnehmung von Lehrkräften sind durch die Arbeiten zur *professional vision* von Goodwin (1994) inspiriert. Er beschreibt – exemplarisch für die Bereiche der Rechtswissenschaft und der Archäologie – wie

---

2   Im Original: „Pedagogical content knowledge, that special amalgam of content and pedagogy that is uniquely the province of teachers, their own special form of professional understanding" (Shulman, 1987, S. 8).

3   In diesen Arbeiten reicht die Elementarstufe wie im amerikanischen Raum üblich bis Jahrgangsstufe 6.

durch professionsspezifische Tätigkeiten die Wahrnehmung geschult wird. Aus kognitionspsychologischer Perspektive wird Wahrnehmung als ein Prozess beschrieben, der ausgehend von dem blanken Sinneseindruck über Informationsintegration und -selektion hin zur kategorialen Einordnung der Situation führt, wobei wichtige Teilprozesse als wissensbasiert beschrieben werden.

Für den Lehrerbereich explizieren van Es und Sherin (2002; 2008) den Begriff *professional vision* – also des „professionellen Blicks" von Lehrkräften auf Unterricht – und beschreiben zwei wichtige Aspekte. Zum einen muss wichtige von unwichtiger Information getrennt werden können (*selective attention*, auch *noticing*). Zum anderen muss aus der wahrgenommenen Situation auf Grundlage des professionellen Wissens eine Schlussfolgerung gezogen werden können (*knowledge-based reasoning*). Im Bereich *knowledge-based reasoning* werden verschiedene Arten identifiziert: Unterrichtssituationen können beschrieben, bewertet oder interpretiert werden. Dabei sehen van Es und Sherin (2008) einen besonderen Wert in der Interpretation von Situationen, da diese sinnkonstituierend ist und das Reflektieren von Unterrichtssituationen ermöglicht. Die Gruppe um Miriam Sherin arbeitet zur Erhebung von *professional vision* mit Videovignetten, die in einem Interviewsetting von der Lehrkraft betrachtet werden. Direkt im Anschluss an ein Video werden die Lehrkräfte aufgefordert, ihre Wahrnehmungen zu äußern, die dann in Bezug auf den Aufmerksamkeitsfokus (*noticing*) und die Art des Schlusses (*knowledge-based reasoning*) kodiert werden (van Es & Sherin, 2008; Sherin & van Es, 2009).

Seidel, Blomberg und Stürmer (2010) operationalisieren pädagogisch-psychologische Aspekte von professioneller Unterrichtswahrnehmung, die hier als ein wichtiger Bestandteil von Lehrerexpertise verstanden wird. Sie übernehmen dabei die Abgrenzung von Aufmerksamkeitsprozessen (*noticing*) und wissensbasierten Informationsverarbeitungsprozessen (*knowledge-based reasoning*) wie von van Es und Sherin (2002; 2008) vorgeschlagen. Die Arbeiten fokussieren aber auf *knowledge-based reasoning* in Bezug auf allgemein-pädagogische Aspekte von lernwirksamem Unterricht als Indikator für Expertise, wie z. B. die Zielorientierung und die Lernbegleitung. Der weniger elaborierte Informationsverarbeitungsprozess ist durch die Beschreibung solcher Aspekte geprägt. Ein erklärender oder vorhersagender Umgang mit Unterrichtssituationen zeugt von höherem Niveau (Seidel, Blomberg & Stürmer, 2010). Innovativ ist die von der Gruppe um Tina Seidel gewählte videobasierte standardisierte Erhebungsmethode (Observer). Dabei betrachten die Lehrkräfte Videos und schätzen dazu Aussagen auf Likert-Skalen ein, die unterschiedliche Niveaus von professioneller Unterrichtswahrnehmung für verschiedene lernförderliche Aspekte von Unterricht operationalisieren. Da für die Aussagen eine Expertennorm vorliegt, können die Einschätzungen der Lehrkräfte je nach Übereinstimmung mit dem Expertenurteil bewertet werden (Blomberg, Stürmer & Seidel, 2011; Stürmer, Könings & Seidel, 2012).

Zusammenfassend lässt sich feststellen, dass es bisher wenige Studien mit standardisierten Maßen zur professionellen Wahrnehmung im Bereich der Lehrerexpertise gibt. Wie im Folgenden jedoch noch deutlich wird, bestehen deutliche Überlappungen zwischen den Konstrukten der professionellen Wahrnehmung und gewissen Kompetenzkonstrukten. Konsens ist, dass professionelle Wahrnehmung als wissensbasierter Prozess verstanden wird. Offen bleibt dabei allerdings, ob und in wie weit die Wahrnehmung Fähigkeiten erfordert, die über professionelles Wissen hinausgehen und wie diese beschrieben werden können (Schoenfeld, 2011).

2.3 Professionelle Kompetenzen

Im deutschsprachigen Raum hat sich in weiten Teilen in Anlehnung an Weinert (2001) und mit Klieme und Hartig (2007) der kognitiv orientierte Kompetenzbegriff durchgesetzt. Dabei werden Kompetenzen als eine Voraussetzung für die Bewältigung von professionellen Anforderungen verstanden (Leistungsdispositionen), die zudem erlernbar sind. Wird der Kompetenzbegriff verwendet, so muss jeweils der Referenzrahmen, also die professionellen Anforderungen, die als Prüfstein für das Vorhandensein der Kompetenz gelten, expliziert werden. Während der Kompetenzbegriff im Bereich der Lehrerforschung also nur unter Berücksichtigung von Berufsanforderungen sinnvoll einsetzbar ist, sind mit ihm a priori keine Annahmen verbunden, wie der Kompetenz*erwerb* verläuft (Klieme & Hartig, 2007).

International sind die Begriffe *competence* und *competency* in der Bildungsforschung nicht nur in dem o. g. Sinne gebräuchlich (siehe z. B. Winther, 2010; Lampert, 2010). Dafür können im englischsprachigen Bereich die stärker kognitionspsychologischen Begriffe *skill* und *ability* sowie auch stärker soziologische Begriffe wie *knowledge in use* oder *practical knowledge* auf ähnliche Konstrukte verweisen (Lampert, 2010). Beispielsweise operationalisiert die Gruppe um Nicki Kersting (Kersting, 2008; Kersting et al., 2010, 2012) mit Hilfe des videobasierten Verfahrens CVA (Classroom Video Analysis Assessment) *mathematical knowledge for teaching in application*. Hier wird angenommen, dass anwendungsfähiges professionelles Wissen vorliegen muss, um eine schriftliche Analyse einer Unterrichtssituation, die per Videovignette kommuniziert wird, zu erstellen. Es wird also eine sehr spezielle Anwendung des fachspezifischen Wissens mit nur lockerem Bezug zu authentischen Berufsanforderungen erfasst. Ähnlich sprechen auch Stürmer, Könings und Seidel (2012) beim *knowledge-based reasoning* von einer speziellen Anwendung von pädagogisch-psychologischem Wissen, verwenden aber im Deutschen die Begrifflichkeit der professionellen Unterrichtswahrnehmung. Auch in diesem Fall ist die Wissensanwendung auf den speziellen Fall (Anwendung zur Interpretation von Unterrichtssituationen bezüglich lernwirksamer Faktoren) beschränkt, so dass deutliche Überlappungen zwischen diesen Wahrnehmungs- und Kompetenzkonstrukten sichtbar werden.

In den Arbeiten von Steffensky et al. (2012) und den parallelen Arbeiten von Holodynski und Gold (2012) werden Analysekompetenzen von Primarlehrkräften hinsichtlich Lernunterstützung und Klassenführung als wissensbasierte, wahrnehmungsnahe Konstrukte gefasst (Domäne: Naturwissenschaften). Diese Analysekompetenzen werden mit Hilfe von kurzen Videoclips erhoben, wobei wie bei dem Observer-Ansatz von Seidel und Kollegen an einer Expertennorm kalibrierte Aussagen eingeschätzt werden müssen.

In unseren eigenen Arbeiten schlagen wir zur Modellierung von fachspezifischen Lehrerkompetenzen eine Zweiteilung in reflexive und aktionsbezogene Kompetenzen vor (Lindmeier, 2011; Lindmeier, Heinze & Reiss, eingereicht; Knievel & Heinze, 2012). Dabei wird berücksichtigt, dass die Anforderungen des Lehrberufs aus zwei sehr unterschiedlichen Tätigkeitsbereichen erwachsen und vor allem unterschiedliche kognitive Operationen für den Zugriff auf das professionelle Wissen erfordern: Zum einen unterrichten Lehrkräfte und müssen dafür professionelles Wissen spontan und unmittelbar für Situationen anwenden. Die dazu notwendigen Fähigkeiten werden als aktionsbezogene Kompetenzen gefasst. Bei prä- und post-instruktionalen Lehrertätigkeiten, z. B. dem Planen oder Evaluieren von Unterricht, steht ein vertiefender, reflexiver Umgang mit dem professionellen Wissen im Vordergrund. Die dazu benötigten Fähigkeiten werden als reflexive Kompetenzen gefasst. In einer Machbarkeitsstudie konnte gezeigt werden, wie mit videobasierten Items und der proximalen Implementation professioneller Anforderungen aktionsbezogene Kompetenzen von Mathematiklehrkräften der Sekundarstufe erhoben werden können (Lindmeier, 2011; Lindmeier, Heinze & Reiss, eingereicht).

Beck und Kollegen (Beck et al., 2008; Bischoff, Brühwiler, & Baer, 2005) entwickelten das Konstrukt der adaptiven Lehrkompetenz, das die Fähigkeiten einer Lehrkraft zur Gestaltung individualisierter Lerngelegenheiten beschreibt. Dabei wird ebenfalls adaptive Planungs- und Handlungskompetenz unterschieden, wobei angenommen wird, dass neben inhaltlichem jeweils spezielles Wissen bei der Planung oder Durchführung von Unterricht handlungssteuernd wirkt (Beck et al., 2008). In einer quasi-experimentellen Studie wurde die Struktur der adaptiven Lehrkompetenz mit Lehrkräften der Naturwissenschaften untersucht. Dabei kam zur Erfassung der adaptiven Handlungskompetenz ein Instrument auf Grundlage einer Videovignette, der sogenannte Videotest, zum Einsatz. Dabei werden Lehrkräfte aufgefordert, das Unterrichtsvideo bei vermeintlich kritischen Situationen anzuhalten und Handlungsoptionen anzugeben.

Oser und Heinzer (2009) konzentrieren ihre Studien auf domänenübergreifende Aspekte von Unterrichtsqualität in Kontext berufliche Ausbildung. Dazu wurden „Handlungskerne" von Lehrpersonen identifiziert. Dies sind im beruflichen Alltag auftretende Anforderungen, die von Lehrkräften ein jeweils spezifisches Kompetenzprofil erfordern. Zu deren Erfassung wird ein videobasierter Ansatz vorgeschlagen. Dabei schätzen Lehrpersonen mit Hilfe von Ratingitems die Kompetenzen anderer Lehrpersonen ein. Es wird angenommen, dass in der Einschätzung Dritter die eigene Kompetenzstruktur sichtbar wird („advokatorischer Ansatz"). Dazu werden die Einschätzungen mit einer Expertennorm verglichen (Oser &

Heinzer, 2009; Oser, Salzmann & Heinzer, 2009; Oser, Heinzer & Salzmann, 2010).

Abschließend soll noch einmal darauf hingewiesen werden, wie das Verhältnis der drei Konstrukttypen beschrieben wird. Da Kompetenzen stets als auf professionelle Anforderungen bezogene komplexe Fähigkeitskonstrukte gefasst sind, umfassen Kompetenzkonstrukte professionelles Wissen und es kann angenommen werden, dass eine hohe Ausprägung von Kompetenz eine profunde Wissensbasis voraussetzt. Die Gleichsetzung von Wissen und Kompetenz in einem Bereich ist damit aber aus theoretischer Sicht nicht gerechtfertigt. Professionelle Wahrnehmung kann ebenso als Teil von professionellen Kompetenzen aufgefasst werden. Professionelle Wahrnehmung wird dabei als (wissensbasierter) Prozess, der eine notwendige aber ebenfalls nicht hinreichende Voraussetzung für professionelles Handeln darstellt, verstanden. Insofern kann professioneller Wahrnehmung eine Gelenkfunktion zwischen Wissen und Handeln zugeschrieben werden. Je nach Anforderungsprofil eines Kompetenzkonstruktes kann es aber auch zu deutlichen Überlappungen zwischen Wahrnehmungs- und Kompetenzkonstrukten kommen, wie oben aufgezeigt wurde.

3 Standardisierte Erhebung von Lehrerkognitionen

Zur Erfassung von Lehrer*wissen* werden traditionell Papier-Bleistift-Tests eingesetzt. Kritische Stimmen werden laut, wenn das so erhobene professionelle Wissen als Indikator für professionelle Kompetenz, insbesondere solche mit Bezug zum Unterrichten verwendet wird. Da im Kontrast zur vielschichtigen Lehrprofession und dem komplexen, spontanen, unmittelbaren und sozialen Geschehen des Unterrichtens die Erhebungsmethoden distal erscheinen, wird die Validität der Maße hinterfragt. Die Kritik verweist auf das bekannte Phänomen der Situiertheit des Wissens (Reusser, 2005), genauer auf das Phänomen des trägen Wissens (*inert knowledge*, Whitehead, 1929). Demzufolge kann es sein, dass Wissen zwar in speziellen Situationen oder auf eine spezielle Art und Weise abrufbar ist (z.B. Papier-Bleistift basierte Erhebung), allerdings kann daraus noch nicht geschlossen werden, dass es auch in anderen, z. B. in authentischen Situationen anwendbar ist.

Mit Hilfe der videobasierten Methoden wurde versucht, diese Kritikpunkte aufzugreifen und die professionellen Anforderungen des Unterrichtens stärker zu berücksichtigen. Ziel ist dabei natürlich immer, die oben skizzierten Konstrukte möglichst valide, reliabel und objektiv zu erfassen. Im Folgenden sollen dazu Charakteristika verschiedener videobasierter Methoden bezüglich Standardisierungsgrad und Implementation der professionellen Anforderungen verglichen werden.

3.1 Standardisierungsgrad

Die vorgeschlagenen videobasierten Verfahren unterscheiden sich deutlich im Grad der Standardisierung. Obwohl ein möglichst hoher Grad an Standardisierung notwendig ist, um die Testgütekriterien zu erfüllen und wissenschaftlich fundierte Aussagen zu generieren, kann es von Zielsetzung und -konstrukt abhängig notwendig sein, ein weniger standardisiertes Verfahren zu wählen (vgl. Hartig & Jude, 2007). Dabei wird der Standardisierungsgrad durch mehrere Faktoren beeinflusst: Zum einen sind die Videovignetten mehr oder weniger standardisiert. Im hoch standardisierten Fall wird eine feste Auswahl an Vignetten verwendet (z. B. Kersting et al., 2012; Seidel, Blomberg & Stürmer, 2010; Lindmeier, 2011; Beck et al., 2008), im weniger standardisierten Fall werden Vignetten nach festgelegten Kriterien je neu gewählt (Alonzo & Kim, 2012).

Zum anderen können die Aufgabenformate unterschiedlich stark standardisiert sein. Im hoch standardisierten Verfahren werden z.B. Ratingskalen verwendet, die an Experteneinschätzungen normiert sind (Seidel, Blomberg & Stürmer, 2010; Oser, Heinzer & Salzmann, 2010; Steffensky et al., 2012; Holodynski & Gold, 2012). Weniger standardisierte Verfahren beruhen auf offenen Aufgabenformaten, wobei zur Einschätzung des Standardisierungsgrads Aufgabenstellungen und Kodier- bzw. Bewertungsvorgaben betrachtet werden müssen. Im Verfahren von Lindmeier (2011) werden konkrete Handlungsanweisungen verwendet (z. B. „Erklären Sie dem Lernenden den Sachverhalt in zwei Sätzen.") und die offenen Antworten mit Hilfe eines aufgabenbezogenen Kodierschlüssels kodiert. Trotz offenem Aufgabenformat wird also eine standardisierte Einschätzung der Aufgaben verwendet. Im Verfahren von Kersting et al. (2012) müssen Lehrkräfte eine Unterrichtsvignette mit der Aufforderung „discuss how the teacher and the student(s) in the clip interacted around the mathematical content" schriftlich analysieren. Diese Essays werden dann mit Hilfe von objektiven Kategorien von Experten auf Skalen bezüglich „central elements of the teaching and learning process" eingeschätzt. Dabei wird z.B. erfasst, ob die Lehrkräfte in den Clipanalysen Schülerkognitionen, mathematische Aspekte oder alternative Lehrzugänge diskutieren. Die Ratinganleitung beschreibt dabei itemübergreifend Indikatoren für die Einschätzungen, so dass trotz wenig standardisiertem Aufgabenformat ein standardisiertes Bewertungsverfahren verwendet wird. Ähnlich lassen van Es und Sherin (2008) zwar die Lehrkräfte ein festes Set von Videovignetten mit offenem Prompt analysieren („What do you notice"), wenden dann aber eine standardisierte mehrdimensionale und aufgabenübergreifende Kodierung an. Beck et al. (2008) verwenden im Videotest zur adaptiven Handlungskompetenz ein wenig standardisiertes Aufgabenformat, in dem die Lehrkräfte eine längere Videovignette stoppen, wenn Sie eine Handlungsalternative sehen und diese dann erläutern. Jeder mögliche und jeder aufgetretene Stopp wird dann als Indikator für eine Subfacette der adaptiven Handlungskompetenz gewertet und entsprechend die Handlungsoptionen über einen Abgleich mit Ankerbeispielen kategorisiert.

3.2   Implementierung von professionellen Anforderungen

In allen hier analysierten Forschungsarbeiten wurde ein videobasiertes Erhebungsverfahren entwickelt. Jedoch wurde dem kritischen Punkt, wie professionelle Anforderungen des Lehrberufs valide implementiert werden können, auf unterschiedliche Weise Rechnung getragen. Im Folgenden fokussiert dieser Beitrag auf Anforderungen des Kerngeschäfts Unterrichten, da videobasierte Maße ja gerade zur Erhebung der zugehörigen Kompetenzen als geeignet eingeschätzt werden. Als kritische Anforderungen des Kerngeschäfts Unterrichten wurde an anderer Stelle vor allem die (1) komplexe, (2) spontane, (3) unmittelbare, (4) interaktive-soziale Natur von Unterricht herausgearbeitet (Lindmeier, 2011; Jackson, 1968).

Videovignetten wird nun zugeschrieben, dass sie besser als andere Aufgabenstimuli (z. B. textbasierte Vignetten) die *Komplexität* und *Situiertheit* von Unterricht abbilden können. Durchgängig wird der Einsatz von Videos dadurch motiviert, dass mit ihnen die Erhebung von professionellem Wissen und Fähigkeiten möglichst unterrichtsnah situiert werden (Kersting, 2008; Beck et al., 2008; Lindmeier, 2011). Als Aufgabenstimulus werden daher reale Unterrichtsvideos (z. B. ohne Untertitel: Kersting, 2008; Oser, Heinzer & Salzmann, 2010; Steffensky et al., 2012; Holodynski & Gold, 2012; mit Untertiteln: Seidel, Blomberg & Stürmer, 2010) oder simulierte Unterrichtsvideos (Lindmeier, 2011; Beck et al., 2008) eingesetzt. Letztere werden z. B. bei Lindmeier (2011) aus authentischen Videos entwickelt und mit Lernenden gedreht. Eine besondere Abbildung der Komplexität des Unterrichtens findet sich bei Oser und Kollegen, wo Unterrichtsvignetten, die mit drei Kameras aufgezeichnet sind in diesen drei Perspektiven gleichzeitig wiedergegeben werden (Oser & Heinzer, 2009). In den Projekten zur Analysekompetenz im Elementarbereich (Holodynski & Gold, 2012; Steffensky et al., 2012) zeigen die Videos die Klassentotale und die Lehrerkamera gleichzeitig. Zwar kann durch eine komplexe, mehrperspektivische Aufnahme der Unterricht detaillierter abgebildet werden, ob allerdings dadurch zur unterrichtlichen Komplexität vergleichbare Anforderungen implementiert werden, kann diskutiert werden. Eventuell droht die Gefahr eines split-attention Effekts, so dass konstrukt-irrelevante Schwierigkeiten alleine auf Grund der mehrperspektivischen Videos auftreten könnten (Chandler & Sweller, 1991),

Weiter kann die Anforderung der *Spontanität* in videobasierten Verfahren durch den Einsatz von Zeitdruck abgebildet werden. Im Verfahren von Lindmeier (2011) wird z. B. für die Erhebung der aktionsbezogenen Kompetenzen das Antwortfenster auf 60 Sekunden beschränkt, wobei ein computerbasiertes Erhebungstool zur Realisierung dieses Zeitdrucks eingesetzt wurde. Es soll so explizit die Anforderung der Spontanität implementiert werden und die Möglichkeit einer analytischen oder problemlösenden Bearbeitung verhindert werden. Oser und Kollegen verzichten zur Erhebung ihrer adaptiven Handlungskompetenz auf die Implementation der Anforderung Spontanität und erlauben ein mehrmaliges Betrachten der Videovignetten. Auf diese Weise kann aber eine analytische oder reflektierende Bearbeitung nicht ausgeschlossen werden, so dass die dem Konstrukt zugrundeliegenden Anforderungen und ihre Operationalisierung deutliche Diskrepanzen aufweisen (Oser, Heinzer & Salzmann, 2010).

Das Verfahren von Lindmeier (2011) versucht zudem zur Erhebung der aktionsbezogenen Kompetenzen auch *Unmittelbarkeit* im Testverfahren abzubilden. Die Kompetenzen sollen hervorgerufen werden, indem die Lehrkräfte nahtlos auf eine Unterrichtsvignette reagieren, so als ob sie sich in dieser Situation befänden (vgl. auch *virtual realities*, Jurecka & Hartig, 2007). Dies stellt besondere Anforderungen an das Antwortformat, so dass die Reaktion der Lehrperson in natürlicher Sprache eingefordert wurde. Abzugrenzen ist dieses Aufgabenformat von der Einforderung von Handlungsalternativen. Anders als z. B. bei Beck et al. (2008), wo Lehrkräfte Handlungsalternativen zu gesehenen Situationen angeben müssen, wird im Verfahren von Lindmeier (2011) nicht die Erläuterung einer hypothetischen Handlungsoption, sondern eine konkrete Handlung eingefordert und dementsprechend nur eine als unmittelbare Handlung zu erkennende Reaktion bewertet.

Die Abbildung von *Interaktion* wurde in videobasierten Erhebungsverfahren bisher nicht realisiert. Gerade das Aufrechterhalten von kognitiv aktivierendem Unterrichtsgespräch über Unterrichtsphasen ist aber ein Merkmal von hoher Unterrichtsqualität, so dass es wünschenswert wäre, diese Anforderung ebenfalls abbilden zu können. Computerbasierte Testverfahren mit simulierten Lernenden (z. B. simulierter Klassenraum, Südkamp, Möller & Pohlmann, 2008) könnten für solche Zwecke einen vielversprechenden Ausgangspunkt bilden.

4   Forschungsfelder und ihre Herausforderungen

Die Forschung zur Lehrerkognition wurde durch die neueren Ansätze zur professionellen Wahrnehmung und zu den professionellen Kompetenzen um interessante Konstrukte und video-vignettenbasierte Methoden erweitert. Allerdings ergeben sich in diesem Bereich noch viele offene Forschungsfelder. Die Herausforderungen bestehen auf theoretischer und – teils daraus folgend, teils zusätzlich – auf methodischer Seite.

4.1   Konstrukte und Beziehungen zwischen Konstrukten

Wie oben aufgezeigt überlappen sich die verwendeten Konstrukte aus theoretischer Sicht. Insbesondere gestaltet sich die Abgrenzung von Wahrnehmungs- und Kompetenzkonstrukten bisher noch als schwierig. Dies ist auf fehlende gemeinsame Begrifflichkeiten, auf unterschiedlich breit gefasste Konstrukte oder aber auf die mangelnde theoretische Anbindung mancher Konstrukte zurückzuführen. Die Abgrenzung verschiedener Konstrukte liefert bisher auch empirisch noch kein einheitliches Bild. Für Lehrkräfte der Sekundarstufe I (Mathematik) konnten z. B. die

Konstrukte der aktionsbezogenen und reflexiven Kompetenzen trennbar operationalisiert werden. Zudem konnten Hinweise darauf gefunden werden, dass Lehrkräfte über aktionsbezogene und reflexive Kompetenzen unabhängig voneinander verfügen können (Lindmeier, 2011). Anders die Befunde bei Beck et al. (2008). Hier zeigten die im Videotest erhobenen adaptiven Handlungskompetenzen einen moderaten korrelativen Zusammenhang mit den durch schriftliche Vignetten erhobenen adaptiven Planungskompetenzen (Bischoff, Brühwiler & Baer, 2005; Vogt & Rogalla, 2009). Zudem werden in diesem Projekt – anders als in vergleichbaren Zugängen – keine Zusammenhänge zwischen fachlichem Wissen (erhoben über schriftliche Tests) und Planungs- bzw. Handlungskompetenzen gefunden. So zeigt Kersting (2008) im Rahmen der Entwicklung des CVA, dass dieses Maß für anwendbares Wissen von Mathematiklehrkräften einen mittleren korrelativen Zusammenhang zum MKT-Maß (Hill, Ball & Schilling, 2004) aufweist. In der Untersuchung von Lindmeier (2011) sind fachspezifische Kompetenzen ebenfalls moderat vom fachspezifischen Wissen abhängig.

Aufgrund eines fehlenden theoretischen Rahmens können bisher auch keine Hypothesen über das Verhältnis zwischen fachspezifischen und allgemein-pädagogischen Wahrnehmungs- oder Kompetenzkonstrukten abgeleitet werden. Zwar wird häufig auf Shulmans eher metaphorische Aussage zurückgegriffen, die fachdidaktisches Wissen als Amalgam vom Fachwissen und pädagogischem Wissen beschreibt, jedoch wurde diese Aussage theoretisch bisher nicht hinreichend expliziert. Zudem gibt es kaum aufeinander abgestimmte Instrumente, so dass die Bezüge auch empirisch nicht systematisch exploriert werden können.

4.2   Instrumentenentwicklung

Weiterer Forschungsbedarf ergibt sich aus den meist nur in Machbarkeitsstudien entwickelten Maßen, die oft einzelne Aspekte der Konstrukte in kleinen Skalen operationalisieren. Zudem ist die Zusammensetzung und Größe der Stichproben oft problematisch, so dass die Repräsentativität der Befunde beschränkt bleibt. Im Einzelfall wurden bereits Anstrengungen zur weiteren systematischen Untersuchung der Maße unternommen. Dazu zählen z. B. Vergleiche von Gruppen unterschiedlicher Expertise um die Differenzierungsstärke der Maße zu untersuchen. So gibt es für das Instrument zum Feedback von Oser und Kollegen erste Hinweise darauf, dass es zwischen Lehrkräften und anderen Personengruppen differenziert (Oser, Heinzer & Salzmann, 2010). Ebenso können solche Effekte für die Maße von Lindmeier (2011) und Steffensky et al. (2012) aufgezeigt werden. Untersuchungen zur Reliabilität der Maße bei wiederholten Messungen und unter unterschiedlichen Einsatzbedingungen sind bisher kaum durchgeführt worden. Zum Observer liegen hier teilweise Informationen vor (Jahn et al., 2011; Stürmer, Könings & Seidel, 2012).

Eine notwendige Voraussetzung, um videobasierte Verfahren im größeren Umfang einsetzen zu können, ist ihre Ökonomisierung. Insbesondere für die Erhebung vom Kompetenzkonstrukten werden bisher meist offene Antwortformate verwendet, so dass die Bewertung der Antworten aufwändig ist und dem flächendeckenden Einsatz zuwiderläuft. Werden stärker strukturierte Antwortformate entwickelt, so ist wiederum zu prüfen, in wie weit die Anforderungen der Profession abgebildet werden können. Die hochstandardisierten Formate – vorgeschlagen zum Beispiel von Seidel und Kollegen oder Steffensky und Kollegen – stehen hier als Diskussionsgrundlage im Raum. Solche Verfahren vereinfachen zudem den Einsatz von IRT-Verfahren, wobei die Testletstruktur dieser Erhebungsmethoden eine weitere Schwierigkeit mit sich bringt. Diese kann in einem faktorenanalytischen Zugang z.B. durch die Verwendung von Bi-Faktor Modellen (Holodynski & Gold, 2012; Steffensky et al., 2012) berücksichtigt werden. Diese benötigen allerdings – ebenso wie IRT-Modelle – große Stichproben. Insgesamt sind auf methodischer Seite also noch wesentliche Schwierigkeiten zu lösen, bevor von breit einsetzbaren Maßen gesprochen werden kann.

4.3 Validierung

Die Frage der Validität bleibt die zentrale Prüfgröße für Messverfahren. Wo Konstrukte schlecht abgegrenzt sind, bleibt es in Folge schwierig, Aussagen zur Validität der zugehörigen Verfahren zu treffen, so dass ein Ansatzpunkt zum Nachweis der Validität von Maßen in ihrer theoretischen Fundierung besteht.

Für einige der Maße wurden bereits Studien zur Überprüfung der externen Validität durchgeführt. Als Kriterium werden hier meist Schülerleistungszuwächse oder aber Maße von Unterrichtsqualität verwendet. Für die CVA-Maße zeigt sich, dass insbesondere die Fähigkeit einer Lehrkraft, Lehralternativen zu einem Video zu diskutieren, ein guter Prädiktor für den Lernzuwachs ihrer Schülerinnen und Schüler ist (Kersting et al., 2010, 2012). Weiter konnten Kersting et al. (2012) in einer explorativen Studie die Unterrichtsqualität von Lehrkräften mit deren CVA-Ergebnissen abgleichen. Hier zeigt sich, dass die Fähigkeit, Videoclips bezüglich mathematischen Inhalts zu analysieren mit einer höheren mathematischen Unterrichtsqualität (*mathematical quality of instruction*; Hill et al., 2008) einhergeht. Zudem kann die Qualität von Unterricht als vermittelnde Größe zwischen Lehrerwissen und Schülerlernzuwachs bestätigt werden (Kersting et al., 2012).

Die adaptiven Handlungskompetenzen der Lehrkräfte erwiesen sich bei Beck et al. (2008) nicht alleine als prädiktiv für den Lernzuwachs der Schülerinnen und Schüler. Allerdings konnten durch das umfassendere Konstrukt der adaptiven Lehrkompetenz Unterschiede im Lernzuwachs teils erklärt werden. Mit Hilfe einer hierarchischen Mehrebenenanalyse und unter Einbezug weiterer Charakteristika des Unterrichts konnten Brühwiler und Blatchford (2011) in einer Reanalyse der Daten von Oser und Kollegen zeigen, dass die Kompetenzen der Lehrkräfte zwar nicht direkt, allerdings über Unterrichtscharakteristika vermittelten einen Einfluss auf die Schülerleistungen zeigen.

Insbesondere bleibt zu zeigen, dass videobasierte Maße ihrem Anspruch gerecht werden und eine höhere Validität aufweisen als Papier-Bleistift-Maße. Differenzierte Studien zu Moduseffekten wären hier wünschenswert (vgl. Jurecka & Hartig, 2007). Kersting et al. (2012) unternimmt erste Schritte in diese Richtung. Hier deutet sich an, dass die verglichenen Wissens- und Kompetenzmaße (MKT vs. CVA) unterschiedliche prädiktive Qualitäten aufweisen.

5   Ausblick

Die Untersuchung von Lehrerkognitionen mit Hilfe von Wahrnehmungs- und Kompetenzkonstrukten bietet auf theoretischer wie methodischer Seite noch Entwicklungspotential. Im Rahmen dieses Beitrags konnten nur eine Auswahl dieser Zugänge und zentrale aktuelle Forschungsfelder hervorgehoben behandelt werden. Bereits zu diesem Zeitpunkt deutet sich aber an, dass sich für die in diesem Feld stattfindenden Innovationen ein breites Spektrum an möglichen Anwendungsfällen aufblättert. Neben dem genuinen Feld der Untersuchungen von Lehrerkognitionen und deren Einfluss auf Unterrichtsmerkmale und Lernzuwachs der Schülerinnen und Schüler können differenzierende Maße für die oben gennanten Facetten von Lehrerkognitionen es beispielsweise auch ermöglichen, Lehreraus- und -weiterbildungsmaßnahmen differenziert zu evaluieren. Darüber hinaus können Entwicklungsverläufe von Studierenden und Lehranfängern in Hinblick auf verschiedene kognitive Aspekte in den Fokus genommen werden. Die Entwicklung von Maßen für fachspezifische und fachübergreifende Aspekte bietet auch einen hervorragenden Ausgangspunkt, um Propria und Gemeinsamkeiten der jeweiligen Forschungsperspektiven zu diskutieren. Dies kann allerdings nur gelingen, wenn jeweilige Forschungsstränge sich aufeinander beziehen und bereit sind, voneinander zu lernen. Dieser Artikel bietet einen Überblick über das Feld der videovignettenbasierten standardisierten Erhebung von Lehrerkognitionen, so dass die aus verschiedenen Forschungstraditionen kommenden Zugänge mit ähnlicher Zielsetzung weniger unverbunden nebeneinander stehen und in weiteren Domänen aufgegriffen werden können.

Literatur

Alonzo A. C. & Kim J. (2012), *Exploring teachers' pedagogical content knowledge elicited with video clips focused on student thinking*. Paper' presented at the annual meeting of the National Association for Research in Science Teaching, Indianapolis, IN (March 26, 2012).

Beck E., Baer M., Guldimann T., Bischoff S., Brühwiler C., Müller P., Niedermann R., Rogalla M. & Vogt F. (2008), *Adaptive Lehrkompetenz. Analyse von Struktur, Veränderbarkeit und Wirkung handlungssteuernden Lehrerwissens*, Münster: Waxmann.

Berliner D. (1986), In pursuit of the expert pedagogue, in: *Educational Researcher* 15/7, 5-13.

Berliner D. (2004), Describing the behavior and documenting the accomplishments of expert teachers, in: *Bulletin of Science Technology and Society* 24/3, 200-212.

Bischoff S., Brühwile, C. & Baer M. (2005), Videotest zur Erfassung „adaptiver Lehrkompetenz", in: *Beiträge zur Lehrerbildung* 23/2, 382-397.

Blomberg G., Stürmer K. & Seidel T. (2011), How pre-service teachers observe teaching on video: Effects of viewers' teaching subjects and the subject of the video, in: *Teaching and Teacher Education* 27/7, 1131-1140.

Blömeke S., Kaiser G. & Lehmann R. (2010) (Hg.), *TEDS-M 2008. Professionelle Kompetenz und Lerngelegenheiten angehender Mathematiklehrkräfte für die Sekundarstufe I im internationalen Vergleich*, Münster: Waxmann.

Brühwiler C. & Blatchford P. (2011), Effects of class size and adaptive teaching competency on classroom processes and academic outcome, in: *Learning and Instruction,* 21/1, 95-108.

Chandler P. & Sweller J. (1991), Cognitive load theory and the format of instruction, in: *Cognition and Instruction,* 8, 293-332.

Chase W. G. & Simon H. A. (1973), Perception in Chess, in: *Cognitive Psychology* 4/1, 55-81.

Ericsson K. A., Krampe R. T. & Tesch-Römer C. (1993), The Role of Deliberate Practice in the Acquisition of Expert Performance, in: *Psychological Review* 100/3, 363-406.

Glaser R. & Chi M.T.H. (1988), Overview, in: Chi M. T. H., Glaser R. & Farr M. (eds.), *The Nature of Expertise* (S. XV-XXVIII), Hillsdale, NJ, Hove and London: Erlbaum.

Goodwin C. (1994), Professional vision, in: *American Anthropologist*, 96/3, 606-633.

Haertel E. H. (1991), New Forms of Teacher Assessment, in: *Review of Research in Education*, 17/1, 3-29.

Hartig J. & Jude N. (2007), Empirische Erfassung von Kompetenzen und psychometrische Kompetenzmodelle, in: Hartig, J. & Klieme, E. (Hg.), *Möglichkeiten und Voraussetzungen technologiebasierter Kompetenzdiagnostik*, Bonn, Berlin: BMBF, 17-36.

Hartig J. & Klieme E. (2007) (Hg.), *Möglichkeiten und Voraussetzungen technologiebasierter Kompetenzdiagnostik*, Bonn, Berlin: BMBF.

Heinze A. & Lindmeier AM MAIN (2007), Paper and pencil test or video based instruments: How to measure teacher competence?, in: *Oberwolfach Reports*, 52, 27-29.

Hill H. C., Ball D. L. & Schilling S. G. (2004), Developing Measures of Teachers' Mathematics Knowledge for Teaching, in: *The Elementary School Journal*, 105/1, 11-30.

Hill H. C., Blunk M. L., Charalambous C. Y., Lewis J. M., Phelps G. C., Sleep L. et al. (2008), Mathematical Knowledge for Teaching and the Mathematical Quality of Instruction: An exploratory study, in: *Cognition and Instruction*, 26/4, 430-511.

Hill H., Rowan B. & Ball D. (2005), Effects of teachers' Mathematical Knowledge for Teaching on student achievement, in: *American Educational Research Journal*, 42/2, 371-406.

Holodynski M. & Gold B. (2012), *Validierung eines Diagnoseinsruments zur Erfassung der Analysekompetenz (angehender) Lehrkräfte hinsichtlich der Dimension Klassenführung,*

Vortrag auf der 77. Tagung der Arbeitsgruppe für Empirische Pädagogische Forschung (AEPF), Bielefeld (10.-12. September 2012).

Jackson P. (1968), *Life in Classrooms*, New York: Holt, Rinehart & Winston.

Jahn G., Prenzel M., Stürmer K., & Seidel T. (2011), Varianten einer computergestützten Erhebung von Lehrerkompetenzen: Untersuchungen zu Anwendungen des Tools Observer, in: *Unterrichtswissenschaft*, 39/2, 136-153.

Jurecka A. & Hartig J. (2007), Computer- und netzwerkbasiertes Assessment, in: Hartig J. & Klieme E. (Hg.), *Möglichkeiten und Voraussetzungen technologiebasierter Kompetenzdiagnostik*, Bonn, Berlin: BMBF, 37-48.

Jüttner M. & Neuhaus B. (2012), Development of items for a pedagogical content knowledge-test based on empirical analysis of pupils' errors, in: *International Journal of Science Education*, 34/7, 1125-1143.

Kersting N. (2008), Using video clips as item prompts to measure teachers' knowledge of teaching mathematics, in: *Educational and Psychological Measurement*, 68, 845-886.

Kersting N. B., Givvin K. B., Sotelo F. L. & Stigler J. W. (2010), Teachers' analyses of classroom video predict student learning of mathematics: Further explorations of a novel measure of teacher knowledge, in: *Journal of Teacher Education*, 61/1-2, 172-181.

Kersting N. B., Givvin K. B., Thompson B. J., Santagata R. & Stigler J. W. (2012), Measuring usable knowledge: Teachers' analyses of mathematics classroom videos predict teaching quality and student learning, in: *American Educational Research Journal*, 49/3, 568-589.

Klieme E. & Hartig J. (2007), Kompetenzkonzepte in den Sozialwissenschaften und im empirischen Diskurs, in: Prenzel M. et al. (Hg.), *Kompetenzdiagnostik*, Wiesbaden: VS Verlag für Sozialwissenschaften, 11-29.

Knievel I. & Heinze A. (2012), Measuring professional competencies of primary school mathematics teachers, in: Tso T.-Y. (ed.), *Proceedings of the 36th conference of the international group for the psychology of mathematics education* (Bd. 4), Taipei (Taiwan): PME, 288-.295.

Krauss S., Neubrand M., Blum W., Baumer, J., Brunne, M., Kunter M. et al. (2008), Die Untersuchung des professionellen Wissens deutscher Mathematik-Lehrerinnen und -Lehrer im Rahmen der COACTIV-Studie, in: *Journal für Mathematikdidaktik*, 29/3-4, 223-257.

Kundel H. L., Nodine C. F., Conant E. F. & Weinstein S. P. (2007), Holistic component of image perception in mammogram interpretation: Gaze-tracking study, in: *Radiology*, 242/2, 396-402.

Lampert M. (2010), Learning teaching in, from, and for practice: What do we mean?, in: *Journal of Teacher Education*, 61/1-2, 21-34.

Lindmeier A. (2011), *Modeling and Measuring Knowledge and Competencies of Teachers. A Threefold Domain-Specific Structure Model for Mathematics*, Münster: Waxmann.

Lindmeier A., Heinze A. & Reiss K. (eingereicht), Eine Machbarkeitsstudie zur Operationalisierung aktionsbezogener Kompetenz von Mathematiklehrkräften mit videobasierten Maßen, in: *Journal für Didaktik der Mathematik*.

Oser F. K. & Heinzer S. (2009), Die Entwicklung eines Qualitätskonstrukts zur advokatorischen Erfassung der Professionalität, in: Zlatkin-Troitschanskaia O., Beck K., Sembill D., Nickolaus R. & Mulder R. (Hg.), Lehrerprofessionalität. Bedingungen, Genese, Wirkungen und ihre Messung, Weinheim, Basel: Beltz Verlag, 167-180.

Oser F., Heinzer S. & Salzmann P. (2010), Die Messung der Qualität von professionellen Kompetenzprofilen von Lehrpersonen mit Hilfe der Einschätzung von Filmvignetten. Chancen und Grenzen des advokatorischen Ansatzes, in: *Unterrichtswissenschaft*, 38/1, 5-28.

Oser F., Salzmann P. & Heinzer S. (2009), Measuring the competence-quality of vocational teachers: An advocatory approach, in: *Empirical Research in Vocational Education and Training*, 1/1, 65-83.

Reusser K. (2005), Situiertes Lernen mit Unterrichtsvideos, in: *journal für lehrerinnen- und lehrerbildung*, 2, 8-18.

Riese J. & Reinhold P. (2012), Die professionelle Kompetenz angehender Physiklehrkräfte in verschiedenen Ausbildungsformen, in: *Zeitschrift für Erziehungswissenschaft*, 15/1, 111-143.

Schoenfeld A. H. (2011), Noticing matters. A lot. Now what?, in: Sherin M.G., Jacobs V. R. & Randolph A. P. (eds.), *Mathematics teacher noticing. Seeing through teachers' eyes*, New York: Routledge, 223-238.

Seidel T., Blomberg G. & Stürmer K. (2010), „Observer" – Validierung eines videobasierten Instruments zur Erfassung der professionellen Wahrnehmung von Unterricht. Projekt OBSERVE, in: Bayrhuber M., Leuders T., Bruder R. & Wirtz M. (Hg.), *Kompetenzmodellierung. Zwischenbilanz des DFG-Schwerpunktprogramms und Perspektiven des Forschungsansatzes*, Weinheim, Basel: Beltz.

Sherin M. G. & van Es E. A. (2009), Effects of video club participation on teachers' professional vision, in: *Journal of Teacher Education*, 60/1, 20-37.

Sherin M. G., Jacobs V. R. & Randolph A. P. (2011), Situating the study of teacher noticing, in: Sherin M. G., Jacobs, V. R. & Randolph A. P. (eds.), Mathematics teacher noticing. Seeing through teachers' eyes, New York: Routledge.

Shulman, L. (1987), Knowledge and Teaching: Foundations of the New Reform, in: *Harvard Educational Review*, 57/1, 1-22.

Shulman L. S. (1986), Those Who Understand: Knowledge Growth in Teaching, in: *Educational Researcher*, 15/2, 4-14.

Steffensky M., Meschede N., Wolters M. & Möller K. (2012), *Validierung eines Diagnoseinstruments zur Erfassung der Analysekompetenz (angehender) Lehrkräfte hinsichtlich der Dimension Lernunterstützung*. Vortrag auf der 77. Tagung der Arbeitsgruppe für Empirische Pädagogische Forschung (AEPF), Bielefeld (10.-12. September 2012).

Stürmer K., Könings K. D. & Seidel T. (2012), Declarative knowledge and professional vision in teacher education: Effect of courses in teaching and learning, in: *British Journal of Educational Psychology*, online first.

Südkamp A., Möller J. & Pohlmann B. (2008), Der Simulierte Klassenraum, in: *Zeitschrift für Pädagogische Psychologie*, 22/3-4, 261-276.

van Es E. A. & Sherin M. G. (2008), Mathematics teachers' "learning to notice" in the context of a video club, in: *Teaching and Teacher Education*, 24/2, 244-276.

van Es E. A. & Sherin M.G. (2002), Learning to notice: Scaffolding new teachers' interpretations of classroom interactions, in: *Journal of Technology and Teacher Education*, 10/4, 571-596.

Vogt F. & Rogalla M. (2009), Developing adaptive teaching competency through coaching. *Teaching and Teacher Education* 25/8, 1051-1060.

Weinert F. (2001), Concept of Competence: A Conceptual Clarification, in:Rychen D. & Salyanik L. (Hg.), *Defining and Selecting Key Competencies*, Göttingen: Hogrefe & Huber, 45-65.

Whitehead A. N. (1929), *The aims of education and other essays,* London: Macmillan.

Winther E. (2010), *Kompetenzmessung in der beruflichen Bildung*, Bielefeld: Bertelsmann.

Der Einsatz von Videotechnik in der Lehrerbildung
Eine Übersicht leitender Ansätze[1]

Tomáš Janík, Eva Mináříková, & Petr Najvar (Masaryk Universität Brno)

Videos werden in der Lehrerbildung seit den 1960er Jahren verwendet.[2] Diese Zeit kann nach Brophy (2004) als *erste Welle* der Videonutzung in der Lehrerbildung bezeichnet werden. Hier wurden zahlreiche Formen und Szenarien des Videoeinsatzes entwickelt, wie *microteaching, training video, modelling expert teaching video, video-based cases* u.a. Die *zweite Welle* der Videonutzung in der Lehrerbildung beginnt nach Brophy (2004) in den 1990er Jahren. Sie ist mit dem Übergang vom Analog- zum Digitalvideo verbunden, welcher die computergestützte Bearbeitung von Videodaten ermöglicht und neue Impulse und Möglichkeiten für die Lehrerbildung bringt. Neuere Entwicklungen gehen in die Richtung *hypermedia representations of practice, videoclubs* u.a. Im Anschluss an Videostudien (TIMSS, LPS, IPN, DESI, IRSE u.a.) werden videobasierte Lernumgebungen entwickelt (z.B. Visibility Platform, LUV, Videoportal) und in die Lehrerbildung integriert (vgl. Janik & Seidel et al., 2009).

Der vorliegende Beitrag gibt einen Überblick über den aktuellen Einsatz von Videos in der Lehrerbildung. Er untersucht das Potenzial der Arbeit mit *fremden* und *eigenen* Unterrichtsvideos für die Entwicklung *professionellen Sehens/ Wahrnehmens, Wissens* und *Handelns* bei (angehenden) Lehrern.[3] Der Beitrag gliedert sich in drei Teile. Zuerst (Kap. 1) werden Spezifika des professionellen Lernens mit Unterrichtsvideos bei Lehrern festgehalten. Dann werden verschiedene Ansätze der Videoarbeit in der Lehrerbildung erläutert (Kap. 2). Abschließend stellen wir die Entwicklung der videobasierten Lernumgebung *IRSE VideoWeb* (Janik et al. 2009) vor (Kap. 3).

---

1 Der vorliegende Beitrag wird im Rahmen der Projekte GAP407/11/0262 Kvalita kurikula a výuky v oborech školního vzdělávání [Die Qualität vom Curriculum und Unterricht aus Sicht der Fachdidaktiken] und MUNI/A/0883/2011 Školní vzdělávání: podmínky, aktéři, kurikulum, procesy, výsledky [Schulische Bildung: Bedingungen, Akteure, Curriculum, Prozesse, Ergebnisse] erstellt. Für die sprachliche Überarbeitung des Textes bedanken wir uns bei Mgr. Karolína Pešková und Sarah Delling.

2 Der Begriff Video wird hier als eine Sammelbezeichnung verwendet – er gilt nicht nur für die Bezeichnung technischer Geräte (Videokamera, Videoplayer), sondern auch für Videoaufzeichnungen. Für die Bezeichnung konkreter Videoaufzeichnungen von Unterricht wird der Begriff Unterrichtsvideo(s) verwendet. Unter dem Begriff „eigenes Video" verstehen wir eine Videoaufzeichnung, auf der der beteiligte Lehrer aufgenommen ist. Der Begriff „fremdes Video" bezeichnet eine Videoaufzeichnung, auf der der beteiligte Lehrer nicht aufgenommen ist.

3 Im Text wird das grammatische Maskulinum verwendet – es bezeichnet die Profession, nicht nur ihre männliche Vertreter.

1   Lehren und professionelles Lernen (mit Videos)

Um der Frage nachzugehen, wie man professionelles Lernen bei Lehrern begleiten und unterstützen kann, werden an dieser Stelle berufsspezifische Merkmale des Lehrerhandelns skizziert. Die Lehrer gehören zur Gruppe der *people processing professions*, d.h. sie verfügen über „ein besonders lizenziertes Interventions- und Eingriffsrecht in die Lebenspraxis von Individuen" und müssen „die Folgen ihrer Handlungen/Eingriffe abschätzen und sie zu verantworten wissen" (Radtke 2000: 1). Wie Radtke weiter anführt, „[bedarf es dazu] neben ethischer Selbstbindungen und institutionell gestützter Handlungssicherheit in erster Linie eines besonderen Beobachtungs-, Wahrnehmungs- und Beurteilungsvermögens, aber auch eines systematisierten Reflexionswissens, dass die eigenen Entscheidungen zu begründen und zu legitimieren, zu kontrollieren und gegebenenfalls zu korrigieren vermag" (2000: 2). Für dieses „Vermögen" werden in der Fachliteratur verschiedene Begriffe verwendet, z. B. *diagnostische Kompetenz* (Edelenbos & Kubanek-German 2004), *pädagogisch-psychologische Kompetenz / Kompetenz im Bereich Unterrichtswahrnehmung* (Seidel et al. 2009) oder *professional vision* (Sherin 2007).

1.1   Reflexionsfähigkeit bei Lehrern fördern

Es besteht in der Fachliteratur ein relativ breiter Konsens darin, dass dieses Reflexionsvermögen bei Lehrern kontinuierlich gefördert werden soll, da es sich um eine Vorbedingung professionellen Handelns handelt (Herzog 1995; Korthagen 2011). „Da auf einmalige, ungewisse und widersprüchliche Situationen nicht in dem Sinne vorbereitet werden kann, dass sich vorweg bestimmen ließe, wie in solchen Situationen zu handeln ist, ist die Fähigkeit zu reflektiertem Verarbeiten von Erfahrungen eine wesentliche Komponente der professionellen Kompetenz von Lehrerbildung." (Herzog 1995: 271)

Reflexionsfähigkeit bezieht sich auf die Fähigkeit aus Erfahrungen zu lernen bzw. auf die konstruktive Verarbeitung von Erfahrungen. Dieser Begriff steht in Beziehung zu weiteren oben angeführten Begriffen, die an dieser Stelle erläutert werden sollen. Edelenbos und Kubanek-German verstehen *diagnostische Kompetenz* im Kontext des Fremdsprachenunterrichts als „the ability to interpret students' foreign language growth, to skillfully deal with assessment material and to provide students with appropriate help in response to this diagnosis". Seidel et al. konzeptualisieren die *pädagogisch-psychologische Kompetenz* als „the ability to identify and describe relevant components of teaching and learning processes; to explain an observed situation by applying scientific theories; to predict possible effects of a given situation with regard to future teaching and learning processes" (2009: 245). Mit dem Begriff *professional vision* ist die Art und Weise gemeint, wie „professionals learn to look at phenomena in their area of expertise – how they acquire professional vision – how their practices of seeing become socially recognised as not only different from but also better than those of laypeople" (Goodwin 1994: 506). In diesem Zusammenhang wird auf das Spezifikum des Lehrerhandelns verwiesen. Radtke zum Beispiel weist darauf hin, dass Lehrer als Professionelle ihre Aufgaben in einer doppelt verankerten Handlungslogik vornehmen müssen: „Sie müssen (a) situativ (und intuitiv) in der Lage sein zu individuellem Fallverstehen und können dies (b) in hermeneutischer Haltung auf der Basis universellen Regelwissens, also wissenschaftlicher Theorien anwenden. Sie applizieren ihr theoretisches, situationsunabhängiges Wissen bei der Interpretation von Situationen, bei der stellvertretenden Deutung von Problemen ihrer Klienten und bei der Formulierung des Angebots von Therapie/Lösungsstrategien in einer ‚klinisch' zu nennenden Weise" (2000: 2).[4]

Um die Verbindung individuellen Fallverstehens mit universellem Regelwissen (wissenschaftlichen Theorien) zu gewährleisten, wird kasuistisch gearbeitet. Kasuistisches Lernen *an* und *durch* Fälle(n) mit dem Anspruch auf *Theoretisieren* ist ein Weg, wie didaktische Begriffe (als Elemente von Theorien) mit unterrichtlichen Ereignissen verknüpft werden können. Für diesen Zweck werden oft Unterrichtsvideos benutzt. Diese funktionieren hier als Referenzobjekte, die vor allem sog. konzeptionelle Begriffe vermitteln können, d.h. eine Sorte von Begriffen, die ihre Bedeutung erst durch Beispiele erhalten, was in der didaktischen Verständigung über unterrichtliche Erfahrung eine wesentliche Rolle spielt (vgl. Schierz 2000: 61).

1.2   Arbeit mit Videos in der Lehrerbildung

Videos können für die Aus- und Weiterbildung von Lehrern in verschiedenen Formen und Szenarien eingesetzt werden (Sherin 2004; Petko & Reusser 2005; Janik et al. 2009). Die unten vorgestellten Formen des Videoeinsatzes werden flexibel genutzt, denn jede dieser Formen bezieht sich auf einen anderen Aspekt der Lehrerprofessionalisierung (Petko & Reusser 2005: 5–6).

– *Illustrative und modellhafte Videobeispiele (training video):* Im training video werden Situationen exemplarischen Lehrerhandelns dokumentiert, welche die Lehrer mit Beispielen „guter" oder auch „nicht guter" Praxis konfrontieren. Der theoretische Hintergrund dieses Ansatzes liegt in der behavioristischen Lerntheorie (Lernen am Modell). Illustrative und modellhafte Videobeispiele werden in einer Videodatenbank zusammengefasst, so dass aus dieser nunmehr Videos mit verschiedenen Unterrichtssituationen ausgewählt werden können (z.B.: Wie sieht eine modelhafte Wiederholungsstunde im Englischunterricht in der Sekundarstufe I aus).

---

4   Ähnlich beschreibt dies auch Reusser (2005). Professionelles Lernen erfolgt kontext- und situationsgebunden. Die Entwicklung des Lehrerwissens erfolgt in Lernsituationen, die zugleich zu Anwendungssituationen werden.

– *Prototypische und problemorientierte Videobeispiele (video cases)*: Video cases wollen bei Lehrern pädagogisches Denken schärfen. Die auf Video dokumentierte Unterrichtssituation stellt einen *Problemfall* dar, mit dem der Lehrer konfrontiert wird. Bei der Auseinandersetzung mit der Unterrichtssituation werden auf der Seite des Lehrers Lern- und Denkprozesse stimuliert. Mit solchen Videobeispielen wird im Rahmen der *anchored instruction* und *guided discovery* gearbeitet. Der theoretische Hintergrund dieses Ansatzes wird gewöhnlich in den konstruktivistischen Lerntheorien und im Konzept der *reflective practice* gesehen. In Bezug auf die ausgewählten Videobeispiele können die Lehrer verschiedene Fragen beantworten oder Aufgaben lösen (z.B. sich mit der Frage auseinandersetzen, wie sich verschiedene Unterrichtsmethoden auf die Schülerleistungen auswirken).

– *Videogestützte Intervention (videobased intervention)* ist auf die Verbesserung verschiedener Aspekte des Lehrerhandelns ausgerichtet. Der Schwerpunkt liegt auf der Reflexion des eigenen pädagogischen Handelns anhand einer Videoaufnahme. Videogestützte Intervention ermöglicht es der Lehrperson, ihre eigenen (subjektiven) Theorien und ihr damit verbundenes Handeln wahrzunehmen und sich bewusst zu machen. Auf der Grundlage dieser Erkenntnis kann die Lehrperson dann z.B. in der Diskussion mit ihren Kollegen nach neuen Handlungsalternativen suchen. Die Reflexion dient in diesem Sinne als Instru-

Tab. 1: Formen der Nutzung von Unterrichtsvideos (Fischer & Schratz, 2005, S. 5–6)

Bereich	Formen der Nutzung von Unterrichtsvideos
Lehrerausbildung	Unterrichtsvideos als Beispiel zur Illustration im Rahmen von Vorlesung zur Theorie der Schule, Didaktik etc.
	Unterrichtsvideos als Arbeitsmaterial für Studierende: zur Auseinandersetzung mit dem künftigen Beruf, zu Praxiserkundungen und Praxisreflexion und zum Generieren didaktischen Theoriewissens.
	Unterrichtsvideos als Teil des Portfolios von Studierenden: Kompetenzen der Unterrichtsanalyse bzw. professionelle Entwicklung zeigen können.
Berufseingangsphase	Unterrichtsvideos zur Dokumentation eigener Unterrichtsexperimente, zur handlungsentlasteten Reflexion, zur Wahrnehmung von Schülerverhalten.
	Unterrichtsvideos als Instrument der Beratung von Berufsanfängern.
Lehrerfort- und weiterbildung und Schulentwicklung	Unterrichtsvideos als Medium zur kollegialen Verständigung über Visionen/Ziele der Schulentwicklung.
	Unterrichtsvideos als handhabbarer Ersatz für kollegiumsinterne Hospitation. Auf diese Weise wird es möglich, die professionellen Lerngemeinschaften in der einzelnen Schule zu fördern und eine gemeinsame Unterrichtskonzeption zu entwickeln.
	Schul- und Unterrichtsvideos von Schülern als Instrument der Evaluation.

ment der professionellen Weiterentwicklung des Lehrers. Die videogestützte Intervention wird in letzter Zeit oft im Rahmen des (fach)didaktischen Coachings eingesetzt. Das Gespräch zwischen dem Lehrer und dem Coach kann z. B. auf die Verbesserung der kommunikativen Kompetenz des Lehrers abzielen.

Fischer & Schratz fassen diese typischen Einsatzmöglichkeiten von Unterrichtsvideos in einer Tabelle zusammen und ordnen sie bestimmten Bereichen der Lehrerbildung zu (vgl. Tab. 1).

2 Ansätze der Videoarbeit: Eine Systematisierung

Die folgende Systematisierung der Ansätze von Videoarbeit in der Lehrerbildung basiert zum einen auf der Unterscheidung der Ziele von Videoarbeit und zum anderen auf der Unterscheidung der Typen von Unterrichtsvideos. Was die Ziele der Videoarbeit betrifft, unterscheiden wir zwischen Illustration, Intervention in professionelles Sehen/Wahrnehmen, Intervention in professionelles Wissen und Intervention in professionelles Handeln. Was die Videotypen angeht, unterscheiden wir zwischen eigenem Video und fremdem Video (vgl. Abb. 1).

Abb. 1: Ansätze der Arbeit mit Video – eine heuristische Systematisierung

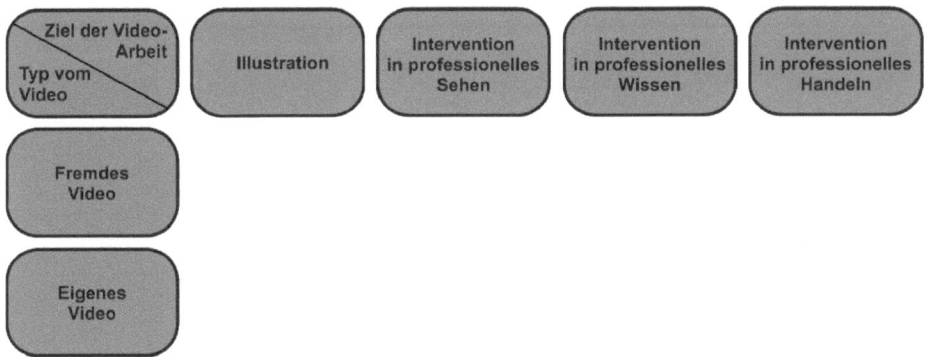

Die folgende Zuordnung hat nicht das Ziel, einen Ansatz auf ein bestimmtes Ziel oder einen bestimmten Typ der Videoarbeit festzulegen. Vielmehr geht es darum, die Ansätze so zu ordnen, dass sie die einzelnen Ziele der Videoarbeit und Videotypen *exemplarisch* illustrieren. Mögliche Überlappungen betrachten wir in unserem heuristischen Model nicht als Problem.

2.1 Learning Teaching DVD

Ziel der Video-Arbeit / Typ vom Video	Illustration	Intervention in professionelles Sehen	Intervention in professionelles Wissen	Intervention in professionelles Handeln
Fremdes Video	Learning teaching DVD	LUV: Lernen aus Unterrichts-videos	Videoportal	
Eigenes Video		Videoclubs	Problem Solving Cycle	Video Interaction Guidance / Content-Focused Coaching

Autor / Quelle	Jim Scrivener, Macmillan Publishers Ltd. / Scrivener 2011
Ziele / Funktion	Repertoire zur Gestaltung von Unterricht bei Lehrern aufbauen.
Theoretischer Hintergrund	Lernen am Modell – es werden Beispiele guter Praxis präsentiert. Unterrichtsvideos verdeutlichen verschiedene Aspekte der Unterrichtsstunde.
Szenarien der Arbeit mit Video	DVD ist ein Teil des Lehrbuchs für (angehende) Lehrer. Die im Lehrbuch behandelten Unterrichtstechniken werden mit Unterrichtsvideos illustriert (z.B. siehe Technik des Namen Lernens auf der DVD). dem Leser wird keine weitere Unterstützung (z.B. Aufforderungen zur Reflexion) angeboten.
Forschung	Uns keine bekannt.

2.2 LUV – Lernen aus Unterrichtsvideos

Typ vom Video \ Ziel der Video-Arbeit	Illustration	Intervention in professionelles Sehen	Intervention in professionelles Wissen	Intervention in professionelles Handeln
Fremdes Video	Learning teaching DVD	LUV: Lernen aus Unterrichtsvideos	Videoportal	
Eigenes Video		Videoclubs	Problem Solving Cycle	Video Interaction Guidance / Content-Focused Coaching

Autor / Quelle	Leibniz-Institut für die Pädagogik der Naturwissenschaften und Mathematik an der Universität Kiel (Deutschland), School of Education, TUM (Deutschland)
	Schwindt 2008, Seidel et al. 2009
	http://www.ipn.uni-kiel.de/projekte/luv/index.html
Ziele / Funktion	Instrument für situierte Diagnostik der Kompetenz in der Wahrnehmung von Unterrichtsaufzeichnungen (computerbasierte Lernumgebung mit Videos) entwickeln.
	Kriterien für kompetente Unterrichtswahrnehmung entwickeln.
	Potential für Erkennung lehr- bzw. lernrelevanter Aspekte entwickeln
Theoretischer Hintergrund	Für zukünftige Handlungsentscheidungen ist es wichtig, was (und wie) im Unterrichtsgeschehen wahrgenommen wird – Vermittlung zwischen Wissen und Handeln.
	Video präsentiert mehrere Ereignisse gleichzeitig, die hohe Komplexität birgt die Gefahr, dass die Benutzer überfordert werden (Verweis auf cognitive load theory). Deshalb ist eine instruktionelle Unterstützung wichtig.
	Aus der Expertiseforschung werden Erkenntnisse geliefert, wie sich Novizen und Experten in der Wahrnehmung der Unterrichtssituationen unterscheiden; dies wird bei der Abstufung der Kompetenz in der Unterrichtswahrnehmung reflektiert.
Szenarien der Arbeit mit Video	LUV fokussiert auf vier Problembereiche des Physikunterrichts (Zielorientierung, Lernbegleitung, Umgang mit Fehlern, Experimentieren).
	Ablauf und Struktur der Lernumgebung:
	Teil A: Ratingschätzungen zu ausgewählten Videoclips.
	Teil B: Analyse einer gesamten Unterrichtsstunde (offene Kommentare zum Video und Beantwortung von offenen Fragen zum Video).
	Teil C: Ratingschätzungen zu ausgewählten Videoclips (gleich wie im Teil A).
Forschung	Ziele / Fragestellung (Schwindt 2008): Kompetenzen in der Wahrnehmung von Unterricht zu erfassen. Möglichkeiten der instruktionellen Unterstützung bei der Entwicklung von Kompetenzen in der Wahrnehmung.
	Methode: Arbeit in der Lernumgebung LUV, Kommentare zum Video, Ratingschätzungen zu Videoclips. Analyse von Komponenten der Unterrichtswahrnehmung – Beschreibung, Erklärung, Bewertung. Vergleiche zwischen verschiedenen Gruppen (Lehramtsstudierende, Lehrer, Schulinspektoren), verschiedenen Typen von Videos (eigenes, fremdes), verschiedenen Strukturierungen (strukturiert, unstrukturiert).
	Ergebnisse: Studenten – Beschreibung der Einzelereignisse; umfangreiche Notizen. Lehrer – Beschreiben und Bewerten, Integration in Konzepte, die alltagssprachlich umschrieben werden. Schulinspektoren – Bewerten, Bedeutung für Lehr-Lernprozesse.

2.3 Videoclubs

Ziel der Video-Arbeit / Typ vom Video	Illustration	Intervention in professionelles Sehen	Intervention in professionelles Wissen	Intervention in professionelles Handeln
Fremdes Video	Learning teaching DVD	LUV: Lernen aus Unterrichts-videos	Videoportal	
Eigenes Video		Videoclubs	Problem Solving Cycle	Video Interaction Guidance / Content-Focused Coaching

Autor / Quellen	University of California (USA) School of Education and Social Policy at Northwestern University (USA) Sherin 2007, van Es 2009, van Es & Sherin 2010 http://www.professional-vision.org/
Ziele / Funktion	Entwicklung von *ability to notice* (Kompetenz der Wahrnehmung) und *professional vision* (professionelle Wahrnehmung). Fokussiert auf Schülerdenken (student thinking) im Mathematikunterricht (in Anlehnung an die Reform des Mathematikunterrichts in den USA um 2000).
Theoretischer Hintergrund	Konstruktivistische und situative Lerntheorien Learning communities. Reflexion als Weg zur Verbesserung des Unterrichts (Schön 1983)
Szenarien der Arbeit mit Video	Die Arbeit im Videoclub mit eigenen Videos erfolgt in 4 Schritten: 1. Der Forscher filmt eine Unterrichtsstunde bei zwei Mitgliedern des Videoclubs. 2. Der Forscher identifiziert kurze Videosequenzen (mit Fokus auf Schülerdenken). 3. Eine Videosequenz (5–7 Minuten) wird ausgewählt. 4. Die Videosequenz wird im Videoclub präsentiert – der Forscher leitet sie ein, erklärt den Kontext der Stunde und unterstützt die Beteiligten in der Diskussion (mit Fokus auf Schülerdenken).
Forschung	Ziele / Fragestellung (van Es & Sherin, 2008; van Es, 2009; van Es & Sherin 2010): Welche Veränderungen finden nach der Arbeit in Videoclubs statt in Bezug auf Wahrnehmen, Diskutieren und Unterrichten? Methoden: Analyse der Videos der Gespräche mit Teilnehmern vor und nach den Treffen in Videoclubs. Analyse der Treffen in Videoclubs. Analyse der Videos des Unterrichtens der Teilnehmer. Ergebnisse: Nach dem Absolvieren von Videoclubs wurden Veränderungen festgestellt: im Wahrnehmen (weniger beschreibend / mehr interpretativ; fokussierte Kommentare), im Diskutieren (neue Themen werden initiiert, Kommentare werden in den Videos verankert), im Unterrichten (mehr Gelegenheiten für Schülerdenken, Fokussieren auf Schülerdenken).

2.4 Videoportal

Ziel der Video-Arbeit / Typ vom Video	Illustration	Intervention in professionelles Sehen	Intervention in professionelles Wissen	Intervention in professionelles Handeln
Fremdes Video	Learning teaching DVD	LUV: Lernen aus Unterrichtsvideos	Videoportal	
Eigenes Video		Videoclubs	Problem Solving Cycle	Video Interaction Guidance / Content-Focused Coaching

Autor / Quellen	Pädagogisches Institut der Universität Zürich (Schweiz) Reusser, Waldis & Gautschi 2007, Krammer et al. 2008, Krammer et al. 2009 www.unterrichtsvideos.ch
Ziele / Funktion	Videobibliothek erstellen und für verschiedene Zwecke nutzen. Auf- und Ausbau des professionellen Wissens in Bezug auf die kognitive Aktivierung der Lernenden im Unterricht und auf die Entwicklung der Fähigkeit zur Analyse von Lehr-Lernprozessen. Wissen in Bezug auf die schülerorientierte, kognitiv aktivierende Unterrichtsgestaltung erweitern (Krammer et al. 2008). Fachdidaktisches Repertoire zur Gestaltung von Unterrichtsstunden erweitern – z.B. Umgang mit historischen Zeugnissen oder Typen von Unterrichtsinszenierungen mit Geschichtsvideos (Reusser, Waldis, & Gautschi 2007). Etablierung einer konstruktiven Kultur des gemeinsamen Reflektierens und Diskutierens.
Theoretischer Hintergrund	Die gemeinsame Reflexion und Diskussion über Lehr-und Lernprozesse erlaubt ausgehend von authentischen Problemen das Bewusstmachen und Reflektieren der handlungsleitenden Kognitionen und den ko-konstruktiven Aufbau des Wissens im Sinne des problembasierten Lernens (Krammer et al. 2008).
Szenarien der Arbeit mit Video	Beispiel aus fachdidaktischem Repertoire zur Gestaltung Ziel: Kennenlernen der Möglichkeiten / Fallwissen (wann welche Möglichkeit angemessen ist). 1. Das Video wird an einer Schlüsselstelle gestoppt. 2. Studierende werden gefragt – z.B. Wie könnte der Unterricht weitergeführt werden im Hinblick auf eine günstige Rhythmisierung und Strukturierung? 3. Individuelle Reflexionsphase. 4. Austausch im Plenum (Studierende müssen begründen, was sie mit ihrem Vorschlag im Unterricht erreichen möchten).
Forschung	Ziele / Fragestellung (Krammer et al. 2008): Die Akzeptanz und Wirksamkeit des videobasierten Weiterbildungsprojekts zu untersuchen. Methoden: Stimmungsbarometer. Schriftliche Endbefragung der Lehrer; Arbeit mit Unterrichtsvideos, wahrgenommener Lernertrag. Befragungen mit Unterrichtsvideos. Ergebnisse: Hoher Lerngewinn und hohe Zufriedenheit. Das Interesse dafür, künftig mit eigenen Lektionen oder Videos aus dem Unterricht von Kollegen zu arbeiten, liegt deutlich höher als das Interesse an der Arbeit mit Videoaufnahmen von fremden Lehrern. Die Lehrer haben eine dynamischere Sichtweise von Mathematik entwickelt, d.h. sie sind am Ende der Weiterbildung eher davon überzeugt, mit ihrem Unterricht die Entwicklung mathematischer Fähigkeiten der Schüler beeinflussen zu können. Veränderung des Wissens der Lehrer in Bezug auf die Möglichkeiten der kognitiven Aktivierung der Lernenden im Unterricht.

2.5   Problem Solving Cycle

Ziel der Video-Arbeit / Typ vom Video	Illustration	Intervention in professionelles Sehen	Intervention in professionelles Wissen	Intervention in professionelles Handeln
Fremdes Video	Learning teaching DVD	LUV: Lernen aus Unterrichtsvideos	Videoportal	
Eigenes Video		Videoclubs	Problem Solving Cycle	Video Interaction Guidance / Content-Focused Coaching

Autor / Quelle	University of Colorado (USA) Koellner et al. 2007, Borko 2004, Borko et al. 2012, Borko 2012 http://psc.stanford.edu/index.html
Ziele / Funktion	Developing knowledge of mathematics for teaching: common knowledge of mathematics content; specialized knowledge of mathematics content; knowledge of mathematics and students; knowledge of mathematics and teaching (Koellner et al. 2007).
Theoretischer Hintergrund	Konstruktivistische Lerntheorien, Theorien des situierten Lernens. In Anlehnung an Cobb (1994: 18): „Learning is a process of both self-organization and a process of enculturation that occurs while participating in cultural practices, frequently while interacting with others." (vgl. Borko 2004)
Szenarien der Arbeit mit Video	Workshop 1: Problem lösen und eine Unterrichtsstunde planen. Videoaufnahme: Implementation des Problems. Workshop 2: Analyse der Rolle des Lehrers. Workshop 3: Analyse des Schülerdenkens.
Forschung	Ziele / Fragestellung (Koellner et al. 2007; Borko et al. 2008): Welche Veränderungen bei Lehrern lassen sich nach der Teilnahme an Problem Solving Cycle beobachten? Methoden: Analyse der Videos der einzelnen Workshops. Analyse der Videos der Stunden, die die Teilnehmer unterrichtet haben. Ergebnisse: Veränderungen im Diskutieren der Unterrichtssituation – produktiver, fokussierter, tiefer und analytischer, fokussierter auf spezifische Themen. Veränderungen in knowledge of mathematics for teaching vertieft bei allen Teilnehmern.

2.6 (School) Video Interaction Guidance

Ziel der Video-Arbeit / Typ vom Video	Illustration	Intervention in professionelles Sehen	Intervention in professionelles Wissen	Intervention in professionelles Handeln
Fremdes Video	Learning teaching DVD	LUV: Lernen aus Unterrichts-videos	Videoportal	
Eigenes Video		Videoclubs	Problem Solving Cycle	Video Interaction Guidance / Content-Focused Coaching

Autor / Quellen	Niederlande (seit 1980er) und andere Länder
	Z.B. Association for Video Interaction Guidance (UK)
	Koch 2009, Šírová & Krejčová 2011, Kennedy et al. 2011.
	http://www.videointeractionguidance.net/
Ziele / Funktion	Entwicklung der sozialen und kommunikativen Fähigkeiten des Lehrers.
	Erfolgreiche Interaktionsmuster aufbauen – anhand von Verlaufs- und Strukturanalysen der Kommunikation und Interaktion (im Unterricht).
Theoretischer Hintergrund	Theory of intersubjectivity, reciprocity, protoconversation (Trevarthen).
	Social learning theory (Bandura).
	Rituals of the contact (Jacobson).
	Common theories of verbal and nonverbal communication (Watzlawick).
Szenarien der Arbeit mit Video	Typisches Ablaufmuster (vgl. Koch 2009; Šírová & Krejčová 2011):
	1. Start-up – der Lehrer stellt eine Frage, Ziele werden formuliert.
	2. Videoaufnahme – etwa 10–15 Minuten (zielorientiert).
	3. Analyse der Videoaufnahme – der Trainer wählt kurze Abschnitte aus.
	4. Feedbackgespräch – fängt mit erfolgreichen Situationen an.
Forschung	Ziele / Fragestellung (Šírová & Krejčová 2011): Welche Veränderungen in sozialen Fähigkeiten finden nach der VIG-Periode bei (angehenden) Lehrern statt?
	Methoden: Analyse geschriebener Notizen vom Video-Trainer und geschriebener Reflexionen von (angehenden) Lehrern; Analyse der Videoaufnahmen.
	Ergebnisse: Die angehenden Lehrer integrieren mehrere schülerfokussierte und aktivierende Methoden (Diskussionen, Gruppenarbeit, mehrere Fragen) in ihrem Unterricht. Sie benutzen kräftigere und klarere Signale und werden verständlicher für ihre Schüler. Ihr verbales und non-verbales Zusammenspiel (*attuning*) hat sich verbessert.

2.7   Content-focused Coaching

Typ vom Video \ Ziel der Video-Arbeit	Illustration	Intervention in professionelles Sehen	Intervention in professionelles Wissen	Intervention in professionelles Handeln
Fremdes Video	Learning teaching DVD	LUV: Lernen aus Unterrichts-videos	Videoportal	
Eigenes Video		Videoclubs	Problem Solving Cycle	Video Interaction Guidance / Content-Focused Coaching

Autor / Quellen	Institute for Learning an der Universität Pittsburgh (USA)
	Staub 2004, Staub, West & Bickel 2006, Jelemenska 2010
	http://www.metatlcinc.com/our-work/content-focused-coaching.html
Ziele / Funktion	Mit Lehrern Unterrichtsstunden planen und realisieren, in denen die Schüler viel lernen. *Professional habits of mind* stärken.
	Das *pedagogical content knowledge* von Lehrern erweitern.
	Die Lehrer in gemeinsamer professioneller Kommunikation mit Kernfragen des Unterrichts konfrontieren (Staub, West, & Bickel 2006).
Theoretischer Hintergrund	Kooperation von Wissenschaft und Praxis bei der Entwicklung von Unterricht.
	Kognitiv konstruktivistische Lehr-Lerntheorien.
	„Apprenticeship" geleitet von konzeptuellen Rahmen.
Szenarien der Arbeit mit Video	Vorbesprechung: Der Lehrer und der Coach besprechen die Ziele und Gestaltung des Unterrichts und erstellen den Plan der Unterrichtsstunde. Sie formulieren klare und explizite Ziele in Bezug auf spezifische Inhalte.
	Unterricht: Der Coach kann den Lehrer im Unterricht auf verschiedene Weise unterstützen (die Stunde beobachten, mit dem Lehrer gemeinsam unterrichten, dem Lehrer als Modell zur Verfügung stehen).
	Nachbesprechung: Es wird über die Gestaltung der Stunde, die Angemessenheit der Ziele und Inhalte diskutiert.
Forschung	Ziele / Fragestellung (Fischler & Schröder 2003): Wissenschaftliche Kontrolle der Wirkungen fachdidaktischen Coachings.
	Methoden: Interview, Videoaufzeichnungen von Unterricht, Tests und Fragebögen für Schüler.
	Ergebnisse: Deutliche Veränderungen des Lehrerhandelns. Die Grundüberzeugung hat sich zu einem effektiven Unterricht verändert[5].

Wie aus den Übersichten zu entnehmen ist, werden Videos in der Lehrerbildung mit verschiedenen Zielen verwendet. Unterrichtsvideos dienen heute nicht nur zur Illustration (guter) Praxis; sie werden verstärkt als Mittel zur Entwicklung von pro-

---

5   Die Fallstudie von Jelemenska (2010) z.B. verdeutlicht, dass sich das CFC im Rahmen der didaktischen Rekonstruktion bewährt hat.

fessionellem Sehen/Wahrnehmen, Wissen und Handeln verwendet. Einige Ansätze zielen z.B. auf die Entwicklung einer professionellen Sprache ab (z.B. Videoportal). Es wird nicht nur mit fremden Videos, sondern auch mit eigenen Videos gearbeitet. Neue Möglichkeiten eröffnen sich mit videobasierten Lernumgebungen für (angehende) Lehrer, die die reflektierte und analytische Arbeit mit dem Unterrichtsvideo unterstützen.

3   Ausblick: Entwicklung der videobasierten Lernumgebung IRSE VideoWeb

Bei der Entwicklung der videobasierten Lernumgebung *IRSE VideoWeb, welche gegenwärtig* am *Institute for Research in School Eduaction (IRSE)* an der *Pädagogischen Fakultät der Masaryk-Universität* in Brno (CZ) entwickelt wird, nehmen wir auf die eben angeführten Überlegungen Bezug. Sie beruht auf der *IRSE Video Study* (vgl. Janík et al. 2006; Janíkova, Janík, & Mužík 2008; Najvar et al. 2009), welche das Ziel verfolgt, die inhaltsbezogenen Lehr- und Lernprozesse im Unterricht in verschiedenen Schulfächern in der Sekundarstufe zu beschreiben und zu erklären. Dazu wurden etwa dreihundert Unterrichtsstunden mit zwei Videokameras aufgenommen, und zwar in Anlehnung an die *TIMSS Video Study 1999* (Jacobs et al. 2003) und die *IPN Videostudie Physik* (Seidel et al. 2006) im tschechischen Physik-, Geographie-, Englisch- und Sportunterricht.[6] Die Videoaufzeichnungen werden nicht nur für Forschungszwecke, sondern auch für die Lehrerbildung verwertet.

Das *IRSE VideoWeb* wird als Instrument zur *Diagnostik* und *Entwicklung* der *professional vision* bei (angehenden) Lehrern konzipiert. Nach Sherin (2007) und Seidel et al. (2010) besteht die *professional vision* aus zwei Komponenten, nämlich (a) *selective attention / noticing* (wissensbasierte Prozesse der Aufmerksamkeitssteuerung) und (b) *knowledge-based reasoning* (wissensgesteuerte Verarbeitung von Unterricht). In unserem Ansatz wird die *professional vision* anhand einer Kette von Subprozessen operationalisiert: noticing (Wahrnehmen/Identifizieren), describing (Beschreiben), interpreting (Interpretieren), explaining (Erklären), predicting (Vorhersagen), evaluating (Bewerten), creating alternatives (Handlungsalternativen vorlegen).

Die Entwicklung von *IRSE VideoWeb* geschieht in den folgenden Schritten: (1) Aus Unterrichtsvideos werden Videoclips extrahiert. (2) Zu jedem Videoclip werden Fragen und Aufgaben formuliert, so dass Videokasuistiken entstehen, die die einzelnen Subprozesse der *professional vision* (siehe oben) durchlaufen. (3) Die

---

6   Die erste Kamera stand auf einem Stativ vorne neben der Tafel, um die gesamte Klasse aufzunehmen (sog. Klassenkamera), die zweite Kamera bediente ein geschulter Kameramann und verfolgte die Tätigkeiten des Lehrers (sog. Lehrerkamera).

Videokasuistiken werden in die Lernumgebung eingebettet, wobei die Lernumgebung modular aufgebaut ist und verschiedene thematische Bereiche fokussiert.

Bei der Arbeit im / mit dem *IRSE VideoWeb* ist davon auszugehen, dass die analytische Bearbeitung von Videos den Lehrern ermöglicht, die unterrichtliche Praxis (a) aus kritischer Distanz zu betrachten, (b) auf kognitiver Ebene zu reflektieren, (c) sich bewusst zu machen und (d) auf Handlungsalternativen zu prüfen. Praktisch erfolgt es folgendermaßen: die (angehenden) Lehrer betrachten eine Reihe von Videoclips und bearbeiten diese anhand der in den Videokasuistiken vorgegebenen Fragen und Aufgaben. Dabei generieren sie Forschungsdaten, die weiter ausgewertet werden können.

Im Rahmen des *IRSE VideoWebs* wird zur Zeit eine Akzeptanzstudie und eine Studie zur Entwicklung der *professional vision* bei (angehenden) Lehrern durchgeführt. Es wird erwartet, dass die Ergebnisse dieser Studien nicht nur Impulse für Verbesserungen der Lernumgebung geben, sondern auch differenziertes Wissen über professionelles Lernen mit Videos vermitteln können.

Literatur

Bateson G., & Mead M. (1942); *Balinese character. A photographic analysis*; New York: New York Academy of Sciences.

Brückmann M., Duit R., Tesch M., Fischer H., Kauertz A., Reyer T., Gerber B., Knierim B., & Labudde P. (2007); The potential of video studies in research on teaching and learning science; in: Pintó R. & Couso D. (eds.), *Contributions from science education research*, Dordrecht: Springer, 77-90.

Borko H. (2004), Professional Development and Teacher Learning: Mapping the Terrain, in: *Educational Researcher*, 33/8, 3–15.

Borko H., Jacobs J., Eiteljorg E., & Pittman M. E. (2008), Video as a tool for fostering productive discussions in mathematics professional development, *Teaching and Teacher Education*, 24/2, 417–436.

Borko H. (2012), The problem-solving cycle and teacher leader preparation, in: Gläser-Zikuda M., Seidel T., Rohlfs C., Gröschner A. & Ziegelbauer S. (eds.), *Mixed Methods in der empirischen Bildungsforschung*, Münster: Waxmann, 259-271.

Brophy J. (2004) (ed.), *Using Video in Teacher Education*, Oxford: Elsevier.

Cobb P. (1994), Where Is the Mind? Constructivist and Sociocultural Perspectives on Mathematical Development, in: *Educational Researcher* 23/7, 13–20.

Edelenbo, P. & Kubanek-German A. (2004), Teacher Assessment. The concept of "diagnostic competence", in: *Language Testing*, 21/3, 259–283.

Fischer D. & Schratz M. (2005), Videos in der LehrerInnenbildung, in: *Journal für Lehrerinnen- und Lehrerbildung* 5/2, 4–7.

Fischler H., & Schröder H. J. (2003), Fachdidaktisches Coaching für Lehrende in der Physik, in: *Zeitschrift für Didaktik der Naturwissenschaften*, 9, 43–62.

Goodwin C. (1994), Professional vision, in: *American Anthropologist*, 96/3, 606–633.

Herzog W. (1995), Reflexive Praktika in den Lehrerinen- und Lehrerbildung, in: *Beiträge zur Lehrerbildung* 13/3, 253–273.

Jacobs J., Garnier H., Gallimore R., Hollingsworth H., Bogard Givvion K., Rust K., Kawanka T., Smith M., Wearne D., Manaster A., Etterbeek W., Hiebert J., Stiegler J., & Gonzales P. (2003), *Third International Mathematics and Science Study 1999 Video Study Technical Report. Volume 1: Mathematics*, Washington DC: National Center for Education Statistics, Institute of Education Statistics, U.S. Department of Education.

Janík T. & Seidel T. (eds.) (2009), *The Power of Video Studies in Investigating Teaching and Learning in Classroom*, Münster: Waxmann.

Janík T., Miková M., Najvar P. & Najvarová, V. (2006), Unterrichtsformen und -phasen im tschechischen Physikunterricht: Design und Ergebnisse der CPV Videostudie Physik, in: *Zeitschrift für Didaktik der Naturwissenschaften*, 12, 219–238.

Janík T., Janíková M., Knecht P., Kubiatko M., Najvar P., Najvarová V., & Šebestová S. (2009), Exploring Different Ways of Using Video in Teacher Education: Examples from CPV Video Web, in: Janík T. & Seidel T. (eds.), *The Power of Video Studies in Investigating Teaching and Learning in Classroom*, Münster: Waxmann, 207-224.

Janikova M., Janik T., & Muzik V. (2008), CPV Videostudie Sportunterricht: Design und Ergebnisse der Pilotphase, in: Jeisy E. & Mengisen W. (Hg.), *Möglichkeiten und Grenzen der Schulsportforschung*, Magglingen: BASPO, 93-114.

Jelemenska P. (2010), Rekonstruktion. Ein Beitrag zur theoretischen Differenzierung für den Biologieunterricht, in: Janík T. & Knecht P. (Hg.), *Neue Wege in der Professionalisierung von Lehrer/-inne/-n*, Wien: LIT Verlag, 29-33.

Kennedy H., Landor M., Todd L. et al. (2011), *Video Interaction Guidance: A Relationship-Based Intervention to Promote Attunement, Empathy and Wellbeing*, London: Jessica Kingsley.

Koch B. (2009), Gute Kommunikation – besseres Lernen. Wie gelungene Kommunikation Lernen fördert – und was Video-School-Training (VST) dazu beiträgt, in: Goltsche I. (Hg.), *Anwendungsbereiche des Video-Home-Training VHT. Geglücktes im Blick*, Bad Heilbrunn: Verlag Julius Klinkhardt, 118-126.

Koellner K., Jacobs J., Borko H., Schneider C., Pittman M. E., Eiteljorg E., Bunning K. & Frykholm J. (2007), The Problem-Solving Cycle: A Model to Support the Development of Teachers' Professional Knowledge, in: *Mathematical Thinking and Learning* 9/3, 273–303.

Korthagen F. A. J. (2011), Making teacher education relevant for practice: The pedagogy of realistic teacher education, in: *Orbis Scholae* 5/2, 31–50.

Krammer K., Schnetzler C. L., Ratzka N., Reusser K., Pauli C., Lipowsky F. & Klieme E. (2008), Lernen mit Unterrichtsvideos: Konzeption und Ergebnisse eines netzgestützten Weiterbildungsprojekts mit Mathematiklehrpersonen aus Deutschland und der Schweiz, in: *Beiträge zur Lehrerbildung* 26/2, 178–197.

Lefstein A. & Snell J. (2011), Professional vision and the politics of teacher learning. *Teaching and Teacher Education* 27/3, 505–514.

Najvar P., Janík T., Janíková M., Hübelová D. & Najvarová, V. (2009), CPV Videostudy: Comparative Perspectives on Teaching in Different School Subjects, in: Janík T. & Seidel T. (eds.), *The Power of Videostudies in Investigating Teaching and Learning in the Classroom*, Münster: Waxmann, 103-120.

Petko D. & Reusser K. (2005), Praxisorientiertes E-Learning mit Videos gestalten, in: Hohenstein A. & Wilbers K. (Hg.), *Handbook E-Learning. Expertenwissen aus Wissenschaft und Praxis*, Köln: Deutscher Wirtschaftsdienst.

Radtke F. O. (2000), Professionalisierung der Lehrerbildung durch Autonomisierung, Entstaatlichung, Modularisierung, in: *Sowi On-line Journal*, 1–8. [Verfügbar unter http://www.jsse.org/2000/2000-0/radtke.htm/#Anmerkung1.]

Reusser K. (2005), Situiertes Lernen mit Unterrichtsvideos in der Lehrerinnen und Lehrerbildung, in: *Journal für LehrerInnenbildung* 5/2, 8–18.

Reusser K., Waldis M. & Gautschi P. (2007), Fachdidaktische Arbeit mit Unterrichtsvideos – in der Lehrerinnen- und Lehrerbildung, in: Gautschi P., Moser D. V., Reusser K. & Wiher P. (Hg.), *Geschichtsunterricht heute: Eine empirische Analyse ausgewählter Aspekte*, Bern: h.e.p. verlag ag, 263-289.

Schierz M. (2000), Narrative Didaktik als Beispieldidaktik im Medium von „Geschichten" der Sportlehrerausbildung und des Sportunterrichts, in: Voigt H. F. & Jendrusch G. (Hg.), *Sportlehrerausbildung wofür?*, Hamburg: Czwalina Verlag, 57-66.

Schön D. A. (1983), *The Reflective Practitioner*, London: Basic Books.

Schwindt K. (2008), *Lehrpersonen betrachten Unterricht. Kriterien für die kompetente Unterrichtswahrnehmung*, Münster: Waxmann.

Scrivener J. (2011), *Learning Teaching,* 3rd ed., Oxford: Macmillan Education.

Seidel T., Prenzel M., Rimmele R., Schwindt K., Kobarg M., Herweg C. & Dalehefte I. M. (2006), Unterrichtsmuster und ihre Wirkung: Eine Videostudie im Physikunterricht, in: Prenzel M. & Allolio-Näcke L. (Hg.), *Untersuchungen zur Bildungsqualität von Schule*, Münster: Waxmann, 99-123.

Seidel T., Prenzel M., Schwindt K., Stürmer K., Blomberg G. & Kobarg, M. (2009), LUV and Observe: Two Projects Using Video to Diagnose Teachers' Competence, in: Janík & Seidel T. (eds.), *The Power of Video Studies in Investigating Teaching and Learning in Classroom*, Münster: Waxmann, 243-258.

Seidel T., Blomberg G. & Stürmer K. (2010), OBSERVE – Validierung eines videobasierten Instruments zur Erfassung der professionellen Wahrnehmung von Unterricht, in: *Zeitschrift für Pädagogik*, 56. Beiheft, 296–306.

Sherin M. G. (2004), New Perspectives on the Role of Video in Teacher Education, in: Brophy J. (ed.), *Using Video in Teacher Education*, Amsterdam: Elsevier, 1-27.

Sherin M. G. (2007), The Development of Teachers' Professional Vision in Video Clubs, in:Goldman R., Pea R., Barron B. & Derry S. J. (eds.), *Video Research in the Learning Sciences*, London: Lawrence Erlbaum Associates Publishers, 383-395.

Šírová E. & Krejčová K. (2011), The role of the video interaction guidance in the enrichment of student teachers' social skills, in: *Journal on Efficiency and Responsibility in Education and Science*, 4/4, 162–169.

Staub F. C. (2004), Fachspezifisch-Pädagogisches Coaching: Ein Beispiel zur Entwicklung von Lehrerfortbildung und Unterrichtskompetenz als Kooperation, in: *Zeitschrift für Erziehungswissenschaft* 7/3, 113–141.

StaubF. C., West L. & Bickel D. P. (2003), What is content-focused coaching?, in: West L. & Staub F. C., *Content-focused coaching: Transforming mathematics lessons*, Portsmouth, NH: Heinemann, 1-17.

van Es E. A. (2009), Participants' Roles in the Context of a Video Club, in: *The Journal of Learning Sciences*, 18/1, 100–137.

van Es E. A. & Sherin M. G. (2008), Mathematics teachers' "learning to notice" in the context of a video club", in: *Teaching and Teacher Education*, 24/2, 244–276.

van Es E. A. & Sherin M. G. (2010), The influence of video clubs on teachers' thinking and practice, in: *Journal of Mathematics Teacher Education* 113/2, 55–176.

Videobasierte Erfassung der Komplexitätsentwicklung im Chemie- und Physikunterricht

Maja Brückmann & Sascha Bernholt (IPN – Leibniz-Institut für die Pädagogik der Naturwissenschaften und Mathematik Kiel)

Initiiert durch die Einführung von Bildungsstandards durch die KMK findet die Modellierung von Kompetenzen zunehmend Beachtung in der fachdidaktischen Forschung. In diesem Zusammenhang werden aktuell unterschiedliche Ansätze diskutiert, die Art und Niveau fachlicher Anforderungen systematisch und theoretisch fundiert darstellen sollen (Bernholt, Neumann & Nentwig, 2012; Waddington, Nentwig & Schanze, 2007). Im Fokus dieser Modellierung steht häufig die Entwicklung von Aufgaben für kompetenzorientierte Tests (Klieme, Leutner & Kenk, 2010). Der Nutzen dieser Modelle zur Erfassung des Unterrichtsgeschehens wird bisher allerdings nur selten untersucht (Lau, 2011). Insofern gibt es nur wenige Erkenntnisse darüber, inwieweit sich für die Beschreibung von Anforderungen in Testaufgaben und für Anforderungen im Unterrichtsgeschehen die gleichen Modelle nutzen lassen. Für eine ökologisch valide, evidenzbasierte Förderkultur ist es allerdings notwendig, dass sich Anforderungen im Unterricht und Testanforderungen an gemeinsamen Kriterien ausrichten (Osborne & Dillon, 2008).

Das hier vorgestellte Projekt „Fachliche Komplexität und Sachstrukturen im Chemie- und Physikunterricht"[1] (ViKom) zielt auf die Untersuchung dieser gemeinsamen modellbasierten Kriterien ab. Das Ziel ist die Entwicklung und Erprobung fächerübergreifender Instrumente zur Erfassung der fachlichen Komplexität und des inhaltlichen Angebots in den Fächern Chemie und Physik mit Hilfe von Unterrichtsvideos. Das videobasierte Instrument ermöglicht einen Einblick in den Verlauf von Unterrichtssequenzen sowohl mit Blick auf das fachliche Niveau der Lehrangebote und Schülerbeiträge (Bernholt, 2010) als auch auf das sachstrukturelle Unterrichtsangebot (Brückmann, 2009). Die Analysen im Rahmen von Fallstudien gehen dabei bewusst über einzelne Unterrichtsstunden hinaus, um den Verständnisaufbau nachzuzeichnen, der durch die Lehrkräfte im Rahmen einer Unterrichtseinheit angeboten wird.

---

1   DFG-Fördernummer: BE 4703

1 Theoretischer Hintergrund

1.1 Videografierte Einblicke in den Chemie- und Physikunterricht

Zentrale Fragestellungen von videobasierten Unterrichtsstudien im Bereich der naturwissenschaftlichen Fächer betrafen zunächst Aspekte der Unterrichtsorganisation und -interaktion. So stellten Baumert et al. (1997) im Rahmen der TIMS-Videostudie fest, dass der Mathematikunterricht in Deutschland häufig nach einem sehr enggeführten, lehrerzentrierten und fragend-entwickelnden Skript verläuft. Weitere (Video-)Studien haben zahlreiche Faktoren identifiziert, welche die Qualität von Bildungsprozessen und Lernergebnissen des naturwissenschaftlichen Unterrichts nachhaltig beeinflussen (Seidel & Shavelson, 2007). Allerdings treffen diese Untersuchungen nur vereinzelt Aussagen auf der fachinhaltlichen Ebene bzw. sie berücksichtigen die Sachstruktur des Unterrichtsangebots nur eingeschränkt.

Derartige domänenspezifische Betrachtungen der Unterrichtsqualität sind vergleichsweise selten (Baumert, Blum & Neubrand, 2002). Aufschnaiter (2003) befasste sich intensiv mit dem Vergleich von Lehrangebot und situativem Fähigkeitsniveau der Lernenden. Hier, wie auch in weiteren Studien (Duit, Fischler, Fischer & Sumfleth, 2003; Wackermann, Trendel & Fischer, 2010), stand insbesondere die Analyse von Lehr-Lernprozessen im Vordergrund, um wichtige Qualitätsmerkmale auf der Ebene der Unterrichtsprozesse zu identifizieren. Ebenfalls auf einer abstrahierten Ebene wurde im Projekt „Vertikale Vernetzung und kumulatives Lernen im Chemie- und Physikunterricht" ein Modell zur Vernetzung von Fachinhalten entwickelt, um den Einfluss von fachlicher Vernetzung auf kumulatives Lernen zu untersuchen (Neumann, Fischer & Sumfleth, 2008).

Als abhängige Variable verwenden die meisten dieser Untersuchungen Leistungstests, um korrelative Zusammenhänge oder Indikatoren eines erfolgreichen Unterrichts aufzuzeigen. In diesem Zusammenhang lässt sich allerdings festhalten, dass Videokodierung und Testentwicklung nur selten auf der Konstruktebene miteinander verknüpft sind. In den Details liegen beiden Untersuchungsschwerpunkten sogar häufig unterschiedliche begriffliche Konstrukte zugrunde. So wird die Komplexität im Bereich der Sachstrukturforschung als Quotient aus inhaltlichem Input und Vernetzungsangebot definiert und im Sinne eines Gesamtmaßes verstanden (Brückmann, 2009; Müller & Duit, 2004). Im Bereich der Kompetenzmodellierung und Testentwicklung wird die Komplexität hingegen zur Charakterisierung des Anforderungsniveaus von Aufgabenstellungen eingesetzt und detailliert auf einzelne Inhaltsangebote bezogen (Bernholt, 2010; Kauertz, 2008). Auch wenn eine konstruktbasierte Verknüpfung der Erfassungsinstrumente methodisch nicht zwingend notwendig ist, könnte durch die übergreifende Anpassung eines Komplexitätsmodells sowohl auf videobasierte Unterrichtsdaten als auch auf Testentwicklung erreicht werden, dass sachstrukturelle Unterrichtsbeobachtungen stärker an die Outputorientierung angepasst und miteinander in Beziehung gesetzt werden können.

Die geforderte Übereinstimmung gilt dabei sowohl für das „Was" als auch das „Wie". Entsprechend muss sowohl das inhaltliche Angebot als auch die Komplexität der Anforderungen in den Blick genommen werden, um Zusammenhänge zwischen Unterricht und Test unter der Perspektive fachlichen Kompetenzerwerbs valide untersuchen zu können.

1.2 Rekonstruktion sachstruktureller Unterrichtsmerkmale

Eine Herausforderung der Fachdidaktiken besteht in gewisser Weise in der Reduktion fachwissenschaftlicher Inhalte zugunsten einer Erlernbarkeit dieser Inhalte. Unter dieser Perspektive wird mit dem Begriff Sachstruktur für den (naturwissenschaftlichen) Unterricht die sachliche, unter logischen und systematischen Gesichtspunkten gegliederte Struktur der fachlichen Inhalte verstanden (Duit, Häußler & Kircher, 1981; Reinhold, 2006). Diese fachlichen Inhalte beziehen sich sowohl auf Begriffe, Konzepte, Modelle und Prinzipien als auch auf die Methoden, Denk- und Arbeitsweisen sowie die Vorstellungen über die Natur der Naturwissenschaften, die eine Lehrperson in ihrem Unterricht anbietet. Die Erlernbarkeit eines Sachstrukturangebots entscheidet sich u. a. an ihrer Komplexität (Duit et al., 1981; Müller & Duit, 2003; Niedderer, 1973). Aus diesem Blickwinkel müssen die Verständlichkeit und der „rote Faden" der Sachstruktur auf die Schülerinnen und Schüler abgestimmt sein, um ein Verständnis der Inhalte und der Sache möglich zu machen.

In Verbindung mit Videodaten wurden in der Vergangenheit häufig strukturabbildende Darstellungsformen gewählt: Concept Maps (Härtig, 2010), „First-Pass-Coding-Table" und „Directed Graphs" der TIMSS-Analysen (Stigler, Gonzales, Kawanaka, Knoll & Serano, 1999, S. 25) oder sogenannte Sachstrukturdiagramme der IPN-Videostudie (Duit et al., 1981; Müller & Duit, 2004). Müller und Duit (2004) entwickelten ein Verfahren, um mit Hilfe von Videodaten die Sachstruktur zu rekonstruieren und in Form von logischen Flussdiagrammen darzustellen. In einem nachfolgenden Projekt wurde die Rekonstruktionsmethode weiterentwickelt und basiert jetzt auf einem kategorienbasierten Verfahren, das eine Überprüfung der Beobachterübereinstimmung zulässt (Brückmann, 2009). Das Manual, das sich auf die Inhaltsanalysen bezieht, beschreibt Codiersysteme, die die im Unterricht angebotenen Begriffe und Konzepte in Kategoriensysteme zusammenfasst. Das Kategoriensystem besteht dabei aus zwei Levels (s. Abb. 3). Dem Codierer stehen zunächst die Kategorien des Level 1 für eine grobe inhaltliche Orientierung zur Verfügung. Hat der Codierer sich für eine Kategorie des ersten Levels entschieden, wird eine weitere thematische Eingrenzung mit den Kategorien des zweiten Levels vorgenommen. Jede Kategorie wird in einem Manual im Hinblick auf die inhaltliche Bestimmung/fachliche Begriffsbeschreibung, die Beschreibung des Begriffs auf der Unterrichtsebene und spezielle Codierungsregeln beschrieben. Die in Tabelle 1 berichteten Maße für die Beobachterübereinstimmungen zeigen, dass es gut gelingt mit Hilfe einer Lehrplananalyse inhaltlich Kategoriensysteme zu entwickeln. Diese Herangehensweise wurde auch im ViKom-Projekt genutzt.

Tab. 1: Reliabilität der Kategoriensysteme zur Mechanik und Optik

Themen-bereiche	Jahrgang-stufe	Lehr-personen (N)	Anzahl der Kategorien (Level 1/Level 2)	Cohens κ (M_{Level1})	Cohens κ (M_{Level2})
Mechanik	7 – 9	480	19 (3/19)	.82 – .92	.60 – .98
Optik	7 – 9	126	19 (4/15)	.72 – .83	.60 – .88

Die Analyse von Sachstrukturen ist eng mit zentralen Aspekten verschiedener Unterrichtsmerkmale verknüpft. Zum einen berücksichtigt die Sachstrukturbetrachtung curriculare Vorgaben, die einen Einfluss auf das inhaltliche Angebot der Lehrpersonen im Unterricht haben (Schmidt, Houang & Cogan, 2002; Vollstädt, 2003). Die curriculare Verknüpfung ist entscheidend, da Lehrpersonen, die sich enger an die curricularen Vorgaben halten, einen größeren Lernerfolg vorweisen konnten als Lehrpersonen mit wenig oder ohne curriculare Bezüge (Brophy & Good, 1986). Forschungsmethodisch betrachtet bilden daher Lehrpläne, Curricula und auch die Bildungsstandards im Bereich des Fachwissens häufig die Grundlage für die Konzeption von Codierverfahren im Rahmen von Videostudien. Videostudien, die diese Art der Codiersysteme nutzen, konnten zeigen, dass sich inhaltliche Unterrichtsskripte beschreiben lassen, die wiederum unterschiedliche Zusammenhänge zu sachstrukturellen Parametern aufweisen (Stigler et al., 1999). Lehrpersonen, die ein Unterrichtsskript zur Einführung des Kraftbegriffs über die Dynamik zeigten, gestalteten ihr Unterrichtsangebot komplexer als die Lehrpersonen, die ein statisches Unterrichtsskript nutzten (Brückmann, 2009).

1.3 Komplexität

Neben der zeitlichen Verortung und der Vernetzung lassen sich Fachinhalte im Unterricht selbstverständlich auch mit Blick auf das Anforderungsniveau betrachten. Entsprechend stellt sich die Frage, wie Anforderungen im Unterricht hinsichtlich der Fachinhalte beschrieben werden können.

Ausgehend von aktuellen kognitiven Theorien lässt sich die Struktur deklarativen Wissens als Netzwerk miteinander verbundene Elemente im Gegensatz zu einer Anhäufung unverbundener Einzelelemente verstehen (vgl. Schnotz, 1994; Tergan, 1986). Diesem Bild einer Wissensstruktur folgend, steigt die Qualität des Wissens demnach mit dem Grad an Vernetzung der Inhaltselemente (Peuckert, 2006; Steiner, 2006). Zur Charakterisierung des Vernetzungsgrads stellt die Beschreibung durch Komplexitätsstufen in der aktuellen Forschungsliteratur unterschiedlicher Fächer einen möglichen Ansatz dar (Fischer, 1980; Kauertz, 2008).

„The concept of hierarchical complexity is at the core of most cognitive developmental theories." (Dawson, 2006, S. 114) Der Grundgedanke ist dabei, dass mit der Handhabung einer steigenden Anzahl von Inhaltselementen auch die Schwierigkeit der Verarbeitung ansteigt (Case, 1985; Fischer & Bidell, 2006). Zur Beschreibung des Anforderungsniveaus wurde im vorliegenden Projekt auf das *Model of Hierarchical Complexity* zurückgegriffen (MHC; Commons, 1998). Die Adaption dieses Modells richtete die Komplexitätsstufen jedoch gezielt auf Kausalität und Interdependenz aus, um unterschiedliche Grade der Erklärungsmächtigkeit zu fokussieren und dadurch eine starke Verankerung an der Inhaltsstruktur und den Zielen des naturwissenschaftlichen Fachunterrichts zu erreichen (vgl. Abb. 1).

Abb. 1: Die fünf Komplexitätsstufen des adaptierten MHC (MHCC; Bernholt, Parchmann & Commons, 2009)

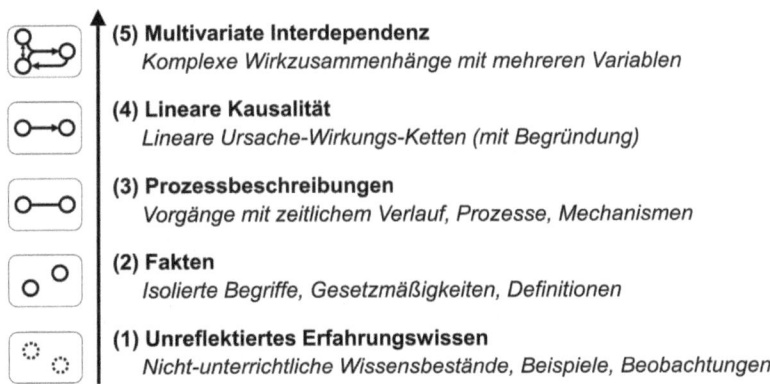

Das entwickelte Modell hierarchischer Komplexität hat sich im Rahmen mehrerer Untersuchungen als reliables und valides Diagnoseinstrument im Kompetenzbereich Fachwissen erwiesen (Bernholt & Parchmann, 2011). Dabei wurden zu unterschiedlichen Themen Leistungstests entwickelt und in unterschiedlichen Jahrgangsgruppen eingesetzt (vgl. Tab. 2). Mittels Varianzanalysen konnte gezeigt werden, dass durch die fünf Stufen hierarchischer Komplexität die Schwierigkeit der Testaufgaben (im Sinne des Itemparameters einer Rasch-Skalierung) zu großen

Tab. 2: Testgütekriterien

Themen-bereiche	Jahrgang-stufe	N	Anzahl der Aufgaben (offen/geschlossen)	Reliabilitäten (EAP/PV)	R^2 UV: Modellstufen AV: Itemparamater
Verbrennung	6 – 11	480	66 (14/52)	.65 – .84	.57
Säure & Basen	10	126	24 (14/10)	.74	.57
Redox-Reaktionen	11-12	113	22 (16/6)	.85	.54

Teilen aufgeklärt werden konnte. Entsprechend lässt sich eine gute Grundlage dafür heranziehen, die Komplexität, wie sie im Modell (vgl. Abb. 1) operationalisiert wurde, als Indikator für das Anforderungsniveau der Sachstruktur des Unterrichts heranzuziehen.

1.4 Komplexität und Sachstrukturen im Unterricht

Empirische Studien zur Unterrichtsqualität haben gezeigt, dass nicht nur die Auswahl geeigneter Unterrichtsinhalte für einen positiven Lernerfolg verantwortlich ist, sondern auch die Strukturierung dieser Inhalte kohärent und schlüssig sein muss (Hattie, 2010; Helmke, 2009). Der Strukturierungsaspekt umfasst neben der Integration und Sequenzierung wichtiger Begriffe und Konzepte auch die Vernetzung zwischen einzelnen Inhaltselementen. Dabei ist es nicht nur wichtig, dass die Begriffe ständig wiederholt, sondern im Sinne einer ansteigenden Komplexität in unterschiedliche alltagsnahe Kontexte eingebettet werden (Kesidou & Roseman, 2002; Müller & Duit, 2004).

Auf einer abstrahierten Ebene wurde im Projekt „Vertikale Vernetzung und kumulatives Lernen im Chemie- und Physikunterricht" ein Modell zur Vernetzung von Fachinhalten entwickelt, um den Einfluss von fachlicher Vernetzung auf kumulatives Lernen zu untersuchen (Neumann, Fischer & Sumfleth, 2008). Mit Hilfe von Unterrichtsvideos untersuchte Lau (2011) die Wirkung einer hohen Passung der Vernetzungsniveaus von Lehrkraft und Lernenden auf die Schülerleistung und die Unterrichtsqualität. Allerdings lieferten die Untersuchungen uneindeutige Ergebnisse bezogen auf Fachunterschiede (Chemie/Physik) und den Zusammenhang zwischen Referenzkriterium und Kompetenzaufbau (Lau, 2011). Müller & Duit (2004) haben für den Physikunterricht gezeigt, dass die Sachstrukturcodierung deutliche Unterschiede zwischen den strukturellen Unterrichtsmerkmalen bei den untersuchten Lehrpersonen ergibt. Insbesondere der Vergleich von zwei Inhaltsbereichen (Mechanik und Elektrizitätslehre) hat gezeigt, dass abhängig von den Inhaltsbereichen die Lernleistung der Schülerinnen und Schüler unterschiedlich durch die Komplexität beeinflusst wird. Eine Erklärung für dieses inhomogene Bild, dass sich unterschiedliche Zusammenhänge zwischen den Konstrukten in den Fächern Chemie und Physik (Neumann et al., 2008), aber auch Unterschiede innerhalb der Physik in Bezug auf zwei verschiedene Themengebiete ergeben (Müller & Duit, 2004), liegt nicht vor. Beide Autorengruppen weisen jedoch auf Reliabilitätsprobleme in den eingesetzten Verfahren hin.

2 Ziele und Fragestellungen der ViKom-Studie

Das Projekt „Fachliche Komplexität und Sachstrukturen im Chemie- und Physikunterricht" dient in erster Linie der Entwicklung eines domänenübergreifenden Instruments zur Beschreibung des Anforderungsniveaus von Unterrichtsbeiträgen, die die gleichen Kritcrien verwenden, wie sie bisher zur Kompetenzmessung im Bereich des Fachwissens genutzt wurden. Dies soll eine direkte Anschlussfähigkeit der Auswertungsergebnisse für einen Abgleich mit Leistungstestergebnissen sicherstellen.

Aufbauend auf dem Komplexitätsmodell MHCC (vgl. Abb. 1) erfasst das Instrument die Entwicklung der Komplexität. Die nachfolgenden Fragestellungen beziehen sich daher insbesondere auf die Beschreibung und Analyse von Entwicklungsverläufen von Komplexität in Verbindung mit den sachstrukturellen Inhalten:

– Inwieweit lässt sich das videografierte Unterrichtsgeschehen durch das MHCC abbilden?

– Welche Entwicklungen der Komplexität in Verbindung mit den sachstrukturellen Inhalten zeigen sich im Verlauf von drei Unterrichtsstunden?

Dabei ist festzuhalten, dass es entgegen bisheriger Studien nicht um die Feststellung zeitlicher Muster oder die Aufdeckung korrelativer Zusammenhänge (bspw. zwischen Faktoren der Unterrichtsgestaltung und Testergebnissen) geht. Vielmehr soll die Instrumententwicklung (Komplexität) bzw. -adaption (Sachstruktur) so angelegt werden, dass die Parameter der Sachstruktur zur Auswertung der Komplexität herangezogen werden können, indem sie inhaltliche und didaktisch-methodische Auswertungseinheiten (bspw. Begriffe und Konzepte; Experimente) zur Verfügung stellen.

3   Methode

3.1   Stichprobe

Für die Entwicklung und Erprobung des Instruments wurden Unterrichtsvideos aus zwei verschiedenen und unabhängig voneinander konzipierten Videostudien genutzt (vgl. Tabelle 3). Für die Analysen im Unterrichtsfach Chemie stehen 14 bis 21-stündige Unterrichtssequenzen aus der Klassenstufe 9 von zwei Lehrpersonen zur Verfügung, die die Inhaltsbereiche Stoffeigenschaften, Verbrennungen und Säuren-Basen betreffen. Für die Analysen des Physikunterrichts stehen Unterrichtsvideos von dreizehn Lehrpersonen zur Verfügung, die zum einen die ersten drei Stunden einer Einführung in den Kraftbegriff und zum anderen in die Elektrizitätslehre zeigen. Auch wenn aufgrund des Stichprobenumfangs keine Generalisierungen oder Gruppenvergleiche zulässig sind, ermöglicht das videobasierte Datenmaterial Analysen auf der Zeitskala von längeren Unterrichtssequenzen. Es können deskriptive Auswertungen durchgeführt und wertvolle Indikatoren und Erfahrungen für weitergehende und breiter angelegte Studien gesammelt werden.

Tab. 3: Gesamtstichprobe der ViKom-Studie

	Chemie	Physik
Jahrgangsstufe	9	7 und 8
Themen	Stoffeigenschaften, Verbrennungen, Säure & Basen	Einführung in den elektrischen Stromkreis/ Kraftbegriff
Lehrpersonen (N)	2	13
videografierte Unterrichtsstunden	58h	78h
Struktur der Videos	eine Lehrperson mit zwei Unterrichtseinheiten (21h und 23h); eine Lehrperson mit einer Unterrichtseinheit (14h)	pro Lehrperson jeweils dreistündige Unterrichtssequenzen pro Thema

3.2 Methodisches Vorgehen

Das Design zur Entwicklung der Instrumente zur fachlichen Komplexitätserfassung nimmt verschiedene Perspektiven ein. Zunächst wurde ein Überblick über die Struktur und die verschiedenen Instruktionsformate der Stunden erstellt. Entsprechend zielt die erste Auswertung der Unterrichtsvideos mit der Einteilung der zu codierenden Phasen (Schüleräußerungen, Lehreräußerungen, Organisatorisches etc.) auf eine Beschreibung der Sichtstruktur des Unterrichts ab.

Die Analyseeinheit der inhaltlichen Auswertung beträgt jeweils Einheiten, die als „Satz" identifiziert werden können, da diese jeweils Sinn gebende Äußerungen darstellen (event sampling). Auf Basis des MHCC (Bernholt, Parchmann & Commons, 2009) wurde ein Codiermanual entwickelt, das die verschiedenen Ausprägungen der fachlichen Komplexität von Anforderungen und Schülerbeiträgen beschreibt (vgl. Abschnitt 4.1). Anhand dieses Manuals soll jede fachliche Äußerung der Lehrkraft bzw. einzelner Schülerinnen oder Schüler einer der fünf Komplexitätsstufen des Modells zugeordnet werden. Der nächste Entwicklungsschritt fokussiert das inhaltliche Angebot und umfasst die Entwicklung eines curriculumbasierten Codiersystems zu den Inhalten, die im videografierten Unterricht behandelt werden (vgl. Abschnitt 4.2). Die entwickelten Kategoriensysteme wurden von einer Expertengruppe validiert. Anschließend wurden Testkodierungen durchgeführt, so dass die Beobachterübereinstimmung bestimmt werden konnte. Die Entwicklung war abgeschlossen, wenn zwei bzw. drei Codierer mindestens zu 85% in ihren Beobachtungen übereinstimmten. Neben der direkten prozentualen Übereinstimmung wurde zur Überprüfung der Beobachterübereinstimmung das statistische Reliabilitätsmaß Cohens kappa (κ) verwendet (Wirtz & Caspar, 2002). Kappa-Werte, die größer als .75 sind, werden als hohe Übereinstimmung eingestuft, bei Werten zwischen .40 und .75 ist die Übereinstimmung als mäßig bis gut und bei Werten unter .40 als schlecht bzw. gering zu bewerten.

4 Instrument zur Erfassung der fachlichen Komplexität

4.1 Codiersystem zur Komplexität

Das Codiersystem zur fachlichen Komplexität basiert auf dem fünfstufigen MHCC (Bernholt, Parchmann & Commons, 2009). Dieses Modell wurde für die Videocodierung dahingehend erweitert, dass die fünf Stufen als Makroebene erhalten blieben (Level 1), jedoch um eine Mikroebene von detaillierteren Operatoren ergänzt wurden (Level 2; vgl. Abb. 2). Die Ergänzung von Operatoren basiert vor allem auf einer Reanalyse der in vorhergehenden Studien genutzten Testaufgaben (Bernholt & Parchmann, 2011) und dient der spezifischeren Beschreibung von Tätigkeiten und der damit zusammenhängenden Anforderungen, die von den Schülerinnen und Schülern im Unterricht erwartet werden. Darüber hinaus wurden nach ersten Probecodierungen von videografierten Unterrichtsstunden weitere Operatoren deduktiv abgeleitet und ergänzt. Die Operatoren greifen dabei die Konzeption der jeweiligen Stufen auf der Makroebene auf. Insgesamt wurden so 29 Operatoren formuliert und gemäß den fünf Stufen gruppiert.

Abb. 2: Das MHCC-Codiersystem zur Komplexität mit Level 1 (links) und Level 2 (oben rechts) sowie einem Transkriptbeispiel (unten rechts)

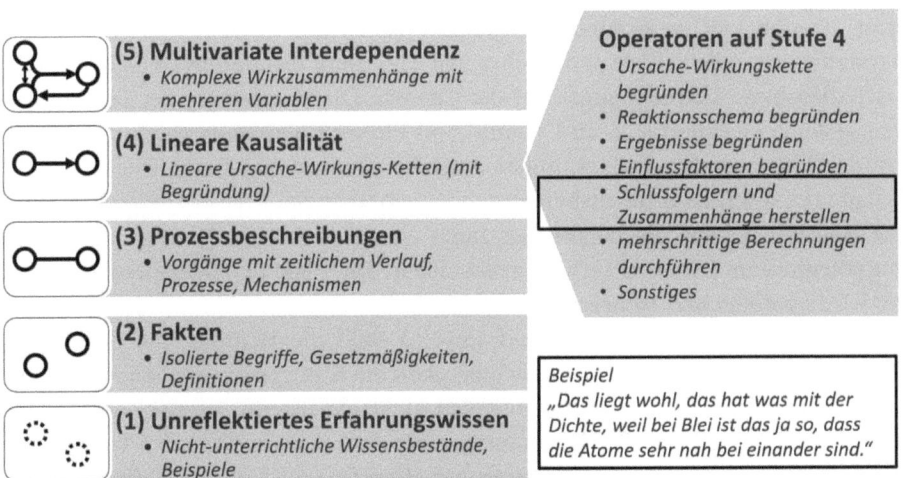

Das Codiersystem wurde übergreifend zur Codierung der Unterrichtsstunden in Chemie und Physik eingesetzt. Nach einem gemeinsamen Training codierten zwei bis drei Codiererinnen und Codierer unabhängig voneinander Unterrichtsstunden in jeweils einem der Fächer. Eine Codiererin codierte zudem Unterrichtsstunden in

beiden Fächern, um einen direkten Abgleich beider Codierungsschritte zu erreichen. Die Doppel- und Dreifachcodierungen wurden zur Berechnung von Cohens
Kappa als Maß der Interrater-Reliabilität herangezogen, um die zufallskorrigierte
Übereinstimmung der Codierer untereinander zu bestimmen (Tabelle 4). Dabei
wurden kappa-Werte ermittelt, die den Schluss rechtfertigen, dass das Manual in
beiden Fächern objektiv und reliabel eingesetzt werden konnte.

Tab. 4: Reliabilität der Kategoriensysteme zur Komplexitätserfassung

Themenbereiche	Codier-intervalle	Codierer	Unterrichtsstunden	Cohens κ (M)
Brände (Chemie)	3370	3	7	.61 – .86 (.73)
Stoffeigenschaften (Chemie)	2526	3	11	.69 – .86 (.80)
Elektrizitätslehre (Physik)	5712	2	12	.71 – .86 (.76)

4.2 Fachliche Codiersysteme

Die Codierung des fachlichen Angebots der Lehrperson wird unabhängig von der
Komplexität codiert. Grundsätzlich geht es bei der fachlichen Codierung der Sachstruktur um die Frage: „Welche fachlichen Inhalte werden im Verlauf des Unterrichts angeboten?".

Da die Stichprobe der Unterrichtsvideos aus verschiedenen Themenbereichen
besteht, wurden vier unabhängig voneinander codierbare, inhaltsbasierte Kategoriensysteme entwickelt: Elektrizitätslehre und Mechanik für die Physik und Stoffeigenschaften bzw. Verbrennungen für die Chemie. Die Konzeption der fachlichen
Codiersysteme orientiert sich an Chemie- und Physik-Lehrplänen sowie Schulbüchern der Klassenstufen 7 bis 9, indem zunächst die dort genannten Begriffe und
Konzepte des jeweiligen Inhaltsbereichs als Stichworte herausgeschrieben wurden.
Diese Begriffe werden als inhaltlicher Input einer Lehrkraft angesehen und sind
somit potentiell im Unterrichtsvideo beobachtbar. Die Liste der Begriffe und Konzepte wird geordnet und fachsystematisch in Gruppen und Untergruppen eingeteilt.
Das entwickelte Kategoriensystem auf Level 1 fasst die Begriffe und Konzepte
grob zusammen. Dabei ist darauf zu achten, dass die Kategorien untereinander dis-
junkt codierbar bleiben, d.h. dass Aussagen nicht gleichzeitig in zwei und mehr
Kategorien fallen, sondern die Hauptaussage des Satzes codiert werden kann. Das
Kategoriensystem auf Level 2 fokussiert auf Begriffe und Konzepte, die eng mit
dem übergeordneten Begriff (Level 1) verknüpft sind bzw. ihn eindeutiger beschreiben. Somit muss der Codierer bzw. die Codiererin sich zunächst nur grob für
einen Begriff entscheiden und kann mit der zweiten auf bestimmte Begriffe be-
grenzte Entscheidungen treffen (vgl. Abb. 3).

Abb. 3: Das Codiersystem zur Sachstruktur am Beispiel Physik (Elektrizitätslehre)

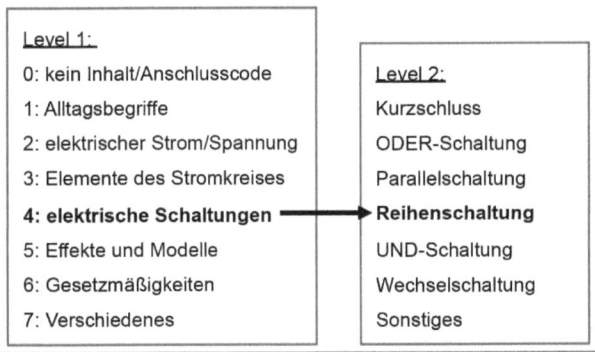

Tab. 5: Reliabilität der Kategoriensysteme zur Sachstrukturanalyse

Themenbereiche	Codier-intervalle	Codierer	Unterrichtsstunden	Cohens κ (M)
Brände (Chemie)	2186	3	5	.68 – .81 (.72)
Stoffeigenschaften (Chemie)	2820	3	6	.69 – .89 (.79)
Elektrizitätslehre (Physik)	3388	2	9	.77 – .89 (.83)

Die in Tabelle 5 dargestellten Beobachterübereinstimmungen zeigen, dass die Co-diersysteme zur Sachstruktur für die Inhaltsbereiche Brände und Stoffeigenschaften (Chemie) sowie Elektrizitätslehre (Physik) ausreichend gut funktionieren. Für die Mechanik-Codiersysteme findet zurzeit eine Überarbeitung statt, um die zeitbasier-te Codierung auf eine aussagenbasierte umzustrukturieren. Auf der Basis dieser Kategoriensysteme und mit Hilfe der Manuale wurden nach einem Training, wie bereits für die Komplexität durchgeführt, alle Unterrichtsvideos zu den Themen codiert.

5 Ergebnisse

5.1 Modellbasierte Komplexitätserfassung

Die dargestellte Erfassung der Komplexität zielt auf das fachliche Anforderungsniveau des Unterrichts ab. Daher stellt sich die Frage, welche Anforderungen im Unterricht (immer bezogen auf die o.g. Stichprobe) an die Lernenden gestellt werden. Betrachtet man unter dieser Perspektive die Häufigkeitsverteilung der codierten Aussagen auf die fünf Komplexitätsstufen, so zeigt sich, dass der Schwerpunkt auf Stufe 2 liegt: Fakten (vgl. Abb. 4). Entsprechend konzentriert sich ein Großteil des Unterrichtsgeschehens auf das Nennen von Definitionen und Gesetzmäßigkeiten, auf das Beschreiben von Experimenten und Modellen, auf das Durchführen einfacher Berechnungen oder das Anfertigen von Zeichnungen nach Vorlage.

Abb. 4: Häufigkeitsverteilung der Komplexitätsstufen von jeweils drei Einführungsstunden in den Fächern Chemie und Physik

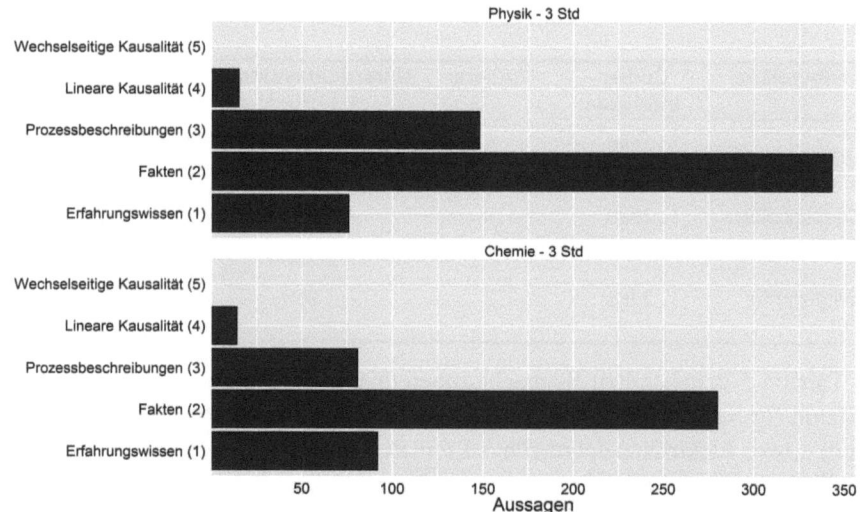

Darüber hinaus lässt sich bei Betrachtung der Gesamtstichprobe festhalten, dass die Komplexitätsstufe 5 (Multivariate Interdependenz) sowohl in der Chemie als auch in der Physik nur äußerst selten beobachtet wird. Hinsichtlich der weiteren Stufen zeigt sich eine Besonderheit der vorliegenden Stichprobe: Während nach der Fakten-Stufe das zweithäufigste Komplexitätsniveau in den Physikvideos die Stufe 3 (Prozessbeschreibungen) ist, wird in dem vorliegenden Chemieunterricht verstärkt auf das Erfahrungswissen der Schülerinnen und Schüler (Stufe 1) rekurriert. Diese Verschiebung lässt sich unter Umständen darauf zurückführen, dass der Chemieunterricht im Rahmen des Unterrichtsentwicklungsprojekts „Chemie im Kontext"

videographiert wurde, das einen Schwerpunkt auf Alltagsbezug, situiertes Lernen und Lerneraktivierung setzt (Demuth, Gräsel, Parchmann & Ralle, 2008).

Die entwickelten und unabhängig voneinander codierbaren Kategoriensysteme zur Komplexität und zum fachlichen Angebot des Unterrichts liefern in der Kombination interessante Ergebnisse. Die in Abbildung 4 gezeigten Häufigkeitsverteilung der Komplexitätsstufen von jeweils drei Einführungsstunden in den Fächern Chemie und Physik liefern zunächst Einblicke in das Anforderungsniveau der untersuchten Stunden. Betrachtet man unter einer detaillierten Perspektive die Häufigkeitsverteilung für die dritte Stunde (vgl. Abb. 5) hinsichtlich der fünf Komplexitätsstufen in Kombination mit den fachlichen Codiersystemen, so zeigt sich, dass der Schwerpunkt der Aussagen auf der Faktenstufe (Stufe 2) liegt und sich thematisch auf bestimmte Begriffe eingrenzen lässt. Hier konzentriert sich der Großteil des fachlichen Angebots in der Chemie auf das Beschreiben von Stoffumwandlungen, sowie Nachweisreaktionen; ein geringer Anteil befasst sich mit Stoffeigenschaften und Nachweisreaktion. Während Stoffumwandlungen bis Stufe 4 (Lineare Kausalität) in der untersuchten Stunde vorkommen, werden Nachweisreaktionen auf der Ebene der Prozessbeschreibungen (Stufe 3) thematisiert.

Vergleicht man den ebenfalls deutlichen Fokus der Faktenstufe (Stufe 2) im Physikunterricht, zeigt sich, dass deutlich mehr fachliche Inhalte aus der Faktenstufe unterrichtet wurden. Die fachlichen Inhalte, bspw. Elemente des Stromkreises, kommen häufiger in allen Stufen der ersten vier Niveaus vor als im Chemieunterricht. Diese Verteilung finden man im Großteil der untersuchten Chemie- und Physikstunden. Während sich in der Physik ein Trend andeutet, dass viele Begriffe und Konzepte in der Elektrizitätslehre auf mehr als zwei unterschiedlichen Stufen im Unterricht angeboten werden, zeigt sich dieser Trend nur eingeschränkt im untersuchten Chemieunterricht.

Während die summative Zusammenfassung der Codierungen derartige Schwerpunkte des Unterrichts offenlegen kann, lässt sich dadurch für den zeitlichen Aufbau des Unterrichts jedoch noch keine Aussage treffen. Dabei ist intuitiv zu vermuten, dass das durchschnittliche Anforderungsniveau im Unterricht über den Verlauf einer Einheit ansteigen sollte, wobei ein linearer Trend innerhalb jeder Unterrichtsstunde sicherlich nicht zu erwarten ist.

Betrachtet man exemplarisch den Verlauf der Komplexität für drei Unterrichtsstunden in den Fächern Chemie und Physik, so zeigen sich zwischen den beiden Lehrkräften deutliche Unterschiede darin, wie sie den Einstieg in die jeweilige Unterrichtseinheit gestaltet haben (Abb. 6). Während die Physiklehrkraft relativ anspruchsvoll einsteigt (mit einem Schwerpunkt auf Stufe 3) um sich anschließend zu einem Großteil der ersten Stunde auf dem Fakten-Niveau (Stufe 2) zu bewegen, steigt die Chemielehrkraft sehr breit ein, so dass die Aussagen in der ersten Hälfte der Einführungsstunde von Stufe 1 bis Stufe 4 schwanken. Auch danach bleibt der Schwerpunkt der Stunde zwischen Stufe 1 und Stufe 2, während sich bei der Physiklehrkraft nur zwei Einzelaussagen zum Bereich Erfahrungswissen (Stufe 1) zu-

Abb. 5: Häufigkeitsverteilung der Komplexitätsstufen detailliert aufgesplittet nach fachlichen Unterrichtsangeboten

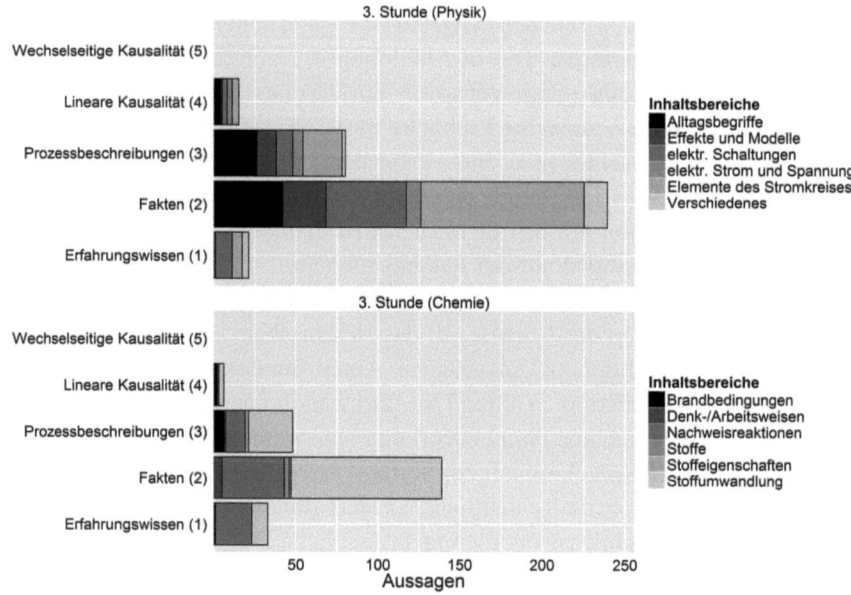

Abb. 6: Verlauf der Komplexitätsstufen über die Zeit für jeweils drei Einführungsstunden in Chemie und Physik (Streudiagramm mit einem gleitenden Mittelwert über 40 Datenpunkte als Ausgleichsfunktion)

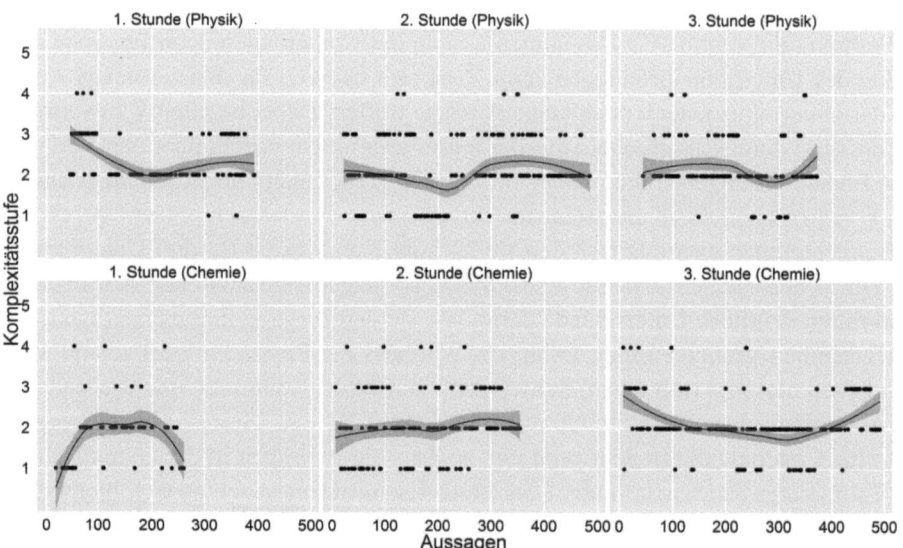

ordnen lassen. Auch hier bildet sich wieder das Bias des alltagsbezogenen Chemieunterrichts ab.

Auch die beiden Folgestunden (Stunde 2 und 3) werden von den beiden Lehrkräften sehr unterschiedlich gestaltet, wobei die Physiklehrkraft den im Durchschnitt anspruchsvolleren Unterricht anbietet, während die Chemielehrperson deutlich den Anschluss an das Erfahrungswissen der Schülerinnen und Schüler sucht, bevor ab Stunde 3 vor allem beschreibende und definitorische Anforderungen gestellt werden.

Die dargestellten Ergebnisse haben nur exemplarischen Charakter. Für die vorliegende Gesamtstichprobe von 13 Physiklehrkräften mit 78 Unterrichtsstunden bzw. 2 Chemielehrkräften mit 58 Unterrichtsstunden lässt sich aussagen, dass es keinen übergreifenden Trend eines kontinuierlichen, nahezu linearen Anstiegs der Komplexität über den Verlauf mehrerer Stunden gibt. Über die Zeit verschiebt sich jedoch der Schwerpunkt in Richtung höherer Komplexitätsstufen. Betrachtet man die ersten drei Unterrichtsstunden (vgl. Abb. 6) wird dieser Anstieg in der Chemie statistisch signifikant ($F(1,444) = 7,70$, $p < 0,01$, $R^2 = 0,01$), die angegeben Varianzaufklärung von 1% deutet jedoch an, wie gering dieser Anstieg ausfällt. Für die ersten drei Physikstunden ergeben sich ebenfalls signifikante Zusammenhänge ($F(1,887) = 23,09$, $p < 0,01$, $R^2 = 0,02$); auch hier liegt die Varianzklärung bei lediglich 2%. Betrachtet man bspw. nur das Kernthema der Chemie-Unterrichtseinheit „Umwandlungen und Zustandsänderungen chemischer Stoffe" und nimmt weitere im Unterricht angesprochene Themen (z.B. Brandbedingungen, naturwissenschaftliche Denk- und Arbeitsweisen oder chemische Nachweisreaktionen) aus der Berechnung heraus, so steigt die Varianzaufklärung immerhin auf 5% ($F(1,301) = 15,86$, $p < 0,01$, $R^2 = 0,05$). Stellt man eine ähnliche Betrachtung in der Physikeinheit „Einführung in den elektrischen Stromkreis" an und betrachtet nur das Kernthema „Elemente des elektrischen Stromkreises", dann steigt die Varianzaufklärung auf 10% ($F(1,72) = 9,95$, $p < 0,01$, $R^2 = 0,10$).

Entsprechend liegt in der Kombination beider Codiersysteme (Fachinhalt und Komplexität) ein Mehrwert, der durch eine einzelne Betrachtung der Bereiche (Level 1 des inhaltlichen Codiersystems) nicht aufgewogen werden kann. Für die weitere Auswertung ist geplant zu untersuchen, ob sich hinsichtlich einzelner Konzepte und Inhalte (Level 2) eine Entwicklung über den zeitlichen Unterrichtsverlauf im Sinne einer Begriffsbildung und zunehmenden Vernetzung nachzeichnen lässt.

6 Diskussion und Ausblick

Das Modell hierarchischer Komplexität (MHCC) hat sich im Rahmen von bisherigen Untersuchungen als reliables und gewinnbringendes Diagnoseinstrument im Kompetenzbereich Fachwissen erwiesen (Bernholt et al., 2009). Während das Modell bisher zur Kompetenzmessung von Lernenden genutzt wurde, soll mit der Vi-

Kom-Studie das Anforderungsniveau des Unterrichtsangebots gemessen werden. Anders formuliert, soll die Perspektive der Kompetenzentwicklung auf den Unterricht übertragen werden. Wie die bisherigen Ergebnisse der Studie gezeigt haben, lässt sich das MHCC für eine videobasierte Auswertung von Unterrichtsangeboten erfolgreich nutzen. Es finden sich die gleichen Anforderungsniveaus wie in den entwickelten Testinstrumenten wieder, und die einzelnen Stufen beschreiben verschiedene fachliche Unterrichtsbeiträge der Lehrenden wie auch der Lernenden.

Die Komplexitätsstufen des MHCC sind bisher nicht auf der Begriffsebene erhoben und analysiert worden. Die Auswertungen der Videokodierungen haben jedoch gezeigt, dass sich Komplexitätsverläufe mit der Inhaltssequenzierung koppeln lassen. Somit ist es möglich die Entwicklung der Komplexität einzelner Begriffe und Konzepte genauer zu verfolgen. Insbesondere diese fachspezifische Komplexitätsentwicklung ist bisher für den Unterricht kaum erforscht. Die Betrachtung einzelner Inhalte im Sinne von Begriffsbildung und Vernetzung verdeutlicht Stärken und Schwächen des Unterrichts. Die Identifikation von Begriffen und Konzepten, die eine positive Komplexitätsentwicklung hinsichtlich ansteigender Anforderungsniveaus möglich machen, kann wichtige Hinweise darauf liefern, wie eine Sachstruktur gestaltet werden muss, um Schülerinnen und Schüler in ihrem Lernprozess zu unterstützen.

Neben der Identifikation einzelner Begriffe und Konzepte steht ebenfalls die Ableitung von Parametern zur Beschreibung und Entwicklungen der Komplexität im Fokus der ViKom-Studie. Gelingt die Generierung dieser Parameter lassen sich inhaltsbezogene Entwicklungsverläufe der Komplexität besser beschreiben, vergleichen und detailliert analysieren. Zudem können sie auch Untersuchungen eingesetzt werden, die Zusammenhänge zwischen Komplexitätsverläufen im Unterricht und Merkmalen der Lernenden und Lehrenden und deren Unterrichtsangebot betrachten.

Literatur

Aufschnaiter, C. von (2003), Interactive processes between university students: Structures of interactions and related cognitive development, *Research in Science Education, 33* (3), 341-374.

Baumert J., Blum W. & Neubrand M. (2002), *Symposium on Assessing Policy Lessons from PISA 18-20 November 2002: Drawing the lessons from PISA 2000 – Long-term research implications: Gaining a better understanding of the relationship between system inputs and learning outcomes by assessing instructional and learning processes as mediating factors,* Berlin

Baumert, J. Lehmann R. H. & Lehrke M. (1997), TIMSS – Mathematics and science instruction in international comparison. *TIMSS – mathematisch-naturwissenschaftlicher Unterricht im internationalen Vergleich: Deskriptive Befunde.* Opladen: Leske + Budrich.

Bernholt S. (2010), *Kompetenzmodellierung in der Chemie Theoretische und empirische Reflexion am Beispiel des Modells hierarchischer Komplexität.* Berlin: Logos-Verlag.

Bernholt S., Neumann K. & Nentwig P. (2012) (Hg.), *Learning outcomes in science education: Making it tangible*, Münster: Waxmann.

Bernholt S. & Parchmann I. (2011), Assessing the complexity of students' knowledge in chemistry, *Chemistry Education Research and Practice, 12,* 167-173.

Bernholt S., Parchmann I. & Commons M. (2009), Kompetenzmodellierung zwischen Forschung und Unterrichtspraxis, *Zeitschrift für Didaktik der Naturwissenschaften, 15,* 217-243.

Brophy J. E. & Good T. L. (1986), Teacher behaviour and student achievement, in: Wittrock M. C. (ed.), *Handbook of research on teaching*, New York: Macmillan, 328–375.

Brückmann M. (2009), *Sachstrukturen im Physikunterricht: Ergebnisse einer Videostudie*, Berlin: Logos-Verlag.

Case R. (1985), *Intellectual development: A systematic reinterpretation*, New York: Academic Press.

Commons M. (1998), Hierarchical Complexity of Tasks Shows the Existence of Developmental Stages, *Developmental Review, 18/3,* 237-278.

Dawson T. L. (2006), Stage-like patterns in the development of conceptions of energy, In Liu X. & Boone W. (eds.), *Applications of Rasch measurement in science education*, Maple Grove, MN: JAM Press, 111–136.

Demuth R., Gräsel C., Parchmann I. & Ralle B. (2008) (Hg.), *Chemie im Kontext Von der Innovation zur nachhaltigen Verbreitung eines Unterrichtskonzepts*, Münster: Waxmann.

Duit R., Fischler H., Fischer H. E. & Sumfleth E. (2003), Video-based studies on investigating deficiencies of school science teaching, in: Psillos D., Kariotoglou P., Tselfes V., Bisdikian G. a. F. G., Hatzikraniotis E. & Kallery M. (eds.), *Science Education Research in the Knowledge-based society*, Dordrecht, Niederlande: Kluwer Academic Press, 459–469.

Duit R., Häußler P. & Kircher E. (1981), Planung und Analyse von Sachstrukturen für den Physikunterricht, in: Duit R., Häußler P. & Kircher E., *Unterricht Physik. Materialien zur Unterrichtsvorbereitung*, Köln, 35-58.

Fischer K. W. (1980), A Theory of Cognitive Development: The Control and Construction of Hierachies of Skills, *Psychological Review, 87/6,* 477-531.

Fischer K. W. & Bidell T. R. (2006), Dynamic development of action and thought, in: Damon W. & Lerner R. M. (eds.), *Theoretical Models of human development. Handbook of child psychology*, Bd. 1, New York, 313-399.

Härtig H. (2010), *Sachstrukturen von Physikschulbüchern als Grundlage zur Bestimmung der Inhaltsvalidität eines Tests*, Berlin: Logos.

Hattie J. A. C. (2010), *Visible learning: A synthesis of over 800 meta-analyses relating to achievement* (Reprinted), London: Routledge.

Helmke A. (2009), *Unterrichtsqualität und Lehrerprofessionalität: Diagnose, Evaluation und Verbesserung des Unterrichts*, Seelze-Velber: Kallmeyer.

Kauertz, A. (2008), *Schwierigkeitserzeugende Merkmale physikalischer Leistungstestaufgaben*, Berlin: Logos-Verlag.

Kesidou S. & Roseman J. E. (2002), How well do middle school science programs measure up? Findings from Project 2061's curriculum review. *Journal of Research in Science Teaching, 39/6,* 522-549.

Klieme E., Leutner D. & Kenk M. (2010), Kompetenzmodellierung. Zwischenbilanz des DFG-Schwerpunktprogramms und Perspektiven des Forschungsansatzes. *Zeitschrift für Pädagogik, Beiheft 56.*

Lau A. (2011), *Passung und vertikale Vernetzung im Chemie- und Physikunterricht*, Berlin: Logos-Verlag.

Müller C. T. & Duit R. (2003), Rekonstruktion der Sachstruktur von video-dokumentiertem Physikunterricht. in: Brunner E. J., Noack P., Scholz G. & Scholl I. (Hg.), *Diagnose und Intervention in schulischen Handlungsfeldern*, Münster: Waxmann, 195–203.

Müller C. T. & Duit R. (2004), Die unterrichtliche Sachstruktur als Indikator für Lernerfolg: Analyse von Sachstrukturdiagrammen und ihr Bezug zu Leistungsergebnissen im Physikunterricht, *Zeitschrift für Didaktik der Naturwissenschaften,* 147–161.

Neumann K., Fischer H. E. & Sumfleth E. (2008), Vertikale Vernetzung und kumulatives Lernen im Chemie- und Physikunterricht. in: Lankes E.-M. (Hg.), *Pädagogische Professionalität als Gegenstand empirischer Forschung,* Münster: Waxmann, 141–151.

Niedderer H. (1973), Integration natur- und sozialwissenschaftlicher Curriculum-Inhalte auf der Grundlage von Handlungs- und Sachstrukturanalysekonzepten. in: Frey K. & Häußler P. (Hg.), *Integriertes Curriculum Naturwissenschaft: Theoretische Grundlagen und Ansätze*, Kiel: IPN, 167–182.

Osborne J. & Dillon J. (2008), *Science education in Europe: Critical reflections*, London: King's College (Technical Report).

Peuckert J. (2006), *Stabilität und Ausprägung kognitiver Strukturen zum Atombegriff,* Studien zum Physik- und Chemielernen, Bd. 48, Berlin: Logos-Verlag.

Reinhold P. (2006), Elementarisierung und didaktische Rekonstruktion, in: Mikelskis H. F. (Hg.), *Physik-Didaktik. Praxishandbuch für die Sekundarstufe I und II* , Berlin: Cornelsen Scriptor, 86–102.

Schmidt W., Houang R. & Cogan L. (2002), A coherent curriculum – the case of mathematics, *American Educator, 26/2*, 10-26.

Steiner G. (2006), Lernen und Wissenserwerb, in: Krapp A. & Weidenmann B. (Hg.), *Pädagogische Psychologie. Ein Lehrbuch*, 5. Aufl. Weinheim: Beltz.

Stigler J. W., Gonzales P., Kawanaka T., Knoll S. & Serano A. (1999), *The TIMSS videotape classroom study: Methods and findings from an exploratory research project on eighth-grade mathematics instruction in Germany, Japan and the United States*, Washington D.C., USA: National Center for Education Statistics.

Tergan S.-O. (1986), *Modelle der Wissensrepräsentation als Grundlage qualitativer Wissensdiagnostik.* Beiträge zur psychologischen Forschung, Bd. 7, Opladen: Westdt. Verl.

Vollstädt W. (2003), Steuerung von Schulentwicklung und Unterrichtsqualität durch staatliche Lehrpläne?, *Recht Erziehung – Staat,* Weinheim: Beltz, 194–214.

Wackermann R., Trendel G. & Fischer H. (2010), Evaluation of a Theory of Instructional Sequences for Physics Instruction, *Internatioanl Journal of Science Education, 32/7*, 963-985.

Waddington D., Nentwig P. & Schanze S. (2007) (Hg.), *Standards in science education: Making it comparable*, Münster: Waxmann.

Wirtz M. & Caspar F. (2002), *Beurteilerübereinstimmung und Beurteilerreliabilität: Methoden zur Bestimmung und Verbesserung der Zuverlässigkeit von Einschätzungen mittels Kategoriensystemen und Ratingskalen*, Göttingen: Hogrefe.

Kognitive Aktivierung im Unterricht mit leistungsschwächeren Schülerinnen und Schülern
Theoretische Grundlagen, methodisches Vorgehen und erste Ergebnisse

Andrea Batzel (Universität Tübingen), Thorsten Bohl (Universität Tübingen), Marc Kleinknecht (TUM School of Education), Timo Leuders (Pädagogische Hochschule Freiburg), Carola Ehret (Pädagogische Hochschule Freiburg), Reinhold Haug (Pädagogische Hochschule Freiburg), Lars Holzäpfel (Pädagogische Hochschule Freiburg)

Die empirische Unterrichtsforschung hat sich in den letzten Jahren weiter ausdifferenziert. Forschungsarbeiten zu Merkmalen guten Unterrichts beruhen auf unterschiedlichen didaktischen und lernpsychologischen Ansätzen, dabei werden verschiedene Designs verwendet. Im deutschsprachigen Raum etablierte sich im Anschluss an die TIMSS-Videostudie (1999) die Konzeptionalisierung von Unterrichtsqualität in drei Basisdimensionen: Schülerorientierung, kognitive Aktivierung sowie Unterrichts- und Klassenführung (Strukturierung) (Klieme, 2002).

In diesem Beitrag wird die Videostudie „Kognitive Aktivierung im Unterricht" vorgestellt, die zum Ziel hat, die Basisdimensionen ‚Kognitive Aktivierung' und ‚Strukturierung' im Kontext des Mathematikunterrichts an Schularten mit leistungsschwächeren Lernenden zu analysieren.

1   Theoretischer Hintergrund

1.1   Das Konstrukt ‚Kognitive Aktivierung'

Klieme, Schümer und Knoll (2001, S. 51) beschreiben kognitive Aktivierung als „die Komplexität von Aufgabenstellungen und Argumentationen und die Intensität des fachlichen Lernens". Kognitive Aktivierung äußert sich also in einem anspruchsvollen Angebot und in der vertieften Auseinandersetzung mit diesem Angebot und gehört damit wie auch Strukturierung zu den Tiefenstrukturdimensionen des Unterrichts. Im Gegensatz zur Oberflächenstruktur sind damit Merkmale des Lehrens und Lernens gemeint, die dem Unterricht als psychologisch-didaktische Qualitätsdimensionen zugrunde liegen (Reusser, 2009).

Kognitive Aktivierung wird unterschiedlich operationalisiert (Leuders & Holzäpfel, 2011). Dies ist vor allem auf das differierende Design der Studien zurückzuführen: Während in der COACTIV-Studie (Kunter et al., 2011) kognitive Aktivierung über Schüler- und Lehrerfragebögen sowie über Aufgabenanalyse erfasst wurde, untersuchen andere Studien kognitive Aktivierung (zusätzlich) über die Analyse videografierter Unterrichtsstunden (Klieme et al., 2001; Lipowsky et al., 2009). In den im Rahmen dieses Beitrags gesichteten empirischen Studien wurden anspruchsvolle Aufgaben und der Umgang damit sowie herausfordernde Klassengespräche als zentrale Merkmale kognitiver Aktivierung verwendet.

Bezüglich der Erhebungsmethoden ist zwischen kognitiver Aktivierung als einer spezifischen Art der Instruktion (Angebot) und kognitiver Aktivität als intendierter Nutzung dieses Angebots auf Seiten der Lernenden zu unterscheiden. Während sich kognitive Aktivierung direkt, beispielsweise über Beobachtung erfassen lässt, ist dies für kognitive Aktivität der Lernenden nicht möglich. Sie muss approximativ in der Videoanalyse oder mittels Schülerfragebögen erhoben werden (Rakoczy, Klieme, Lipowsky & Drollinger-Vetter, 2010).

Im Folgenden werden vor allem Ergebnisse bezüglich der Wirkung von kognitiv aktivierendem Unterricht auf den fachlichen Lernerfolg der Schülerinnen und Schüler zusammenfassend berichtet. Deskriptive Ergebnisse belegen, dass kognitiv aktivierender Mathematikunterricht in allen Schularten beobachtet werden kann, am deutlichsten jedoch im Gymnasium (Klieme, 2002; Baumert & Kunter, 2011). Dagegen scheinen in Hauptschulstunden deutlich weniger kognitiv aktivierende Merkmale vorzukommen (Kleinknecht, 2010; Kunter, 2005).

Die TIMSS-Oberstufenstudie (Baumert & Köller, 2000), die Verständnisorientierung des Unterrichts mittels Schülerfragebögen erfasste, belegt einen positiven Zusammenhang zwischen dem Leistungsstand der Lernenden und der mit kognitiver Aktivierung vergleichbaren Verständnisorientierung des Unterrichts. Auch die Auswertung der BIJU-Daten durch Gruehn (2000) ergab positive Effekte eines konstruktivistischen Unterrichts auf die Leistungsentwicklung.

Die Analyse von Aufgaben im Mathematikunterricht hinsichtlich ihres Potenzials zur kognitiven Aktivierung zeigt ebenfalls einen positiven Zusammenhang: Herausfordernde Aufgaben steigern den Lernerfolg (Hiebert & Wearne, 1993; Kunter et al., 2011).

Die Ergebnisse von Videostudien bezüglich der Wirksamkeit von kognitiver Aktivierung sind hingegen uneinheitlich. Die Studie „Unterrichtsqualität, Lernverhalten und mathematisches Verständnis" (sog. „Pythagoras-Studie", Lipowsky et al., 2009) konstatiert positive Effekte von kognitiv aktivierendem Unterricht. Bei Berücksichtigung der Mehrebenenstruktur und unter Kontrolle von Lernvoraussetzungen sowie des klassenspezifischen Kontexts ergibt sich ein positiver Effekt auf die Nachtestleistung. Die mehrebenenanalytische Re-Analyse der TIMSS-Videodaten von 1995 (Kunter, 2005) hingegen zeigte unter Kontrolle der Schulart keinen Effekt von der als kognitive Konstruktion gemessenen kognitiven Aktivierung auf die Leistungsentwicklung.

Für die Unterschiede in den Forschungsbefunden können unter anderem folgende Erklärungsmöglichkeiten angeboten werden: (1) Die Studien unterscheiden sich im Design (Fragebogenstudien vs. Videostudien). (2) Das Konstrukt ‚Kognitive Aktivierung' wird unterschiedlich operationalisiert, was zum Teil auf das unterschiedliche Design der Studien zurückzuführen ist. (3) Die Leistungstests haben unterschiedliche Reichweite (breite Erfassung mathematischer Kompetenz vs. konzeptuelles Verständnis bezüglich eines abgegrenzten Themas). (4) Die Stichproben unterscheiden sich hinsichtlich ihrer Größe, der Repräsentativität und der berücksichtigten Schularten.

Bisheriger Forschungsergebnisse zu kognitiver Aktivierung ergeben also keinen einheitlichen Befund, allerdings überwiegen Ergebnisse, die einen positiven Zusammenhang zwischen kognitiv aktivierendem Unterricht und dem Leistungszuwachs der Lernenden belegen. Überprüft werden muss vor allem, wie valide Ergebnisse aus Fragebogenstudien sind, in denen Unterrichtsqualität von Lernenden oder Lehrkräften eingeschätzt wird (Kunter et al., 2005). Somit bestehen bedeutende Herausforderungen für künftige Forschungsarbeiten zu kognitiver Aktivierung.

1.2 Das Konstrukt ‚Strukturierung'

Klarheit und Strukturierung bzw. Strukturiertheit gehören in der empirischen Unterrichtsforschung zu den hinsichtlich ihrer Wirkung am eindeutigsten belegten Unterrichtsqualitätsmerkmalen (Einsiedler, 1997; Helmke & Weinert, 1997). Das Konstrukt wird auf unterschiedlichen Ebenen definiert. So unterscheidet Lipowsky (2009) drei verschiedene Bedeutungsfacetten:

- Organisatorische Strukturierung: Hierbei geht es um die Konsistenz von Regeln, Erwartungen und Grenzen.
- Inhaltsbezogene Strukturierung: Gemeint sind Maßnahmen und Handlungen, die das Vorwissen der Schülerinnen und Schüler mit den neuen Wissenselementen verknüpfen sollen, damit die Lernenden neue Wissensstrukturen leichter aufbauen können.
- Didaktische Strukturierung: Hierunter ist die klar erkennbare Gliederung des Unterrichts in einzelne Phasen und Abschnitte zu fassen.

Die Bedeutung von strukturiertem Unterricht zeigt sich am besten in Forschungsergebnissen zur direkten Instruktion. So wurde in diesem Zusammenhang immer wieder Strukturiertheit und Klarheit des Unterrichts als Qualitätsmerkmal effektiven Unterrichts hervorgehoben (Wang, Haertel & Walberg, 1993).

Die SCHOLASTIK-Studie (Helmke & Weinert, 1997) belegt eine deutliche Korrelation zwischen der Klarheit des Unterrichts, erhoben durch ein Beobachterrating, und der Mathematikleistung der Grundschülerinnen und -schüler. Um Merkmale guten Unterrichts zu identifizieren, wurden „Hochleistungsklassen" genauer untersucht: Der Unterricht in diesen sechs Klassen wies sehr unterschiedliche Merkmale auf, jedoch einheitlich hohe Ausprägungen bezüglich der Klassenführung (organisatorische Strukturierung) und der aus Schülersicht beurteilten Klarheit der Lehreräußerungen.

Auch in den TIMSS-Videostudien (Klieme et al., 2001) erwies sich Strukturierung als wichtiges Merkmal, das im deutschen Mathematikunterricht über alle Schularten hinweg am häufigsten beobachtet werden konnte. Die Vermutung jedoch, dass inhaltsbezogene Strukturierung, die im japanischen Mathematikunterricht herausragend war, in einem positiven Zusammenhang zur Leistung steht, ließ sich nicht bestätigen: Nicht in allen „Hochleistungsländern" ließ sich Strukturierung als typisches Unterrichtsmerkmal verifizieren. Strukturierte und weitgehend störungsfreie Lernumgebungen erwiesen sich als notwendige, wenn auch nicht hinreichende Bedingung für kognitive Aktivierung. Eine Strukturierung des Unterrichts scheint also unerlässlich für herausfordernde Unterrichtsformen zu sein (Reusser, 2006).

Unterschiedliche Ergebnisse in Bezug auf Strukturierung werden hingegen aus der Pythagoras-Studie (Lipowsky et al., 2005) berichtet: Einerseits hat inhaltliche Strukturiertheit, erfasst in der Analyse der videografierten Stunden, einen positiven Effekt auf den kognitiven Lernerfolg. Andererseits ergab die Auswertung des Schülerfragebogens einen negativen Effekt der Zielklarheit auf die Leistung der Schülerinnen und Schüler im Nachtest. Die Autorinnen und Autoren erklären diesen Befund mit der unzureichenden Operationalisierung des Konstrukts ‚Zielklarheit' im Fragebogen, in dem nur die explizite Nennung des Ziels erfragt wurde.

Auch die Forschungsergebnisse zum Konstrukt ‚Strukturierung' sind nicht einheitlich, jedoch überwiegen hier ebenfalls Ergebnisse, die einen positiven Zusammenhang zwischen strukturiertem Unterricht und dem Lernerfolg der Lernenden belegen. Für die Studie „Kognitive Aktivierung im Unterricht" ist von besonderem Interesse, dass Strukturierungsmaßnahmen notwendige Voraussetzung für kognitiv aktivierenden Unterricht darzustellen scheinen.

1.3   Unterrichtsqualitätsmerkmale bei leistungsschwachen Lernenden

Das Angebots-Nutzungs-Modell von Helmke (2010) verdeutlicht, dass die Wirkung des Unterrichts nicht ausschließlich vom Unterrichtsangebot, sondern auch von der Nutzung dieses Angebots durch die Lernenden abhängt. Die Nutzung wiederum beruht u.a. auf den individuellen Voraussetzungen der Schülerinnen und Schüler. Schularten stellen diesbezüglich differenzielle Entwicklungsmilieus dar (Becker, Lüdtke, Trautwein & Baumert, 2006). Somit müssen die Ergebnisse zur Wirksamkeit von kognitiver Aktivierung und Strukturierung differenzierter im Hinblick auf die Eingangsvoraussetzungen der Lernenden betrachtet werden.

In Bezug auf Strukturierung als Unterrichtsqualitätsmerkmal zeigt sich im Rahmen der Forschung zur direkten Instruktion, dass vor allem Schülerinnen und Schüler mit ungünstigeren Lernvoraussetzungen von einem lehrergesteuerten, zielorientierten Unterricht profitieren (Rosenshine & Furst, 1973; Weinert & Helmke, 1987). Im Rahmen der Pythagoras-Studie gaben Lernende mit schlechteren Vortestwerten nach strukturiertem Unterricht an, sich mit dem Thema vertiefter auseinandergesetzt zu haben (Rakoczy et al., 2010).

Bisherigen Studien zufolge scheinen nicht alle Schülerinnen und Schüler gleichermaßen von kognitiv aktivierendem Unterricht profitieren zu können. Lipowsky et al. (2009) konnten einen Interaktionseffekt zwischen dem Interesse der Lernenden und kognitiv aktivierendem Unterricht bezüglich der Leistungsentwicklung konstatieren. Kognitive Aktivierung zeigt sich also wirksamer bei Schülerinnen und Schülern, die bereits Interesse am Fach mitbringen.

Die hohen Anforderungen, die kognitiv aktivierender Unterricht an die Lernenden stellt, betonen auch Forscherinnen und Forscher, die konstruktivistische Lernumgebungen untersuchen, deren Lernwirksamkeit umstritten ist, da sie die Gefahr der Überforderung bergen (Sweller, Kirschner & Clark, 2007). Die Ergebnisse der BIJU-Studie (Gruehn, 2000) unterstützen dieses Argument: Kognitiv-konstruktivistischer Unterricht steht nur am Gymnasium im positiven Zusammenhang zur Leistungsentwicklung der Lernenden.

Ist kognitive Aktivierung also ein Qualitätsmerkmal für Unterricht bei leistungsstarken Schülerinnen und Schülern, ungeeignet jedoch als Qualitätsmerkmal für den Unterricht bei leistungsschwächeren Lernenden? Diese Schlussfolgerung erscheint vereinfachend und beruht auf geläufigen Fehlinterpretationen:

— Auch eher lehrerzentrierter Unterricht erfordert auf Seiten der Lernenden aktive Konstruktionsprozesse (Reusser, 2006).

— Kognitive Aktivierung hängt nicht mit der Schwierigkeit von Aufgaben (und deren Bearbeitung im Unterricht) zusammen, sondern ist vielmehr eine Frage der Herausforderung der Schülerinnen und Schüler durch den Unterricht (Klieme et al., 2001). Herausfordernde Lernumgebungen sind auf allen Schwierigkeitsniveaus möglich. Letztlich handelt es sich um eine Frage der Passung zwischen dem Unterrichtsangebot und den Fähigkeiten der Lernenden. Wie sich kognitiv aktivierender Unterricht bei leistungsschwächeren Schülerinnen und Schülern umsetzen lässt, ist bisher wenig untersucht (vgl. z.B. Kleinknecht, 2010; Bohl, Kleinknecht, Batzel & Richey, 2012). Dabei müssen die Merkmale des Konstrukts vermutlich nicht neu definiert, aber deren Umsetzung im Unterricht präziser untersucht werden.

— Kognitive Aktivierung ist mit keinem Inszenierungsmuster verknüpft (Hugener, Pauli & Reusser, 2007), sondern ein Tiefenstrukturmerkmal des Unterrichts. Daher muss kritisch geprüft werden, inwiefern Forschungsergebnisse aus Untersuchungen zum problemorientierten oder konstruktivistischen Unterricht übertragbar sind. Die Unabhängigkeit von Unterrichtskonzepten zeigt, dass auch entwickelnder Unterricht kognitiv aktivierende Elemente enthalten kann

— und dass Strukturierung und kognitive Aktivierung keine Antipoden darstellen. Vielmehr bedingen sie sich (Klieme, 2002).

1.4   Lerntheoretische Überzeugungen von Lehrkräften

Im Sinne des Angebots-Nutzungs-Modells (Helmke, 2010) ist die Qualität des Unterrichts auch auf Merkmale der Lehrkraft wie beispielsweise deren lerntheoretische Überzeugungen zurückzuführen. „Lerntheoretische Überzeugungen beschreiben die Annahmen und Wertvorstellungen, die Lehrende über Lehr-Lern-Prozesse haben; sie beziehen sich spezifisch auf das jeweilige Fach […] oder auf Lehren und Lernen i. Allg." (Kunter & Pohlmann, 2009, S. 272). Unterschieden wird dabei zwischen transmissiven und konstruktivistischen Vorstellungen und Meinungen über das Lehren und Lernen.

Befunde verweisen auf Zusammenhänge zwischen lerntheoretischen Überzeugungen der Lehrkräfte und der Unterrichtsgestaltung, auch im Hinblick auf kognitive Aktivierung. Die Fragebogenanalyse der COCATIV-Studie (Dubberke, Kunter, McElvany, Brunner & Baumert, 2008) zeigte auf, dass Lehrkräfte mit stark transmissiven Überzeugungen ihren Unterricht wenig kognitiv aktivierend gestalten. Auch Stipek, Givvin, Salmon und MacGyvers (2001) konnten einen konsistenten Zusammenhang zwischen den epistemologischen Überzeugungen von Mathematiklehrkräften und ihrer beobachteten Unterrichtspraxis belegen. Hingegen finden sich auch Nachweise dafür, dass Überzeugungen und Unterrichtswahrnehmung der Lehrkräfte nicht im aufgrund der Theorie zu erwartenden Zusammenhang stehen (Pauli & Reusser, 2003).

Zusammenhänge zwischen den Überzeugungen der Lehrkräfte und Merkmalen des Unterrichts lassen sich also belegen. Dabei ist jedoch zu beachten, dass Unterrichtsmerkmale sowohl über Schülerurteile als auch über Beobachtung oder Lehrerbefragung erfasst wurden. Interessant erscheint daher, wie die Zusammenhänge zwischen den Überzeugungen der Lehrkräfte und der Unterrichtsqualität (im Hinblick auf kognitive Aktivierung und Strukturierung) unter Berücksichtigung unterschiedlicher Perspektiven auf Unterricht (z.B. Perspektive der Lehrkraft und externer Beobachter) variieren.

2   Forschungsziele

Bislang konzentriert sich die videobasierte Unterrichtsforschung vorwiegend auf den Unterricht an Realschulen und/oder Gymnasien und erfasst damit nur einen Teil der Unterrichtsrealität (Prenzel et al., 2002; Lipowsky et al., 2009). Für den Hauptschulunterricht liegen nur wenige Unterrichtsstudien (u.a. Kleinknecht, 2010) und kaum Studien zum systematischen Einfluss von Unterrichtsmerkmalen auf das Lernen der Schülerinnen und Schüler vor.

Eine Videostudie, die den Unterricht bei vergleichsweise leistungsschwachen Lernenden untersucht, bietet die Möglichkeit, kognitiv aktivierende Elemente im Unterricht zu beschreiben. Bisher wurde kognitive Aktivierung in Videostudien über hochinferente Ratings mit wenigen, sehr breiten Dimensionen erfasst. Um das Unterrichtsangebot differenzierter zu analysieren, könnte es daher hilfreich sein, einzelne Elemente kognitiver Aktivierung getrennt zu erfassen, um so analysieren zu können, welche Aspekte des Konstrukts häufig im Unterricht mit vergleichsweise schwachen Schülerinnen und Schüler (in bestimmten Phasen des Unterrichts) verwirklicht werden.

Außerdem bietet eine Videostudie ergänzt um einen Lehrerfragebogen die Möglichkeit, den Zusammenhang zwischen den lerntheoretischen Überzeugungen der Lehrkräfte und ihrer selbsteingeschätzten Unterrichtsgestaltung hinsichtlich kognitiver Aktivierung und Strukturierung zu untersuchen und mit dem Expertenurteil des videografierten Unterrichts zu vergleichen.

Im Rahmen dieses Beitrags wird die exemplarische Analyse zweier Einführungsstunden, die sich hinsichtlich relevanter Oberflächenstrukturmerkmale unterscheiden, dargestellt. Dazu werden Ergebnisse aus dem mittel-inferenten Rating hinsichtlich kognitiver Aktivierung und Strukturierung berichtet und mit den Auskünften der beiden Lehrkräfte über ihre Unterrichtsgestaltung sowie mit ihren lerntheoretischen Überzeugungen verglichen.

3 Methode

3.1 Stichprobe und Design der Studie

Die *Videostudie* „Kognitive Aktivierung im Unterricht" ist eingebunden in die Tübinger DFG-Forschergruppe „Analyse und Förderung effektiver Lehr-Lernprozesse". Im Schuljahr 2011/12 wurde in achten Haupt- und Realschulklassen Mathematikunterricht mit zwei Videokameras gefilmt. Alle Lehrkräfte wurden gebeten, eine Einführungs- und Übungsstunde zum Thema „Vermehrter/verminderter Grundwert" zu halten. Vor der Einführungs- und nach der Übungsstunde wurde ein *Leistungstest* eingesetzt. Zusätzlich erhielten die Lernenden und die Lehrkräfte nach beiden Stunden einen *Fragebogen*, der auf den gefilmten Unterricht einging. So kann umfassend, im Sinne des Angebots-Nutzungs-Modells, das Angebot analysiert, auf seine Nutzung hin untersucht und seine Wirkung überprüft werden.

Ein Teil der Stichprobe entstammt der TRAIN-Studie (*Tra*dition und *In*novation: Entwicklungsverläufe an Haupt- und Realschulen in Baden-Württemberg und Mittelschulen in Sachsen, Trautwein & Baumert (2009)). Insgesamt nahmen 23 Lehrkräfte mit ihren Klassen teil. Die Erhebung konnte erst im Juli 2012 beendet werden. Die Videoanalyse ist daher noch nicht abgeschlossen: Für 14 Klassen liegen bereits niedriginferente Kodierungen vor, aber nur wenige Stunden wurden schon mittel- und hochinferent geratet.

3.2 Instrumente

3.2.1 Videoanalyse

Für die Videoanalyse wurde auf das Videoanalysemanual der Studie „Aufgaben-kultur im Unterricht" (Kleinknecht, 2010) und seine Weiterentwicklung (Bohl et al., 2012) zurückgegriffen. Die meisten Items sind den Analysemanualen der Studie „Lehr-Lern-Prozesse im Physikunterricht" (Seidel, Prenzel, Duit & Lehrke, 2003) und der Pythagoras-Studie (Hugener, Pauli & Reusser, 2006) entnommen und adaptiert worden.

Niedriginferente Kodierung

Niedriginferent werden mittels disjunkter Kategorien die Phasen der Aufgabenbe-arbeitung (5 Kategorien), Sozialformen (7 Kategorien) und Funktionen im Lern-prozess (8 Kategorien) erfasst. Für die Kodierung werden zwei geschulte Kodiere-rinnen bzw. Kodierer eingesetzt.

Tab. 1: Niedriginferente Kodierung: Durchschnittliche Übereinstimmungswerte für N = 30 Unterrichtsstunden

Phasen der Aufgaben-bearbeitung		Sozialformen		Funktionen im Lernprozess	
PÜ	Cohens κ	PÜ	Cohens κ	PÜ	Cohens κ
90.4%	0.83	91.7%	0,82	69.8%	0.54

Die Tabelle zeigt die durchschnittlich sehr guten Übereinstimmungswerte für die Phasen der Aufgabenbearbeitung und für die Sozialformen. Für die Funktionen im Lernprozess sind die Übereinstimmungswerte noch akzeptabel. Die Schwierig-keiten beim Kodieren könnten darin begründet liegen, dass die zu treffenden Ent-scheidungen bereits höhere didaktische Expertise erfordern.

Mittel-inferentes Rating

Das mittel-inferente Rating erfolgt auf der Grundlage der Basiskodierung und wird getrennt für die Phasen der Aufgabenbearbeitung vorgenommen. Eingeschätzt werden die Konstrukte ‚Kognitive Aktivierung' (z.B. Vorwissen aktivieren, kon-struktiver Umgang mit Fehlern) und ‚Strukturierung' (z.B. Stundenziel explizit machen, Zusammenfassung wichtiger Inhalte). Eine Überprüfung der internen Konsistenz dieser Skalen ist derzeit noch nicht möglich, auch die Interrater-reliablität kann aufgrund zu geringer Fallzahl nicht berichtet werden.

Das Rating wird von vier geschulten Raterinnen auf der Grundlage des Video-analysemanuals durchgeführt. Jedes Item ist in einem einleitenden Text erläutert. Geratet wird auf einer Skala von 0 (‚trifft nicht zu') bis 3 (‚trifft zu'), wobei die Abstufungen im Manual beschrieben sind.

3.2.2 Lehrerfragebogen

Kognitive Aktivierung und Strukturierung des Unterrichts aus Sicht der Lehrkräfte wurde mit adaptierten Skalen der COACTIV-Studie (Baumert et al., 2009) erhoben. Mit den Skalen ‚Kognitiv aktivierende Aufgaben‘ und ‚Unterstützung kognitiver Selbstständigkeit‘ wurde kognitive Aktivierung gemessen, Strukturierung über die Skalen ‚Fehlervermeidendes Erarbeiten durch den Lehrer selbst‘, ‚Fürsorgliche Anleitung und Kontrolle‘ sowie ‚Einschleifendes repetitives Üben‘. Die interne Konsistenz der Skalen ist akzeptabel bis gut (Cronbachs α zwischen .62 und .84).

Die Skalen zu den konstruktivistischen und transmissiven Überzeugungen entstammen der Pythagoras-Studie (Rakoczy, Buff & Lipowsky, 2005). Sie wurden über die adaptierten Skalen ‚Konstruktivistisches Verständnis‘ (Cronbachs $\alpha = .79$) und ‚Rezeptives Verständnis‘ (Cronbachs $\alpha = .83$) erhoben.

4 Erste Ergebnisse der Videoanalyse

Da die Videoanalyse noch nicht abgeschlossen ist, können nur exemplarische Ergebnisse berichtet werden. Dazu werden Analyseergebnisse aus zwei Einführungsstunden dargestellt, um die Umsetzung kognitiv aktivierender und strukturierender Elemente im Unterricht zu beschreiben. Zudem werden die Angaben der beiden Lehrkräfte zu kognitiver Aktivierung und Strukturierung mit den Beobachterurteilen verglichen.

Um möglichst unterschiedliche Stunden auszuwählen, wurde zunächst untersucht, ob sich die Einführungsstunden in Bezug auf die Selbstständigkeit der Lernenden beim Erarbeiten des neuen Themas unterscheiden. Die Einbettung von kognitiver Aktivierung im konstruktivistischen Lehr-Lernverständnis legt nahe, dass kognitiv aktivierender Unterricht die Erarbeitung neuer Lerngegenstände eher in die Verantwortung der Schülerinnen und Schüler legt und damit in die selbstständige Schülerarbeitsphase.

Tab. 2:: Übersicht über Verteilung der Erarbeitung des neuen Themas auf die unterschiedlichen Unterrichtsphasen (N = 15; grau hinterlegt: Stunden, in denen die Lernenden das neue Thema weitgehend selbstständig erarbeiteten; letzte Spalte kursiv gedruckt: erarbeitungsintensive Stunden)

	Anteil der Erarbeitung des Themas in			
Klasse	gemeinsamen Einführungsphasen (in %)	selbstständigen Schülerarbeitsphasen (in %)	gemeinsamen Besprechungsphasen (in %)	Anteil der Erarbeitung an der Gesamtdauer der Stunde
1	7.8	56.3	35.9	62.6
2	7.4	45.4	47.2	*60.6*
3	100.0	0.0	0.0	36.8
4	7.6	92.4	0.0	35.0
5	5.4	94.6	0.0	33.3
6	31.1	24.3	44.7	35.2
7	23.1	54.6	22.3	*92.9*
8	65.9	16.5	17.6	*51.6*
9	100.0	0.0	0.0	25.6
10	6.7	93.3	0.0	*43.2*
11	100.0	0.0	0.0	32.4
12	37.9	35.4	26.7	*55.5*
13	100.0	0.0	0.0	*79.1*
14	100.0	0.0	0.0	30.0
15	5.5	37.2	57.3	*60.5*
	M = 46.6; *SD* = 42.3	*M* = 36.7; *SD* = 35.6	*M* = 16.8; *SD* = 20.9	*M* = 50.0; *SD* = 19.5

Die Erarbeitung des neuen Themas erfolgt vor allem in den Einführungsphasen der Stunden. Auffallend sind dabei Stunden, in denen ausschließlich in dieser Phase Erarbeitung stattfindet (Kl. 3, 9, 11, 13, 14). Es gibt aber auch Stunden, in denen nur kurz der Arbeitsauftrag für die Schülerarbeitsphase vergeben und dann vor allem selbstständig gearbeitet wird (Kl. 5, 15). Außerdem werden nicht in allen Klassen die Ergebnisse, die in der selbstständigen Schülerarbeitsphase erarbeitet wurden, auch in einer anschließenden Besprechungsphase gesammelt (Kl. 4, 5, 10). Durchschnittlich nahm die Erarbeitung des Themas die Hälfte der Unterrichtszeit ein. Kursiv gedruckte Zahlen in der letzten Spalte verweisen auf Stunden, die als relativ erarbeitungsintensiv angesehen werden können. Die Stichprobe wurde dazu am Median geteilt. Für die Festlegung von Stunden, in denen die Lernenden eher eigenständig das Thema erarbeiteten, wurde die relative Zeit der selbstständigen Schülerarbeitsphase und der Besprechungsphase addiert. Die grau hinterlegten Zellen verweisen auf diejenigen Klassen, in denen die Lernenden verhältnismäßig viel eigenständig erarbeiteten.

Abb. 1: Vergleich der Erarbeitungsphase hinsichtlich Strukturierung (3 Items) und kognitiver Aktivierung (7 Items) (Antwortskala: ‚0' trifft nicht zu; ‚1' trifft eher nicht zu; ‚2' trifft eher zu; ‚3' trifft zu)

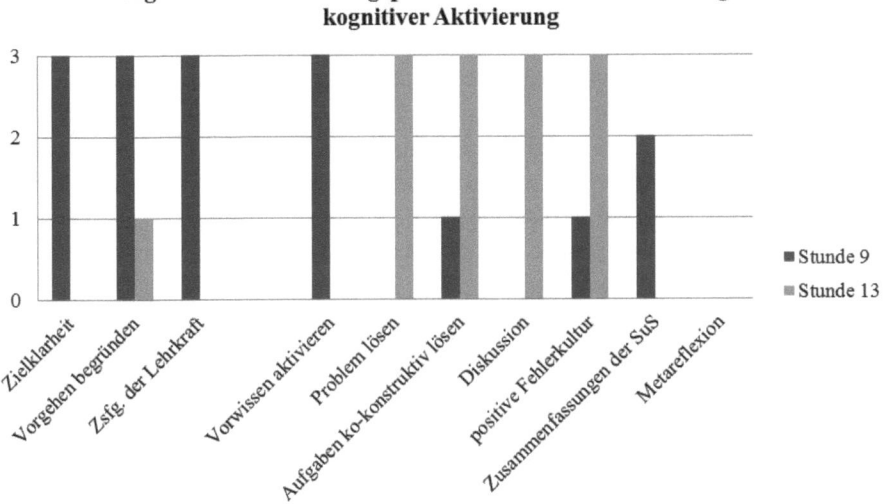

Über die Unterrichtsqualität kann mit dieser Oberflächenstrukturanalyse noch keine Aussage getroffen werden. Dazu werden nun mittel-inferente Ratingergebnisse der Klassen 9 und 13 berichtet, da in beiden Klassen das Thema ausschließlich im Plenumsunterricht erarbeitet wurde, sie ansonsten aber kontrastiv sind. In Klasse 13 stand für die Erarbeitung nahezu die ganze Stunde zur Verfügung, in Klasse 9 knapp ein Viertel der Unterrichtszeit. Die Lehrkräfte unterscheiden sich aufgrund ihrer Werte zu den lerntheoretischen Überzeugungen im Lehrerfragebogen: Lehrkraft 9 weist relativ niedrige Werte im Bereich konstruktivistischer Überzeugungen auf ($M = 1.5$), dafür relativ hohe Werte bei den rezeptiven Überzeugungen ($M = 2.0$). Für Lehrkraft 13 zeigt sich ein gegenteiliges Bild (konstruktivistische Überzeugungen: $M = 2.2$; rezeptive Überzeugungen: $M = 1.2$). Lehrkraft 13 unterrichtet im Gegensatz zu Lehrkraft 9 Mathematik fachfremd. Sie unterscheiden sich auch hinsichtlich ihrer Unterrichtserfahrung: Lehrkraft 9 ist seit 12 Jahren im Schuldienst, Lehrkraft 13 seit 35 Jahren. Beide unterrichten an einer Hauptschule. Mit der folgenden Beschreibung soll ein Eindruck vermittelt werden, wie kognitive Aktivierung und Strukturierung im (Hauptschul-)Unterricht aussehen kann und nochmals verdeutlicht werden, warum mittel-inferente Analysen freilegen, was im hochinferenten Verfahren so nicht erfasst werden kann.

Zum Verständnis der weiteren Analyse wird der normierte Inhalt der Stunden kurz beschrieben. Lernende kannten aus vorherigen Unterrichtsreihen das Konzept des Anteils und seine prozentuelle Darstellung. In der Stunde ging es nun darum, Situationen, in denen sich ein Wert *um* einen bestimmten Prozentsatz vergrößert oder verkleinert, konzeptuell zu erfassen und Lösungswege zu erarbeiten. Beide Stunden zeigen jeweils ein deutliches Muster. Stunde 9 ist vor allem durch Merkmale der Strukturierung gekennzeichnet. Dies passt zur eher rezeptiven lerntheoretischen Überzeugung der Lehrkraft. Die hohe Ausprägung auf dem Item ‚Vorwissen aktivieren‘ und ‚Zusammenfassungen der Schülerinnen und Schüler‘, zeigt, dass die Lernenden durchaus eingebunden wurden. Die Lehrkraft wiederholte zuerst sehr intensiv Grundvorstellungen zum Prozentrechnen. Im Anschluss daran entwickelte sie an einer Aufgabe zum Brutto- und Nettoausbildungsgehalt ein Tafelbild mit strukturierenden Repräsentationen. Die Lernenden waren in die Aufgabenlösung eingebunden, das strukturierte Vorgehen erlaubte es ihnen aber nicht, eigene Lösungswege auszuprobieren. Am Ende der Phase wurde gemeinsam das eben Gelernte zusammengefasst, danach geübt.

In Stunde 13 hingegen konnten strukturierende Merkmale gar nicht oder nur sehr schwach ausgeprägt identifiziert werden. Dafür stand den Schülerinnen und Schülern viel Zeit für die Problemlösung zur Verfügung. Schwierigkeiten und Fehler wurden im Klassengespräch thematisiert, die Lernenden immer wieder zum kritischen Nachfragen und Diskutieren aufgefordert. Anhand von zwei Preiserhöhungen entwickelten zwei Lernende je einen Lösungsweg im zweischrittigen Verfahren (Dreisatz und Addition) an der Tafel. Beide machten dabei Fehler, die von der Lehrkraft nicht korrigiert, sondern an die Klasse gegeben wurden. In der restlichen Unterrichtszeit sollte ein alternativer Lösungsweg gefunden werden. Mehrere Lösungsansätze wurden diskutiert. Eine Skizze der Lehrkraft brachte die Schülerinnen und Schüler schließlich zur Problemlösung. Es fehlte am Ende der Stunde eine Abstraktion von der gemeinsam bearbeiteten Aufgabe, diese Strukturierungsleistung war von den Lernenden selbst zu erbringen. Auch bei dieser Lehrkraft zeigt sich bezüglich der eher hoch ausgeprägten konstruktivistischen Überzeugungen kongruentes Handeln im Unterricht.

Abbildung 2 zeigt das Lernbegleitungshandeln von Lehrkraft 9 in der selbstständigen Schülerarbeitsphase (in Stunde 13 gab es keine Schülerarbeitsphase). Im Gegensatz zur Erarbeitungsphase zeigte Lehrkraft 9 in der Lernbegleitung sehr ausgeprägt kognitiv aktivierendes Handeln, wie aus der Abbildung hervorgeht.

Abb. 2: *Strukturierung (1 Item) und kognitive Aktivierung (5 Items) im Lern-*
begleitungshandeln (Antwortskala: ‚0' trifft nicht zu; ‚1' trifft eher nicht
zu; ‚2' trifft eher zu; ‚3' trifft zu)

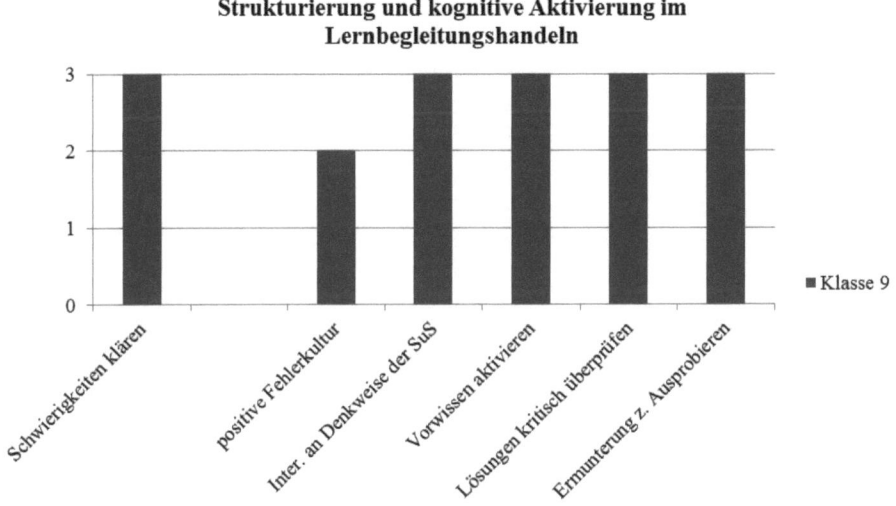

Im Fragebogen unterscheiden sich die Lehrkräfte ebenfalls bezüglich der Skalen zu Kognitiver Aktivierung und Strukturierung, wie Tabelle 4 verdeutlicht:

Tab. 3: *Mittelwerte der Skalen zu ‚Kognitiver Aktivierung' und ‚Strukturierung'*
im Lehrerfragebogen

	Kognitiv aktivierende Aufgaben	Unterstützung kognitiver Selbstständigkeit	Fehlervermeidende Erarbeitung durch den Lehrer selbst	Fürsorgliche Anleitung und Kontrolle	Einschleifendes repetitives Üben
Klasse 9	1.2	2.0	2.7	2.8	2.0
Klasse 13	2.2	2.0	1.3	1.0	0.3

Die Skala ‚Fürsorgliche Anleitung und Kontrolle', die für Lehrkraft 9 einen hohen Wert aufweist, zeichnet sich u.a. dadurch aus, dass die Lehrkraft den Schülerinnen und Schülern immer genau erklärt, was sie zu tun haben, sie über den bevorstehenden Unterrichtsstoff informiert und Schritt für Schritt im Unterricht vorgeht. Diese Einschätzung der Lehrkraft spiegelt sich insofern im Ratingurteil wieder, als die Zielklarheit und das Begründen von Arbeitsschritten hoch bewertet wurden. Zudem zeigt sich an der geringen Beteiligung der Lernenden bei der gemeinsamen Aufgabenlösung das schrittweise Vorgehen der Lehrkraft. Insgesamt stimmt die Einschätzung der Lehrkraft, eher strukturierten Unterricht zu halten, mit dem Beobachterurteil überein. Der hohe Wert für die Unterstützung kognitiver Selbstständigkeit kann auf das kognitiv aktivierende Handeln in der selbstständigen Schülerarbeitsphase zurückgeführt werden.

Lehrkraft 13 weist u.a. einen hohen Wert für die Skala ‚Unterstützung kognitiver Selbstständigkeit' auf. Diese zeichnet sich dadurch aus, dass die Schülerinnen und Schüler eigene Lösungswege entwickeln dürfen und die Lehrkraft sie dabei unterstützt. Diese Selbsteinschätzung des Unterrichts stimmt ebenfalls mit den Ratingergebnissen überein: Stunde 13 wurde hoch im Hinblick auf Problemlösung, eigenständiges Lösen der Aufgaben und Schülerdiskussionen bewertet. Der geringe Wert beim fehlervermeidenden Erarbeiten findet in der hohen Bewertung der Fehlerkultur seine Entsprechung.

5 Ausblick

Inwiefern ein systematischer Zusammenhang zwischen Überzeugungen und Unterrichtshandeln besteht, werden weitere Videoanalysen zeigen. Auch wenn die beiden hier exemplarisch vorgestellten Lehrkräfte in Kongruenz zu ihren Überzeugungen handelten, sind auch andere Befunde möglich. Ebenfalls wird an einer größeren Stichprobe zu überprüfen sein, ob die Aussagen der Lehrkräfte über ihren Unterricht stets in so guter Übereinstimmung zu den Ratingergebnissen stehen wie bei den exemplarisch ausgewerteten Stunden.

Nach Kunter et al. (2005) finden Hauptschülerinnen und -schüler ihren Mathematikunterricht wesentlich stärker kognitiv herausfordernd als Lernende am Gymnasium. Hauptschullehrkräfte halten jedoch umgekehrt kognitive Aktivierung für weniger relevant als Gymnasiallehrkräfte. Über die kognitiv aktivierende Qualität des Unterrichts sagen daher Fragebogenstudien wenig aus. Somit sind für die valide Erfassung von kognitiver Aktivierung vor allem direktere Ansätze wie etwa videobasierte Ratinganalysen wertvoll.

Hieran wird nochmals deutlich, dass kognitive Aktivierung eine Frage der Passung ist. Die Auswertung der Schülerfragbögen und Leistungstests wird diese Frage beantworten. Auf der Grundlage dieser Instrumente können Nutzung und Wirkung des Unterrichtsangebotes analysiert werden. Aussagen dazu, ob eher im strukturierenden oder kognitiv aktivierenden Unterricht der Unterrichtsgegenstand von den vergleichsweise leistungsschwachen Schülerinnen und Schüler vertieft bearbeitet wird, sowie Wirkungsaussagen können dann getroffen werden.

Literatur

Baumert J. & Köller O. (2000), Unterrichtsgestaltung, verständnisvolles Lernen und multiple Zielerreichung im Mathematik- und Physikunterricht der gymnasialen Oberstufe, in: Baumert J., Bos W. & Lehmann R. (Hg.), *TIMSS/III, dritte internationale Mathematik- und Naturwissenschaftsstudie: mathematische und naturwissenschaftliche Bildung am Ende der Schullaufbahn,* Opladen: Leske + Budrich, 271–315.

Baumert J. & Kunter M. (2011), Das mathematikspezifische Wissen von Lehrkräften, kognitive Aktivierung im Unterricht und Lernfortschritte von Schülerinnen und Schülern. in: Kunter M., Baumert J., Blum W., Klusmann U., Krauss S. & Neubrand M. (Hg.), *Professionelle Kompetenz von Lehrkräften: Ergebnisse des Forschungsprogramms COACTIV,* Münster: Waxmann, 163–192.

Baumert J., Blum W., Brunner M., Dubberke T., Jordan A., Klusmann U., Krauss S., Kunter M., Löwen K., Neubrand M. & Tsai Y.-M. (2009) *Professionswissen von Lehrkräften, kognitiv aktivierender Mathematikunterricht und die Entwicklung von mathematischer Kompetenz (COACTIV): Dokumentation der Erhebungsinstrumente.* Berlin: Max-Planck-Inst. für Bildungsforschung.

Becker M., Lüdtke O., Trautwein U. & Baumert J. (2006), Leistungszuwachs in Mathematik. Evidenz für einen Schereneffekt im mehrgliedrigen Schulsystem? *Zeitschrift für Pädagogische Psychologie, 20,* 233–242.

Bohl T., Kleinknecht M., Batzel A. & Richey P. (2012), *Aufgabenkultur in der Schule: Eine vergleichende Analyse von Aufgaben und Lehrerhandeln im Hauptschul-, Realschul- und Gymnasialunterricht,* Baltmannsweiler: Schneider Verl. Hohengehren.

Dubberke T., Kunter M., McElvany N., Brunner M. & Baumert J. (2008), Lerntheoretische Überzeugungen von Mathematiklehrkräften: Einflüsse auf die Unterrichtsgestaltung und den Lernerfolg von Schülerinnen und Schülern, *Zeitschrift für Pädagogische Psychologie, 22,* 193–206.

Einsiedler W. (1997), Unterrichtsqualität und Leistungsentwicklung: Literaturüberblick. in: Weinert F. E. & Helmke A. (Hg.), *Entwicklung im Grundschulalter,* Weinheim: Beltz, Psychologie-Verl.-Union, 225–240.

Gruehn S. (2000), *Unterricht und schulisches Lernen: Schüler als Quellen der Unterrichtsbeschreibung,* Münster: Waxmann.

Helmke A. & Weinert F. E. (1997), Unterrichtsqualität und Leistungsentwicklung: Ergebnisse aus dem SCHOLASTIK-Projekt, in: Weinert F. E. & Helmke A. (Hg.), *Entwicklung im Grundschulalter,* Weinheim: Beltz, Psychologie-Verl.-Union, 241–252.

Helmke A. (2010), *Unterrichtsqualität und Lehrerprofessionalität: Diagnose, Evaluation und Verbesserung des Unterrichts* Seelze-Velber: Kallmeyer.

Hiebert J. & Wearne D. (1993), Instructional Tasks, Classroom Discourse, and Students' Learning in Second-Grade Arithmetic, *American Educational Research Journal, 30,* 393–425.

Hugener I., Pauli C. & Reusser K. (2006), *Videoanalyse: Teil 3.* Frankfurt am Main: DIPF.

Hugener I., Pauli C. & Reusser K. (2007), Inszenierungsmuster, kognitive Aktivierung und Leistung im Mathematikunterricht. Analysen aus der schweizerisch-deutschen Videostudie. in: Lemmermöhle D., Rothgangel M., Bögeholz S., Hasselhorn M. & Watermann R. (Hg.), *Professionell lehren, erfolgreich lernen,* Münster: Waxmann, 109–121.

Kleinknecht M. (2010), *Aufgabenkultur im Unterricht: eine empirisch-didaktische Video- und Interviewstudie an Hauptschulen,* Baltmannsweiler: Schneider Verl. Hohengehren.

Klieme E. (2002), Was ist guter Unterricht? Ergebnisse der TIMSS-Videostudie im Fach Mathematik, in: Bergsdorf W. (Hg.), *Herausforderungen der Bildungsgesellschaft* (S. 89–113), Weimar: RhinoVerlag.

Klieme E., Schümer G. & Knoll S. (2001), Mathematikunterricht in der Sekundarstufe I: Aufgabenkultur und Unterrichtsgestaltung, in: Bundesministerium für Bildung und Forschung (BMBF) (Hg.), *TIMSS – Impulse für Schule und Unterricht: Forschungsbefunde, Reforminitiativen, Praxisberichte und Video-Dokumente,* München: Medienhaus Biering, 43–57.

Kunter M. & Pohlmann B. (2009), Lehrer, in: Wild E. & Möller J. (Hg.), *Pädagogische Psychologie,* Berlin: Springer-Verlag Berlin Heidelberg, 261–282.

Kunter M. (2005), *Multiple Ziele im Mathematikunterricht,* Münster: Waxmann.

Kunter M., Baumert J., Blum W., Klusmann U., Krauss S. & Neubrand M. (Hg.) (2011), *Professionelle Kompetenz von Lehrkräften: Ergebnisse des Forschungsprogramms COACTIV,* Münster: Waxmann.

Kunter M., Brunner M., Baumert J., Klusmann U., Krauss S., Blum W., Jordan A. & Neubrand M. (2005), Der Mathematikunterricht der PISA-Schülerinnen und -Schüler: Schulformunterschiede in der Unterrichtsqualität, *Zeitschrift für Erziehungswissenschaft, 8,* 502–520.

Leuders T. & Holzäpfel L. (2011), Kognitive Aktivierung im Mathematikunterricht. *Unterrichtswissenschaft, 39,* 213–230.

Lipowsky F. (2009), Unterricht. in: Wild E. & Möller J. (Hg.), *Pädagogische Psychologie,* Berlin: Springer-Verlag Berlin Heidelberg, 73–102.

Lipowsky F., Rakoczy K., Klieme E., Reusser K. & Pauli C. (2005), Unterrichtsqualität im Schnittpunkt unterschiedlicher Perspektiven, in: Holtappels H. G. & Höhmann K. (Hg.), *Schulentwicklung und Schulwirksamkeit: Systemsteuerung, Bildungschancen und Entwicklung der Schule,* Weinheim: Juventa, 223–238.

Lipowsky F., Rakoczy K., Pauli C., Drollinger-Vetter B., Klieme E. & Reusser K. (2009), Quality of geometry instruction and its short-term impact on students' understanding of the Pythagorean Theorem, *Learning and Instruction, 19,* 527–537.

Pauli C. & Reusser K. (2003), Unterrichtsskripts im schweizerischen und im deutschen Mathematikunterricht, *Unterrichtswissenschaft, 31,* 238-272.

Prenzel M., Seidel T., Lehrke M., Rimmele R., Duit R., Euler M., Geiser H., Hoffmann L., Müller C. & Widodo A. (2002), Lehr-Lernprozesse im Physikunterricht – eine Videostudie. in: Prenzel M. & Doll J. (Hg.), *Bildungsqualität von Schule: Schulische und außerschulische Bedingungen mathematischer, naturwissenschaftlicher und überfachlicher Kompetenzen,* Weinheim: Beltz, 139–156.

Rakoczy K., Buff A. & Liposky F. (2005), *Befragungsinstrumente: Teil 1,* Frankfurt am Main: DIPF.

Rakoczy K., Klieme E., Lipowsky F. & Drollinger-Vetter B. (2010), Strukturierung, kognitive Aktivität und Leistungsentwicklung im Mathematikunterricht, *Unterrichtswissenschaft, 38,* 229–246.

Reusser K. (2006), Konstruktivismus – vom epistemologischen Leitbegriff zur Erneuerung der didaktischen Kultur. in: Baer M., Fuchs M., Füglister P., Reusser K. & Wyss H. (Hg.), *Didaktik auf psychologischer Grundlage: von Hans Aeblis kognitionspsychologischer Didaktik zur modernen Lehr- und Lernforschung,* Bern: h.e.p.-Verl., 151–168.

Reusser K. (2009), Empirisch fundierte Didaktik – didaktisch fundierte Unterrichtsforschung. Eine Perspektive zur Neuorientierung der Allgemeinen Didaktik, in: Meyer M. A., Prenzel M. & Hellekamps S. (Hg.), *Perspektiven der Didaktik: Zeitschrift für Erziehungswissenschaft,* Wiesbaden: VS Verlag für Sozialwissenschaften, 219–237.

Rosenshine B. & Furst N. (1973), The use of direct observation to study teaching, in: Travers R. M. W. (ed.), *Second handbook of research on teaching: a project of The American Educational Research Association,* Chicago: McNally, 122–183.

Seidel T., Prenzel M., Duit R. & Lehrke M. (Hg.) (2003), *Technischer Bericht zur Videostudie „Lehr-Lern-Prozesse im Physikunterricht",* Kiel: ipn.

Stipek D. J., Givvin K. B., Salmon J. M. & MacGyvers V. L. (2001), Teachers' beliefs and practices related to mathematics instruction, *Teaching and Teacher Education, 17,* 213–226.

Sweller J., Kirschner P. A. & Clark R. E. (2007), Why Minimally Guided Teaching Techniques Do Not Work: A Reply to Commentaries, *Educational Psychologist, 42,* 115–121.

Trautwein U. & Baumert J. (2009), *TRAIN – Tradition und Innovation. Entwicklungsverläufe an Haupt- und Realschulen in Baden-Württemberg und Mittelschulen in Sachsen: Überblick über die Studie,* Berlin: Max-Planck-Institut für Bildungsforschung.

Wang, M. C., Haertel, G. D. & Walberg H. J. (1993), Toward a Knowledge Base for School Learning, *Review of Educational Research, 63,* 249–294.

Weinert F. E. & Helmke A. (1987), Compensatory Effects of Student Self-Concept and Instructional Quality on Academic Achievement, in: Halisch F. & Kuhl J. (eds.), *Motivation, intention, and volition,* Berlin: Springer, 333–356.

Können wir sprachförderliche Merkmale der Lehrersprache aus dem Unterricht identifizieren?
Eine Pilotstudie zu Merkmalen der Lehrersprache

Astrid Neumann & Isabelle Mahler (Leuphana Universität Lüneburg)

1   Einleitung

Kommunikative Fähigkeiten gelten generell als Schlüsselqualifikation für die Teilhabe am gesellschaftlichen Leben sowie für privaten und beruflichen Erfolg (vgl. Basisqualifikationen nach Ehlich, 2009), wobei dem mündlichen Ausdruck in der Schule eine besondere Rolle zugemessen wird (Helmke, 2009). Angenommen wird ein Zusammenhang zwischen der Entwicklung der Sprachkompetenz von Schülerinnen und Schülern und der Sprachsensibilität bzw. -kompetenz der direkten Bezugsperson, die in der Schule i. d. R. durch Lehrpersonen verkörpert werden (Becker-Mrotzek, 2009b).

Unumstritten ist, dass Lehrkräfte als Multiplikatoren von Sprache fungieren und dass – nicht zuletzt aufgrund nachgewiesener sprachlicher Defizite deutscher Schülerinnen und Schüler und des gleichzeitig modellierten Einflusses von sprachbewusstem Umgang in verschiedenen Interaktionssituationen in der Schule (DESI, 2008) – ein Forschungsbedarf hinsichtlich der systematischen Verwendung und Vermittlung von Sprache im Unterricht besteht. Nachgewiesen wurden sprachliche Defizite u. a. durch Schulleistungsvergleichsstudien wie PISA oder IGLU im Bereich des Leseverstehens sowie DESI in den Bereichen Lesen, Schreiben, Argumentieren, Wortschatz und Rechtschreibung. Besonders hervorzuheben ist, dass die Auswirkungen sprachlicher Defizite auch im Fachunterricht festzustellen sind, weil die Schülerinnen und Schüler dem (Fach-)Unterricht nicht adäquat folgen können und dementsprechend auch dort ihr Leistungspotenzial nicht vollständig ausschöpfen (vgl. Quasthoff, 2009). Um diesen Teufelskreis zu durchbrechen, bedarf es einer empirisch evidenten Unterstützung der Sprachvermittlung auch im Bereich der mündlichen Kommunikation, bei der inzwischen zunehmend Lehreraspekte in den Fokus rücken (vgl. Becker-Mrotzek 2009). Identifizierte sprachförderliche Merkmale können dazu dienen, Lehrpersonen für die Thematik und die Auswirkungen von Sprache zu sensibilisieren. Schließlich sollen Schülerinnen und Schüler kommunikative Strategien beherrschen, die eine flexible Anwendung sowohl in monologischen als auch dialogischen Kommunikationssituationen in den unterschiedlichsten thematischen Bereichen und sprachlichen Registern erlauben (Taubenböck, 2007).

Dafür wurde Videomaterial aus 150 Minuten (Deutsch-)Unterricht in der Primarstufe analysiert. Grundlegendes Ziel war das Entwickeln der Kodierkategorien und die Prüfung grundlegender Hypothesen zur Lehrersprache.

Aufgrund der Tatsache, dass Sprache eine immer und überall zur Verfügung stehende Ressource des regulären Unterrichts darstellt, werden Lehrkräfte im Sprachunterricht nicht als bloße Instrukteure angesehen, sondern als wirksame Verhaltensmodelle, die von den Schülerinnen und Schülern – entsprechend des Lernens am Modell – imitiert werden (vgl. Helmke, 2007). In den Bildungsstandards werden unter dem Bereich ‚Sprechen und Zuhören‘ explizit die erwarteten Kompetenzen für diesen Bereich definiert (KMK, 2005), nicht aber die Voraussetzungen auf Lehrerseite. So werden zwar erwartete Kompetenzen von ‚Sprechen und Zuhören‘ angeführt, die bislang allerdings noch nicht explizit genug formuliert worden sind und daher die adäquate Messung des Konstrukts erschweren (Köller, 2008). Die Ableitung eines wirksamen sprachförderlichen Modells von Lehrersprache bleibt aber weiterhin ein Forschungsdesiderat, dessen sich die sprachwissenschaftliche und fachdidaktische Forschung annehmen muss.

2   Theoretische Rahmung

Um sich den aufgezeigten Desideraten nähern zu können, wird im Folgenden zunächst die theoretische Rahmung dargestellt. Dabei erfolgt eine Fokussierung auf die Themenschwerpunkte ‚Mündliche Kommunikation‘, ‚Unterrichtskommunikation‘ und ‚Unterrichtsrückmeldung und Fehlerkorrektur‘, weil diese in der Fachliteratur als zentrale Merkmale postuliert werden.

Der Zeitraum vom Ende der 1960er bis Anfang der 70er Jahre wird als ‚kommunikative Wende‘ in der Sprachwissenschaft bezeichnet (Schuster, 1998). Es wurde deutlich, dass einfache Kommunikationsmodelle, die einen Sender und einen Empfänger sowie einen Übertragungskanal umfassen, die menschliche Kommunikation in ihrer Komplexität bei Weitem nicht zu erfassen und zu beschreiben vermögen (Steinig & Huneke, 2007). Ein Modell der Unterrichtskommunikation müsste z. B. abbilden, dass es einen Sender (zumeist die Lehrperson) und viele Empfänger (die Schüler/innen) gibt, die Informationen nicht auf die gleiche Art und Weise verstehen und verarbeiten können, nicht zuletzt weil an individuell unterschiedliches Vorwissen angeknüpft wird. Nachdem das didaktische Interesse an der gesprochenen Sprache vorerst fast ausschließlich der Syntax und der Semantik gewidmet war, rückten weitere Aspekte des mündlichen Sprachgebrauchs, wie z. B. die pragmatische Nutzung und Veränderung der vorerst analysierten theoretischen Konzepte in den Forschungsfokus (Hausendorf & Quasthoff, 1996). In ihrer Aufbereitung des Forschungsstandes zur Lehrer-Schüler-Kommunikation der 1960er und 70er Jahre stellt Becker (2007) u. a. dar, dass wenig abwechslungsreiche und hochritualisierte Gespräche stattfänden und dass nur 20% der Schüleräußerungen eine inhaltliche Relevanz aufwiesen. Außerdem wurde bereits in den 1970er Jahren ein positiver Zusammenhang zwischen dem vokalen Verhalten (d. h. der Sprechart) erfolgreicher Lehrpersonen und dem Lernerfolg von Schülerinnen und Schülern empirisch nachgewiesen. Dubs (2009) stellt dar, dass dieser Bereich durch diverse Studien, wie z. B. Untersuchungen zur Lautstärke und Sprechgeschwindigkeit (Diehl, White & Satz, 1961) oder zur Monotonie in der Stimmführung (Richmond, Gorham & McCrosky, 1986), als weitestgehend gut erforscht gelten. Zur gleichen Zeit entwickelte sich ein Konsens darüber, dass Schülerinnen und Schüler durch den Deutschunterricht ihre kommunikativen Kompetenzen weiterentwickeln sollen (Schuster, 1998). Becker-Mrotzek (2009b) hebt hervor, dass Unterrichtskommunikation einen wesentlichen Einfluss auf die Entwicklung der Gesprächskompetenz der Schüler/innen hat.

In DESI 2008 konnte anhand systematischer Videoanalysen u. a. gezeigt werden, dass während der Unterrichtskommunikation die Lehrperson den höchsten Sprechanteil innehat (hier liegt der Sprechanteil der Englischlehrpersonen bei 51%, gegenüber den drei anderen Kategorien: Schüleräußerungen, unverständlichem Paralleldiskurs und Schweigen). Des Weiteren konnte ein signifikanter Zusammenhang zwischen der Fokussierung auf Sprachkompetenzen im Fachkollegium und einem Kompetenzzuwachs der produktiven Sprachkompetenzen festgestellt werden (Steinert, Hartig & Klieme, 2008). Zudem konnte nachgewiesen werden, dass auch der Kompetenz von Lehrkräften, etwas mündlich zu erklären, eine hohe Bedeutung beigemessen werden muss, so dass die Beziehung zwischen der Lehrersprache und den Schülerleistungen Aufschluss über sprachförderliche Merkmale im unterrichtlichen Kontext herbeiführen soll (Spreckels, 2009).

Es kann also davon ausgegangen werden, dass bereits sprachförderliche Aspekte der Lehrersprache und Hinweise für einen wirksamen sprachsensiblen Unterricht identifiziert wurden. Dabei erweisen sich interdisziplinäre Arbeiten der Sprachwissenschaft, Sprachdidaktik und allgemeiner Unterrichtsforschung als besonders relevant, um Ergebnisse für die Sprachförderung der Schülerinnen und Schüler herauszuarbeiten.

3   Mündliche Kommunikation

Phylogenetisch ist die mündliche Sprache der Ausgangspunkt der sprachlichen Spezifizierung der Menschheit, aber auch ontogenetisch zeigt sich, dass Kinder den Erwerb ihrer differenzierten, situativ-funktionalen Schriftsprache vor dem Hintergrund ihrer mündlichen Erfahrungen gestalten. „Unter mündlicher Kommunikation wird [dabei] die Gesamtheit der kommunikativen Praktiken verstanden, in denen die Verständigung zwischen mindestens zwei Parteien durch verbale mündliche Kommunikation, körperliche Kommunikation und/oder Kommunikation auf Grundlage visueller Wahrnehmungen und Inferenzen erfolgt" (Fiehler, 2009: 26).

Die gemeinsame Sprachsituation (Interaktion), die mediale Flüchtigkeit im Übertragungsmedium Schall (Vogt, 2009) und die Multimodalität der verbalen, nonverbalen und paraverbalen Informationen (Becker-Mrotzek, 2009) werden durch den Einsatz ‚konservierender Verfahren' wie z. B. Unterrichtsaufzeichnungen (Video/Audio) festgehalten, bevor sie als Gespräch unter verschiedenen Foci und mit unterschiedlichen Methoden analysiert werden können.

4 Unterrichtskommunikation

Unterricht wird durch die drei Eckpunkte des *didaktischen Dreiecks* Gegenstand, Lehrperson und Lernende bestimmt (Reusser & Pauli, 2010), in dem Wissen als Interaktion zwischen Lehrperson und Lernenden transferiert wird. Wenn es gelingt, dass Lehrperson und Lernende in ihrem Handeln Beziehungen zueinander herstellen, wird von *Lehrer-Schüler-Interaktion* gesprochen (Hofer & Haimerl, 2008). Dabei ist Sprache das wichtigste Medium der Informationsübermittlung (Unterrichtskommunikation). Daraus folgt: „Ein wirklich guter Lehrer ist einer, der vor allem kompetent und für seine Schüler verständlich Inhalte mündlich und schriftlich vermitteln kann" (Wellenreuther, 2008: 167).

Da Unterricht vor allem ein kommunikatives Ereignis ist, muss eine gut funktionierende kommunikative Ordnung in der Klasse hergestellt werden (Becker-Mrotzek & Vogt, 2001). Es ist dabei einleuchtend, dass sich ein institutionalisiertes Unterrichtsgespräch von einem Freizeitgespräch unterscheidet. So sind beispielsweise die Gesprächsrollen anders verteilt. Unterrichtskommunikation ist von einer bestehenden Asymmetrie in den Gesprächen gekennzeichnet, weil der Lehrkraft – wenn auch z. T. nur indirekt – die Macht obliegt über die Verteilung des Sprechrechtes zu entscheiden. Ehlich (2009: 10) vermerkt, dass die „Kommunikation in der Schule [...] eine sehr eigengesetzliche Kommunikation mit charakteristischen Veränderungen der sprachlichen Handlungsmittel" darstellt.

Spezifika der Unterrichtskommunikation zu präzisieren, ist hier deshalb relevant, weil die folgenden Analysen auf Videoaufzeichnungen im unterrichtlichen Kontext basieren. Ziel ist es Aussagen über die kommunikative Ordnung vornehmen zu können, indem beispielsweise den Fragen nachgegangen wird: Wer spricht wann und wie lange? Wie hängt die Turnvergabe mit Rückmeldungen im Unterricht zusammen?

5 Rückmeldung und Fehlerkorrektur

Neben vielen weiteren Aspekten üben Rückmeldungen[1] und der Umgang mit Fehlern im Unterricht einen großen Einfluss auf die Lern- und Leistungsmotivation aus (Schlag, 2006). Vor der Rückmeldung bzw. vor der Korrektur erfolgt die Erfassung und Bewertung der Leistung. So findet die Erfassung und Bewertung der Aussage eines/r SchülerIn meist unterbewusst im Kopf der Lehrperson statt und wird dann nonverbal und/oder verbal ausgeführt, da ohne Rückmeldung keine Orientierung für das Weiterlernen gegeben wird (Jürgens & Sacher, 2008). Bei Rückmeldungen wird zwischen impliziten und expliziten Formen unterschieden. Implizite Rückmeldungen z. B. durch Gesten oder verbale Äußerungen während des Unterrichts nehmen einen großen Anteil in der Unterrichtspraxis ein (Schlag, 2006) und beeinflussen so auch die Motivation der Schülerinnen und Schüler. Unter expliziten Rückmeldungen werden u. a. Zeugnisse und gezielte Gespräche verstanden. Nach Brookhart & Lorenz (2010) werden beim Feedback einem Lernenden konkrete Verbesserungsvorschläge unterbreitet, die zeitnah und auf die einzelne Person zugeschnitten sind. Für eine lernförderliche Rückmeldung sind dabei folgende Faktoren ausschlaggebend:

– Eine *zügige* Rückmeldung ist deshalb wichtig, weil die Schüler/innen die Rückmeldung dazu nutzen können, ihre Kompetenzen zu erweitern und ggf. Lücken zu schließen oder Fehlvorstellungen zu überdenken (Marzano, 2010).
– Darüber hinaus wird auf die Relevanz der *klaren, strukturierten und verständlichen* Rückmeldung hingewiesen (u. a. Hattie, 2009; Helmke, 2007).

Außerdem sollten auch der Umfang, die Form und der Adressat des Feedbacks berücksichtigt und situationsangemessene Feedback-Strategien eingesetzt werden (Brookhart & Lorenz, 2010). Bei der Wahl des Adressaten sollte durchdacht werden, ob sich das Feedback individuell an eine/n SchülerIn richtet oder die ganze Klasse betrifft. Der Umfang des Feedbacks sollte den Entwicklungsstand der Schülerinnen und Schüler berücksichtigen und Prioritäten setzen, die mit dem wesentlichen Lernziel zusammenhängen.

In den folgenden Analysen steht die Frage im Fokus, von wem das Feedback ausgeht, also darum, ob es sich um eine Selbst- oder Fremdkorrektur handelt und ob die Fremdkorrektur von der Lehrperson geäußert wird oder von einem/einer Mitschüler/in erteilt wird.

---

1 In der Analyse erfolgt keine explizite Unterscheidung zwischen Rückmeldungen, Feedback und Korrektur, weil vorerst das Identifizieren im unterrichtlichen Kontext im Fokus steht.

6 Forschungshypothesen

Erkenntnisse o. g. Forschungen lassen die Frage offen, *worin sich konkrete sprach-förderliche Merkmale der Lehrersprache im Unterrichtsgeschehen zeigen.* Diese Fragestellung soll anhand fachdidaktisch orientierter Arbeitshypothesen geprüft werden. Zunächst soll daher untersucht werden, ob der Sprechanteil der Lehrkräfte und Schüler/innen entsprechend bisheriger Forschungsergebnisse ausfällt (vgl. 6.2):

(1) Der Sprechanteil der Lehrpersonen umfasst mehr Unterrichtszeit als der Schülersprechanteil und variiert je nach Lehrperson/Klasse stark.

Dabei soll detailliert analysiert werden, wie sich der Sprechanteil zwischen Lehrer- und Schülersprache, unverständlichem Paralleldiskurs und Schweigen aufteilt. Hier spiegeln sich die didaktisch-methodischen Entscheidungen der Lehrenden wider, die eine möglichst optimale Vermittlung der anvisierten Inhalte durch die Wahl einer adäquaten kommunikativen Ordnung ermöglichen sollen.

Die unterschiedlichen Ansätze, die im Unterricht von der Lehrperson verfolgt werden, äußern sich zudem auch in unterschiedlichen Rückmeldungsformaten. Hierbei findet eine Konzentration auf die Verteilung mündlicher, expliziter Formen des Feedbacks statt, wobei das Feedback dabei auf unterschiedliche Art im Regelunterricht erfolgen kann. Sowohl die Lehrperson nimmt Feedbackäußerungen vor als auch der/die sprechende Schüler/in selbst oder Mitschüler/innen.

(2) Fehlerkorrekturen werden häufiger als Fremd- denn als Selbstkorrekturen durchgeführt.

Interessant ist diese Forschungshypothese vor dem Hintergrund, dass ein ausgeprägt schülerorientiertes Feedback u. a. die Lernmotivation der Schülerinnen und Schüler fördert und damit zu längeren Sprachäußerungen der Schüler/innen beiträgt.

Die dritte Arbeitshypothese fokussiert das Sprechen über unbekannte Wörter. Dies ist nicht zuletzt aufgrund der Tatsache wichtig, dass sprachliche Defizite Auswirkungen auf den Fachunterricht haben und eine hohe gemeinsame Sprachsensibilisierung auf der Lehrendenseite zu besseren sprachlichen Leistungen der Schülerinnen und Schüler führt:

(3) Lehrpersonen sprechen über die Bedeutung unbekannter Wörter und fördern somit das Sprachbewusstsein ihrer Schülerinnen und Schüler.

Diese Hypothese ist vor allem vor dem Hintergrund wichtig, dass Schüler/innen auch dem Fachunterricht nicht adäquat folgen können, wenn die Bedeutung von Wörtern nicht bekannt ist. Die aufgestellten Hypothesen werden durch die im Folgenden dargestellte Untersuchung überprüft.

7   Untersuchung

Die durchgeführte explorative Videostudie kombiniert grundlegende quantitative und qualitative Erkenntnisse hinsichtlich der sprachförderlichen Merkmale von Lehrersprache im unterrichtlichen Kontext. Eigene Videoaufzeichnungen von Unterricht, die an einer niedersächsischen Grundschule mit sozial und sprachlich heterogenem Einzugsgebiet vorgenommen wurden, sind nach den theoretisch abgeleiteten Analysekategorien Sprechanteil von Lehrpersonen und Schüler/innen, Feedback- und Korrekturverhalten und Förderung von Sprachbewusstheit im Unterricht untersucht worden. Nach einem mehrstufigen Genehmigungsverfahren (vgl. Abb. 1) erfolgten die Videoaufzeichnungen (vgl. Abb. 1) in drei Klassen (x, y, z). Erfasst wurde der Deutschunterricht der jeweiligen Klassenlehrerin in zwei vierten und einer dritten Klasse. Bei den vierten Klassen wurden Unterrichtsstunden mit der traditionellen Dauer von 45 Minuten aufgezeichnet, in der dritten Klasse konnten insgesamt 60 Minuten Unterrichtszeit dokumentiert werden, damit liegen mit 150 Minuten für eine Exploration ausreichendes Aufzeichnungsmaterial vor. Die Videoaufnahmen erfolgten so, dass Unterricht authentisch mit möglichst wenigen Irritationen durch die Kamera aufgezeichnet wurde. Jeder dieser drei Deutschstunden liegt ein unterschiedlicher Themenschwerpunkt zugrunde.

Die Auswertung (vgl. Abb. 1) und Isolierung einzelner Sequenzen der Videoaufzeichnung erfolgte mit dem Programm Videograph, das durch die Kombination von Transkriptions-, Kodierungs- und Auswertungssoftware eine systematische Analyse digitaler Videoaufzeichnungen ermöglicht. Außerdem wurde für die quantitative Auswertung das Statistikprogramm SPSS genutzt. Zur qualitativen Auswertung wurden darüber hinaus genauere Transkripte in Partiturschreibweise erstellt, die mit dem Arbeitsprogramm EXMERaLDA angefertigt wurden.

Abb. 1: Durchführung der Studie

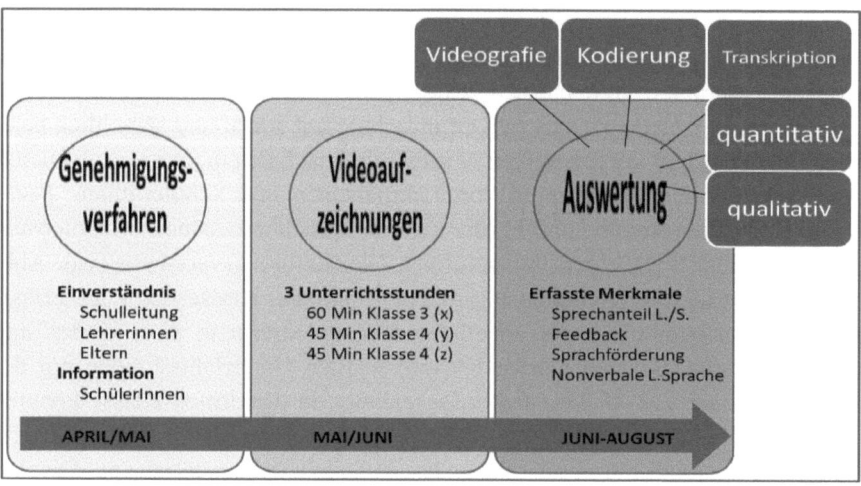

8 Ergebnisse

Anhand der Forschungshypothesen werden an dieser Stelle ausgewählte Ergebnisse zu den Bereichen *Sprechanteil Lehrkräften/Schülerinnen und Schüler, Feedback- und Korrekturverhalten* sowie *Förderung von Sprachbewusstheit im Unterricht* vorgestellt. Innerhalb der einzelnen Merkmale werden die Ergebnisse der drei Schulklassen zunächst separat beschrieben, bevor ein Vergleich der Klassen erfolgt. Da das Datenmaterial eine Fülle weitergehender Informationen enthält, wird nur eine Auswahl und zur exemplarischen Prüfung der Forschungshypothesen analysiert.

8.1 Ergebnisse: Sprechanteil Lehrkräfte/Schülerinnen und Schüler

Die Kategorie Sprechanteil Lehrkräfte/Schülerinnen und Schüler ist vierteilig kodiert: Lehrersprache, Schülersprache, unverständlicher Paralleldiskurs und Schweigen.

In Tabelle 1werden die deskriptiven Kennwerte der drei aufgezeichneten Unterrichtsstunden gezeigt. Die Anteile der Lehrersprache und Schülersprache bzw. des Schweigens sowie des unverständlichen Paralleldiskurses werden in Prozent angegeben, weil die Unterrichtsaufzeichnungen von unterschiedlicher Länge sind, so dass eine Angabe von Häufigkeiten in diesem Bereich keine vergleichbaren Werte liefern würde.

Tab. 1: Sprechanteil der Lehrpersonen und Schülerinnen und Schüler

	Klasse	%	Kategorien (Angaben in %)		
			Erklärung	Frage	Struktur
Sprechanteil – Lehrperson	x	17,7	35,5	6,6	57,9
	y	33,9	29,3	28,3	42,4
	z	36,6	28,6	25,8	45,5
	Klasse	%	Ein-Wort	Fragment	Satz
Sprechanteil – Schülerinnen	x	32,2	18,6	8,5	72,9
	y	3,5	38,7	38,7	22,6
	z	27,9	14,3	16,9	68,8
Schweigen	x	42,4			
	y	18,5			
	z	8,3			
Paralleldiskurs	x	7,7			
	y	44,1			
	z	27,2			

Während der aufgezeichneten Unterrichtsstunde in der Klasse x hat die Klassenlehrerin einen Sprechanteil von 17,7%, wobei ihre Äußerungen zu 35,5% Erklärungen, zu 6,6% Fragestellungen und zu 57,9% strukturierende Worte (z. B. Äußerungen hinsichtlich der Organisation von Unterricht) sind. Der Sprachanteil der Schülerinnen und Schüler an der Gesamtunterrichtszeit beträgt 32,2%. Am häufigsten antworten sie in grammatikalisch vollständigen Äußerungen (72,9%). Seltener fällt der Anteil der Ein-Wort-Antworten aus (18,6%) und die Antworten als Satzfragmente (8,5%) haben die geringste Frequenz. Die andere Hälfte der Unterrichtszeit wird durch Schweigen oder unverständliche Paralleldiskurse der Schülerinnen und Schüler ausgefüllt, wobei dem Schweigen mit einem Anteil von 42,4% an der Gesamtunterrichtszeit in dieser Klasse der größte Anteil während der aufgezeichneten Unterrichtsstunde zukommt. Mit 7,7% nimmt der unverständliche Paralleldiskurs der Schülerinnen und Schüler den kleinsten Teil an der Gesamtunterrichtszeit ein.

In der Klasse y liegt der Sprechanteil der Lehrerin insgesamt bei 33,9%. Aus der Kategorisierung der Lehrersprache ergibt sich zwischen den drei unterrichtssprachlichen Handlungsmustern eine Verteilung von 29,3% Erklärungen, 28,3% Fragestellungen und 42,4% strukturierenden Worten. Den Schülerinnen und Schülern wird zu 3,5% der Gesamtunterrichtszeit das Rederecht erteilt, wobei die Antworten der Lernenden mit der gleichen Häufigkeit Ein-Wort-Antworten und Satzfragmente sind (38,7%). Seltener fallen in dieser Lerngruppe in der dokumentierten Unterrichtsstunde die komplexen Äußerungen aus (22,6%). Die Klasse y schweigt zu 18,5% der Gesamtunterrichtszeit und führt zu 44,1% unverständliche Paralleldiskurse.

Die Auswertung der Unterrichtsaufzeichnung in der Klasse z zeigt, dass die Klassenlehrerin mit 36,6% den größten Sprechanteil innehat. Dieser Anteil untergliedert sich in 28,6% Erklärungen, 25,8% Fragestellungen und 45,5% strukturierende Worte. Prozentual etwa gleichmäßig verteilt sind die Einzelantworten der Schülerinnen und Schüler (27,9%) und der Paralleldiskurs der Lernenden (27,2%). Der Sprechanteil steigt mit zunehmender Antwortkomplexität. Ein-Wort-Antworten erfolgen zu 14,3% und Satzfragmente werden mit 16,9% etwas häufiger verwendet. In 68,8% der Fälle antworten respektive sprechen die Schülerinnen und Schüler in vollständigen Äußerungen.

Klassenübergreifend lässt sich zeigen, dass strukturierende Worte in allen drei Klassen am häufigsten genutzt werden. Im Gegensatz dazu fällt der prozentuale Anteil der Lehrerfragen über alle drei Klassen hinweg am geringsten aus. Erklärungen liegen prozentual zwischen den strukturierenden Worten und den Fragen. Diese Tatsache darf nicht suggerieren, dass dies im Klassenvergleich identisch ist. Des Weiteren wird ersichtlich, dass der Anteil der Antworten in grammatikalisch korrekten komplexen Äußerungen bei der Klasse am geringsten ausfällt, in der die Schülerinnen und Schüler den geringsten Sprechanteil haben. Dagegen machen diese Antworten in den beiden anderen Klassen den größten Anteil der Schülerantworten aus (vgl. Tab. 1). Bezüglich der ersten Hypothese lässt sich festhalten, dass die Lehrpersonen zumeist einen größeren Sprechanteil innehaben als die Schülerinnen und Schüler zusammen, in einer Klasse kehrt sich dieses Verhältnis jedoch um. Wie angenommen variiert die Verteilung des Sprechanteils dementsprechend zwischen den Klassen.

8.2   Ergebnisse: Feedback-Korrekturverhalten

Zur Darstellung der Ergebnisse werden in Tabelle 2 die deskriptiven Kennwerte der drei aufgezeichneten Unterrichtsstunden gegenübergestellt. Sie zeigt auf, dass der prozentuale Anteil der Fremdkorrektur in der Klasse x bei 55% liegt. Die Fremdkorrektur setzt sich aus der Fremdkorrektur durch die Lehrperson (50%) und der Fremdkorrektur durch eine/n andere/n Schüler/in (5%) zusammen. Daraus folgt, dass die Schülerinnen und Schüler der Klasse x während der dokumentierten Unterrichtsstunde 45% der Korrekturen als Selbstkorrekturen vornehmen. Insgesamt erfolgen in dieser Unterrichtsstunde 20 Korrekturhandlungen. Dabei ist anzumerken, dass die aufgezeichnete Unterrichtszeit in der Klasse x die längste ist und dennoch die geringste Anzahl an Korrekturen erfasst wurde. In der Klasse y liegt der Anteil der Fremdkorrektur durch die Lehrerin bei 92,8% und der Anteil der Fremdkorrektur durch eine/n MitschülerIn bei 3,6%. Damit liegen in etwa 96% der Fälle Fremdkorrekturen vor. Daraus ergibt sich, dass lediglich 3,6% der Veränderungen als Selbstkorrektur vorgenommen wird.

Tab. 2: Feedback- und Korrekturverhalten

Klasse	x		y		z	
	N	%	N	%	N	%
Fremdkorrektur durch die Lehrerin	10	50	26	92,8	29	59,2
Fremdkorrektur durch eine/n andere/n Schüler/in	1	5	1	3,6	17	34,7
Selbstkorrektur durch den/die Schüler/in	9	45	1	3,6	3	6,1
Gesamt	20	100,0	28	100,0	49	100,0

Zu 59,2% korrigiert die Lehrerin der Klasse z ihre Schülerinnen und Schüler. Gemeinsam mit den 34,7% der Fremdkorrektur durch eine/n andere/n Schüler/in ergibt sich der Anteil von knapp 94% als Fremdkorrektur. Demgegenüber steht die Selbstkorrektur der Schülerinnen und Schüler der Klasse z mit 6,1%. In der Klasse z erfolgen im Klassenvergleich die meisten Korrekturen. Der größte Unterschied wird im Vergleich zur Klasse x deutlich. Insgesamt wurden mit 49 Korrekturhandlungen mehr als doppelt so viele identifiziert wie in der deutlich längeren Unterrichtsaufzeichnung der Klasse x. Auffällig ist also, dass in allen Klassen – wie in Hypothese 2 angenommen – bei sehr unterschiedlichen Häufigkeiten die Fremdkorrektur den größten Korrekturanteil ausmacht (55%-96,4%).

8.3 Ergebnisse: Förderung von Sprachbewusstheit

Wird während des Unterrichts über die Bedeutung unbekannter Wörter gesprochen bzw. werden verständnissichernde Nachfragen gestellt? Der Versuch, diese Frage rein quantitativ zu beantworten, scheint nicht sinnvoll. Die deskriptiven Ergebnisse sollen vorab genannt werden, um aufzuzeigen, von welchen Dimensionen gesprochen wird. Danach wird inhaltlich durch eine qualitative Analyse genauer auf das Merkmal der Förderung von Sprachbewusstheit im Unterricht eingegangen.

Mit insgesamt vier Zählungen wurde dieses Merkmal in der Klasse z am häufigsten erfasst, in der Klasse y liegen drei und in der Klasse x keine vor. Die markierten Vorkommnisse wurden als Ausschnitte der Unterrichtsaufzeichnungen transkribiert und qualitativ beschrieben.

In Klasse x befasst sich der erste transkribierte Auszug mit der Klärung der Frage, welches der beiden Wörter in ‚blöd sein' das Verb ist. Nach einer korrekten Ein-Wort-Antwort ‚sein' fährt die Lehrerin im Unterrichtsgeschehen fort, woraufhin eine Unterbrechung durch die Schülerfrage ‚Is sein allein ein Verb?' erfolgt. Die Lehrerin reagiert, indem sie antwortet ‚sein allein ist ein Verb ja •• ich bin du bist und so weiter das ist das Verb von sein'. Anschließend erfolgt die Begriffserklärung zu *zusammengesetzten Nomen*. Nachdem die Lehrerin auf die Überschrift an der Tafel verweist, erhält sie von einem Schüler die Antwort ‚Substantive sind Nomen'. Diese Antwort wird von der Lehrerin bestätigt, indem sie sagt ‚genau Substantive sind Nomen, zusammengesetzte Substantive darum geht es heute'. Im weiteren Unterrichtsverlauf wird wiederholend thematisiert, was zusammengesetzte

Nomen kennzeichnet. Die Lehrerin erklärt wie folgt: *‚das müssen Wörter sein die wo aus zwei Wörtern eeeeein langes Wort geworden ist? Ja wir überprüfen das mal ob das stimmt. Fußballverein ist das ein Wort?'*. Im Folgenden fragt die Lehrerin *‚Wie krist du das raus Hanna das das ein Wort ist?'*. Die Schülerin verwendet in ihrer Erklärung den Fachterminus Bestimmungswort. Es kommt allerdings zu einer Verwechslung beim Gebrauch, der von der Lehrerin aufgegriffen wird, indem sie antwortet *‚okay, hinten is zwar, da komm wir gleich noch zu wo das Bestimmungswort steht das steht nicht hinten, aber egal ähm aber ihr ähm könnt doch sagen der Fußballverein ((2s)) dann is es eeeeein •• laaaanges zusammengesetztes Nomen'*.

Zusammenfassend lässt sich sagen, dass über die Bedeutung eines unbekannten Wortes – in diesem Fall des zusammengesetzten Nomens – gesprochen wird. Dabei geht aus der Äußerung einer Schülerin hervor, dass zusammengesetzte Wörter bereits im Unterricht thematisiert und nicht sicher verstanden wurden. Zudem zeigt sich, dass die Lehrerin ihre gestellten Fragen während der aufgezeichneten Unterrichtsstunde meist selbst beantwortet und dass keine verständnissichernden Rückfragen gestellt werden.

In der Klasse z erfolgt die Klärung der Wörter *Diskussion* und *Position*. Die Klassenlehrerin erfragt die Bezeichnung des Verfahrens, das zuvor in der Klasse stattgefunden hat (Diskussion). Im Anschluss äußern sich die Schülerinnen und Schüler zu den Merkmalen einer Diskussion, bevor ein Schüler das Unterrichtsgespräch auf die häufige Verwendung von Diskussionen in der Politik lenkt und ein anderer Schüler das Beispiel der Diskussion über den Atomausstieg anführt. Dieses Thema wird zum Anlass genommen, über den Begriff Positionen ins Gespräch zu kommen. Die Lehrerin bittet ihre Schülerinnen und Schüler, Positionen räumlich darzustellen, woraufhin sich ein Schüler und ein ausgewählter Klassenkamerad links und rechts neben der Tafel platzieren. Die Lehrerin verbalisiert anschließend die Bedeutung von *Position* und bindet in ihre Erklärung die visuelle Darstellung durch die neben der Tafel stehenden Schüler ein: *‚zwei Positionen zwei Orte wo jemand steht ((2s)) und das geht nicht nur darum wo seine Füße stehen sondern vielleicht sogar darum ((2s)) was in seinem Kopf gerade steht*. Des Weiteren erfolgt eine Bedeutungserklärung des Begriffes *Argument*. Durch ein lehrerinitiiertes Verfahren erfolgt die Turnvergabe an drei Schülerinnen und Schüler, die jeweils Erklärungsversuche vornehmen. Auch diese werden von der Lehrerin zusammengefasst. Am Ende dieser Unterrichtsstunde wird die Bedeutung der Wörter *Pro* und *Contra* erarbeitet. Die Lehrerin initiiert erneut das Gespräch, indem sie durch Zeigen zweier Begriffe auf zuvor beschrifteten Blättern die Frage aufwirft, ob jemand eine Idee habe, was das (Pro und Contra) bedeuten könne. Nachdem ein Schüler die richtige Antwort gibt (*dafür und dagegen*), erfolgt eine Verknüpfung der Worte Pro und Contra auf den vorangegangen Unterrichtsinhalt (Diskussion über den Atomausstieg) (*richtig •• und das hier sind die Profiwörter für dafür und dagegen*).

Zusammenfassend lässt sich herausstellen, dass in dieser Klasse während der aufgezeichneten Unterrichtsstunde die Bedeutung der Wörter *Diskussion, Position* und *Argument* sowie *Pro* und *Contra* explizit thematisiert und geklärt wird. Herauszustellen ist, dass es den Schülerinnen und Schülern gelingt, die Bedeutung der aufgelisteten Wörter eigenständig zu versprachlichen, diese danach systematisch von der Lehrerin zusammengefasst werden. Eine Ausnahme stellt lediglich der Begriff Argument dar, den die Lehrerin noch einmal präzisiert, indem sie sagt *‚Ein Argument ist sozusagen die Begründung einer Meinung'*. Abschließend kann festgehalten werden, dass während der Unterrichtsaufzeichnung über die Bedeutung vermeintlich unbekannter Wörter gesprochen wird und dass die Lehrperson Rückfragen an die Schülerinnen und Schüler richtet, um zu einer präziseren Begriffserklärung zu gelangen (z. B. *„Jooaaa• noch ne andere Beschreibung? Vielleicht kann jemand zeigen was Positionen sein können? ((3s)) Wo Positionen sein könn? ••'*). In den aufgezeichneten Unterrichtsstunden zeigte sich, dass die Lehrerin positive Rückmeldeformeln verwendet, wie z. B. *‚richtig'* oder *‚da hast du Recht'* und auch Schülerinnen und Schülern Recht geben kann, indem sie sagt *‚stimmt hast Recht!'*. Außerdem werden auch Schüleräußerungen freundlich kommentiert, die nicht konstruktiv in den Gesprächsverlauf einzuordnen sind. Dies wird z. B. deutlich, als die Lehrerin sagt *‚neeenich zurück zu den Kinderrechten, wir sind jetzt bei dem Thema • ok? • Schön dass du da noch was zu zu sagen hättest aber'*.

Bezüglich der Hypothese 3 ist festzustellen, dass die Lehrpersonen die Tendenz haben, über die Bedeutung unbekannter Wörter im unterrichtlichten Kontext zu sprechen und dadurch die Sprachbewusstheit der Schülerinnen und Schüler zu fördern.

9 Diskussion der Ergebnisse

Die deskriptiven Ergebnisse zur Verteilung des Sprechanteils der Lehrpersonen und ihrer Schülerinnen und Schüler variieren zwischen den Klassen erheblich und weichen von bisher in der Fachdidaktik rezipierten Forschungsergebnissen ab. So wurden auch in DESI Schulklassenunterschiede im Schülersprechanteil festgestellt, die allerdings von minimal 12% bis maximal 71% variieren (Helmke et al., 2008). In der vorliegenden Videostudie reichen die Unterschiede von minimal 3,5% bis maximal 32,3%. Aufgrund des zentralen Forschungsinteresses an sprachförderlichen Merkmalen der Lehrersprache soll an dieser Stelle auch eine entsprechende Fokussierung vorgenommen werden. Während im Durchschnitt die Englischlehrpersonen bei DESI einen Sprechanteil von 51% innehaben (Helmke et al., 2008), sind es bei der vorliegenden Untersuchung knapp 30%. Es darf nicht außer Acht gelassen werden, dass neben einer Abweichung der untersuchten Altersstufe und Schulform ein anderes Unterrichtsfach Untersuchungsgegenstand ist und die Stichprobengröße erheblich abweicht. Allerdings ist der Sprechanteil der Lehrkraft in der Klasse x unterdurchschnittlich gering, sodass sich die Frage nach dem Grund dieser Abweichung stellt. Ein Erklärungsansatz liegt im methodischen Vorgehen und in der Wahl der Sozialform im Unterricht, die im Rahmen dieser Arbeit nicht erfasst worden sind. Allerdings gerät in der Klasse x auch die häufige Verwendung nonverbaler Impulse in den Blick, sodass ein Zusammenhang zwischen der Reduktion des Sprechanteils der Lehrperson und dem Einsatz nonverbaler Lehrersprache vermutet werden kann und ein weiteres Forschungsdesiderat aufzeigt, das anhand weiterführender Hypothesen überprüft werden müsste.

Die Unterteilung der Lehrersprache in die Kategorien: *Erklärung, Fragestellung* und *strukturierende Worte* weisen ebenfalls nennenswerte Abweichungen zu bestehenden Untersuchungsergebnissen auf. Wie in den Ergebnissen dargestellt, machen in allen drei Klassen die strukturierenden Worte den größten Anteil der Lehreräußerungen aus. Buchalik (2009) stellt in seinen Ergebnissen zur Lehrer-Schüler-Kommunikation in komplexen Lehr-Lern-Umgebungen dar, dass die Lernorganisation einen wesentlich geringeren Anteil an der Gesamtunterrichtszeit einnimmt. Allerdings sind es u. U. gerade die komplexen Lehr-Lern-Umgebungen, die die Notwendigkeit strukturierender Worte reduzieren, sodass die vorliegenden Ergebnisse die Annahme rechtfertigen, dass für den Bereich der Grundschule strukturierende Worte eine bestehende und nicht zu unterschätzende Größe an der Gesamtunterrichtszeit ausmachen. Es scheint, als müssen die Schülerinnen und Schüler die institutionalisierten Spezifika der Unterrichtskommunikation weiterhin einüben und vertiefen (vgl. u. a. Ehlich 2009). Zusammenfassend und im Rückblick auf die eingangs formulierte Forschungshypothese lässt sich Folgendes festhalten: Die vorliegenden Untersuchungsergebnisse weichen insofern von empirischen Erkenntnissen ab, als dass der Sprechanteil der Lehrerinnen auffallend gering ist. In der Klasse x übersteigt der Sprechanteil der Schülerinnen und Schüler den ihrer Klassenlehrerin. Eine prototypische Antwortart der Schülerinnen und Schüler (*Antwort in komplexen Äußerungen, Satzfragment* oder *Ein-Wort-Antwort*), die einer speziellen Form von Lehreräußerungen (strukturierende Worte, Erklärung, Fragestellung) folgt, ließ sich im Rahmen der vorgestellten Untersuchung nicht feststellen.

Die Ergebnisse zur Vorkommenshäufigkeit von Feedback- und Korrekturverhalten weisen eine große Varianz zwischen den drei Klassen auf. Ein Zusammenhang könnte auch hier zwischen der Wahl der Sozialform und der Anzahl des Feedbacks liegen, weil beispielsweise Einzelarbeitsphasen nicht so viele Feedback- und Korrekturäußerungen hervorrufen dürften wie Unterrichtsgespräche im Plenum. Diese Vermutung ließe sich durch einen Vergleich des Schweigeanteils und der Anzahl an Feedback überprüfen. In der vorliegenden Untersuchung wird folgender, wenig verwunderlicher, Zusammenhang deutlich: Je höher der Anteil des Schweigens, umso geringer die Anzahl an Feedback- und Korrekturäußerungen. Den Ergebnissen ist einheitlich zu entnehmen, dass in allen Unterrichtsaufzeichnungen am häufigsten eine Fremdkorrektur – zumeist durch die Lehrperson – vorgenommen wird. Folglich handelt es sich bei Lehrerfeedback in der vorgestellten

Untersuchung um die typischste Form von Rückmeldungen während des Unterrichtsgespräches in der Institution Schule. Dabei gilt es doch gerade die kommunikativen Fähigkeiten von Schülerinnen und Schülern auszubilden und zu erweitern, wie es exemplarisch durch Schülerfeedback möglich wäre. Rückmeldungen aus der Peergroup werden u. U. anders aufgefasst und angenommen als das Feedback einer Lehrkraft (Rijlaarsdam et al., 2008). Durch adäquates, situationsangemessenes Formulieren von Rückmeldungen können Schülerinnen und Schüler über ihr linguistisches Wissen hinaus lernen, auch pragmatische Gesprächskompetenzen auszubilden, indem sie u. a. lernen, Rückmeldungen sachlich zum Ausdruck zu bringen.

Die Ergebnisse der Förderung von Sprachbewusstheit verdeutlichen, dass über die Bedeutung unbekannter Wörter im unterrichtlichen Kontext gesprochen wird. Allerdings lässt sich anhand der Transkripte auch die unterschiedliche Art und Weise erkennen. Wenn die quantitativen Ergebnisse des ersten erfassten Merkmals mit in den Blick genommen werden, fällt auf, dass die Klasse y – in der die Klärung des Verbes in ‚blöd sein‘ und die Bedeutungserklärung von ‚zusammengesetzten Nomen‘ in transkribierter Form dargestellt wurden – im Klassenvergleich den geringsten Sprechanteil der Schülerinnen und Schüler aufweist und dass auch die sprachlich vollständigen Antworten der Lernenden hier am seltensten zu finden sind. Häufig wird das Ziel eines möglichst hohen Sprechanteils der Schülerinnen und Schüler im Unterricht postuliert, sodass an dieser Stelle – unter Berücksichtigung der qualitativen Auswertung – die begründete Vermutung aufgestellt werden kann, dass Schülerinnen und Schüler, wenn sie in ihren Antworten ernst genommen werden, diese im Unterricht aufgegriffen und weiterentwickelt werden, nachhaltig in ihrem Lernen unterstützt werden. Es kann festgehalten werden, dass grundsätzlich die Tendenz besteht, unbekannte Wörter im Unterricht aufzugreifen und zu besprechen, so dass Verstehensbarrieren während der aufgezeichneten Unterrichtsstunden abgebaut sind. Allerdings konnte nicht gezeigt werden, dass dadurch die Sprachbewusstheit im Unterricht gefördert wurde. Es müsste eine neue komplexere These, dass ein sprachförderliches Merkmal der Lehrersprache in der Wertschätzung der Äußerungen von Schülerinnen und Schülern zu sehen ist und dass damit die Förderung der Sprachbewusstheit von Schülerinnen und Schülern einhergeht, geprüft werden.

10   Ausblick

Ist das ‚gute, sprachförderliche‘ Unterrichtsgespräch eine Überforderung für Lehrpersonen im Schulalltag? Einerseits *muss* der/die Lehrer/in zum Erreichen eines inhaltlichen Lernzieles auf gewünschte Antworten drängen. Andererseits wird dem Postulat nach Schülerzentriertheit nachgekommen, bei dem „auf die für das Stundenziel oft dysfunktionalen, vage formulierten und schwer einschätzbaren Beiträge der Schüler eingegangen wird" (Steinig & Huneke, 2004: 63). Diesen Forderungen gerecht zu werden, stellt sich als eine Herausforderung dar, bei der die konkrete Benennung sprachförderlicher Merkmale der Lehrersprache – unabhängig der Art des Unterrichtsgespräches – als Hilfestellung zu sehen ist. Die derzeit laufende Studie zum gleichen Themenbereich vertieft und überprüft abgeleitete Tendenzen dieser Arbeit und ist methodisch komplexer aufgebaut. Auch diese wird eine explorative Videostudie sein, die an die Schülerleistungen der Pilotierungsstichprobe von VERA-6 gekoppelt wird und hier mit den Leistungen in der Domäne ‚Zuhören' in Beziehung gesetzt wird. Damit scheint eine Zwischenstellung der Zuhörkompetenz zwischen der Sprache der Lehrpersonen und der Leistung im Medium der Mündlichkeit auf der Schülerseite überprüfbar zu werden. So soll die Forschungshypothese „Lehrpersonen dienen als kompetente Sprachvorbilder. Aus ihren Äußerungen können sprachförderliche Merkmale extrahiert werden, die eine hohe prädiktive Kraft für Schülerleistungen im Bereich Zuhören haben" untersucht werden.

Abb. 2: Verlauf der Studie

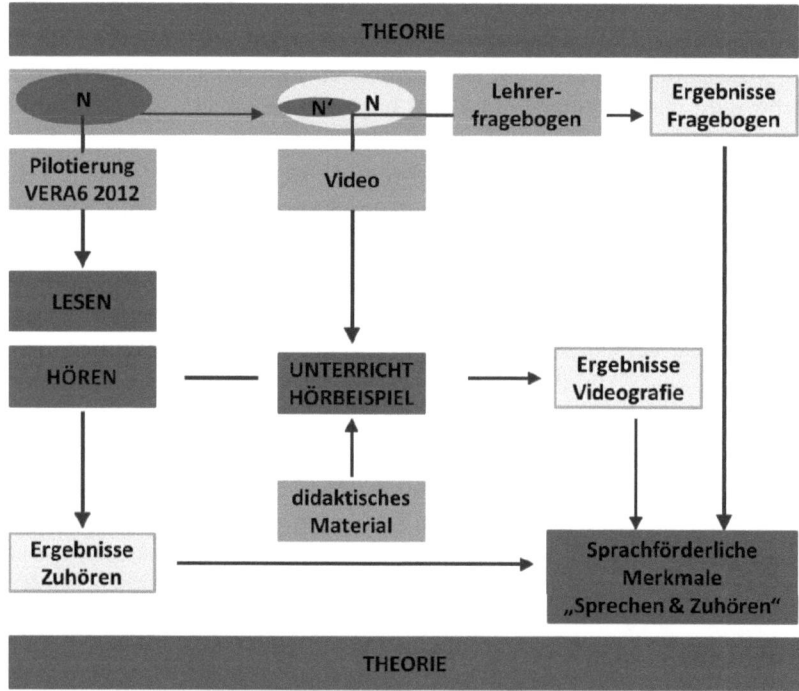

Aus Abbildung 2 wird ersichtlich, dass zusätzlich zu den Unterrichtsaufzeichnungen mit einem Lehrerfragebogen weitere Daten gewonnen werden, die Aufschluss über die Sichtweise der Lehrpersonen auf sprachliche Aspekte im Unterricht herbeiführen sollen. Ein Schwerpunkt wird auf Fragen gelegt, die das Denken über die Relevanz des Konstrukts ‚Zuhören' erfassen. Zur Verfügung gestelltes didaktisches Material mit einem Schwerpunkt im Bereich „Zuhören" soll die Vergleichbarkeit zwischen den Unterrichtsstunden verbessern. Das bestehende Kategoriensystem zur Auswertung wird überarbeitet, sodass u.a. auch Aspekte wie Lob und Tadel oder Ritualisierungen expliziert und auf ihre Sprachförderlichkeit untersucht werden können.

Literatur

Becker T. (2007), Mündliche Kommunikation, in: Lange G. & Weinhold S. (Hg.), *Grundlagen der Deutschdidaktik. Sprachdidaktik – Mediendidaktik – Literaturdidaktik*, 3. Aufl., Baltmannsweiler: Schneider-Verl. Hohengehren, 55-72.

Becker-Mrotzek M. (2009a), Mündliche Kommunikationskompetenz, in: Becker-Mrotzek M. (Hg.), *Mündliche Kommunikation und Gesprächsdidaktik*, Baltmannsweiler: Schneider-Verl. Hohengehren, 66-83.

Becker-Mrotzek M. (2009b), Unterrichtskommunikation als Mittel der Kompetenzentwicklung, in: Becker-Mrotzek M. (Hg.), *Mündliche Kommunikation und Gesprächsdidaktik*, Baltmannsweiler: Schneider-Verl. Hohengehren, 103-115.

Becker-Mrotzek M. & Vogt R. (2001), *Unterrichtskommunikation. Linguistische Analysemethoden und Forschungsergebnisse*, Tübingen: Niemeyer.

Brookhart S. M. & Lorenz I. (2010), *Wie sag ich's meinem Schüler?: So kommt Ihr Feedback wirklich an; [für alle Schulformen, Fächer und Klassenstufen]* (Beltz Pädagogik Praxis), Weinheim: Beltz.

Buchalik U. (2009), *Fachgespräche. Lehrer-Schüler-Kommunikation in komplexen Lehr-Lern-Umgebungen*, Frankfurt, Main u.a: Lang.

Dubs R. (2009), *Lehrerverhalten: Ein Beitrag zur Interaktion von Lehrenden und Lernenden im Unterricht*, 2. Aufl, Stuttgart: Steiner.

Ehlich K. (2009), Sprechen im Deutschunterricht – didaktische Denkanstöße in: Krelle M. & Spiegel C. (Hg.), *Sprechen und Kommunizieren. Entwicklungsperspektiven, Diagnosemöglichkeiten und Lernszenarien in Deutschunterricht und Deutschdidaktik*, Baltmannsweiler: Schneider-Verl. Hohengehren, 8-14.

Fiehler R. (2009), Mündliche Kommunikation und Gesprächsdidaktik, in: Becker-Mrotzek M. (Hg.), *Mündliche Kommunikation und Gesprächsdidaktik*, Baltmannsweiler: Schneider-Verl. Hohengehren, 25-51.

Hattie J. A. C. (2009), *Visible learning. A synthesis of over 800 meta-analyses relating to achievement*, Oxon: Routledge.

Hausendorf H. & Quasthoff U. M. (1996), *Sprachentwicklung und Interaktion: Eine linguistische Studie zum Erwerb von Diskursfähigkeiten*, Opladen: Westdt. Verlag.

Helmke A. (2007), *Unterrichtsqualität erfassen, bewerten, verbessern*, 5. Auflage, Seelze.

Helmke A. (2009), *Unterrichtsqualität und Lehrerprofessionalität: Diagnose, Evaluation und Verbesserung des Unterrichts*, 1. Aufl., Seelze-Velber: Kallmeyer.

Helmke T., Helmke A., Schrader F.-W., Wagner W., Nold G. & Schröder K. (2008), Die Videostudie des Englischunterrichts, in: Klieme E. (Hg.), *Unterricht und Kompetenzerwerb in Deutsch und Englisch. Ergebnisse der DESI-Studie*, Weinheim; Basel: Beltz, 345-363.

Hofer M. & Haimerl C. (2008), Lehrer-Schüler-Interaktion. in: Schneider W., Hasselhorn M. & Bengel J. (Hg.), *Handbuch der pädagogischen Psychologie*, Handbuch der Psychologie, Bd. 10, Göttingen: Hogrefe, 223-232.

Jürgens E. & Sacher W. (2008), *Leistungserziehung und pädagogische Diagnostik in der Schule: Grundlagen und Anregungen für die Praxis* (Schulpädagogik), Stuttgart.

Klieme, E. (2008) (Hg.), *Unterricht und Kompetenzerwerb in Deutsch und Englisch: Ergebnisse der DESI-Studie*, Weinheim; Basel: Beltz.

KMK (2005), *Bildungsstandards im Fach Deutsch für den Primarbereich (Jahrgangsstufe 4) [Beschluss vom 15.10.2004]*, München: Luchterhand.

Koch P. & Österreicher W. (1994), Schriftlichkeit und Sprache. in: Günther H., Ludwig O., Burkhardt A., Ungeheuer G., Wiegand H. E., Steger H. et al. (Hg.), *Handbücher zur Sprach- und Kommunikationswissenschaft. = Handbooks of linguistics and communication science = Manuels de linguistiqueet des sciences de communication*, Berlin: de Gruyter, 587-604.

Köller O. (2008), Bildungsstandards – Verfahren und Kriterien bei der Entwicklung von Messinstrumenten, *Zeitschrift fürPädagogik*, *54*/2, 163-173.

Marzano R. (2010), *Formative Assessment & Standards-Based Grading*, United States of America: Marzano Research Laboratory.

Reusser K. & Pauli C. (2010), Unterrichtsgestaltung und Unterrichtsqualität – Ergebnisse einer internationalen und schweizerischen Videostudie zum Mathematikunterricht: Einleitung und Überblick, in: Reusser K., Pauli C. & Waldis M. (Hg.), *Unterrichtsgestaltung und Unterrichtsqualität. Ergebnisse einer internationalen und schweizerischen Videostudie zum Mathematikunterricht,* Münster, New York, NY, München, Berlin: Waxmann, 9-32.

Rijlaarsdam G., Braaksma M., Couzijn M., Janssen T., Raedts M., van Steendam E., Toorenaar A. & van den Bergh H. (2008), Observation of peers in learning to write. Practice and Research. *Journal of Writing Research*, 1, 53-83.

Schlag B. (2006), *Lern- und Leistungsmotivation,* 2. Aufl., Wiesbaden: VS Verlag für Sozialwissenschaften.

Schuster K. (1998), *Mündlicher Sprachgebrauch im Deutschunterricht: Denken – Sprechen – Handeln ; Theorie und Praxis* (Deutschdidaktik aktuell, Bd. 2), Baltmannsweiler: Schneider Hohengehren.

Spreckels J. (2009), Mündliches Erklären im Deutschunterricht. in: Krelle M. & Spiegel C. (Hg.), *Sprechen und Kommunizieren. Entwicklungsperspektiven, Diagnosemöglichkeiten und Lernszenarien in Deutschunterricht und Deutschdidaktik,* Baltmannsweiler: Schneider Hohengehren, 117-138.

Steinert B., Hartig J. & Klieme E. (2008), Institutionelle Bedingungen der Sprachkompetenzen. in: Klieme E. (Hg.), *Unterricht und Kompetenzerwerb in Deutsch und Englisch. Ergebnisse der DESI-Studie,* Weinheim; Basel: Beltz, 411-450.

Steinig W. & Huneke H.-W. (2004), *Sprachdidaktik Deutsch: Eine Einführung,* 2., überarbeitete und erweiterte Auflage, Berlin: Schmidt.

Steinig W. & Huneke H.-W. (2007), *Sprachdidaktik Deutsch: Eine Einführung* (ESV basics, Bd. 38), 3. Aufl., Berlin: Schmidt.

Taubenböck A. (2007), Sprache kommt von sprechen. Ein Plädoyer für mehr Mündlichkeit im Englischunterricht, *Der Fremdsprachliche Unterricht. Englisch,* 41/90, 2-8.

Vogt R. (2009), Gesprächskompetenz – Vorschlag eines gesprächsanalytisch fundierten Konzepts, in: Krelle M. & Spiegel C. (Hg.), *Sprechen und Kommunizieren. Entwicklungsperspektiven, Diagnosemöglichkeiten und Lernszenarien in Deutschunterricht und Deutschdidaktik,* Baltmannsweiler: Schneider Hohengehren, 15-41.

Wellenreuther M. (2008), *Lehren und lernen – aber wie?: Empirisch-experimentelle Forschungen zum Lehren und Lernen im Unterricht,* 4., unveränd. Aufl., Baltmannsweiler: Schneider Hohengehren.

Analyse handlungsleitender Kognitionen anhand videogestützter Reflexionsprozesse angehender Spanischlehrender in verschiedenen berufsbiographischen Kontexten

Dagmar Abendroth-Timmer & Claudia Frevel (Universität Siegen)

1   Ziele und Fragestellungen der Studie

> (…) und da dachte ich, so beim Rumgehen, hatte ich so innerlich das Gefühl, boa, du musst denen jetzt sagen, was die Aufgabe ist, aber ich hab dann gedacht, ok, jetzt teil erst mal die Zettel aus und warte, bis jeder einen hat (…) [LE, 90-90]

So reflektiert Lea[1] ihr unterrichtliches Handeln. Sie befindet sich im Praktikum (7. Semester) und hat ihre erste Unterrichtsstunde im Fach Spanisch in einer Jgst. 12 (2. Lernjahr) durchgeführt. Die Stunde wurde auf Video aufgezeichnet, nun sitzt sie davor und kommentiert sich und ihren Unterricht. Offensichtlich reagiert sie auf das Unterrichtsvideo sehr intuitiv und emotional. Es scheint, als erlebt sie die Stunde ein zweites Mal. Auffällig ist die Intensität, mit der sie das Geschehen erinnert. Gedankengänge, Beweggründe und Gefühle, die in der Situation eine Rolle spielten, werden beim Betrachten der Szene aktiviert und unmittelbar verbalisiert.

Diese Form der Unterrichtsreflexion, die durch das Video initiiert und stimuliert wird, zielt auf eine bewusste Wahrnehmung und Vergegenwärtigung des eigenen Unterrichtshandelns aus einer Außenperspektive. Zentrales Ziel ist die Bewusstmachung zugrunde liegender Handlungsstrategien und subjektiver, unbewusst handlungsleitender Theorien über das Lehren und Lernen (vgl. Reusser, 2005, S. 10). Vor allem in Ausbildungssituationen kommt dieser Art der Anleitung von Reflexionsprozessen eine wichtige Funktion zu: Lehrende sollen unterstützt werden, sich ihrer mentalen Strukturen und handlungsleitenden Kognitionen bewusst zu werden, um sie einer kritischen Analyse zu unterziehen und sie gegebenenfalls restrukturieren zu können (vgl. Korthagen et al., 2002, S. 55). Ziel solcher Ausbildungsmodelle ist nicht das Einüben guter Unterrichtspraxis, sondern die Entwicklung fundierter Vorstellungen zur eigenen Praxis, um diese (die eigene Praxis) immer wieder flexibel den jeweiligen Unterrichtsbedingungen situativ anpassen zu können (adaptive Lehrkompetenz)[2].

---

1   Aus Datenschutzgründen wurden die Namen der Probanden geändert.
2   Zur adaptiven Lehrkompetenz siehe Beck et al. (2008).

In unserem Beitrag beschäftigen wir uns mit dieser Form der Unterrichtsreflexion, die mithilfe von Videofeedback[3] initiiert wird. Zielgruppe sind angehende Spanischlehrerinnen und -lehrer, die sich im fachdidaktischen Tagespraktikum (7./8. Semester) befinden sowie Lehramtsanwärterinnen und -anwärter im ersten Ausbildungsjahr. Es geht uns vor allem darum, die in den Reflexionen verbalisierten handlungsleitenden Kognitionen zu analysieren. Ziel ist es zu erfassen, welche Kognitionen im Moment des unterrichtlichen Handelns zwischen Problemwahrnehmung und Problemlösung wirksam werden bzw. wie die Probanden bei der Betrachtung der eigenen Unterrichtsvideos die von ihnen wahrgenommenen Diskrepanzen beschreiben, beurteilen und bearbeiten.

Eingebettet ist dieses Vorhaben in eine umfangreichere Studie, die zurzeit an der Universität Siegen gemeinsam mit dem dort ansässigen Zentrum für schulpraktische Lehrerausbildung (ZfsL) durchgeführt wird. Übergeordnetes Ziel der Studie ist es, ein Handlungsmodell unterrichtlicher Problembearbeitung und methodischer Strukturierungsmöglichkeiten von Reflexionsprozessen auf der Basis unterschiedlicher berufsbiographischer Kontexte zu entwerfen. Dazu wurden weitere Datensätze erhoben, und zwar von Studierenden im Grundstudium (vgl. Abendroth-Timmer, 2011), einer weiteren Praktikantengruppe, die gesteuert oder ungesteuert über ihren Unterricht und ihr Unterrichtsvideo schriftliche Reflexionstexte erstellten sowie von Lehramtsanwärterinnen und -anwärtern, die in Form strukturierter Nachbesprechungen (mit und ohne Video) zu Reflexionen angeregt wurden (vgl. Frevel, 2011b). Die Datensätze werden als Bezugsgrößen zur Modellbildung hinzugezogen, stehen aber nicht im Zentrum dieses Beitrags.

Wir beschränken uns *hier* auf die Darstellung und Analyse einiger Daten aus den *Stimulated-Recall-Interviews* der Praktikant/inn/en und Lehramtsanwärter/innen. Dabei geht es uns insbesondere darum, einen Zusammenhang zwischen subjektiven Überzeugungssystemen einerseits und handlungsleitenden Kognitionen andererseits sowie dem (beobachtbaren) Handeln im Unterricht herauszustellen. Zentrale Fragestellung ist, inwieweit sich in den Überzeugungen der Lehrperson fachdidaktisches Wissen über das Lehren und Lernen einer Fremdsprache wiederspiegeln bzw. inwieweit ein Verständnis darüber in den retrospektiven Begründungen zum didaktischen Handeln in der konkreten Unterrichtssituation geäußert wird.

---

3 Zu dem Verfahren des Videofeedbacks in der Lehreraus- und -weiterbildung siehe Trautmann/ Sacher (2010).

2   Die Datensätze

2.1   Datenerhebung und Datenbearbeitung

Im Wintersemester 2010/2011 absolvierten 10 Französisch- und Spanischstudierende im sechsten oder siebten Fachsemester ein Tagespraktikum, das Gegenstand der Untersuchung ist. Dieses Praktikum fand einmal wöchentlich statt und wurde von Ausbildungslehrkräften an den Schulen (Mentoren) sowie Hochschuldozenten begleitet. Die Studierenden bereiteten Unterricht vor und führten einzelne Stunden in der Regel im Team-Teaching durch. Diese wurden auf Video aufgezeichnet. Es folgte ein unmittelbares Nachgespräch mit allen Personen, die den Unterricht eingesehen hatten. Den Lehrerpraktikant/inn/en wurde anschließend ihr Unterrichtsvideo ausgehändigt. Sie wurden gebeten, das Video bis zu zwei Mal in Ruhe zu betrachten und drei bis vier Situationen zu markieren, die ihr bzw. ihm auffällig und besprechenswert scheinen. Die Mentorin vereinbarte zugleich mit den Lehrenden (Praktikant/inn/en und Lehramtsanwärter/inne/n) einen weiteren Gesprächstermin. Dieses gemeinsame Gespräch wurde in Form eines *Stimulated-Recall-Interviews* bzw. der Methode des *Lauten Erinnerns* durchgeführt, bei dem die Lehrenden vor dem Video sitzend im Gespräch mit der Mentorin den von ihnen durchgeführten Unterricht kommentierten. Ein analoges Verfahren durchliefen im selben Zeitraum vier Lehramtsanwärter/innen.[4]

Die Gespräche wurden aufgenommen und transkribiert. Es entstanden so insgesamt 9 *Stimulated-Recall-Interviews*. Wichtig war uns in Bezug auf diese Interviews, dass die Initiative im Gespräch jeweils von den Lehrenden ausging. Die Mentorin sollte sich weitgehend zurückhalten, erlaubt waren lediglich Nach- oder Verständnisfragen. Bezeichnend für diese Gesprächssituationen war es, dass die videographierten Lehrpersonen die Unterrichtssituationen nun ein weiteres Mal erlebten und das eigene Verhalten unmittelbar kommentierten. So beschäftigten sich die Lehrenden umfassend mit sich selbst, ihren Überlegungen, Emotionen, Entscheidungen und Verhaltensweisen, sie kommentierten den eigenen Unterricht in Bezug auf Verlauf, Reaktionen der Schülerinn/en und Schüler, Unterrichtsstörungen, erlebte Diskrepanzen etc. Das Verfahren löste insofern ‚neue' Handlungs- bzw. Lernsituationen im Sinne eines *secondary learning*-Effekts aus (vgl. Moon, 2004, S. 80, siehe auch Dewey, 1910/1997).

2.2   Zur Methode des Stimulated-Recall-Interviews und Lauten Erinnerns

Das Verfahren des *Stimulated-Recall-Interviews,* das wir hier verwendet haben, folgt den Prinzipien des sogenannten „Lauten Erinnerns" (LE). Hier gibt eine einzelne Person (hier: die Lehrperson) introspektiv Auskunft über ihre Gedanken be-

---

4   In Bezug auf das Praktikum und das Referendariat im Fach Spanisch ist die Mentorin zugleich Ausbilderin sowie Hochschuldozentin/Forscherin und Co-Autorin dieses Aufsatzes.

züglich einer Unterrichtshandlung. Dabei werden Kognitionen aus dem Langzeit-gedächtnis aktiviert und nachträglich verbalisiert (vgl. Knorr & Schramm, 2012, S. 185). *Lautes Erinnern* (LE) bezeichnet laut Heine & Schramm

> die aus dem Langzeitgedächtnis erfolgende nachträgliche, ungefilterte Verbalisie-rung einer Person von Gedanken während einer (mentalen, interaktionalen oder ak-tionalen) Handlung (Heine & Schramm, 2007, S. 173)

Knorr & Schramm grenzen LE analytisch von Verfahren ab, die als Mittel zur Er-forschung und/oder zur Anregung von Reflexionsprozessen genutzt werden[5] und die darauf abzielen, *reflection-on-action* statt *reflection-in-action* (Schön, 1983) zu erheben. Knorr und Schramm gehen davon aus, dass sich vor allem

> videographisches Material zum Elizitieren von LE-Daten eignet, da es verbale, non-verbale und aktionale Handlungen erfasst und somit die Komplexität der ursprüngli-chen Handlung erhalten bleibt. (Knorr & Schramm, 2012, S. 192 f.)[6]

Es muss jedoch betont werden, dass die zur Reflexion stimulierten Personen beim LE häufig auch aktuelle Kognitionen formulieren, so dass es in der Praxis bei einer Erhebung mittels LE zu einer Vermischung von erinnerten und aktuellen Hand-lungskognitionen kommen kann. Knorr & Schramm stellen diesbezüglich fest, dass

> aufgrund mangelnder empirischer Untersuchungen nicht ausgeschlossen werden [kann], dass die Forschungspartner/inn/en durch den Perspektivwechsel des Betrach-tens ihrer eigenen Handlung von der Verbalisierung ihrer erinnerten Handlungskog-nitionen abgelenkt und zu einer aktuellen Reflexion animiert werden. (ebd., S. 192 f.)

In unserer Studie ist dies durchaus erwünscht. Uns geht es nicht allein um die Ak-tualisierung von Handlungskognitionen, sondern in der Einbindung in Interviews auch um die Auslösung von *reflection-on-action*. Im Weiteren wollen wir die theo-retische Basis dieser derart angestoßenen Reflexionsprozesse darlegen, bevor wir in Kapitel 4 aus unserer Studie zwei Beispiele exemplarisch vorstellen.

3.   Theoretisch-methodischer Ansatz der Studie

3.1   Relevanz reflektierter Praxis und ihrer Erforschung

Ab Mitte der 1970er Jahre wurden Lehrende als reflektierende Experten verstan-den, die Bedeutung aufbauen (Schön, 1983). Entsprechende Studien betrachten und belegen zunehmend die Wirkung von Überzeugung und mentalen Strukturen von Lehrenden auf ihren Unterricht (vgl. u.a. Caspari, 2003; Blömeke, 2005). Modelle für die Entwicklung von Reflexionsprozessen liegen für verschiedene Lehrerbil-

---

5   V.a. im Kontext der Lehreraus- und -weiterbildung (siehe Wyss 2008).
6   Zum Einsatz von Videographie siehe auch Schramm & Aguado (2010, S. 187).

dungsphasen vor (vgl. Esteve, 2011; Frevel, 2011a und b, Schocker-von Ditfurth, 2001).

Ziel solcher Ausbildungsmodelle ist nicht das Einüben guter Unterrichtspraxis, sondern die Entwicklung fundierter Vorstellungen zur eigenen Praxis, auf deren Basis diese immer wieder flexibel angepasst werden können. Es geht um die Befähigung zur „Wissen schaffenden Aktion", anstatt um ein „Wissen rekonstruierendes Handeln" (Bräuer 2006, S. 345):

> En estos modelos no se trata de ‚enseñar al profesorado a enseñar' sino a ‚ayudar al profesorado a construir una propia teoría de la práctica', y ello de manera fundamental. (Esteve, 2011, S. 98)

Dies befähigt Lehrpersonen auch zur Auseinandersetzung mit extern gesetzten Zielvorgaben, was als entscheidend für ihre „berufliche Leistungsfähigkeit" betrachtet wird (Bräuer, 2006, S. 343), und zur Entwicklung ihrer beruflichen Identität beiträgt:

> The implication is that the identity resources of the teachers may be tested against conditions that challenge and conflict with their backgrounds, skills, social memberships, use of language, beliefs, values, knowledge, attitudes, and so on. Negotiating these challenges forms part of the dynamic of professional identity development. (Miller, 2009, S. 175)

Berufliche Identität kann nicht losgelöst werden von Einstellungen, Wissen oder Verhaltensweisen im Unterricht (vgl. Miller, 2009, S. 175). All dies ist Gegenstand von Reflexion bzw. spielt in sie hinein:

> The ongoing development of professional teacher identities therefore hinges on reflecting on what seems personally, institutionally, and socially doable in classrooms, how change is effected, and how knowledge, pedagogy, and identity intersect. (Miller, 2009, S. 178)

Bei der Anleitung zur Reflexion, ist nach Bräuer (2006, S. 346) zu beachten, dass die Qualität der Reflexion deutlich von der Strukturierung und den Methoden des Reflexionsprozesses abhängig ist.

Lehrenden muss verdeutlicht werden, dass professionelles Reflektieren eine zielgerichtete Qualität erhalten muss und als bewusste Analyse vor, während und nach einer berufsbezogenen Situation oder Handlung zu verstehen ist. Professionelles Reflektieren ist auf einen Lernprozess gerichtet, umgekehrt ist jedoch nicht jeder Lernprozess notwendigerweise reflexiv (vgl. Moon, 2004, S. 83). Der Prozess oder die Ergebnisse werden zumeist mit einem Mentor geteilt und haben daher bereits eine besondere Qualität (vgl. Moon, 2004, S. 84).

Ferner ist zu differenzieren zwischen der Selbstreflexion als Nachdenken im Dialog mit sich selbst, der Fremdreflexion als Nachdenken im Dialog mit anderen, der kritischen Reflexion als Nachdenken im Lichte von alternativen Handlungsmöglichkeiten sowie der theoriegeleiteten Reflexion als Nachdenken unter Bezugnahme auf theoretische Konzepte (vgl. Kroath, 2004). Insgesamt stützen wir uns auf folgende Definition von Reflexionskompetenz:

> Reflexionskompetenz ist die Fähigkeit, in der Vergegenwärtigung typischer Situationen des schulischen Alltags durch aktive Distanzierung eine eigene Bewertung und Haltung sowie Handlungsperspektiven auf der Basis eigener Erfahrung und in Auseinandersetzung mit wissenschaftlichen Wissensbeständen argumentativ zu entwickeln. (Leonhard et al., 2010, S. 114)

Demgemäß sind die individuelle Existenz und das damit verbundene Handeln ein sozial vermitteltes und damit auch ein begründetes Handeln (vgl. Häcker & Rihm, 2005).

Schön (1983) beschreibt weiterhin drei Handlungstypen, für welche das Verhältnis von Wissen und Handlung auf je spezifische Weise definiert wird. Dieses Modell spielt eine besondere Rolle in Modellen reflexiver Lehrerbildung. Schön unterscheidet zwischen einem Wissen in der Handlung (*technical rationality*), einer Reflexion in der Handlung (*reflection-in-action*) und einer Reflexion über die Handlung (*reflection-on-action*). Wissen in der Handlung führt in der Regel zu beabsichtigten Handlungsergebnissen. Es wird spontan und ohne bewusstes Überlegen bereitgestellt, Handeln und Denken werden nicht getrennt. Insofern ist *technical rationality* der normale Zustand des professionellen Wissens und beschreibt Routinehandlungen. Reflektiert der Handelnde während der Handlung, tritt er hingegen aus diesem Modus des automatisierten Handelns heraus, und zwar immer dann, wenn im Verlauf der Handlung Probleme auftreten. Charakteristisch für *reflection-in-action* ist, dass diese unmittelbar handlungsbezogen und -bedeutsam ist, indem sie innerhalb eines spezifischen Handlungskontextes ausgelöst und wiederum direkt in diesen rückübersetzt wird. Dabei wird der primäre Handlungsverlauf nicht unterbrochen. Bei Reflexionen über die Handlung wird hingegen der Handlungsfluss unterbrochen, der Handelnde tritt aus ihm heraus, distanziert sich, objektiviert und thematisiert ihn. Darstellung, Mitteilung, Analyse und in der Folge Reorganisation und Optimierung von Handlung in neuen situativen Kontexten werden durch diese Form der Reflexion ermöglicht (vgl. Altrichter, 2000, S. 209). Alle drei Handlungstypen bilden bei Schön ein Kontinuum, d.h. ein kompetenter Praktiker, ein Experte wendet alle drei Modi von Wissen und Reflexion an.

Die Unterscheidung macht deutlich, dass Wissen und Reflexion über Praxiserfahrungen in zeitlich begrenzten Situationen zu aktivieren ist. Dies führt mit längerer Berufserfahrung zu Handlungsroutinen, die erforderlich sind, um die Komplexität von Unterricht bewältigen zu können. Diese Routinen müssen aber dennoch stets Gegenstand der Überprüfung bleiben. Bei Praktikant/inn/en sind diese Routinen noch nicht ausgebildet, sondern liegen auf Basis eigener früherer schulischer Beobachtungsprozesse und daraus entwickelter Selbstwirksamkeitserwartungen vor. Man kann auch von (vorreflexiven) Handlungsselbstverständlichkeiten sprechen (vgl. Abendroth-Timmer 2011, S. 4). Diese sind bewusst zu machen, indem der Zusammenhang zwischen eigenen Lernerfahrungen und ersten Lehrerfahrungen hergestellt wird. Sie erleben dabei durchaus auch Diskrepanzen, für die sie mehr oder weniger gut Handlungsalternativen entwickeln. Die Lehramtsanwärter/inn/en hingegen haben über einen längeren Zeitraum hinweg die Möglichkeit, sich als Lehrpersonen zu erproben und werden immer wieder angehalten, sich mit ihren Vorgehensweisen begründend auseinanderzusetzen. Sie entwickeln auf dieser Basis erste Handlungsroutinen und verfügen durch das kontextuelle Wissen und ihre regelmäßigen Unterrichtserfahrungen über ein Problembewusstsein bezogen auf bestimmte Situationen oder ihre Kompetenzen. Dies befähigt sie schließlich zu einem Wissen in der Handlung bzw. zum Aufbau „pädagogischer Könnerschaft" (Neuweg, 2005, S. 2005).

Während einige Studien die oben dargestellten Zusammenhänge deutlich herausstellen, wurden bislang nur wenige Versuche unternommen, die Reflexionsprozesse und damit die handlungsleitenden Kognitionen selbst zu operationalisieren und zu erfassen (vgl. Moon, 2004, S. 81; siehe z.B. Leonhard et al., 2010 zur Wirkung hochschuldidaktischer Begleitformate zu den schulpraktischen Studien oder Varghese et al., 2005). Dies soll im Folgenden unternommen werden.

3.2   Gegenstände der Reflexion und der Analyse

In den nachfolgenden Analysen geht es uns darum, einen Zusammenhang zwischen subjektiven Überzeugungssystemen einerseits und handlungsleitenden Kognitionen andererseits sowie dem Handeln im Unterricht herauszustellen. Wie wollen analysieren, inwieweit sich in den fachlich-pädagogischen Überzeugungen der Lehrperson fachdidaktisches Wissen über das Lehren und Lernen einer Fremdsprache widerspiegeln bzw. inwieweit ein Verständnis darüber in den retrospektiven Begründungen zum didaktischen Handeln in der konkreten Unterrichtssituation geäußert wird.

Wir stützen uns auf eine Einteilung der Kompetenzen von Fremdsprachenlehrkräften nach Hallet (2006, S. 36). Er unterscheidet drei Kategorien: unterrichtsbezogene Kompetenzen, übergreifende pädagogische und didaktische Kompetenzen sowie kommunikative Kompetenzen. Unter die Kategorie der unterrichtsbezogenen Kompetenzen fasst er fachliche, fachdidaktische, diagnostische, methodische Kompetenzen sowie Evaluationskompetenz. Übergreifende Kompetenzen sind für ihn erzieherische, personale, soziale, Planungs- und Entwicklungskompetenzen. Die Kategorie der kommunikativen Kompetenzen ist für den Fremdsprachenunterricht relevant, da die Interaktion mit den Schülerinn/en und Schülern in der Ausgangssprache Deutsch sowie in der Zielsprache gefordert ist.

Bei unserer Analyse wird festzustellen sein, welche Einschätzung die Probanden bezüglich ihrer fachspezifischen Handlungskompetenzen haben und wie sich dies auf die Einschätzung ihrer Selbstwirksamkeit auswirkt. Wichtig ist uns zu erfassen, welchen Reflexionsgrad die Probanden diesbezüglich haben oder entwickeln. Unser Interesse richtet sich einerseits insbesondere darauf zu erfassen, inwieweit die auszubildenden Lehrpersonen beginn/en, ihre Handlungen kritisch und fachlich begründet zu bewerten. Andererseits fokussieren wir darauf, wie sie nach Handlungsalternativen suchen und somit die Voraussetzung zur individuellen Weiterentwicklung ihrer Handlungskompetenzen ausbilden. Insofern ist Reflexionskompetenz eine Voraussetzung von Lernprozessen:

> We reflect in order to learn something, or we learn as a result of reflecting […]. (Moon, 2004, S: 80)

Die Qualität der Reflexion kann demzufolge mit erweitertem Wissen einhergehen (vgl. Moon, 2004, S. 99). Daher wenden wir das Modell von Hatton & Smith (1995) an und unterscheiden zwischen der Wahrnehmung und Darstellung einer Beobachtung, der Begründung aus der eigenen Perspektive heraus, der kritischen Bewertung durch eine mehrperspektivistische Auseinandersetzung und schließlich der Entwicklung einer Lösung oder Erkenntnis unter Abwägung verschiedener Einflussgrößen und Kontexte (siehe auch Moon 2004, S. 97).

4 Empirische Analyse im berufsbiographischen Kontrast

4.1 Fallbeispiel 1: Lea

Der Kontext

Wir kommen zurück auf Lea. Sie befindet sich im siebten Fachsemester und absolviert ein Praktikum an einer Gesamtschule. Hier unterrichtet sie im Team-Teaching zum ersten Mal das Fach Spanisch in einer Jahrgangsstufe 12 (zweites Lernjahr). Die Unterrichtseinheit bezieht sich auf das Thema „Niños de la calle".

Im Reflexionsgespräch reagiert Lea auf das Unterrichtsvideo sehr intuitiv und emotional, häufig verknüpft sie die Wiedergabe innerer Gedankengänge mit Selbstzitaten, die das Geschehen unmittelbar erscheinen lassen, das Erlebte wird zum Erlebnis:

> (…) und als ich es ausgeteilt hab, dachte ich irgendwie es ging schneller (…) irgendwie dachte ich, erklär ich jetzt schon was jetzt 1 und 2 ist (…) und ich wusste nicht was Lücke auf Spanisch heißt und mir ist es einfach nicht eingefallen und ich denke so Lücke, Lücke, nein esos esos esos und ich dachte meine Güte jetzt sag doch irgendetwas (…) [LE: 90, 169]

Distanz zu dem im Video wahrgenommenen Geschehen wird nicht zum Ausdruck gebracht. Die Sprecherin vermittelt absolute Identifikation mit der Szene, indem sie den Handlungsablauf aus ihrem inneren Erleben heraus schildert bzw. rekonstruiert.

Handlungsleitende Kognitionen

In diese Form der Reflexion über Handlung, die im Nachhinein und aus einer zeitlichen Distanz heraus erfolgt, werden zugleich Elemente eines *reflection-in-action* im Sinne des Lauten Erinnerns virulent: Lea scheint sich im Nachhinein sehr genau an diese Situation zu erinnern und schildert detailliert, was sich in ihrem Inneren abspielte. Dabei wird deutlich, welche handlungsleitenden Kognitionen im Moment des unterrichtlichen Handelns zwischen Problemwahrnehmung und Problemlösung wirksam werden,[7] wie das folgende Beispiel zeigt:

Lea möchte, dass eine Schülerin den Begriff *ama de casa* in der Fremdsprache erklärt. Sie fühlt sich unsicher, als sie merkt, dass die Schülerin mit der Aufgabe Schwierigkeiten zu haben scheint. In der Retrospektive wird deutlich, dass sich nun in Lea ein innerer Konflikt zwischen ihrem Rollenverständnis als Lehrerin, ihren pädagogischen und fachdidaktischen Überzeugungen und Interpretationen der Situation abspielt. Zur Verdeutlichung zitieren wir den gesamten Gesprächsverlauf:

> Lea: (…) also die hat überhaupt nicht verstanden, dass ich nur wollte, dass sie es auf Spanisch erklärt und dann musste ich noch einmal auf sie zugehen und ich war wirklich kurz davor, weil von ihr so gar nichts kam, zu sagen, ja ok dann sag es eben auf Deutsch, also so damit die anderen nur wissen, wovon wir überhaupt sprechen und dann gerade in dem Moment fing sie aber an zu sagen, „ja, es una mujer que limpia o cocina", eben so ganz einfach und dann dachte ich, boa echt gut, dass du diesen Moment noch gewartet hast, ich war wirklich so kurz davor, weil ich wollte die ja auch nicht bloß stellen, weil die war eher so ein schüchternes Mädchen und ich wollte ja auch nicht, dass sie jetzt so gar nichts mehr sagt in der Klasse und dann dachte ich aber … und sie meinte „en alemán?" und ich so „nee nee en español" und sie dann „o nein, o nein, ich kann das nicht" und „ich weiß nicht" und da war ich wirklich auch selber mit mir am hadern, wo ich dachte boa, ist das jetzt wirklich zu schwierig für sie und mach ich in dem Moment alles kaputt, dass ich jetzt sage, muss jetzt aber alles hier auf Spanisch sein und ich akzeptier kein Deutsch, aber im Endeffekt war es für sie genau perfekt, weil sie gemerkt hat, sie kann es in zwei Sätzen komplett ausdrücken, also das war für mich so eins der Ereignisse der Stunde sozusagen, wo ich dann trotzdem jemanden animieren konnte, der eigentlich sonst nicht so stark im Spanischen ist trotzdem irgendwie so mit ganz einfachen Wörtern zu versuchen dieses zu umschreiben, das hatten wir vorhin ja schon gesagt, dass das für uns das wichtigste ist, so an Fremdsprachenkompetenz einfach auch im Ausland irgendwie sich mitteilen zu können, egal mit welchen Wörtern und wenn ich drei Mal mit der Kirche ums Dorf komme aber irgendwie in der Zielsprache kommuniziere und nicht immer übersetzen, wenn ich irgendwie ein Wort nicht weiß. Und das, das fand ich echt gut, dass das gelungen ist. [LE: 150-150]

---

7   Wie oben bereits ausgeführt, gehen wir davon aus, dass nicht zwischen den erinnerten und aktuellen Kognitionen, die durch die Betrachtung des eigenen Handelns ausgelöst werden können, zu unterscheiden ist.

Auch wenn der Handlungskontext von außen betrachtet zunächst einfach scheint, spiegelt sich dennoch in ihren Äußerungen, wie komplex sich die Situation für sie gestaltet. Lea registriert, dass die Schülerin sie nicht versteht und gerät in einen inneren Widerstreit: Einerseits möchte sie keinen Druck auf die Schülerin ausüben („muss aber jetzt alles hier auf Spanisch sein"), da sie befürchtet, die Schülerin könnte sich bloß gestellt fühlen und sich dem weiteren Unterrichtsgeschehen entziehen. Andererseits ist Lea davon überzeugt, dass die Schülerinn/en und Schüler unbedingt lernen sollen, in der Fremdsprache „irgendwie sich mitteilen zu können, egal mit welchen Wörtern", auch wenn es schwer fällt und umständlich ist. Sie möchte außerdem in ihrer Rolle als Lehrerin nicht zu streng wirken, das lässt zumindest die Wortwahl in ihrer Äußerung vermuten: „muss jetzt aber alles hier auf Spanisch sein und ich akzeptier kein Deutsch". Als die Schülerin nach kurzem Zögern die Antwort auf Spanisch liefert, löst sich die innere Spannung. Lea fühlt sich erleichtert und in ihrer kommunikativen und pädagogischen Kompetenz bestärkt, weil sie in den Ablauf nicht eingegriffen hat: „und dann dachte ich, boa echt gut, dass du diesen Moment noch gewartet hast". Sie interpretiert in der Retrospektive das Ergebnis als „genau perfekt", weil die Schülerin gemerkt habe, „sie kann es in zwei Sätzen komplett ausdrücken".

Handlungsleitend in dieser Situation ist hier ihre Grundüberzeugung, dass im Fremdsprachenunterricht möglichst viel in der Fremdsprache kommuniziert werden sollte. Lea sieht ihre Rolle darin, die Schülerinn/en und Schüler anzuleiten und zu ermutigen, Spanisch zu sprechen. Diese fachdidaktische Überzeugung überwiegt die eigene sprachliche Unsicherheit, die sich im Eingangszitat ausdrückte. Es sei auch für die Schüler ein positives Gefühl, wenn diese am Ende der Stunde sagen, „boa, wir haben die ganze Stunde nur Spanisch gesprochen und wir haben uns trotzdem verstanden und wir haben ein Thema erarbeitet". Sprachliche Richtigkeit sei dabei weniger wichtig, da es darum gehe, dass die Lernenden erst einmal „einfach (…) drauf los sprechen" [157]. In ihrem Fazit bezeichnet Lea die beschriebene Episode als Schlüsselerlebnis. Sie scheint sich in ihrem pädagogischen und fachdidaktischen Ansatz bestätigt und bestärkt zu fühlen:

> (…) und dass ich auch noch mal festgestellt hab, dass ich auch mit Schülern ganz gut interagieren kann und auch mit dieser Nachfrage, erklär das doch mal und so, dass da auch viel kommt von den Schülern und dass das mich total freut, (…) das war so ein Schlüsselereignis in dieser Stunde [LE: 264].

Die kognitive Struktur, die sich hier nachzeichnen lässt, spiegelt zugleich die Komplexität der erlebten Situation:

1. Problemwahrnehmung (die Schülerin zögert mit der Antwort)
2. innerer Konflikt zwischen
   - pädagogischen Überzeugungen (entspannte Arbeitsatmosphäre erhalten)
   - fachdidaktischer Überzeugung (Kommunikation in der Fremdsprache)
   - Rollenverständnis (nicht zu streng auftreten/wirken)

- unterschiedlichen Interpretationen über die Schülerin (schüchtern oder leistungsschwach)
3. Lösung durch eine Handlungsstrategie, mit der bereits zuvor eine Situation erfolgreich bewältigt wurde (keine Intervention)
4. Bewertung (positive Bewertung des Ergebnisses / Kompetenzerlebnis)
5. Erkenntnis (das eigene Handeln wird als wirksam wahrgenommen / Selbstwirksamkeitserfahrung)

Zwischen (1) Problemwahrnehmung und (3) Lösung spielt sich ein innerer Konflikt ab, der den Status von Lea als Novizin im Lehrerberuf spiegelt: Sie fühlt sich unsicher im Umgang mit den Schülerinn/en und Schülern, es fällt ihr schwer richtig einzuschätzen, welche Leistungen sie von ihnen erwarten kann. Sie legt zwar Wert auf eine entspannte Lernatmosphäre, sie möchte geduldig bleiben und eine angemessene Wartezeit einhalten, sie erlebt dies jedoch als Herausforderung.

Bemerkenswert ist zugleich, wie Lea das eigene Verhalten auf emotionaler Ebene verarbeitet. Genau genommen handelt Lea, indem sie nicht handelt: sie wartet ab, sie zögert, da sie unsicher ist. Dieses eher ungesteuerte und intuitive unterrichtliche Handeln verkehrt sich in der Retrospektive nun allerdings in eine Bewusstheit (aktuelle Kognition). „Echt gut, dass du diesen Moment noch gewartet hast", lautet die Erkenntnis, die sie aus dieser Erfahrung zieht. Hier findet durch die Reflexion ein *secondary learning*-Effekt statt: Lea gelangt zu einer (Neu-)Bewertung ihrer Handlung und damit zu einem individuellen Lern- und Erkenntnisprozess.

4.2   Fallbeispiel 2: Malina

Der Kontext

Malina verfügt bereits über etwas Unterrichtserfahrung. Sie befindet sich in der zweiten Hälfte des Referendariats und unterrichtet im Rahmen des bedarfsdeckenden Unterrichts seit einigen Monaten eine Jahrgangsstufe 11, erstes Lernjahr, im Fach Spanisch und eine Klasse 6 im Fach Englisch. In der videographierten Stunde wurde das Thema „Madrid, la capital de España" behandelt.

Bemerkenswert ist Malinas Haltung, mit der sie sich für ihre Schülerinn/en und Schüler verantwortlich fühlt:

> (…) Oder auch das Gefühl, ja, vielleicht ist das auch am Anfang nur so oder vielleicht ist das auch persönlichkeitsbedingt so: das Gefühl man ist für alles, für Richtig und Falsch, Leben und Tod zuständig. (…) [MA: 249-255].

Sie scheint es als belastend zu erleben, für den Unterricht – Inhalte, aber auch für die Leistungen und Ergebnisse der Schülerinn/en und Schüler – eigenverantwortlich zuständig zu sein. Die Initiierung von Lernprozessen, die Frage nach der Effizienz ihres Unterrichts, die Sorge um ihre Schülerinn/en und Schüler, die Kursatmosphäre und ihre Verantwortung als Lehrerin stehen daher in ihren Reflexionen im Vordergrund. Im Umgang mit der Videoaufzeichnung analysiert Malina ihren Unterricht eher aus einer Perspektive von außen (*reflection on action*).

Handlungsleitende Kognitionen

Der Kontext, um den es in dem folgenden Beispiel geht, lässt sich kurz skizzieren. Von außen betrachtet spielt sich folgende Szene ab: Während einer Hörverstehens-übung, bei der die Schülerinn/en und Schüler einen Dialog von CD hören, stellt Malina fest, dass die Lerngruppe unruhig wird. Sie stoppt den Recorder und liest den Text vor. Zur Veranschaulichung zitieren wir die Gesprächssequenz in leicht gekürzter Form.

> Malina: Als wir den Hörtext mit der CD gehört hatten. Der ging ja los, der war ja viel zu schnell. Und du kannst den Schülern in der Szene genau ansehen wie nervös und wie unsicher die werden. Der Leonard, der guckt dann auf einmal um sich, oder der Thomas (…), ich weiß nicht, aber ich glaube vielleicht brauchen die so eine Si-cherheit, um sich da auch wohl zu fühlen. Die brauchen da so ne verlässliche Atmo-sphäre (…).

> Mentorin: Worauf achtest du, als die CD spielt?

> Malina: Also als ich die CD gespielt hab, guck ich schon auf die Mitte, wo – ich sag es – sind eher so die Schwächeren. Guck mal dahinten ist noch perfekte Ruhe, bei Amelie und Annika, aber hier geht jetzt … Raphael und Leonard, die gucken hoch. (…), weil ich konnte sehen wie, mhm, die fühlen sich so nicht wohl, also überfordert die total, (…) also meiner Ansicht nach, … erstens mal war das ja ein falscher Hör-auftrag und dann noch in dem Tempo, das äh … (…) Also, mein Fehler war, ich hab (…) die nie mal selbst gehört. (…) ich hab mich drauf verlassen, dass die Hörtexte auf der CD, ähm, vom Tempo her und vom Anspruch her dann auch eher so sind wie immer, aber hier in dem Fall, ja, die waren halt für meine Unternehmungen da-mit absolut unpassend. (…) Meine Überraschung kannst du dir sicher vorstellen, wie das so loslegte. (…) Also, da …ich sag mal den Fehler mach ich nicht noch mal. Kein zweites Mal, dass ich die Sachen mir vorher nicht anhöre.

> Mentorin: Wie hast du dich in dieser Situation gefühlt?

> Malina: Also, ich hab dann eher mit den Schülern gelitten. Ich fand, die taten mir da so leid, dass ich dann auch schnell überlegt hab, wie kannst du das jetzt wieder repa-rieren … Deshalb hab ich nach relativ kurzer Überlegung dann gesagt, ich les euch den Text lieber vor. Aber, ich sag mal genau, hier diese, die Szenen sind für mich halt der Knackpunkt der Stunde. Erstens mal der Fehler in der Planung schlägt dann durch, dann die CD nicht angehört vorher und dann jetzt hier halt dieses schnelle CD aus und dann lieber selber vorlesen. Also hier ist für mich so, hier geht grad al-les schief. [MA: 34-71]

Während des Hörens des Textes bemerkt Malina, dass der Dialog zu schnell ge-sprochen wird, und registriert zunehmende Unruhe bei den leistungsschwächeren

Schülern. Sie interpretiert die Unruhe als Überforderung: „weil ich konnte sehen wie, mhm, die fühlen sich so nicht wohl, also überfordert die total". In der Retrospektive vermutet sie, dass die Lernenden Sicherheit oder eine verlässliche Atmosphäre benötigen, „um sich da [im Unterricht] auch wohl zu fühlen". Malina löst die Konfliktsituation, indem sie zügig entscheidet, den Text selbst vorzulesen. Als Gründe für die Irritation gibt sie mehrere Argumente an: So habe es sich um einen falschen Hörauftrag gehandelt, da der Text für das Leistungsniveau dieser Schülergruppe zu anspruchsvoll war und weil der Dialog zu schnell gesprochen wurde. Zudem habe sie die CD in der Vorbereitung auf die Stunde nicht angehört.

Bemerkenswert ist, dass Malina mit ihren Schülerinn/en und Schülern leidet und die Situation „reparieren" möchte. Es scheint, dass sie sich mit der Gruppe identifiziert, da sie – ebenso wie diese – den Hörtext nicht kannte und aufgrund des hohen Sprechtempos irritiert war. Handlungsleitend für Malina sind hier in erster Linie die wahrgenommenen Schülerreaktionen sowie das Wissen, das Hörbeispiel selbst nicht zu kennen. Dabei spielt ihre pädagogische Grundhaltung eine wichtige Rolle: sie möchte, dass sich die Schülerinn/en und Schüler wohl fühlen (angenehme Lernatmosphäre) und sie sollen sich darauf verlassen können, dass sie, die Lehrperson, den Unterricht dem Vorwissen entsprechend fachlich-didaktisch vorbereitet (Schülerorientierung). Malina demonstriert im Umgang mit dieser Konfliktsituation Flexibilität bzw. Ansätze einer adaptiven Lehrkompetenz, indem es ihr gelingt, von ihrem ursprünglichen Plan abzuweichen. Insofern handelt sie gezielt und auf Basis einer bereits entwickelten fachlichen Diagnosekompetenz: sie möchte die Situation durch den Einsatz einer alternativen Vorgehensweise „retten".

Auch bei Malina lässt sich in Bezug auf handlungsleitende Kognitionen eine Struktur erkennen, die sich von der Problemwahrnehmung bis zur Lösung nachzeichnen lässt. Doch während im Beispiel Lea zwischen Wahrnehmen und Lösen ein innerer Konflikt virulent wird, scheint Malina sich weniger damit zu beschäftigen, wie sie sich ‚richtig' verhalten soll, als vielmehr mit der Frage: ‚was passiert hier eigentlich gerade'? (Diagnosekompetenz). In der Situationsklärung werden mehrere handlungsleitende Kognitionen aktiv:

6. Problemwahrnehmung (Unruhe der Schüler)
7. Situationsklärung / Diagnose
   - situative Interpretation: (die Schüler werden unruhig, weil sie nicht verstehen),
   - pädagogische Überzeugungen (eine verlässliche und entspannte Lernatmosphäre ist ihr wichtig)
   - Lehrerrolle (Verantwortung für die Lernleistungen der Schüler tragen / Schüler haben Anrecht auf guten Unterricht)
   - fachdidaktisches Wissen (der Hörtext ist zu schwer für die Lerngruppe)
8. Planungskompetenz (fehlende Vorbereitung auf den Unterricht)
9. Lösung (Rückgriff auf eine alternative Möglichkeit der Textpräsentation, methodische Kompetenz)

10. Bewertung (negativ: hier geht grad alles schief)
11. Erkenntnis (Vorbereitung von Unterricht ist bis ins Detail notwendig: selbst ein Hörauftrag muss gut vorbereitet werden).

Obwohl Malina ihr Handeln gezielt steuert (Bewusstheit) und die Situation erfolgreich bewältigt, bewertet sie Verlauf und Ergebnis der Episode abschließend negativ, indem sie kritisch feststellt: „hier geht grad alles schief". Es ist zu vermuten, dass sie ihre Selbstwirksamkeit an dieser Stelle falsch einschätzt oder diese in ihrer selbstkritischen Haltung nicht wahrnimmt. Auch eine Neubewertung der Situation nimmt sie nicht vor, da sich ihre Einschätzung über die erlebte Situation durch die Videoaufnahme zu bestätigen scheint. Der *secondary learning*-Effekt findet daher hier in erster Linie in Form einer Selbstbestätigung noch zu entwickelnder unterrichtlicher Planungskompetenzen statt.

5   Ausblick: Vorschlag eines didaktischen Modells

Die Daten zeigen zum einen die Bedeutung der verschiedenen Kontexte. Malinas Verantwortungsgefühl ist selbstverständlich durch die Tatsache bedingt, dass sie als Referendarin bereits eigenverantwortlichen Unterricht durchführen muss. Dahingegen können die Praktikant/inn/en relativ unbefangen die eigene Stunde durchführen und beurteilen.

Malina kann daher auch ihre Schülerinn/en und Schüler besser einschätzen. Insofern ist an verschiedenen Daten zu bemerken, dass die Praktikantinn/en und Praktikanten stärker von einer Problemwahrnehmung ausgehen und zur Problemlösung gelangen und Referendarinn/en und Referendare eher – aber individuell bedingt selbstverständlich nicht grundsätzlich – mit einer größeren Problembewusstheit (bezüglich der Schülerinn/en und Schüler oder ihrer eigenen Kompetenzen) in den Unterricht gehen und sodann zu einer Problembearbeitung gelangen. Während die Problemwahrnehmung zumeist mit einer Beschreibung der Unterrichtssituation korrespondiert, geht die Problembewusstheit mit der Bewertung und Kritik einher.

Unterstützt werden kann die Bewusstheit eigener Kompetenzen und die Einschätzung eigener Selbstwirksamkeit durch die Verfassung von Sprachlernbiografien und einem beruflichen Selbstkonzept (Jank & Meyer, 1991, S. 172).

Methodisch ist zu beobachten, dass die Betrachtung des eigenen Unterrichtsvideos offenbar dazu führt, dass die Situationen nacherlebt und die handlungsleitenden Kognitionen reaktiviert werden. In den von uns an anderer Stelle analysierten schriftlichen Reflexionstexten (Abendroth-Timmer, 2011), die auch auf Basis von Videos durchgeführt wurden, scheint eine stärkere Distanz zur Unterrichtssituation durch. Gleichwohl werden durch diese Distanz und Verlangsamung durch die Phase der Verschriftlichung vermehrt Bewertungen und Handlungsalternativen von den Probanden aufgeführt. Zu berücksichtigen ist hier jedoch methodisch, dass die

Probanden gezielte Fragestellungen erhalten sollten, damit es zu einer umfassenden und qualitativ ertragreichen Reflexion kommt.

Das *Stimulated-Recall*-Interview hat hier den Vorteil, dass im Gesprächsprozess die Reflexionsprozesse stimuliert und angeleitet werden können. Außerhalb einer Forschungssituation, in der sich der Interviewer vermehrt zurücknimmt, bestünde die Möglichkeit, negative Selbstbewertungen gezielt aufzugreifen. Dies wiederum ist in der schriftlichen Reflexion nicht oder erst im Nachgang möglich.

Abschließend fassen wir modellhaft zusammen, welche Methoden für welche Reflexionsziele geeignet erscheinen:

Tab. 1: Reflexionsziele und geeignete Methoden

	Reflexionsprozess		
	Problemwahrnehmung	**Problembewusstheit**	**Problembearbeitung**
Reflexions-ebenen	Selbstwahrnehmung und Beobachten des eigenen Handelns (*Wie wirke ich/wie handle ich?*)	kritisches Bewertung des eigenen Handelns (*Wie effektiv ist mein Handeln?*)	Argumentation / Handlungsalternativen (*Warum handle ich so? Welche Handlungs-alternativen habe ich?*
	Beschreibung	Bewertung / Kritik	Begründung / Lösung / Erkenntnis
Reflexions-methode	Verschriftlichung des beruflichen Selbstkonzepts / schriftliche und/oder mündliche Videoanalyse	Feedbackgespräche / Rückgriff auf Theorie und Neuerprobung / Videoanalyse	Verschriftlichung des beruflichen Selbstkonzeptes / Feedbackgespräch / Rückgriff auf Theorie / Videoanalyse / Neuerprobung

Literatur

Abendroth-Timmer D. (2011), Reflexive Lehrerbildung: Konzepte und Perspektiven für den Einsatz von Unterrichtssimulation und Videographie, *Zeitschrift für Fremdsprachenforschung*, 22/1, 3-41.

Abendroth-Timmer D., Bär M., Roviró B. & Vences U. (2011) (Hg.), *Kompetenzen beim Lernen und Lehren des Spanischen: Empirie und Methodik*, Frankfurt am Main: Lang.

Aguado K, Schramm K., Vollmer H. (2010) (Hg.), *Fremdsprachliches Handeln beobachten, messen, evaluieren*, Frankfurt: Peter Lang.

Altrichter H. (2000), Handlung und Reflexion bei Donald Schön, in: Neuweg G. H. (Hg.), *Wissen-Können-Reflexion*, Innsbruck: Studienverlag, 201-222.

Blömeke S. (2005), *Lehrerausbildung – Lehrerhandeln – Schülerleitungen. Perspektiven nationaler und internationaler empirischer Bildungsforschung*, Antrittsvorlesung 10.12.2003,

Berlin: Humboldt-Universität zu Berlin, Philosophische Fakultät IV, Institut für Erziehungswissenschaften, 1-18 [Online: http://edoc.hu-berlin.de/humboldt-vl/139/bloemeke-sigrid-3/PDF/bloemeke.pdf. 6.12.2010].

Bräuer G. (2006), Reflexive Praxis in der Lehrerausbildung – Portfolio als Grundlage für die Aneignung von Kompetenzen, in: Hilligud A. H. & Rinkens H.-D. (Hg.), *Standards und Kompetenzen – neue Qualität in der Lehrerausbildung?*, Berlin: LIT, 343-349.

Caspari D. (2003), *Fremdsprachenlehrerinn/en und Fremdsprachenlehrer. Studien zu ihrem beruflichen Selbstverständnis*, Tübingen: Narr.

Deci E. L. & Ryan R. M. (1993), Die Selbstbestimmungstheorie der Motivation und ihre Bedeutung für die Pädagogik, *Zeitschrift für Pädagogik*, 39/2, 223-237.

Dewey J. (1910/1997), *How we think*, New York: Dover Publications.

Esteve O. (2011), El desarrollo de las competencias docentes del profesorado de lenguas in: Abendroth-Timmer D., Bär M., Roviró B. & Vences U. (Hg.), *Kompetenzen beim Lernen und Lehren des Spanischen: Empirie und Methodik*, Frankfurt am Main: Lang, 97-110.

Frevel C. (2011a), Ausbildung und Entwicklung professioneller Handlungskompetenzen. Eine Untersuchung zur videogestützten Kompetenzentwicklung von angehenden Spanischlehrenden, in: Abendroth-Timmer D., Bär M., Roviró B. & Vences U. (Hg.), *Kompetenzen beim Lernen und Lehren des Spanischen: Empirie und Methodik*, Frankfurt am Main: Lang, 111-122.

Frevel C. (2011 b), Über Unterricht reden. in: Frevel C., Klein F.-J. & Patzelt C. (Hg.), *Gli uomini si legano per la lingua*, Stuttgart: ibidem, 525-547.

Häcker T. & Rihm T. (2005), Professionelles Lehrer(innen)handeln – Plädoyer für eine situationsbezogene Wende, in: von Carlsburg G.-B., Musteikiene I. (Hg.), *Bildungsreform als Lebensreform*, Frankfurt am Main: Lang, 359-380.

Hallet W. (2006), *Didaktische Kompetenzen. Lehr- und Lernprozesse erfolgreich gestalten*, Stuttgart: Klett.

Hatton N. & Smith, D. (1995), Reflection in teacher education – towards definitions and implementation, *Teaching and Teacher Education*, 11/1, 33-49.

Heine L. & Schramm K. (2007), Lautes Denken in der Fremdsprachenforschung. Eine Handreichung für die empirische Praxis, in: Vollmer H. J. (Hg.), *Synergieeffekte in der Fremdsprachenforschung: Empirische Zugänge, Probleme, Ergebnisse*, Frankfurt a.M. (u.a.): Lang, 167-206.

Jank W. & Meyer H. (1991), *Didaktische Modelle*, 5. Aufl., Berlin: Cornelsen Scriptor.

Knorr P. & Schramm K. (2012), Datenerhebung durch Lautes Denken und Lautes Erinnern in der fremdsprachendidaktischen Empirie, in: Doff S. (Hg.), *Fremdsprachenunterricht empirisch erforschen. Grundlagen – Methoden – Anwendungen*, Tübingen: Narr Francke Attempto, 184-201.

Korthagen F. A. J. (2002), *Schulwirklichkeit und Lehrerbildung, Reflexion der Lehrertätigkeit*, Hamburg: EB-Verlag.

Kroath, F. (2004), Zur Entwicklung von Reflexionskompetenz in der LehrerInnenausbildung. Bausteine für die Praxisarbeit, in: Rahm S. & Schratz M. (Hg.), *Lehrerinnenforschung, Theorie braucht Praxis. Braucht Praxis Theorie?* Innsbruck: Studienverlag, 179-193.

Leonhard T., Nagel N., Rihm T., Strittmatter-Haubold V. & Wengert-Richter P. (2010), Zur Entwicklung von Reflexionskompetenz bei Lehramtsstudierenden, in: Gehrmann A., Hericks U. & Lüders M. (Hg.), *Bildungsstandards und Kompetenzmodelle, Beiträge zur aktuellen Diskussion über Schule, Lehrerbildung und Unterricht*, Bad Heilbrunn: Klinkhardt, 111-127.

Miller J. (2009), Teacher identity, in: Burns A., Richards J. C. (Hg.), *Second Language Teacher Education*, New York: Cambridge University Press, 172-181.

Moon J. A. (2004), *A Handbook of Reflective and Experiential Learning. Theory and Practice*, New York: Routledge Falmer.

Neuweg H. G. (2005), Emergenzbedingungen pädagogischer Könnerschaft. in: Heid H. & Harteis C. (Hg.), *Verwertbarkeit. Ein Qualitätskriterium (erziehungs)wissenschaftlichen Wissens?,* Wiesbaden: Verlag für Sozialwissenschaften, 205-228.

Reusser K. (2005), Situiertes Lernen mit Unterrichtsvideos. in: *Journal für Lehrerinnen- und Lehrerbildung*, 2, 8-18.

Schocker-v. Ditfurth Marita (2001): *Forschendes Lernen in der fremdsprachlichen Lehrerbildung. Grundlagen, Erfahrungen, Perspektiven*, Tübingen: Narr.

Schön D. A. (1983), *The Reflective Practitioner: how professionals think in action*, London: Temple Smith.

Trautmann M. & Dacher J. (2010) (Hg.), *Unterrichtsentwicklung durch Videofeedback, Besser kommunizieren lernen*, Göttingen: Vandenhoeck & Ruprecht.

Varghese M., Morgan B., Johnston B., Johnson K. A. (2005), Language Theorizing Language Teacher Identity: Three Perspectives and Beyond, *Journal of Language, Identity, and Education* 4/1, 21–44.

Wyss C. (2008), Zur Reflexionsfähigkeit und -praxis der Lehrperson, *Bildungsforschung*, 5/2, [http://www.bildungsforschung.org/Archiv/2008-02/lehrperson 10.03.2011].

Erfassung der räumlichen Orientierungskompetenz mithilfe der Videographie

Martin Lindner & Anne-Kathrin Lindau (Universität Halle-Wittenberg)

1   Anlass und Zielstellung

Wer kennt nicht die Situation: Man möchte in einer unbekannten Stadt eine bestimmte Adresse finden. Die Orientierung würde ohne Hilfsmittel in Kartenform sehr schwer fallen, wenn nicht unmöglich sein. Karten, wie z.B. Stadtpläne oder Navigationsgeräte im Auto, stehen mittlerweile in allen möglichen Formen zur Verfügung, um sich auch in unbekannten Gebieten orientieren zu können.

Die räumliche Orientierung im Gelände (in der geographiedidaktischen Diskussion auch Realraum genannt) stellt eine Alltagskompetenz dar, die besonders in unbekannten Räumen mit kartographischen Medien (z.B. Stadtplänen) unterstützt werden kann. Neben traditionellen, gedruckten Karten werden zunehmend digitale kartographische Medien wie Navigationsgeräte oder Smartphones genutzt.

Die alltägliche Orientierungskompetenz spielt im Geographieunterricht eine wesentliche Rolle, deren Bedeutung sich als eigener Kompetenzbereich in den Bildungsstandards für den Mittleren Schulabschluss zeigt. Zentrale Aufgabe des Geographieunterrichts ist es, Schülerinnen und Schüler zu einer differenzierten Wahrnehmung von raumbezogenen Wirkungsgefügen, Prozessen und Problemen zu befähigen. Eine hohe Bedeutung besitzt dabei der Kompetenzbereich „Räumliche Orientierung", da er das Alleinstellungsmerkmal des Geographieunterrichts darstellt und als Kulturtechnik bezeichnet wird (Hemmer & Hemmer, 2009). Gleichzeitig nimmt die räumliche Orientierung einen hohen Stellenwert in der gesellschaftlichen Wahrnehmung ein, wie Hemmer, Hemmer & Obermaier (2004) bei einer empirischen Studie zur Bedeutung einzelner topographischer Kenntnisse und Fähigkeiten feststellten. So ist beispielweise die o.g. Möglichkeit, sich mit einer Karte in einer Stadt zurechtzufinden, wichtig für den Alltag.

In den Bildungsstandards für den Mittleren Schulabschluss werden im Kompetenzbereich „Räumliche Orientierung (O)" fünf Teilkompetenzen formuliert:
- O1 Kenntnis grundlegender Wissensbestände
- O2 Fähigkeit zur Einordnung geographischer Objekte und Sachverhalte in räumliche Ordnungssysteme
- O3 Fähigkeit zum angemessenen Umgang mit Karten (Kartenkompetenz)
- O4 Fähigkeit zur Orientierung in Realräumen
- O5 Fähigkeit zur Reflexion von Raumwahrnehmung und -konstruktion (DGfG, 2012).

In diesem Zusammenhang besitzt die Kombination der Fähigkeit zum angemessenen Umgang mit Karten (Kartenkompetenz O3) und der Fähigkeit zur Orientierung in Realräumen (O4) eine hohe Relevanz für den Alltag.

Es wird davon ausgegangen, dass Menschen Informationen über Räume in karten- und bildähnlichen Darstellungen, den sogenannten Mental Maps, abspeichern (Downs &. Stea, 1982) und in bekannten Realräumen diese Erinnerung wieder aufrufen (Hüttermann, 1998, Hemmer, Hemmer & Neidhardt, 2007).

Wenn man sich in unbekannten Räumen orientiert, sind keine Mental Maps vorhanden. Man benötigt entsprechende kartographische Medien, für deren Nutzung allerdings die entsprechenden Fähigkeiten und Fertigkeiten notwendig sind (Hemmer, Hemmer, Kruschel, Neidhardt, Obermaier & Uphues, 2010).

In diesem Zusammenhang stellt sich die Frage nach der Bedeutung digitaler Medien zur Ausbildung des Kompetenzbereiches „Räumliche Orientierung". Zunächst wurden Medien wie GIS (Höhnle, Schubert & Uphues, 2009, Michel, Siegmund & Volz, 2011) und GPS erforscht, die für die Orientierung im Realraum von Bedeutung sind (Zecha, 2009), insgesamt aber recht unhandlich in der Anwendung sind und einem Expertenkreis vorbehalten bleiben. Die inzwischen viel weiter aufbereiteten und mit Karten hinterlegten Angebote werfen die Frage auf, inwieweit die Nutzung von kartographischen Medien mithilfe von Tablet-PC, Smartphones, und Navigationsgeräten im Gegensatz zu analogen traditionellen Medien, wie z.B. Stadtplan, Wander- und Straßenkarten, die Fähigkeit der Orientierung im Realraum beeinflussen.

Dazu ist es nötig, das Verhältnis zwischen Gelände, Karte und dem/der Kartennutzer/in zu analysieren. Hierzu wurde die Nutzung einer traditionellen, analogen Karte und einer digitalen Karte auf einem iPad durch Nutzer in ihnen unbekannten Räumen verglichen.

Für eine erste Analyse der komplexen Abläufe der räumlichen Orientierung in unbekanntem Gelände wird die Videographie genutzt. Ziel der Untersuchung ist es auch, die Methode der Videographie hinsichtlich ihrer Eignung außerhalb des Klassenzimmers zu testen. In unserem Beitrag wird in den nächsten Abschnitten die Beschreibung der Ergebnisse der Videographiestudie mit der Erläuterung von theoretischen Grundlagen der räumlichen Orientierungskompetenz verbunden, wobei ein Schwerpunkt auf die Orientierung im Gelände gelegt wird.

2 Die theoretischen Grundlagen der räumlichen Orientierungskompetenz

2.1 Der Begriff „Räumliche Orientierung"

Das Wort „Orientieren" kommt von Orient, der Richtung der aufgehenden Sonne. Erst mit der Verbreitung des Magnetkompass' erhielt die Ausrichtung kartographischer Darstellungen nach Norden den Vorrang (Linke, 1997).

Unter dem Begriff „Räumliche Orientierung" wird die Fähigkeit verstanden, sich im Raum orientieren zu können. Dazu gehören das Erfassen von Punkten und Flächen im Raum in ihrer Lage zueinander, in ihrer Lage zum eigenen Standort und zu einem außerhalb der eigenen Person liegenden Orientierungspunkt. Sie umfasst die Bestimmung von Lagebeziehungen und Standorten im (Real-)Raum (Schäfer, 1984, Schniotalle, 2003, Hemmer et al., 2007).

Die Orientierung im Realraum erfolgt über markante Punkte oder Flächen, z.B. Türme, hohe Gebäude, Seen, Verkehrsstrassen, Sportplätze sowie deren Lagebeziehung zwischen den Ortspunkten bzw. -flächen. Für die Orientierung im Realraum ist es entscheidend, ob der Raum bekannt oder unbekannt ist. Bei bekannten Räumen erfolgt die Orientierung zunächst anhand von Landmarken und Mental Maps, den individuellen kognitiven Raumvorstellungen, bei unbekannten Räumen werden kartographische Medien als primäre Orientierungshilfe genutzt (Neidhardt, 2004, Hemmer et al., 2007).

2.2 Kartenlesen im Realraum

Um sich mithilfe von Karten im unbekannten Gelände orientieren zu können, werden bestimmte Fähigkeiten benötigt, mit denen der auf der Karte dargestellte Raum mit dem Realraum in Übereinstimmung gebracht wird. Dazu werden aus dem Kompetenzbereich der „Räumlichen Orientierung" insbesondere zwei Teilbereiche beansprucht; zum einen die Kartenkompetenz (O3) und zum anderen die Orientierung in Realräumen (O4) (DGFG, 2012). Die Fähigkeit zur Orientierung in Realräumen mithilfe von Karten wird durch folgende Standards umschrieben:

> „O3 Fähigkeit zu einem angemessenen Umgang mit Karten (Kartenkompetenz)
> Die Schülerinnen und Schüler können
> S6 topographische, physische, thematische und andere alltagsübliche Karten lesen
> […];
> O4 Fähigkeit zur Orientierung in Realräumen
> Die Schülerinnen und Schüler können
> S11 mit Hilfe einer Karte […] ihren Standort im Realraum bestimmen,
> S12 anhand einer Karte eine Wegstrecke im Realraum beschreiben,
> S13 sich mit Hilfe von Karten im Realraum bewegen." (DGfG, 2012, S. 17f.).

Das Kartenlesen ist „die gedankliche Entnahme von expliziten Informationen, speziell zur Semantik und der Lage von Objekten" (Hemmer, Hemmer, Hüttermann & Ullrich 2010, S. 159). In das Kartenlesen sind die „visuelle Wahrnehmung von Kartenzeichen, das Schätzen und Auszählen von Mengen oder Größen von Objekten und das Vergleichen von Objekten in einer Karte, zwischen unterschiedlichen Karten und Medien oder zwischen Karte und Realität" (Bollmann & Koch 2001, S. 438) integriert. Bezogen auf das Kartenlesen im Realraum ist die räumliche Vorstellungs- und Kombinationsgabe eine wesentliche Voraussetzung, ebenso die Kenntnis der Kartenlegende, des Maßstabs und deren Verwendung, hinzu kommt das eigene Orientierungsvermögen (Hüttermann, 2001). Um eine Karte lesen zu können, kommt dem Dekodieren eine besondere Rolle zu. Dabei wird zwischen symbolischer Transformation, die sich auf Titel, Kartenzeichen und Legende bezieht, und geometrischer Transformation, die sich auf Positionsbestimmung/Orientierung, Maßstab und Verebnung bezieht, unterschieden. Die Generalisierung (Vereinfachung) wird als eigene Dimension betrachtet (Hemmer et al., 2010).

2.3   Merkmale von Karten

Neben der Fähigkeit zur Entnahme von Informationen aus Karten bzw. dem Abgleichen dieser Informationen mit dem vorliegenden Gelände spielt die Art der verwendeten Kartendarstellung eine wesentliche Rolle. Aus diesem Grund werden im folgenden Absatz zunächst Merkmale von Karten erläutert und die Charakteristik der analogen und digitalen Karte vorgestellt.

„Eine Karte ist ein verebnetes, maßstabsgebundenes, generalisiertes und inhaltlich begrenztes Modell räumlicher Informationen" (Hüttermann, 1998, S. 16). Karten sind zweidimensionale grafische Repräsentationen geographisch relevanter Systeme, die durch die Dichotomie zwischen Zeichen und Inhalt charakterisiert sind (Hemmer et al., 2010). Einen bedeutenden Einfluss auf die Orientierungs- und Raumvorstellungsleistung hat die Gestaltung der verwendeten Karte, besonders bei der Orientierung in unbekannten Räumen (Hemmer et al., 2010). Innerhalb der Kartengestaltung können unter Berücksichtigung der beiden Kriterien Abstraktion und Dimensionalität verschiedene Varianten der Kartendarstellung unterschieden werden. Diese sind durch das Verhältnis zwischen Eignung zur Memoration und Attraktivität der Kartendarstellung gekennzeichnet (Dette, 2011). Dabei werden aus Sicht der Kartographie und Geofernerkundung auch digitale Formen, die auf der Grundlage von Satelliten- oder Luftbildern entstanden sind, zu den Karten gezählt (ebda, 2011). Solche Bilder sind Aufnahmen von Ausschnitten der Erdoberfläche, die aus dem Weltraum oder von Flugzeugen aus aufgenommen wurden. Es handelt sich um eine Wiedergabe der Erdoberfläche, die durch Kartenmerkmale, z.B. Straßen- und Ortsbezeichnungen bei Google Maps ergänzt werden können. Eine weitere Begriffsdefinition nehmen Michel et al. (2011) vor, die digitale Geomedien als „digital codierte raumbezogene Daten über geographisch relevante Sachverhalte und die zugehörigen technischen Geräte zur Erfassung, Speicherung, Analyse und

Präsentation dieser Daten – oder kurz gefasst: digitale Rauminformationen und die Werkzeuge zu ihrer Erschließung" beschreiben.

Merkmale analoger Karten (Printkarten)

Typisch für Kartendarstellungen sind die Abbildung des Grundrisses, Maßstab, Vereinfachung (Generalisierung), Orientiertheit (d.h. in der Regel Kartenausrichtung nach Norden) und Verebnung. Interessant ist hierbei, dass bei der Erstellung von Karten durch Schülerinnen und Schüler häufig eine Kombination von Grund- und Aufrissdarstellung präsentiert wird. Dieses Phänomen ist dadurch zu erklären, dass das darzustellende Gelände in der Regel nicht ausschließlich im Grundriss wahrgenommen wird, sondern aufgrund der eigenen Perspektive die Wahrnehmung der räumlichen Strukturen vorwiegend im Aufriss erfolgt (Hüttermann, 1998). Da die Kartendarstellung jedoch den Grundriss wiedergibt, erfordert sie ein höheres Abstraktionsvermögen, denn die Raumstrukturen müssen von der Seitenansicht in den Grundriss übertragen werden.

Die Generalisierung stellt die vereinfachte Darstellung von Raumelementen auf der Karte dar, die durch das verkleinerte Modell der Realität notwendig wird. Parallel dazu ist eine Auswahl der darzustellenden Informationen durch den/die Autor/in der Karte notwendig, wodurch jede Kartendarstellung gleichzeitig immer subjektiv ist.

Bei der Verebnung spielt die Projektion der kugelähnlichen Gestalt der Erde auf die Ebene sowie die Darstellung der Höhendimension eine wesentliche Rolle (doppelte Verebnung). Bei der Betrachtung des Realraums und deren Darstellung auf der Karte ist jedoch die dahinter liegende Theorie der Kartennetzentwürfe unwesentlich und kann daher an dieser Stelle unberücksichtigt bleiben (Lindau, 2012).

Merkmale digitaler Karten

Für die Erstellung von digitalen Karten dienen Luft- und Satellitenbilder, Vektor- und Rasterdaten, digitale Geländemodelle sowie Objekthöhen als Datengrundlage (Lindau, 2012).

Neben den analogen Karten nimmt der Anteil der digitalen Karten in der alltäglichen und beruflichen Verwendung zu. Wesentliche Merkmale analoger Karten sind zu großen Teilen auf digitale Karten übertragbar. Im Unterschied zu Papierkarten zeichnen sich digitale Karten durch Interaktivität aus. Mit Hilfe eines entsprechenden technischen Informationsträgers (Smartphone, Tablet-PC, PC, Notebook) können digitale Karten vergrößert und verkleinert werden (Zoom), verschoben, gedreht und geneigt (Pan) werden.

Weiterhin ist es möglich, vorher bezeichnete Punkte in der Karte mit der entsprechenden Funktion zu suchen, Kartenebenen ein- bzw. auszublenden (Layer), Entfernungen und Flächen zu messen sowie Parameter über die Suchfunktion abzufragen (Dette, 2011).

Durch die im Vergleich zur analogen Karte zusätzlichen Funktionen der digitalen Karten zeigen sich im Umgang mit Karten neue Einsatzmöglichkeiten. Um die aufgezeigten unterschiedlichen Funktionen nutzen bzw. sich mit analogen bzw. digitalen Karten unterschiedlicher Gestaltung im Gelände orientieren zu können, werden zum Teil auch unterschiedliche Fähigkeiten des/der Nutzers/in benötigt. Im folgenden Abschnitt wird daher das Verhältnis zwischen Karte und Realraum aufgezeigt, um anschließend die nötigen Fähigkeiten für das Sich-im-Raum-Orientieren-Können mithilfe von Karten aufzuzeigen.

2.4   Das Verhältnis zwischen Karte und Realraum und Nutzer/in

Die Karte stellt Elemente und Strukturen eines Raumes dar und wird daher als externer Repräsentant bezeichnet. Dabei bestehen Beziehungen zwischen der Karte, dem/r Nutzer/in der Karte im realen Raum sowie dem Realraum als Bezugsraum (Abb. 1). Das Verhältnis zwischen Karte und Realraum ist besonders durch die Raumgröße, Komplexität und geometrische Formen gekennzeichnet, wobei mit zunehmender Raumgröße die Raumkomplexität zunimmt und sich diese auch auf die Kartendarstellung auswirkt (Hemmer et al., 2010).

Der Unterschied zwischen Karte und Realraum ist in erster Linie durch die Art der Mehrdimensionalität gekennzeichnet. Eine Karte ist eine Darstellung auf zwei Ebenen (2D), d.h. graphische Symbole und Farben werden zur Darstellung von Elementen aus dem Gelände in der Ebene genutzt (Verebnung). Weiterhin ist die Darstellung der Karte als Grundriss gestaltet. Der Realraum ist wiederum durch seine Komplexität in drei Ebenen (3D) geprägt, also durch Grund- und Aufriss gekennzeichnet.

Wenn eine Person sich mit einer Karte im Gelände orientieren möchte, laufen mehrere kognitive Transformationsprozesse ab, denn die Zweidimensionalität der Karte muss mit der Dreidimensionalität des Bezugsraumes abgeglichen und in Übereinstimmung gebracht werden. So werden z.B. Größenverhältnisse, Entfernungen und Objektanordnungen sowie Objektformen zwischen Realraum und Karte abgeglichen.

Gleichzeitig spielt die Frage der Aktualität des kartographischen Mediums bei der Verwendung im Realraum eine wichtige Rolle, da aktuelle Veränderungen im Gelände in der Kartendarstellung keine sofortige Berücksichtigung finden können. Bei der Orientierung im Gelände werden somit Karten verwendet, die immer einen früheren Zeitpunkt abbilden als den der aktuellen Raumbegegnung. Dies kann zu Schwierigkeiten bei der Orientierung im Realraum führen (Lindau, 2012).

Eine wesentliche Bedeutung hat die räumliche Ausrichtung der Karte im Bezugsraum, die in der Regel eingenordet wird. Großen Einfluss auf die Orientierung im Realraum mithilfe einer Karte haben „das Interesse und Vorerfahrungen im Umgang mit Karten, aber auch die räumliche Intelligenzleistungen und das eigene Selbstkonzept" (Hemmer et al. 2010, S. 67). Neben diesen Faktoren hat die Größe des Raumes und der Grad der Komplexität der Raumausstattung einen wesentlichen Einfluss auf die räumliche Orientierungsfähigkeit im Realraum (Dette, 2011, Hemmer et al., 2007).

Abb.1: Verhältnis von Realraum, Karte und Nutzer (vgl. Hemmer, Hemmer, Kru-
schel, Neidhardt, Obermaier & Uphues, (2010), S. 67, leicht verändert)

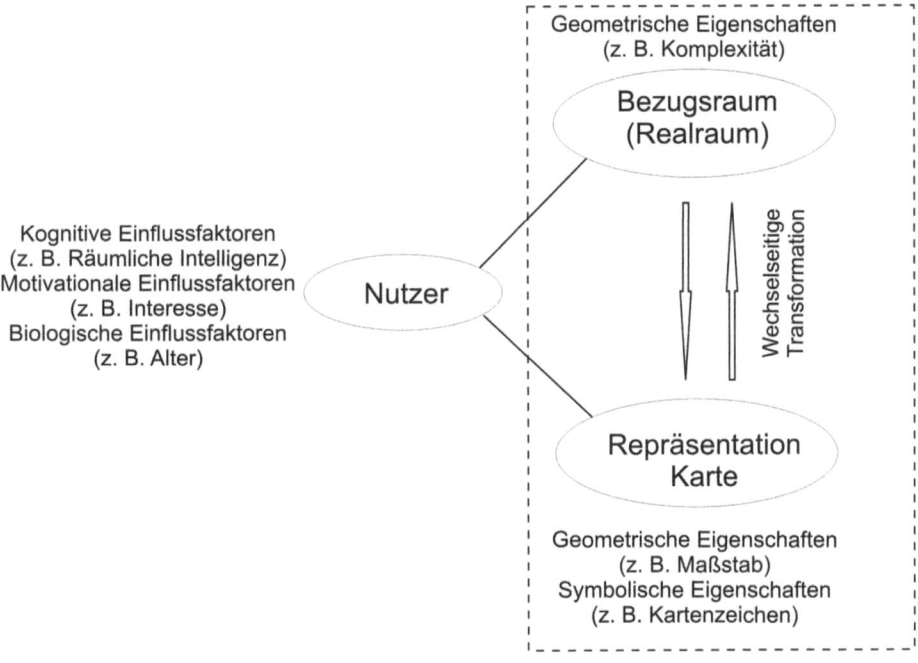

2.5   Das Bestimmen des eigenen Standortes im Realraum mithilfe von Karten

Auf der Grundlage der theoretischen Vorüberlegungen werden im folgenden Abschnitt die angesprochenen Teilkompetenzen aus dem Kompetenzbereich „Räumliche Orientierung im Realraum" mithilfe von kartographischen Medien erläutert, wobei sowohl die analogen wie die digitalen Kartendarstellungen mit ihren unterschiedlichen Merkmalen in der Videostudie berücksichtigt werden. Dabei wird aus der Vielzahl der Teilkompetenzen der räumlichen Orientierung an dieser Stelle die Bestimmung des eigenen Standortes in einem unbekannten Gelände ausgewählt (vgl. O4, S 11) (DGfG, 2012).

Um sich im Raum verorten zu können, ist es nötig, die verwendete Karte mit dem Realraum in Übereinstimmung zu bringen. Dies gelingt am schnellsten durch Einnorden, da Kartendarstellungen üblicherweise nach Norden ausgerichtet sind. Das Einnorden kann anhand von Landmarken geschehen, die in der Karte eingetragen sind, z.B. Straßennamen oder dominante Gebäude (Abb. 2). Die ausgewählte Geländemarke wird anschließend mit der Karte in Übereinstimmung gebracht, indem die Karte gedreht wird, bis die Gitterlinien bzw. der obere Kartenrand nach Norden zeigt (Gorgas, 2008). Zu empfehlen ist das Abgleichen einer weiteren markanten und eindeutigen Geländemarke mit der Karte. Sind beide Punkte eindeutig bestimmt und in der Karte verortet worden, so kann als Verlängerung des Gelände- und des Kartenpunktes eine Linie gezogen werden Der gleiche Vorgang erfolgt danach mit dem anderen Geländepunkt und der Schnittpunkt beider Linien gibt den eigenen Standort an.

Abb. 2 Bestimmung des eigenen Standorts mithilfe der Karte

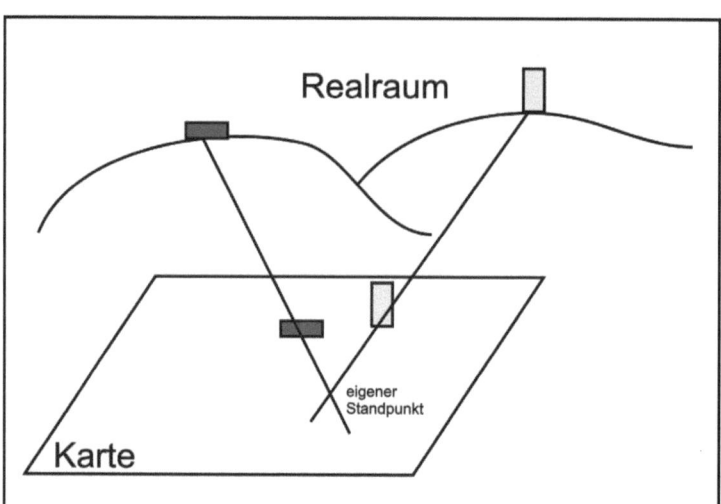

Für die ausgewählten Standorte der Videostudie ist anzumerken, dass der Waldstandort das Suchen von eindeutigen Orientierungspunkten erschwert, da das Gelände durch die Kiefernmonokultur homogen ist. Ohne das Verändern des eigenen Standortes – z.B. das Laufen zu einem Weghinweis – ist eine Orientierung kaum möglich. Für den Standort im städtischen Wohngebiet sind vielfältige Orientierungspunkte gegeben, z.B. Straßennahmen, spezifische Kurven im Straßenverlauf und die Bebauung.

Bei der Nutzung der digitalen Karten wird der eigene Standort mittels einer Markierung, z.B. einer blauen Stecknadel, angezeigt. Somit ist nicht zwingend die Suche nach weiteren Orientierungspunkten im Gelände nötig, um den eigenen Standort bestimmen zu können. Gleichzeitig sind die digitalen Karten in der Regel nach Norden ausgerichtet, so dass das Einnorden der Karte entfällt. Somit treten die Orientierungsfähigkeiten bei der Nutzung digitaler Karten in den Hintergrund, da der Kontakt zum Gelände unnötig ist.

3   Untersuchungsdesign der Videographiestudie

Im Folgenden wird das Untersuchungsdesign für die Erfassung der räumlichen Orientierungskompetenz im Gelände mithilfe der Videographie beschrieben. Ziel der vorliegenden Pilotstudie ist es, Aussagen treffen zu können, inwieweit die Videographie zur Analyse der Orientierungsfähigkeit im Gelände geeignet ist.

Für die Pilotstudie wurden zehn Personen im Alter von 15 bis 79 Jahren im Geschlechterverhältnis 1:1 videographiert. Dabei hatten die Probanden die Aufgabe, sich einmal mithilfe eines analogen, gedruckten Stadtplans und in einer anderen Umgebung mit einer digitalen Kartendarstellung von Google Maps auf einem iPad zu orientieren. Die Auswahl der Testpersonen erfolgte aus verschiedenen Altersgruppen, um mögliche beeinflussende Variablen wie Vorkenntnisse über die kartographischen Medien sowie die Befähigung zu deren Nutzung hinsichtlich der Bindung an eine Altersgruppe zu minimieren. Für die Karten wurde auf alltagstaugliche Kartendarstellungen zurückgegriffen, zum einen der Stadtplan als klassisches Orientierungsmedium und zum anderen auf die gängige Hybrid-Darstellung von Google Maps, bei der ein Satellitenbild um entsprechende Orientierungspunkte, wie z.B. Straßennamen ergänzt wurde.

Die Aufgabe der Probanden war es, sich mit den beiden unterschiedlichen Kartendarstellungen in einem Waldgebiet und in einem gründerzeitlichen Wohnviertel, beide im Stadtgebiet von Halle, zu orientieren. Die Geländecharakteristik ist sehr unterschiedlich. Das Waldgebiet ist ein Kiefernbestand, der eine homogene Raumstruktur aufweist. Sie macht eine räumliche Orientierung schwer. Die Probanden werden mit einem Auto an einen Parkplatz gefahren und auf einem den Probanden unbekannten Weg zum Waldstandort des Versuchs geführt, an dem keine weiteren Orientierungspunkte, wie z.B. Schilder, Wegweiser, zu erkennen sind (Abb. 3).

Abb. 3: Standort Wald – geprägt durch homogene Raumstrukturen

Der andere Standort ist durch eine enge Bebauung im gründerzeitlichen Stil gekennzeichnet. Das Straßensystem ist unregelmäßig, also nicht rechtwinklig, und hat
eine sanft geneigte Oberfläche (Abb. 4). Die Geländecharakteristik ist komplex
aufgrund der vielfältigen Raumstrukturen und als heterogen zu bezeichnen. Auch
hier wurden die Probanden auf einem unbekannten Weg an den Standort gebracht,
um eine Beeinflussung durch vorhandene Ortskenntnisse zu vermeiden bzw. zu
minimieren.

*Abb. 4: Standort Stadt – Grund- und Aufriss, geprägt durch heterogene Raum-
strukturen*

Die Testpersonen hatten zwei Aufgaben. Zunächst sollten sie ihren Standort auf der
Karte finden und ihn identifizieren. Als zweites sollten sie den Weg von ihrem
Standort zur nächsten Haltestelle des Öffentlichen Personennahverkehrs beschreiben und dessen Verlauf im Gelände andeuten. Während des Orientierungsprozesses
teilten die Probanden ihre Überlegungen durch lautes Denken mit. Dabei wurden
sie von zwei wissenschaftlichen Hilfskräften mithilfe von zwei Videokameras gefilmt, wobei die eine die Totale, die andere die Arbeit mit der Karte als Detailaufnahme durch eine Fokussierung der Kamera auf die Hände dokumentierte.

Die Probanden orientierten sich jeweils an beiden Standorten einmal mit dem
Stadtplan und einmal mit dem iPad. Die Zuordnung der kartographischen Medien,
Standorte und Personen erfolgte nach dem Zufallsprinzip:

Person 1	(27 Jahre)	Wald: iPad	Stadt: Karte
Person 2	(16 Jahre)	Stadt: iPad	Wald: Karte
Person 3	(79 Jahre)	Wald: iPad	Stadt: Karte
Person 4	(16 Jahre)	Stadt: iPad	Wald: Karte
Person 5	(15 Jahre)	Wald: iPad	Stadt: Karte
Person 6	(16 Jahre)	Stadt: iPad	Wald: Karte
Person 7	(24 Jahre)	Wald: iPad	Stadt: Karte
Person 8	(23 Jahre)	Stadt: iPad	Wald: Karte
Person 9	(48 Jahre)	Wald: iPad	Stadt: Karte
Person 10	(69 Jahre)	Stadt: iPad	Wald: Karte

Für die Dauer der Bewältigung der Orientierungsaufgaben wurde den Probanden pro Standort ca. 15 Minuten eingeräumt, so dass mit dem Standortwechsel zwischen Wald und Stadt insgesamt ca. 1,5 Stunden aufgewendet wurden.

Nachdem das Untersuchungsdesign für die videographiegestützte Erfassung der räumlichen Orientierungskompetenz beschrieben wurde, soll im nächsten Abschnitt der Kompetenzbereich der räumlichen Orientierung innerhalb der geographiedidaktischen Diskussion vorgestellt werden, um die Bedeutung der räumlichen Orientierung als Alleinstellungsmerkmal innerhalb des Unterrichtsfaches sowie die Alltagsrelevanz zu verdeutlichen. Wesentlicher Betrachtungspunkt sind dabei die aufgrund der technischen Entwicklungen sich verändernden kartographischen Medien, da vermutet wird, dass sich der Umgang mit analogen und digitalen Karten unterscheidet.

4   Ausgewählte Ergebnisse der Videostudie

Nachdem die theoretischen Grundlagen zur räumlichen Orientierungskompetenz und das Design der Studie dargelegt wurden, wird in diesem Abschnitt die Ausgangsfrage wieder aufgenommen, inwiefern die Videographie zur Erfassung der räumlichen Orientierungskompetenz im Gelände mithilfe analoger und digitaler Karten geeignet scheint.

4.1   Die Methode der Videographie außerhalb des Schulgebäudes

Generell kann festgestellt werden, dass die Videographie auch außerhalb des Klassenzimmers für die Kompetenzanalyse genutzt werden kann. Vorteile sind in der medialen Sicherung der komplexen Vorgänge zu sehen, da keine andere Methode eine so umfassende Dokumentation von Orientierungsvorgängen zulässt. Im Video werden die Räumlichkeiten sowie die vielfältigen Interaktionen zwischen Gelände, Karte und Nutzer/in aufgezeichnet, die ein unbegrenztes wiederholendes Abspielen des Videos bei der Analyse ermöglicht. Dadurch können durch mehrmalige Beobachtung parallel ablaufende Handlungen linear und unabhängig voneinander betrachtet werden. Ebenso ist ein Rating von mehreren unabhängigen Personen möglich, um dann die Beobachtungsergebnisse vergleichend zu analysieren.

Ein weiteres Ergebnis unserer Pilotstudie ist, dass die verbalen Anweisungen an die Testpersonen klar strukturiert sein sollten. Dazu wurde ein Schema nach dem Wenn-Dann-Prinzip entwickelt, indem eindeutige und einheitliche Formulierungen für die Probanden formuliert wurden. Gleichzeitig wurden im Ablaufschema die Zeitabstände festgehalten, bis eine Hilfestellung bei auftretenden Problemen gegeben wurde, welche wiederum schematisiert war. Dadurch konnten auch bei unterschiedlichen Versuchsleitern/innen die Rahmenbedingungen konstant gehalten werden.

4.2 Probleme und Lösungsansätze

Durch die Pilotstudie, in der die Videographie im deutschsprachigen Raum zum ersten Mal für die Erfassung der Orientierungsfähigkeit im Realraum genutzt wurde, zeigten sich auch einige Probleme, die für weitere Studien beachtet werden sollten. So stellt bei der Darstellung der digitalen Karten auf dem iPad die Reflexion des Tageslichtes auf der interaktiven Oberfläche ein großes Problem dar. So war auf den Videos teilweise nicht mehr erkennbar, in welchem Kartenbereich die Testperson tätig ist bzw. welche Interaktionen mit der Karte (z.B. Zoomen) erfolgen. Zur Verbesserung der Situation empfiehlt es sich, eine Schutzfolie auf die Oberfläche des Bildschirms aufzubringen. In unseren Versuchen konnte die Reflexion durch das Halten eines dunklen Regenschirms gemindert werden, so dass die individuellen Handlungen auf der digitalen Karte aufgezeichnet werden konnten.

Für die Verwendung der analogen Karte (Stadtplan) warfen manche Wetterbedingungen Probleme auf. Es gestaltete sich schwierig, die Karte bei windigen Verhältnissen in der Hand zu halten, da so ein Filmen mit der Videokamera relativ schwierig war. Hierbei hat es sich bewährt, die analoge Karte auf den Boden zu legen und sie so zu fixieren und für die Kamerabeobachtung zugänglich zu machen. Durch eine auf dem Boden liegende Folie kann die Karte vor Nässe geschützt werden. Diese Vorgehensweise setzt wiederum eine gewisse körperliche Beweglichkeit der Testpersonen voraus, andererseits wird die Bewegungsfreiheit durch einen am Boden liegenden Stadtplan eingeschränkt.

Eventuell kann dieses Problem durch eine Kopfkamera für die Testperson gelöst werden, welche die Interaktionen zwischen dem/der Nutzer/in und Karte auf der einen Seite sowie zwischen dem/der Nutzer/in und dem Gelände auf der anderen Seite noch detaillierter erfasst, da eine Kopfkamera vor allem die Blickrichtung des Probanden erfasst. Gleichzeitig empfiehlt es sich, ein Mikrofon am Revers der Testperson zu befestigen, um eine gleichbleibende Tonaufzeichnung der Kommentare zu gewährleisten.

Als weiteres Problem hat sich gezeigt, dass die räumliche Verortung der Videoaufnahmen nur möglich ist, wenn das Gelände nicht homogen ist. So zeigte sich im Wald, dass es lediglich auf der Grundlage der Videos relativ schwierig ist, die Himmelsrichtungen zu bestimmen, da der Raum durch den Baumbestand sehr gleichmäßig strukturiert ist. Um eine räumliche Orientierung innerhalb der Videoanalyse zu ermöglichen, bewährte sich hier das Einschlagen von verschieden farbigen Pflöcken, die den Haupthimmelsrichtungen entsprachen.

4.3 Erste Ergebnisse der Videostudie[1]

Abschließend sollen einige ausgewählte Ergebnisse aus der ersten Analyse der Videos der Pilotstudie wiedergegeben werden. Für die Analyse der Videos wird das Programm „Videograph" vom Institut für Pädagogik der Naturwissenschaften in Kiel genutzt. In diesem Programm lassen sich die beiden synchronisierten Kameraeinstellungen (Totale und Detailaufnahme) abbilden. Darunter werden die Kategorien der Analyse der Interaktionen zwischen Testperson, Karte und Gelände aufgelistet. Farbige Balken deuten die Dauer der jeweiligen Aktion an. Die Beobachtungen des Verhaltens der Probanden wurden in folgende Hauptkategorien eingeteilt:

- Bewegungen des Körpers der Testperson, z.B. das Drehen des gesamten Körpers zur Orientierung im Gelände
- Bewegungen der Hände der Testperson, z.B. das Zoomen der digitalen Karte auf dem iPad
- verbale Äußerungen der Testperson; z.B. das Kommentieren des Drehens einer Karte
- Aktionen der Begleiter, z.B. das Geben einer Anweisung
- Interaktive Prozesse zwischen Testperson, Gelände und Karte, z.B. Blick der Testperson von der Karte in das Gelände.

Es zeigt sich in der zunächst vorgenommenen Analyse, dass bei der Orientierung die Beschäftigung mit dem kartographischen Medium (Stadtplan oder Google Maps) gegenüber einer Musterung des Geländes dominiert. Der Blick der Testpersonen ist sehr stark auf die Karte fixiert, das Suchen von Orientierungspunkten im Gelände tritt dagegen stärker zurück. Dies ist besonders im Waldgebiet mit der homogenen Raumstruktur zu beobachten. Innerhalb des städtischen Untersuchungsgebietes werden Stadtplan und iPad stärker interaktiv im Abgleich mit der Umgebung genutzt. Die Ursachen sind hierfür in der komplexeren Raumstruktur zu sehen, da der städtische Raum eine höhere Vielzahl von Orientierungspunkten aufweisen kann als das Waldgelände. Dabei ist festzustellen, dass zwischen iPad und städtischem Realraum ein häufigerer Interaktionswechsel zu beobachten ist als zwischen Stadtplan und Umgebung.

Generell ist festzustellen, dass die Anzahl der Interaktionen bei der Printkarte viel höher ist als beim iPad. Da das iPad den Standpunkt automatisch anzeigt, ist eine Verortung teilweise nicht mehr nötig. Durch dieses Ergebnis wird das Bezugsmodell zwischen Nutzer/in, Realraum und kartographischem Medium in Frage gestellt und muss überdacht werden. Hierfür werden die geplanten detaillierten Analyseergebnisse weiteren Aufschluss geben können. Auch planen wir weitere Videographiestudien, um die Erfassung der räumlichen Orientierungskompetenz im Gelände weiter zu verfolgen, da sich Videos grundsätzlich als geeignete Methode erwiesen haben.

---

1   An dieser Stelle sei den studentischen Hilfskräften Nadine Rosendahl und Annika Ulbrich für ihr Engagement bei der Unterstützung der Videographiestudie gedankt

Martin Lindner & Anne-Kathrin Lindau

Literatur

Bollmann J. & Koch W. G. (2001) (Hg.), *Lexikon der Kartographie und Geomatik in zwei Bänden*, Bd. 1, Heidelberg, Berlin: Spektrum Akademischer Verlag.

Dette Ch. (2011), *Eine empirisch-kartographische Untersuchung zum Einfluss von Dimensionalität und Abstraktion auf Erstellung und Wahrnehmung topographischer Inhalte in digitalen Kartendarstellungen,* Unveröffentlichte Dissertation, Universität Halle-Wittenberg.

DGfG (2012) (Hg.), *Bildungsstandards im Fach Geographie für den Mittleren Schulabschluss – mit Aufgabenbeispielen,* Berlin: Selbstverlag.

Downs R. M. & Stea D. (1982), *Kognitive Karten. Die Welt in unseren Köpfen*, New York: Harper & Row / UTB.

Gorgas M. (2008), *Orientierung in der Natur*, Kempen: Moses.

Hemmer I. & Hemmer M. (2009), Räumliche Orientierungskompetenz. Struktur, Relevanz und Implementierung eines zentralen Kompetenzbereichs geographischer Bildung *Praxis Geographie, 11,* 4-8.

Hemmer I., Hemmer M., Hüttermann A. & Ullrich M. (2010), Kartenauswertekompetenz – Theoretische Grundlagen und Entwurf eines Kompetenzstrukturmodells, *Geographie und ihre Didaktik, 3,* 158-171.

Hemmer I., Hemmer M., Kruschel K., Neidhardt E., Obermaier G. & Uphues R. (2010), Einflussfaktoren auf die kartengestützte Orientierungskompetenz von Kindern in Realräumen – Anlage eines Forschungsprojektes, *Geographie und ihre Didaktik, 2,* 65-76.

Hemmer I., Hemmer M. & Neidhardt E. (2007), Räumliche Orientierung von Kindern und Jugendlichen – Ergebnisse und Defizite nationaler und internationaler Forschung, in: Geiger M. & Hüttermann A. (Hg.), *Raum und Erkenntnis. Eckpfeiler einer verhaltensorientierten Geographiedidaktik,* Köln: Aulis, 66-78.

Hemmer I., Hemmer M. & Obermaier G. (2004), Bedeutung topographischer Kenntnisse und Fähigkeiten aus der Sicht der Gesellschaft, *Praxis Geographie, 10,* 44-45.

Höhnle S., Schubert C. & Uphues R. (2009), GIS-Projekte im Geographieunterricht, *Praxis Geographie, 11,* 26-29.

Hüttermann A. (2001), *Karteninterpretation in Stichworten. Geographische Interpretation topographischer Karten*, Stuttgart: Borntraeger.

Hüttermann A. (1998), *Kartenlesen – (k)eine Kunst. Einführung in die Didaktik der Schulkartographie*, München: Oldenbourg.

Lindau A-K. (2012), Einsatzmöglichkeiten von kartographischen Medien im Realraum, in: Diekmann-Boubaker N. & Dickman F. (Hg.): *Innovatives Lernen mit kartographischen Medien*. Kartographische Schriften Bd. 15, Bonn: Kirschbaum, 29-44.

Linke W. (1997), Der Kompaß im Unterricht, *Geographie und Schule, 8,* 36-41.

Michel U., Siegmund A. & Volz D. (2011), Digitale Revolution im Klassenzimmer?!, *Praxis Geographie, 11,* 4-9.

Neidhardt E. (2004), *Die ontogenetische Entwicklung von Raumkognition in Makroräumen – Pfadintegration bei Vorschul- und Grundschulkindern*, Marburg: Universität, Fachbereich Psychologie.

Schäfer G. (1984), *Die Entwicklung des geographischen Raumverständnisses im Grundschulalter. Ein Beitrag zur Curriculumsdiskussion*, Berlin: HGD-Selbstverlag.

Schniotalle M. (2003), *Räumliche Schülervorstellungen von Europa*, Berlin: Tenea.

Siegmund A., Huss S. & Serrer N. (2007), Wie Kinder die Welt sehen – zur Entwicklung der Raumwahrnehmung und des Karteverständnisses bei Grundschulkindern, in: Geiger M. &

Hüttermann A. (Hg.), *Raum und Erkenntnis. Eckpfeiler einer verhaltensorientierten Geographiedidaktik,* Köln: Aulis, 104-117.

Zecha S. (2009), Geocaching. Förderung der Orientierungskompetenz mit GPS, *Praxis Geographie, 11,* 18-20.

Videobasierte Analyse von Diskussionen im Geografieunterricht

Sophia Kulick (Universität Potsdam)

1 Einleitung

Die Deutsche Gesellschaft für Geografie hat erstmals 2006 eigene Standards zur Qualitätssicherung und inhaltlichen Weiterentwicklung des deutschen Geografieunterrichts entwickelt. Darin werden Kommunikationskompetenzen festgelegt, die für den mittleren Schulabschluss zu erreichen sind. Die höchsten hierin formulierten Standards verlangen von den Schülerinnen und Schülern im Rahmen von Diskussionen zu geografischen Fragestellungen die logische, fachliche und argumentative Qualität eigener und fremder Mitteilungen zu erkennen und darauf angemessen zu reagieren, um zu einer begründeten Meinung und/oder einem Kompromiss zu kommen (DGfG, 2010, S. 27). Auch die im Untersuchungsraum geltenden Rahmenlehrpläne sehen die Durchführung von Diskussionen zu unterschiedlichen geografisch relevanten Themen vor.

Demgegenüber erschien erst kürzlich eine erste aussagekräftige Handreichung für Geografielehrkräfte zur Schulung dieser Standards (Budke, 2012). Zudem wurde bislang ihre Umsetzung empirisch kaum untersucht. Erste Versuche einer Feststellung des Status quo finden sich bei Serwene (2009) bezüglich bilingualer Diskussionen im Geografieunterricht und Budke & Uhlenwinkel (2011) in Bezug auf schriftliche geografische Argumentationen. Umfangreichere Studien zu Diskussion und Argumentation im Unterricht erschienen dagegen bereits vor allem aus internationaler Sicht in anderen Fachdidaktiken. Einige dieser Studien untersuchen Lerneffekte vorrangig in den Sprach- (Applebee, Langer, Nystrand & Gamoran, 2003), Sozial- (Hess & Posselt, 2002; Pontecorvo & Girardet, 1993) und Naturwissenschaften (Erduran, Simon & Osborne, 2004; Alverman, Hynd & Qian, 1995) sowie Schüler- bzw. Lehrervorstellungen (Hess, 2005; Larson & Parker, 1996) oder entwickeln Kompetenzstufenmodelle (Clark & Sampson, 2008; Driver, Newton & Osborne, 2000). Sie zeigen Begründungen für die Forderung nach Diskussionen in den Bildungsstandards und gleichzeitig Schwierigkeiten bei ihrer Erlangung auf. Beginnend mit den Gründen zur Durchführung von Diskussionen im Unterricht benennt Hess (2005, S. 3f.) neun herausragende Vorteile von Diskussionen:

1. Diskussionen demokratisieren das Klassenzimmer.
2. Innerhalb von Diskussionen wird Kritisches Denken gefördert.
3. Diskussionen fördern Argumentationskompetenzen.
4. Diskussionen bieten Perspektivenvielfalt zur selben Fragestellung.

5. Diskussionen unterstützen das inhaltliche Lernen.
6. Diskussionen verbessern die Fähigkeiten trotz unterschiedlicher Auffassung zu kommunizieren.
7. Diskussionen fördern Toleranz und das Verständnis für ihre Bedeutung.
8. Diskussionen haben positiven Einfluss auf andere Formen politischen Engagements.
9. Diskussionen fördern das Verhalten der Schüler als Bürger einer Demokratie.

Hess & Posselt (2002) manifestieren, dass Schüler im Unterricht fachbezogen diskutieren möchten. Clark & Sampson (2008) zeigen jedoch, dass Schüler nur selten Gelegenheit dazu erhalten. Dem fügt Butt (2002) hinzu, dass für die Erlangung der mit Diskussionen zu erreichenden Vorteile klar definierte Parameter zu erfüllen sind. Bezogen auf diese Parameter ergab Geddis (1991) Studie häufig mangelnde Kenntnisse der Lehrkräfte. Zu dieser Erkenntnis kommen auch Larson & Parker (1996). Oft behaupten Lehrkräfte, ihre Form des fragend-entwickelnden Unterrichts wäre bereits als Diskussion zu verstehen. Insofern erklärt sich auch der Befund von Dillon (1994), wonach Lehrkräfte aus ihrer Sicht im Unterricht des Öfteren diskutieren. Auch er begründet diese Selbstfehleinschätzung mit fehlender Kenntnis. Insofern verwundern die Ergebnisse zu Schülerleistungen in Diskussionen nicht. So haben Schüler Schwierigkeiten im Präsentieren von Pro- und Contra-Argumenten, unterschiedlichen Sichtweisen und gegenseitigem Aufeinandereingehen in Diskussionen (Driver et al., 2000; Spiegel, 1999). Schließlich können sie nur die Kompetenzen entwickeln, die von ihren Lehrern auch vermittelt werden. Diese geringen argumentativen Fähigkeiten bestätigt auch die Pilotstudie von Budke & Uhlenwinkel (2011) zur schriftlichen Argumentationskompetenz von Schülern im Geografieunterricht. De Vries, Lund & Baker (2002) stellen jedoch heraus, dass erst durch die Qualität des argumentativen Austauschs über Lehrinhalte die Intensität ihres Verständnisses verdeutlicht wird.

Diese Erkenntnisse bedürfen weiterer Überprüfung. Der Geografieunterricht scheint dafür nicht nur durch die genannten Forderungen von Bildungsstandards und Rahmenlehrplänen sinnvoll, sondern auch aufgrund seiner Möglichkeit, Diskussionstraining natürlich in die Behandlung ohnehin diskussionsrelevanter Themen des Faches einzubetten. Daher verfolgt diese Studie das Ziel die Gestaltung von Diskussionen im Geografieunterricht sowie die in ihnen gezeigten Diskussions- und Argumentationsfähigkeiten der teilnehmenden Schüler zu untersuchen. Dafür wurden mithilfe der Videographie und der Qualitativen Inhaltsanalyse nach Mayring kombiniert mit der *Grounded Theory* neun Unterrichtsdiskussionen dokumentiert und analysiert. Es gilt Problembereiche in Unterrichtsdiskussionen und Schülerfähigkeiten aufzudecken, die durch gezielte Förderung und Diskussionstraining behoben werden müssen. Die für die Untersuchung maßgeblichen Kriterien basieren auf die im Folgenden dargestellten theoretischen Ausführungen.

2   Theoretische Fundierung

Ein für die Untersuchung von videographierten Unterrichtsdiskussionen geeignetes Diskussionsmodell wurde von Polzius (1992) entwickelt, welches Unterrichtsdiskussionen als Gesprächsereignisse des Unterrichts definiert, die folgende Kriterien erfüllen (ebd., S. 28ff.):

–   Lehrer und Schüler sind gleichberechtigt
–   Sachkenntnis und fundierte Argumente
–   widerspruchsvoller, verwobener Meinungsstreit
–   zielgerichtet und ergebnisorientiert
–   tragende Lernaufgabe
–   allseits anerkannte zeitlich-räumliche Bedingungen
–   hohe soziale Kultur

Polzius (1992) unterteilt sein Modell in vier Phasen, welche in jeder Diskussion unterschiedlich stark ausgeprägt vorkommen sollten (ebd., S. 81f.). Phase 1 stellt eine möglichst ausführliche inhaltliche, organisatorische und methodische Vorbereitung mit umfassender Planung des Unterrichtsvorhabens dar. Dazu zählt eine erste Problemkonfrontierung, die Herausarbeitung der Zielstellung, die gemeinsame Schaffung einer Kenntnisgrundlage, in welcher Material beschafft und gesichtet wird, erste Meinungen gebildet und entsprechende Argumente formuliert werden. Außerdem werden Arbeitsaufträge erteilt, Diskussionsregeln und der Diskussionsverlauf festgelegt, sowie alle anderen organisatorischen Rahmenbedingungen geschaffen (z.B. Diskussionsleiter und Protokollführer bestimmen, Sitzordnung und Diskussionszeit festlegen, Gruppen einteilen, in Rollen einfinden, etc.). Dabei sollten bereits metakognitive Hilfestellungen für die Informationserarbeitung und Argumentationsformulierung, z.B. Formen des *Scaffolding* gegeben werden.

Die eigentliche Diskussion findet in Phase 2, der Durchführung statt. Diese teilt sich wiederum in vier Unterphasen auf, wobei der Interaktionsphase die größte Bedeutung für das Gelingen einer Diskussion zukommt. Zunächst muss die Diskussion jedoch eröffnet werden. Dafür benennt der Diskussionsleiter das zu diskutierende Problem und gestaltet einen stimulierenden Einstieg. Die Diskutanten präsentieren nun ihre Standpunkte und benennen ein erstes starkes Argument. Dann beginnt die eigentliche Interaktionsphase. Sie ist bei Wohlrapp (2008, S. 306f.) besonders detailliert beschrieben. Er hebt die Prozessdimension von Diskussionen als größten Unterschied zur reinen Argumentation hervor. Schließlich sind Diskussionen komplexe Argumentationen, in denen das Für und Wider eines Sachverhalts für den höheren Erkenntnisgewinn möglichst multiperspektivisch diskutiert werden soll. Dabei beziehen sich die hervorgebrachten Argumente in einer Argumentationskette nicht nur auf die eigene These, sondern auch auf die der Diskussionspartner. So entwickeln sich die Argumente und Thesen in Diskussionen prozessartig. Auf jedes genannte Argument folgt eine Reaktion der Diskussionspartner in Form von Zustimmung, Kritik oder Einwand durch Widerlegen, Hinterfragen, Bezweifeln oder Ablehnen. Im Gegenzug erfordert eine derartige Reaktion möglicherweise eine Einschränkung, Verschärfung, Erweiterung oder Umakzentuierung der anfänglichen Argumentation. Es ergeben sich im Idealfall inhaltlich verwobene Diskussionsbeiträge, die in einer fairen Diskussionspraxis zu einem Wissenszuwachs aller Beteiligter führen.

Bezogen auf die Struktur der einzelnen Argumente bezieht sich diese Untersuchung auf das häufig zitierte, für Kompetenzstufenmodelle verwendete und in einigen auch im Untersuchungsraum geltenden Lehrplänen bereits implementierte Idealbild eines vollständigen Arguments von Toulmin (1969) (vgl. Abb. 1).

Abb. 1: Modell eines vollständigen Arguments nach Toulmin (1969)

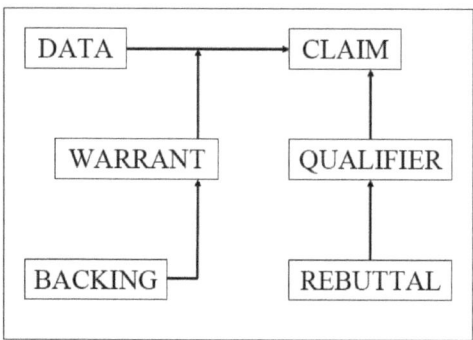

Toulmin (1969) hat die einzelnen Elemente eines vollständigen Arguments wie folgt festgelegt: Jedes Argument besteht aus einer Behauptung (*Claim*), welche durch Fakten oder Normen (*Data*) begründet werden muss. Diese Begründung wird jedoch erst durch eine verbindende Geltungsbeziehung (*Warrant*) gerechtfertigt. Diese Geltungsbeziehung kann durch ein zusätzliches *Backing*, also eine Begründung für die Geltungsbeziehung, gestützt sein. Außerdem sollte die Angabe eines Adverbs wie manchmal, immer, etc. (*Qualifiers*) und eines möglichen Einwands (*Rebuttal*) die Geltungsstärke der Behauptung relativieren, so dass das Argument kaum noch kritisierbar ist.

Polzius' Durchführungsphase endet mit einer Ergebniszusammenfassung, bei welcher entweder ein Konsens, Dissens oder Kompromiss bzw. eine Lösung festgestellt werden kann, eventuell eine Abstimmung stattfindet und offene Fragen benannt werden. Es folgt Phase 3, die Auswertung, in welcher inhaltliche Ergebnisse gesichert werden, metakommunikativ eine Reflexion und Bewertung der Leistung der Akteure stattfindet und methodisch die Eignung der Diskussion als Unterrichtsmethode der Wahl bewertet wird. Polzius (ebd. S. 82) hebt diese Phase als besonders wichtig hervor, damit die Diskussion nicht als bloße Plauderei verstanden und wirklich an den kommunikativen Kompetenzen gearbeitet wird. In der letzten Phase 4 findet eine Weiterführung statt, die offene Fragen und Probleme inhaltlich vertieft. Besonders nach Diskussionen mit vorgegebenen Sichtweisen ist die individuelle und kooperative Weiterbeschäftigung mit dem Stoff aus Schülerperspektive anzustreben. Zusätzlich unterteilt Polzius (ebd., S.108f.) noch drei Niveaustufen bezogen auf die Führung einer Diskussion. Auf der ersten (direkten) Niveaustufe führt die Lehrkraft die Unterrichtsdiskussion in allen Phasen selbst. Dagegen bezieht die Lehrkraft auf der zweiten indirekten Niveaustufe die Schüler durch eine gemeinsame Konzeption der Führungsstrategie und Mitwirken an Entscheidungsprozessen ein. Auf der dritten (offenen) Niveaustufe organisieren die Schüler die Diskussion selbstständig. Die Lehrkraft ist gleichberechtigter Diskussionspartner und Hilfsteller.

Zur weiteren inhaltlichen Analyse können die Ergebnisse der empirischen Untersuchungen von Spiegel (2006) und Vogt (2002) herangezogen werden. Beide erarbeiten drei mögliche Diskussionstypen mit ähnlichen Definitionen aber unterschiedlicher Benennung. Spiegel (2006, S. 67f.) unterscheidet zwischen a) Klärungsdiskussion, b) Pro-Contra-Diskussion und c) Konfrontationsdiskussion. Vogt (2004, S. 89ff.) benennt seine Äquivalente mit: a) divergente, b) konvergente und c) kontroverse Sequenz. Bei beiden handelt es sich bei a) um kooperative multiperspektivische Sachverhaltserklärungen und -ergründungen. Dagegen steht b) für kooperative Diskussionen zur Meinungsbildung, bei denen zudem eine Entscheidung in Form einer gemeinsamen Lösung oder einem Kompromiss angestrebt wird. Bei c) verschiebt sich die Relevanz von der Sachebene hin zur Beziehungsebene und Ebene der Gesprächsorganisation. Ziel solcher teils aggressiven Überzeugungsdiskussion ist es zu siegen, auch mit unlauteren Mitteln.

Ein rein geografisches Kriterium zur inhaltlichen Bewertung ist der tatsächliche Geografiegehalt in den gefilmten Diskussionen. Dazu dienen die im deutschsprachigen Raum bisher kaum verwendeten, für die Untersuchung jedoch als sehr praktikabel befundenen *geographical concepts* von Taylor (2008): *Place* und *Space*, Maßstab, Wahrnehmung und Repräsentation, Diversität, Interaktion und Entwicklung bzw. Wandel. Die ersten drei stellen Kernkonzepte dar, zu deren inhaltlicher Vertiefung die anderen als Hilfskonzepte fungieren. Sie sind als Denkakte zu verstehen, die in ihrer Verbindung die geographische Perspektive ausmachen und den Schüler dazu befähigen, die Vorkommen und Prozesse auf der Welt zu verstehen (Uhlenwinkel 2012). So beschäftigt sich der Geografieunterricht mit der Betrachtung von Orten, die von einzelnen Personen bis hin zur Erde als ein Ort im Weltall reichen. Dabei gilt es deren Lage, Materialität und Bedeutung sowie die Verflechtungen zwischen mehreren Orten auf verschiedenen Maßstäben von lokal bis global zu untersuchen. Für ein besseres Weltverständnis helfen zudem die vertiefende Betrachtung von Unterschieden und Gemeinsamkeiten innerhalb eines und zwischen verschiedenen Orten, ihre Darstellung und Wahrnehmung durch einzelne Akteure, die Abhängigkeitsverhältnisse und gegenseitigen Beeinflussungen zwischen Orten und einzelnen Elementen an einem Ort sowie die Veränderung all dieser Phänomene im Laufe der Zeit (ebd.).

3 Forschungsdesign und Methodik

Im Folgenden werden die Forschungsfragen dargestellt sowie die Datenerhebung und Datenauswertung erläutert.

3.1 Forschungsfragen

Inwieweit sich die theoretischen Kriterien in den videographierten Diskussionen und Schülerleistungen wiederfinden, soll mit den folgenden zwei zentralen Forschungsfragen erschlossen werden:

- Wie gestalten sich Diskussionen im Geografieunterricht bezüglich Geografiegehalt, inhaltlicher und organisatorischer Form?
- Wie ausgeprägt sind die Diskussions- und Argumentationsfähigkeiten der Schüler in Diskussionen im Geografieunterricht?

3.2 Datenerhebung und -aufbereitung

Die aufgeführten Forschungsfragen sollten mithilfe der videobasierten Unterrichtsanalyse möglichst authentisch untersucht werden. So stellt das Videographieren von Unterricht eine besonders umfassende und replizierbare Form der Unterrichtsbeobachtung dar. Zum einen wird dadurch die Interpretation der Unterrichtstranskripte erleichtert, da Sprecher, Sprechweisen und Dialogstrukturen besser zugeordnet werden können. Zum anderen können über die textuelle Interpretation hinaus weitere diskussionsbeeinflussende Faktoren wie die Sitzordnung sowie Aspekte der nonverbalen Kommunikation mit in die Untersuchung des Gelingens der Diskussionen einbezogen werden.

Konkret wurden in dieser Fallstudie neun Diskussionssequenzen im Geografieunterricht in den Klassen 6-12 an jeweils einem Berliner und Brandenburger Gymnasium im Schuljahr 2008/09 gefilmt, nachdem die Lehrkräfte lediglich die Anweisung erhielten im Unterricht fachspezifisch zu diskutieren. Kurze Absprachen vor Unterrichtsbeginn erlaubten eine Kamerapositionierung, die möglichst viele Aspekte des Diskussionsgeschehens einfangen sollte. Gearbeitet wurde mit einer stationären Überblickskamera, die unauffällig und in jeder Unterrichtsstunde individuell im Klassenraum, je nach Sitzordnung, Lichteinfall und gewählter Diskussionsform aufgestellt wurde. Um dennoch die Vorteile einer Zone-of-Interaction-Kamera zu nutzen, fokussieren gelegentlich spontane Schwenks etwaige Diskussionsführer. Die Transkription der Unterrichtsfilme erfolgte mit dem Programm f4 und nach den Richtlinien der Transkription mit GAT (Selting et al. 1998).

Als weiterer Untersuchungsschritt wurden halbstandardisierte Interviews mit den Lehrkräften der Unterrichtsdiskussionen durchgeführt, mit einem digitalen Aufnahmegerät aufgezeichnet und ebenfalls transkribiert. Diese ermöglichen einen

Vergleich zwischen Diskussionsverlauf, -ergebnis und gezeigten Schülerleistungen mit den Vorstellungen, Intentionen und Einschätzungen der Lehrkräfte.

3.3   Datenauswertung

Nach dem Vorbild von Mayring, Gläser-Zirkuda & Ziegelbauer (2005) wurde die Methode der Qualitativen Inhaltsanalyse zur bildlichen und textuellen Auswertung der Videoaufnahmen genutzt. Generell erfolgte die Datenauswertung mit dem Programm MaxQDA. In einem ersten Schritt wurde nach den Grundregeln der Qualitativen Inhaltsanalyse nach Mayring (2003) die Analysetechnik der Strukturierung gewählt. Dies erfolgte in zwei Phasen; zunächst wurden die Transkripte nach den von Polzius (1992) definierten Diskussionsphasen formal unterteilt. Danach folgte für jede einzelne Diskussionsphase eine vorwiegend theoriegeleitete Kategorienbildung, die vor allem auf den hier vorgestellten Erkenntnissen und Modellen fußt. Während der Kodierung der Transkripte ergaben sich jedoch zusätzliche Kategorien, die im Sinne der Grounded Theory (Glaser & Strauss 1998) induktiv dem bestehenden Kategoriensystem hinzugefügt werden mussten. So entwickelten sich für jede Diskussionsphase komplexe und mehrfach revidierte Kategoriensysteme, die die gefilmten Unterrichtsdiskussionen und die in ihnen gezeigten Schülerleistungen inhaltlich strukturieren und typisieren.

Während der Analyse der Unterrichtstranskripte mit MaxQDA wurden die Videoaufnahmen parallel betrachtet, um äußere diskussionsbeeinflussende Faktoren zu analysieren. So konnten dem Kategoriensystem zur Diskussionsgestaltung die Kategorie Sitzordnung hinzugefügt werden. Ihre einzelnen Subkategorien stellen eine Art skalierende Strukturierung dar, die verschieden ausgeprägte Grade an möglichem Blickkontakt zwischen den Diskutanten einerseits und ihnen und dem Publikum andererseits misst. Ebenso konnten in den inszenierten Diskussionen verschiedene Hilfsmittel zur Rolleneinfindung mit unterschiedlicher Wirkung kategorisiert werden.

Die Güte der Datenanalyse wurde neben der mehrfachen Revision der Kategorien durch die diskursive Validierung problematischer Kodiereinheiten sichergestellt. Als Beispiel für die Umsetzung der Verfahrensweise für die strukturierende Inhaltsanalyse sollen die Kategorien zum Geografiegehalt der Schülerargumentationen anhand von Taylors *geographical concepts* ohne Beachtung weiterer Subkategorien in einer verkürzten Form mit entsprechenden Kategoriedefinitionen, Ankerbeispielen und Kodierregeln tabellarisch vorgestellt werden (vgl. Tab. 1). Sie dient zudem der näheren Erläuterung der in Kapitel 1 bereits vorgestellten Konzepte.

Tab. 1: vereinfachtes Kategoriensystem zum Geografiegehalt anhand Taylors geographical concepts

Kategorie	Definition	(redigiertes) Ankerzitat	Kodierregeln
Place	Betrachtung eines realen oder fiktiven Ortes, seiner Lage, Materialität und Bedeutung	*In Norwegen gibt es nicht sehr viel Sonne.*	Kodierung als Kernkonzept, wenn kein überragendes Hilfskonzept eindeutig zugeordnet werden kann
Space	Betrachtung der Relationen und Vernetzungen zwischen *Places* und den daraus resultierenden Ergebnissen	*Also im Zug der Regierung von Brasilien sind wir die Umweltverbände der Ansicht, dass die erneuerbaren Energien sehr gut durch die Wasserkraftwerke in dieser Region ausgebaut werden könnten. Andere Regionen könnten zum Beispiel Strom bekommen von dieser Region.*	Kodierung als Kernkonzept, wenn kein überragendes Hilfskonzept eindeutig zugeordnet werden kann
Maßstab	Betrachtung des gleichen *Place* oder Sachverhalts von verschiedenen Maßstabsebenen	*Genau, dass es nur dann funktionieren würde, würde wirklich ganz Europa da mitmachen. Weil wenn da einzelne Länder nicht dafür wären, dann würde das Holz weiter gekauft werden und dann hätte das eigentlich auch keinen Sinn.*	Kodierung als Kernkonzept, wenn kein überragendes Hilfskonzept eindeutig zugeordnet werden kann
Wahrnehmung und Repräsentation	Betrachtung wie *Places* von einzelnen Personen oder Institutionen wahrgenommen und dargestellt werden	*Ich bin die Vertreterin der türkischen Politik und wir sind der Meinung, da die Quellen des Euphrats und Tigris in der Türkei entspringen, haben wir auch das Recht auf diese Flüsse.*	Bei Überschneidung mit anderen Kern- und Hilfskonzepten ist Wahrnehmung und Repräsentation für den Kontext am wichtigsten

Diversität	Vergleichende Betrachtung innerhalb eines *Place* oder zwischen mehreren *Places* bezüglich Variationen, Funktion, Verteilungsmustern, Aussehen, Wirkungsweisen, etc.	*Die meisten Unfälle bei einem Flugzeug passieren während des Starts oder der Landung. Wenn es bei Tegel abstürzt, dann stürzt das Teil wirklich mitten in die Stadt und sehr viele Menschen sind betroffen. Bei Schönefeld ist es wenigstens etwas außerhalb, wo nicht sehr viele zivile Gebiete betroffen sind.*	Bei Überschneidung mit anderen Kern- und Hilfskonzepten ist Diversität für den Kontext am wichtigsten
Interaktion	Betrachtung der gegenseitigen Beeinflussung und Interdependenz von *Places* und einzelnen Elementen eines Place mit besonderer Berücksichtigung der dahinterliegenden Machtstrukturen in der Humangeographie	*Aber zum Beispiel in Indien, da haben sie so was angebaut; und da kam es zu Grundwassermangel, und das ganze Küstengebiet ist nun versalzen, durch diesen genetischen Reisanbau.*	Bei Überschneidung mit anderen Kern- und Hilfskonzepten ist Interaktion für den Kontext am wichtigsten
Wandel	Betrachtung von Wandel eines *Place* oder Sachverhalts hinsichtlich seiner Quellen, Ergebnisse, Prozesse und Morphologie	*Ja und dass auch jetzt weniger Menschen durch den Lärm belastet werden, da der Flughafen am Stadtrand liegt und nicht mehr so im Zentrum von Berlin.*	Bei Überschneidung mit anderen Kern- und Hilfskonzepten ist Wandel für den Kontext am wichtigsten

4 Ergebnisse und Diskussion

Die Ergebnisse der Qualitativen Inhaltsanalyse zur Diskussionsgestaltung werden gemäß der ersten Forschungsfrage unter den Aspekten Organisation, Inhalt und Geografiegehalt einzeln erläutert. Beginnend mit der Organisation scheinen die Lehrkräfte die Diskussion im kleinen Kreis durch Gruppen- oder Podiumsdiskussionen zu bevorzugen. Schließlich sind nur drei der Diskussionen von Vornherein als Klassendiskussion angelegt. Dennoch konnten auch in den Podiumsdiskussionen alle Schüler entweder durch einen stummen Rollentausch oder per Meldung aus dem Publikum an der Diskussion teilnehmen. Dies zeigt, dass alle Lehrkräfte auf die Möglichkeit zur Beteiligung aller geachtet haben, obgleich nicht jeder Schüler davon Gebrauch gemacht hat oder explizit dazu aufgefordert wurde. Die formale Unterteilung der Diskussionen in die von Polzius (1992) definierten Phasen ergab nur zwei vollständige Diskussionen. Ein Befund, der auf die Unterschätzung des Potentials einer Diskussionsweiterführung besonders nach Rollenspielen hinweist. In allen Diskussionen fand aber neben der eigentlichen Diskussionsphase eine Phase der Vorbereitung statt, wenn auch mit unterschiedlicher Länge und Intensität. Bis auf drei Fälle wurden die Diskussionen zumindest inhaltlich ausgewertet. Aufgrund festzustellender seltener und oberflächlicher metakommunikativer Auswertungen scheinen auch hier die Lehrkräfte der Phase der Auswertung zu wenig Bedeutung für die Förderung der Kommunikationskompetenz beizumessen.

Die Auswertung der äußeren diskussionsbeeinflussenden Faktoren zeigt einige Unterschiede bezüglich ihrer Umsetzung in den einzelnen Diskussionen. So wird Klipperts (2002, S. 28) Feststellung, dass der Einsatz bereits einfacher Requisiten die ernsthafte szenische Umsetzung einer inszenierten Diskussion erleichtert, nur bedingt berücksichtigt. Zwar werden in sechs der sieben als Rollenspiel gestalteten Diskussionen Requisiten zur Rolleneinfindung genutzt, jedoch geschieht dies meist in Form banaler Namensschilder. Jeweils einmal wird das Rollenspiel zusätzlich durch das Abspielen einer bekannten Talkshoweingangsmelodie eröffnet bzw. unterstützen die Schüler ihre Rolle durch das Verkleiden mit rollentypischen Kostümen. Die Nutzung des in der Sitzordnung liegenden Potentials zur positiven Diskussionsgestaltung ist dagegen besser gelungen. Gemäß der Empfehlungen bei Van Ments (1992, S. 41f.) versuchen alle Lehrkräfte geeignete Sitzordnungen für die Diskussion zu schaffen, indem gegnerische Parteien sich an Konferenztischen gegenübersitzen, gleiche Interessengruppen auf dem Podium zur gegenseitigen Stärkung zusammensitzen oder voneinander separierte Tischgruppen zum besseren Verständnis in Gruppendiskussionen gebildet werden. Lediglich in einer Podiumsdiskussion behindert die lineare und nicht u-förmige Aufreihung der Schüler die Verständigung der Diskutanten. So erkundigt sich die Sprecherin zunächst, wem sie antwortet, da sie aus ihrer Position das Namensschild des Vorredners nicht lesen kann. In einer anderen Diskussion wird der Gesprächsfluss offenbar durch zu geringen Abstand zwischen Publikum und Konferenztisch gestört. Die Nähe zu den Diskutanten veranlasst das Publikum stets fernab ihrer Rolle ständig ungefragt am Gespräch teilzunehmen, was zu einer unkooperativen Gesprächsführung beiträgt.

Bezogen auf den zweiten Aspekt der ersten Forschungsfrage weisen bereits die zumeist als Gegensatz formulierten Diskussionsfragen zu häufig schülerfernen Themen darauf hin, dass Lehrkräfte Diskussionen hauptsächlich als zur Darstellung multiperspektivischer Problemsituationen, die eine Entscheidung der Schüler fordern, geeignet betrachten. So entsprechen bis auf zwei Diskussionen inhaltlich alle dem von Spiegel (2006) als Pro-Contra Diskussion und von Vogt (2002) als konvergent bezeichnetem Muster der Diskussion zur Entscheidungsfindung. Lediglich jeweils eine Diskussion lässt sich nach den Vorbildern von Spiegel (2006) und Vogt (2002) als divergente Klärungsdiskussion und kontroverse Konfrontationsdiskussion bewerten. Zudem scheinen Lehrkräfte der Darstellung von Perspektivenvielfalt mehr Bedeutung beizumessen als der von Schülerperspektiven zum Thema. So dürfen die Schüler nur in zwei Diskussionen von Beginn an mit ihrer eigenen Meinung diskutieren. Im überwiegenden Teil sind die in der Diskussion vertretenden Sichtweisen innerhalb eines Rollenspiels vorgegeben. Nur nach zwei dieser inszenierten Diskussionen können die Schüler in einer anschließenden Weiterführung zusätzlich ihre persönliche Meinung vertreten.

Meist übernimmt zudem die Lehrkraft die Rolle des Moderators, teilt sie sich mit den Schülern oder übergibt diese Aufgabe erst nach gemeinsamer Vorbereitung einem ihm geeignet erscheinenden Schüler. Insofern befinden sich die gefilmten Diskussionen hauptsächlich auf den von Polzius (1992) definierten Niveaustufen 1 und 2. Nur eine Diskussion in einer 11. Klasse wird im Sinne der Niveaustufe 3 eigenständig von den Schülern vorbereitet und durchgeführt. Begründet werden, kann dies durch die Aussagen der Lehrkräfte sowie die Befunde anderer Studien (Hess 2005, Butt 2002, Schramke 1999, Dillon 1994), wonach Lehrkräfte entweder Angst haben, die Kontrolle zu verlieren, oder den Schülern nicht genügend Eigenverantwortung zutrauen. Die Möglichkeiten einer indirekten Kontrolle in der Vorbereitungsphase scheinen den Lehrkräften zudem weitestgehend unbekannt. So sind die diskussionsvorbereitenden Anweisungen der Lehrkräfte eher kurz gehalten und meist von organisatorischer Natur. Es werden nur wenig explizite Diskussionsregeln formuliert. Die Lehrkräfte unterstützen kaum durch *Scaffolding* oder andere Hilfestellungen. Dies entspricht den Befunden von Geddis (1991), Dillon (1994) und Larson & Parker (1996), wonach Lehrkräfte über beschränktes Wissen zur Diskussionsgestaltung allgemein und in diesem Fall zu Bedeutung und Methoden einer intensiven Diskussionsvorbereitung verfügen.

Die Betrachtung des dritten Schwerpunkts der ersten Forschungsfrage zeigt, dass der Geografiegehalt im Rahmen fachbezogener Diskussionen als gering bewertet werden muss. Der Großteil der hervorgebrachten Argumente stammt aus fachfremden Wissenschaften oder Alltagstheorien. Grundsätzlich sind Betrachtungen aus Natur- und Gesellschaftswissenschaften wie auch ethische oder alltagstheoretische Argumentationsansätze möglich, wenn sie mit Geografie in Bezug gesetzt werden. Dies geschieht jedoch nur in etwa einem Viertel aller hervorgebrachten Argumentationen und meist mithilfe von Taylors (2008) *geographical concepts* Diversität und Interaktion. Nur in einer regen, da bezugsnahen Diskussion zum Flughafengroßprojekt BER in einer zehnten Klasse ist etwa die Hälfte der genannten Argumente geografisch. In diesem besonderen Fall liegt der Hauptgrund hierfür wohl in der räumlichen Entfernung des alten und neuen Flughafens zum Wohnort der Schüler, da ein Hauptargumentationsstrang die für sie daraus resultierenden Konsequenzen bezüglich längerer und umständlicherer Anfahrtswege sind. Der Befund des geringen Geografiegehalts ist jedoch nur bedingt auf schlechte Schülerleistungen zurückzuführen. Schließlich liegen die Quellen aller Argumentationsansätze hauptsächlich in den von den Lehrkräften zur Verfügung gestellten Materialien. Außerdem werden die Schüler während der untersuchten Diskussion von den Lehrkräften kaum zu mehr Geografiebezug angehalten. Dies spiegelt die derzeitige Situation der Geografie als „Brückenfach" (DGfG, 2010) mit fragwürdiger Daseinsberechtigung aufgrund fächerübergreifender Inhalte wider. Die erfolgreiche Kategorisierung mithilfe von Taylors (2008) *geographical concepts* zeigt jedoch, dass eine Unterrichtskonzeption mit eigenständiger geografischer Perspektive möglich wäre.

Im Hinblick auf die zweite Forschungsfrage sind die Schülerleistungen besonders in der Durchführungsphase zu bewerten. Unabhängig von der Argumentationsstruktur und dem Diskussionsthema lässt sich mit zunehmendem Alter eine inhaltliche Veränderung der Argumentation erkennen. In unteren Klassenstufen stammen die in den Diskussionen formulierten Argumente häufig aus der Alltags- und Erfahrungswelt der Schüler. Erst in den Diskussionen der Sekundarstufe II überwiegen weniger emotional geprägte, fachbezogene und rationale Argumentationen. Dies entspricht unter anderem den Befunden von Mittelstein-Scheid & Hössle (2008), wonach besonders jüngere, unerfahrene Schüler emotional-intuitiv und egozentrisch argumentieren.

Abb. 2: Vollständiges Argument nach Toulmin innerhalb einer Diskussion zum Südostanatolien Projekt in einer 11. Klasse

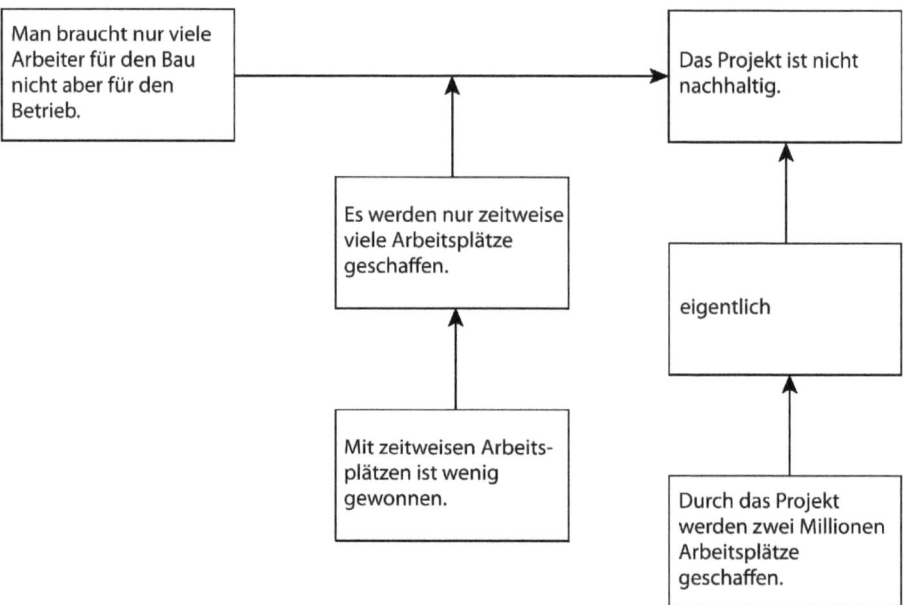

Mit Blick auf die Argumentationsstruktur der Schüleräußerungen entsprechen die analysierten Argumente in den seltensten Fällen vollständigen Argumenten. Häufig ist nicht einmal die Minimalstruktur, bestehend aus Behauptung und Begründung, die durch eine Geltungsbeziehung verbunden sind, angewendet. Die Schüler werden aber nach reinen Behauptungen nicht zur ausführlichen Argumentation von den Lehrkräften aufgefordert. In allen Diskussionen machen die Schüler zudem den logischen Aufbau betreffende Argumentationsfehler, die ebenfalls unreflektiert bleiben. Grund dafür könnten ungenügend Kenntnisse zur Struktur und Logik rationaler Argumentation auf Schüler- und Lehrerseite sein. Dennoch kann von keiner gänzlichen Unkenntnis aller Beteiligter ausgegangen werden, da sich vereinzelt auch Instanzen vollständiger Argumente (vgl. Abb. 2) im Material finden.

Auch die Diskussionspraxis im Allgemeinen ist den Schülern nicht völlig unbekannt. Positiv zu bewerten sind beispielsweise die vereinzelten Versuche der Schüler die Argumentationen anderer zu kritisieren, auch wenn sie generell eher wenig Bezug aufeinander nehmen. Zudem wurde bis auf eine Diskussion eine faire Kommunikationspraxis vom Diskussionsleiter immer wieder eingefordert und von den Akteuren eingehalten. Es zeigen sich aber auch Schwierigkeiten der Diskussionsleiter (egal ob Lehrkraft oder Schüler) die Diskussion anregend zu gestalten und durch geschickte Fragen am Laufen zu halten. Ein Grund für vereinzelt als zäh zu beschreibende Diskussionsverläufe könnte auch im sogenannten ‚Kameraeffekt‘ liegen, welcher von den Schülern explizit während einer Diskussionsauswertung als diskussionshemmend benannt wurde. Ein Umstand der für weitere Studien mittels Videographie beachtet werden muss.

5   Fazit und Ausblick

Die Möglichkeiten der Videographie von Unterricht konnten für diese Studie gewinnbringend genutzt werden, da durch sie nicht nur die Analyse gesprochener Unterrichtsteile erleichtert wurde, sondern auch weitere dem Transkript nicht unmittelbar zu entnehmende diskussionsbeeinflussende Faktoren analysiert werden konnten. Jedoch weist die durch Schüler teils als hemmend wahrgenommene Anwesenheit der Kamera auf Grenzen der Methode, die Probleme einer teilnehmenden Unterrichtsbeobachtung verschärfen können. Dagegen kann die Analysetechnik der Qualitativen Inhaltanalyse nach Mayring kombiniert mit *Grounded Theory* zur Darstellung der Gestaltung von Diskussionen im Geografieunterricht und den darin gezeigten Schülerleistungen durchweg positiv bewertet werden.

Das Ergebnis dieser Analyse zeigt, dass Geografielehrer das Potential von Diskussionen entweder noch nicht gänzlich erkannt haben oder es zumindest nicht vollständig ausschöpfen. Dies vermag an den bereits von Geddis (1991) diagnostizierten mangelnden diskussionsbezogenen Kenntnissen der Lehrkräfte liegen, die auch in dieser Studie besonders in Bezug auf die Diskussionsvorbereitung und (metakommunikative) Auswertung belegt werden können. Auch die von Driver et al. (2000) sowie Spiegel (1999) aufgezeigten beschränkten Schülerfähigkeiten in Diskussionen werden in dieser Studie besonders im Hinblick einer vollständigen Argumentationsformulierung bestätigt. Zudem lassen sich folgende verbesserungswürdige Punkte, die Ursache möglicher Probleme in Unterrichtsdiskussionen sein können, zusammenfassen:

o   wenig Vorbereitungs- und Diskussionszeit
o   unklare Anweisungen über Ablauf, Sinn und Zweck der Diskussion
o   zu wenig Hilfestellungen von Seiten der Lehrkraft bei der Vorbereitung und Rolleneinfindung
o   ungeeignete Sitzordnung
o   Überforderung des Diskussionsleiters
o   demotivierte/gehemmte Schüler (Kameraeffekt)
o   für Schüler wenig greifbare Themen
o   allseits ungenügend Diskussionskenntnisse (auch beim Lehrer)

Für die Behebung dieser Probleme erfordert es vor allem Übung, die im Geografieunterricht allein aufgrund seiner begrenzten Stundenzahl nicht geleistet werden kann. Hilfreich könnten häufig bereits an vielen Schulen stattfindende fächerübergreifende Methodentrainingstage mit dem Fokus auf Diskussions- und Argumentationskompetenzen sein. Zudem können Methoden des *Scaffolding* wie bei Budke (2012) vorgestellt, direkt in Diskussionen im Geografieunterricht die Schüler unterstützen. Deren Wirkung auf die Schülerleistung muss jedoch im Rahmen weiterer Interventionsstudien noch überprüft werden.

Literatur

Alvermann D. E., Hynd C. & Qian G. (1995), Effects of Interactive Discussion and Text Type on Learning Counterintuitive Science Concepts, *Journal of Educational Research*, 88/3, 146-154.

Applebee A. N., Langer J. A., Nystrand M. & Gamoran A. (2003). Discussion-based approaches to developing understanding: Classroom instruction and student performance in middle and high school English, *American Educational Research Journal*, 40/3, 685-730.

Budke A. (2012) (Hg.), *Diercke Kommunikation und Argumentation,* Braunschweig: Westermann.

Budke A. & Uhlenwinkel A. (2011), Argumentieren im Geographieunterricht – Theoretische Grundlagen und unterrichtspraktische Umsetzungen. in: Meyer C., Henrÿ R. & Stöber G. (Hg.), *Geographische Bildung, Kompetenzen in didaktischer Forschung und Schulpraxis,* Braunschweig: Westermann, 114-129.

Butt G. (2002), *Reflective Teaching of Geography 11-18. Continuum Studies in Reflective Practice and Theory*, London: Continuum.

Clark D. B. & Sampson V. (2008), Assessing Dialogic Argumentation in Online Environments to Relate Structure, Grounds, and Conceptional Quality, *Journal of Research in Science and Teaching*, 45/3, 293-321.

De Vries E., Lund K. & Baker M. (2002), Computer mediated epistemic dialogue: explanation and argumentation as vehicles for understanding scientific notions, *The Journal of the Learning Sciences*, 11/1, 63-103.

DGfG (2010), *Bildungsstandards im Fach Geographie für den Mittleren Schulabschluss – mit Aufgabenbeispielen*, 6. Auflage, Bonn: Selbstverlag Deutsche Gesellschaft für Geographie (DGfG).

Dillon J. T. (1994), *Using Discussions in Classrooms*, Buckingham: Open University Press.

Driver R., Newton P. & Osborne J. (2000), Establishing the norms of scientific argumentation in classrooms, *Science Education*, 84, 287-312.

Erduran S., Simon S. & Osborne J. (2004), TAPing into argumentation: Developments in the application of Toulmin's argument pattern for studying science discourse, *Science Education*, 88, 915-933.

Geddis A. (1991), Improving the quality of classroom discourse on controversial issues, *Science Education*, 75, 169-183.

Glaser B. G. & Strauss, A. L. (1998), *Grounded Theory. Strategien qualitativer Forschung*, Bern: Hans Huber.

Hess D. (2005), Discussion in Social Studies: Is it worth the trouble?, *Trainers Times*, 9/1, 2-5.

Hess D. & Posselt J. (2002), How High School Students experience and learn from the Discussion of Controversial Public Issues, *Journal of Curriculum and Supervision*, 17/4, 283-314.

Klippert H. (2002), *Planspiele. Spielvorlagen zum sozialen, politischen und methodischen Lernen in Gruppen*, 4. Auflage, Weinheim: Beltz.

Larson B. E. & Parker W. C. (1996), What is classroom discussion? A look at teacher's conceptions, *Journal of Curriculum and Supervision*, 11/2, 110-126.

Mayring P., Gläser-Zirkuda M. & Ziegelbauer S. (2005), *Auswertung von Videoaufnahmen mit Hilfe der Qualitativen Inhaltsanalyse – ein Beispiel aus der Unterrichtsforschung*, MedienPädagogik, [http://www.medienpaed.com/04-1/mayring04-1.pdf 10.06.2009].

Mayring P. (2003), *Qualitative Inhaltsanalyse. Grundlagen und Techniken*, Weinheim: Beltz.

Mittelstein-Scheid N. & Hössle C. (2008), Wie Schüler unter Verwendung syllogistischer Elemente argumentieren. Eine empirische Studie zu Niveaus von Argumentationen im naturwissenschaftlichen Unterricht, *Zeitschrift für Didaktik der Naturwissenschaften*, 14, 145-165.

Polzius G. (1992), *Didaktische Untersuchungen zur Führung der Unterrichtsdiskussion in der Abiturstufe (gymnasialen Oberstufe) unter besonderer Berücksichtigung der Jahrgangsstufe 11*, Unveröffentlichte Dissertation, Universität Potsdam.

Pontecorvo C. & Girardet H. (1993), Arguing and reasoning in understanding historical topics, *Cognition and Instruction*, 11/3 & 11/4, 365-395.

Schnell R., Hill P. & Esser E. (1999), *Methoden der empirischen Sozialforschung*, 6. Auflage, München / Wien: Oldenbourg.

Schramke A. (1999), Erdkunde als politische Bildung – Orientierungshilfe bei der Suche nach der „Moral des eigenen Lebens". in: Schmidt-Wulfen W. D. & Schramke W. (Hg.), *Zukunftsorientierter Erdkundeunterricht. Trittsteine für Unterricht und Ausbildung*, Gotha: Klett-Perthes Verlag, 67-96.

Selting M. et al. (1998), Gesprächsanalytisches Transkriptionssystem (GAT). *Linguistische Berichte*, 173, 91-122.

Serwene P. (2009), *Behauptungen begründen, Argumente verteidigen, in Wortgefechten beste-hen. Entwicklung eines Modell für Diskussionen im bilingualen Geographieunterricht zur Förderung der argumentativen Kompetenzen,* Unveröffentlichte Masterarbeit, Universität Potsdam.

Spiegel C. (2006), Argumentieren lernen im Unterricht – ein funktional-didaktischer Ansatz, in: Grundler E. & Vogt R. (Hg.), *Argumentieren in Schule und Hochschule. Interdiszipli-näre Studien,* Tübingen: Stauffenburg, 63-76.

Spiegel C. (1999), *Argumentation von Jugendlichen im Deutschunterricht. Zwei Argumentati-onsformen,* [http://www.uni-koblenz.de/~dieckmann/zfal/zfalarchiv/zfal30_2.pdf 11.10.2011].

Taylor L. (2008), Key concepts and medium term planning, *Teaching Geography,* 2, 50-54.

Uhlenwinkel A. (2012), *Geographical Concepts als Strukturierungshilfe für den Geographie-unterricht,* Manuscript submitted for publication.

Van Ments M. (1992), *Diskussion(en) – aktiv. Ein Leitfaden für den effektiven Einsatz von Diskussionen in Unterricht, Ausbildung, Fort- und Weiterbildung,* München: Ehrenwirth.

Unterricht im Lernbereich Globale Entwicklung
Perspektivität als Herausforderung

Lydia Wettstädt & Barbara Asbrand (Universität Frankfurt / Main)

1 Einleitung

1.1 Der Lernbereich Globale Entwicklung

Die Globalisierung und die damit einhergehenden strukturellen Veränderungen der Gesellschaft werden als die (neuen) Herausforderungen für das schulische Lehren und Lernen begriffen (vgl. Focali, 2007). Der Lernbereich Globale Entwicklung erlangt sowohl in einigen Fachdidaktiken (vgl. z.B. Overwien & Rathenow, 2009; Schrüfer & Schwarz, 2010) als auch in der Erziehungswissenschaft steigende Aufmerksamkeit. Mit der Verabschiedung des Orientierungsrahmens ‚Globale Entwicklung' durch die KMK (BMZ & KMK 2007), aber auch im erziehungswissenschaftlichen Diskurs wird Kompetenzerwerb als Ziel formuliert (vgl. z.B. Scheunpflug & Schröck, 2002; Lang-Wojtasik & Scheunpflug, 2005; De Haan, 2008). Der Orientierungsrahmen ‚Globale Entwicklung' formuliert: „Kinder und Jugendliche sollten durch die Behandlung solcher Themen im Unterricht die notwendigen Kompetenzen erwerben, die es ihnen ermöglichen, sich in einer globalisierten Welt zu orientieren und eigene Werte und Haltungen zu entwickeln" (BMZ & KMK, 2007, S.15). Dabei sollten sie grundlegende Kompetenzen für eine entsprechende Gestaltung ihres persönlichen und beruflichen Lebens, für die Mitwirkung in der eigenen Gesellschaft und die Mitverantwortung im globalen Rahmen erwerben" (BMZ & KMK, 2007, S.17). Die formulierten Maßgaben im Hinblick auf den Kompetenzerwerb und die didaktische Gestaltung von Unterricht sind bisher vor allen Dingen normativer Natur und bedürfen einer theoretischen und empirischen Fundierung (vgl. im Überblick Scheunpflug & Uphues, 2010). Die Frage nach dem empirischen Zugang zu Kompetenzerwerbsprozessen und deren Bedingungen ist noch weitgehend unbeantwortet (vgl. Köller 2008).

1.2 Der Umgang mit Perspektivität

In diesem Beitrag wird mit der Frage, wie Schüler/innen im Unterricht zu Themen des Lernbereichs Globale Entwicklung mit Perspektivität umgehen, ein spezifischer Kompetenzbereich näher beleuchtet. Perspektivität wird verstanden als Standortgebundenheit von Wissen, als ein möglicher Blickwinkel auf die Welt, der geprägt ist von der individuellen Lebenssituation, Wertvorstellungen und Erfahrungen. Der Umgang mit Multiperspektivität stellt sich als eine besondere Herausforderung in der Gestaltung zukunftsfähiger Entwicklung dar (vgl. Asbrand & Martens, in Druck). Konsens besteht darüber, dass die Fähigkeit unterschiedliche Perspektiven einzunehmen oder zu berücksichtigen in Anbetracht der weltweiten Vernetzung eine zentrale Kompetenz ist (vgl. BMZ & KMK, 2007; AG Qualität & Kompetenzen Transfer 21, 2006). Der Umgang mit kultureller Vielfalt und verschiedenen Sichtweisen auf globale Herausforderungen und damit der Eröffnung unbekannter, neuer Standpunkte oder Fragehaltungen wird in den einschlägigen Kompetenzmodellen und Konzepten mit unterschiedlichen Formulierungen, wie Perspektivenwechsel, Perspektivenübernahme oder Empathie umrissen. Im Orientierungsrahmen wird im Kompetenzbereich Bewerten unter den Stichworten „Perspektivenwechsel und Empathie" gefordert, dass die Lernenden „(...) eigene und fremde Wertorientierungen in ihrer Bedeutung für die Lebensgestaltung sich bewusst machen, würdigen und reflektieren" (BMZ & KMK, 2007, S. 77). Auch im Konzept der Gestaltungskompetenz, das der Bildung für nachhaltige Entwicklung zugrunde liegt, finden sich entsprechende Anforderungen, wie z.B. „Weltoffen und neue Perspektiven integrierend Wissen aufbauen", „Die eigenen Leitbilder und die anderer reflektieren können" oder „Empathie und Solidarität für Benachteiligte zeigen können" (AG Qualität & Kompetenzen Transfer 21, 2006, S. 12). Umgang mit Perspektivität bezieht sich im Lernbereich Globale Entwicklung also einerseits auf das theoretische Erkennen der Standortgebundenheit von Wissen und Positionen, andererseits auf soziale Perspektivenübernahme bzw. Empathie (vgl. auch Asbrand & Martens, in Druck). Selman (1997) definiert soziale Perspektivenübernahme als sozial-kognitive Fähigkeit, eine Vorstellung von der eigenen Perspektive und derjenigen anderer zu entwickeln, voneinander unterscheiden und miteinander in Beziehung setzen zu können, Gefühle, Wünsche, Motive, Urteile, Fähigkeiten bzw. generell persönliche Eigenschaften anderer zu verstehen sowie soziales Handeln als durch diese Faktoren bestimmt wahrnehmen zu können (vgl. ebd. S. 226f.). Die soziale Perspektivenübernahme stellt – bezogen auf Menschen in globalen, räumlich weit entfernten und kulturell fremden Kontexten – eine schwieriger zu bewältigende Anforderung dar als die Perspektivenübernahme im sozialen Nahbereich (vgl. Scheunpflug & Schröck, 2002; Gehlbach, 2004).

Asbrand und Martens (in Druck) entwickeln auf der Basis einer qualitativen Studie zum Umgang Jugendlicher mit globalen Fragen (Asbrand, 2009) fünf empirisch rekonstruierte Ausprägungen der Perspektivenübernahmekompetenz in globalen Zusammenhängen. Neben zwei Formen des Umgangs mit Perspektivität, in denen keine Perspektivenübernahmekompetenz beobachtbar ist (*Differenzblindheit* und *stereotype Sichtweisen*), konnten drei Formen im Umgang mit Perspektivität rekonstruiert werden: Schüler/innen des Gymnasiums, die sich im schulischen Unterricht mit Themen des Lernbereichs Globale Entwicklung befasst haben, entwickeln zwar eine *theoretische Vorstellung von Perspektivität*, die aber abstrakt bleibt. In Ansätzen entsteht Perspektivenübernahme dann, wenn die Jugendlichen feststellen, dass Menschen in anderen Erdteilen oder Kontexten vergleichbare Erfahrungen machen wie sie selbst (*Perspektivenübernahme auf der Basis eigener Erfahrungen*). Perspektivenvielfalt als ein Merkmal zwischenmenschlicher Beziehungen und die Kompetenz der sozialen Perspektivenübernahme zeigt sich dagegen bei Jugendlichen, die über Erfahrungen in partnerschaftlich strukturierten entwicklungspolitischen Praxen verfügen (*Differenzwahrnehmung*) (vgl. Asbrand & Martens, in Druck). In der Studie von Asbrand (2009) wurden Gruppendiskussionen mit Jugendlichen durchgeführt. Der Kompetenzerwerb konnte demnach nur *ex post* rekonstruiert werden, der Prozess des Lernens selbst nicht empirisch analysiert werden. Vor dem Hintergrund dieses Forschungsdesiderats wurde für die Studie, aus der in diesem Beitrag erste Ergebnisse berichtet werden, *Unterricht* zu Themen des Lernbereichs Globale Entwicklung untersucht. Die Analyse der Unterrichts*prozesse* zielt dabei auf die Rekonstruktion der Prozesse des Kompetenzerwerbs *in situ*.

In diesem Beitrag wird genauer betrachtet, welchen Einfluss zwei unterschiedliche Lehr-Lern-Arrangements auf die Prozesse des Umgangs mit Perspektivität bei den Schüler/innen haben. In der komparativen Analyse konnten zwei Kompetenzausprägungen rekonstruiert werden: Perspektivenwiedergabe und Perspektivenkoordination.[1] Insgesamt zielte das Forschungsprojekt auf die Rekonstruktion von Aneignungs- und Konstruktionsprozessen, die sich bei den Jugendlichen im Unterricht zu Themen des Lernbereichs Globale Entwicklung ereignen, insofern handelt es sich im Rahmen des qualitativen Forschungsprojekts um eine explorative Fragestellung. Der in diesem Beitrag fokussierte Umgang mit Perspektivität stellte sich im Forschungsprozess empirisch als ein relevanter Kompetenzbereich heraus.[2]

2 Methode

Als methodischer Zugang zur Exploration der offenen Fragestellung wurde mit der dokumentarischen Methode (Bohnsack, 2007; 2009) ein qualitativ-rekonstruktives Verfahren gewählt. Unterricht als eine komplexe soziale Interaktion (vgl. Luhmann, 2002) zeichnet sich durch die Aushandlung von Spannungsverhältnissen zwischen Aneignung und Vermittlung und relevantem und nicht relevantem Wissen, wie sie z.B. Kolbe et al. (2008) ausgearbeitet haben, aus. Unterricht wird durch seine beteiligten Akteure bestimmt: die Schüler/innen, die Lehrkräfte und die Materialien, die verwendet werden. Darüber hinaus ist für das Lernen im Unterricht sein Prozesscharakter entscheidend (vgl. z.B. Meyer-Drawe, 2008; Künkler, 2008; Schratz et al., 2011). Um der Komplexität von Unterricht gerecht zu werden, wurde Unterricht videogestützt beobachtet und Gruppenarbeitsphasen zusätzlich audio-

---

1   Zur dritten Form, der Perspektivenaneignung, vgl. Wettstädt (in Vorb.).
2   Weitere Kompetenzbereiche, deren Genese sich im Unterricht beobachten und rekonstruieren ließ, sind der Umgang mit Wissen und der Umgang mit Handlungsaufforderungen, vgl. Wettstädt (in Vorb.).

aufgezeichnet. Diese Datengrundlage ermöglicht die vielschichtige Interaktion genauer analysieren zu können. Auch um die Prozesshaftigkeit von Lernen bzw. Kompetenzerwerb zu erfassen, erfolgte mit der Videographie die technische Aufzeichnung von Interaktions*verläufen*. Auf diese Weise entstanden Daten, die der Sequenzialität von Unterricht gerecht werden.

Die dokumentarische Methode ist darauf ausgerichtet, die *Genese* von Wissen zu rekonstruieren (vgl. dazu ausführlich Bohnsack, 2007, S. 141ff). Im Rahmen der soziogenetischen Interpretation und der für die Methode unerlässlichen komparativen Analyse können die rekonstruierten Wissensbestände auf die Bedingungen ihrer Genese zurückgeführt werden, Bohnsack spricht deshalb von einer „Prozessstruktur" (ebd., S. 146). Wissensstrukturen und Praktiken werden in Abhängigkeit von „konjunktiven Erfahrungsräumen" (Mannheim, 1980, S. 229) rekonstruiert, in denen sie hergestellt und angeeignet werden; im Fall des hier vorgestellten Forschungsprojekts unterschiedliche Kompetenzausprägungen von Schüler/inne/n in Abhängigkeit von unterschiedlich strukturierten Lehr-Lern-Arrangements. Diese werden komparativ vergleichend analysiert und als Prozessstruktur für die Entwicklung von Wissen und Können der Schülerinnen und Schüler rekonstruiert.

Gegenstand der dokumentarischen Interpretation sind Orientierungsmuster, die sich im Anschluss an Mannheim aus implizitem, konjunktivem Wissen bzw. Praktiken und theoretischem, kommunikativen Wissen zusammensetzen (vgl. Bohnsack, 2003). Damit werden jene Wissensbestände empirisch zugänglich, die Weinert (2001) als Handlungskompetenz definiert (vgl. dazu ausführlich Martens & Asbrand, 2009): Dem theoretischen Wissen können Fachwissen und Einstellungen zugerechnet werden; Werthaltungen, Routinen und praktische Fähigkeiten entsprechen dem impliziten Wissen, den inkorporierten Praktiken bzw. dem Habitus, den Bohnsack mit dem konjunktiven Wissen gleichsetzt (vgl. Bohnsack, 2009, S. 15ff.). Die implizite Wissensebene bestimmt die Handlungspraxis der Erforschten und wird in der Handlungspraxis erworben, entspricht somit der Kompetenz als erlernter und erlernbarer Struktur, die sich in der Performanz zeigt und darin erworben wird. Sie kann als strukturierte und strukturierende Struktur der Praxis verstanden werden (vgl. Bourdieu, 1984, S. 278; vgl. Martens & Asbrand, 2009). Mit der empirischen Rekonstruktion dieser Wissensebene und den Prozessstrukturen ihrer Genese erlaubt die dokumentarische Methode einen Zugang zu den Prozessen des Kompetenzerwerbs, in der Unterrichtsforschung bisher ein Desiderat (vgl. z.B. Klieme & Rakoczy, 2008).

Die dokumentarische Methode, für die auch Grundlagen zur Analyse von Videomaterial ausgearbeitet wurden (Bohnsack, 2009), erlaubt eine Unterscheidung zwischen implizitem und theoretischem Wissen durch zwei Analyseschritte: der formulierenden und reflektierenden Interpretation. In der formulierenden Interpretation wird das explizite, theoretische Wissen in der Betrachtung des „Was", der Themen des Gesagten, fokussiert. In der reflektierenden Interpretation wird die Art und Weise der Interaktion analysiert, worin sich implizite Orientierungen und inkorporierte Praktiken rekonstruieren lassen.

Datengrundlage sind jeweils vollständig videographierte Unterrichtseinheiten von jeweils 10 bis 30 Unterrichtsstunden zu verschiedenen Themen des Lernbereichs Globale Entwicklung überwiegend im 10. Jahrgang. Es wurden verschiedene didaktisch-methodische Lehr-Lern-Arrangements in Gymnasien und (integrierten) Gesamtschulen) sowie in verschiedenen Fachkontexten aufgezeichnet. Insgesamt wurden rund 150 Unterrichtsstunden videographiert.

3 Ergebnisse

Im Folgenden werden erste Ergebnisse der Analysen vorgestellt. Dafür werden exemplarisch Unterrichtssequenzen dargestellt, in denen sich der Umgang mit der Standortgebundenheit von Wissen und den situativ gestellten Anforderungen als eine besondere Herausforderung zeigt. In den Unterrichtssequenzen wird jeweils eine Podiumsdiskussion veranstaltet. .Die gewählten Ausschnitte dienen lediglich der Illustration und sollen die Rekonstruktionen nachvollziehbar zu machen. Tatsächlich basieren die Befunde auf der Analyse umfangreichen Materials aus verschiedenen Lerngruppen, die hier aus Platzgründen nicht dargestellt werden kann.

3.1 Perspektivenwiedergabe

Die Sequenz stammt aus einer Unterrichtseinheit zum Thema ‚Fleischkonsum und Regenwald im Fach Biologie in der 10.Klasse einer Gesamtschule, der Theodor-Fontane-Schule. Im Rahmen dieser Unterrichtseinheit wurde in der vorletzten Stunde eine Podiumsdiskussion durchgeführt. Sie wurde in der Stunde zuvor vorbereitet, dabei wurden die Rollen festgelegt und bereits mögliche Argumente vorbesprochen. Vorgesehen waren die Rollen eines Metzgers, eines Vegetariers, deutscher Landwirte (zweimal), eines Landwirts im Regenwald bzw. Ureinwohners, eines Umweltschützers und eines Biologen sowie zwei Moderatoren. Die weitere Vorbereitung wurde als Hausaufgabe erteilt. Die Teilnehmer/innen der Diskussion wurden von der Lehrkraft erst in der Stunde selbst bestimmt. Im kontrastierenden Vergleich zu der zweiten Podiumsdiskussion (s.u.) erscheint diese Vorbereitung relativ unabhängig von den zuvor im Unterricht erarbeiteten Themen. Die Perspektiven werden hier erst mit den Rollen für die Podiumsdiskussion eingeführt, während die Schüler/innen dort bereits in den vorhergehenden Unterrichtsstunden als „Experten" für ein Sachgebiet Informationen recherchiert und sich somit die Perspektivität von Wissen selbst erarbeitet hatten.

Abb. 1: Podiumsdiskussion (Theodor-Fontane-Schule, Passage „Podiumsdiskussion", Min. 29:38)[3]

Die Podiumsteilnehmer/innen lehnen an und sitzen auf Tischen den anderen Schüler/innen gegenüber (s. Abb. 1). Sie haben keinen festen „(Sitz-)Platz", sondern nehmen einen provisorischen Platz ein. Diese Form gibt dem Podium eine erhöhte Position, eine „Bühne" im Raum. Das Plenum ist auf diese „Aufführung" ausgerichtet. Auffällig ist, dass alle Podiumsteilnehmer/innen – mit Ausnahme der beiden Moderatoren – grüne Karten in den Händen halten. Diese hatte die Lehrkraft vor dem Beginn der Diskussion ausgeteilt, auf den Karten sind die jeweiligen Argumente für die Rollen notiert. Die Podiumsteilnehmer/innen halten die Zettel während der Diskussion so, dass sie jederzeit von ihnen abgelesen werden können. Die Podiumsdiskussion wird durch die Lehrkraft eingeleitet:[4]

L So. Dann, (2) zurück zu unsrer <u>Ausgangsfrage</u>, Steak, und Regenwald und ihr kennt das alle ausm Fernsehn, da gibt es ja auch solche Podiumsdiskussionen (2) und wir wollen ebenfalls, heut eine solche Podiumsdiskussion hören, öh das <u>Thema</u> dieser Diskussionsrunde wird sein, ist der Regenwald (2) zu retten? Sollen wir alle Vegetarier werden?

Me /°Nee°

L Ah unter diesem Gesichtspunkt (2) möchte ich jetzt gern, ihr habt euch ja als Hausaufgabe mit verschiedenen Rollen beschäftigt, es kann nicht jeder bei der Podiumsdiskussion teilnehmen, als Moderator, begrüße ich (2) Herrn Florian

Die Lehrkraft vergleicht das Kommende mit einer Form, die sie als aus dem Fernsehen bekannt voraussetzt. Die Diskussion erhält einen Aufführungscharakter und dem Publikum wird eine rezeptive Rolle zugesprochen. Mit der Formulierung von

---

3 Die Fotogramme sind durch Verwischen der Gesichter aufgrund des Datenschutzes anonymisiert.

4 Theodor-Fontane-Schule, Passage „Podiumsdiskussion", Min. 9:27-10:26. Die Transkription wurde sprachlich überarbeitet und folgt den für die dokumentarische Methode etablierten Richtlinien (vgl. Bohnsack, 2007, S. 235). Die Sprecher/innen werden codiert, durch Buchstaben zugeordnet und das Geschlecht unterschieden (L=Lehrkraft; Me=Mehrere; m=mask., f=fem.; z.B. Anna=Af).

zwei Entscheidungsfragen erscheint eine einfache Beantwortung naheliegend. Dass die Lehrkraft den Moderator mit Vornamen anspricht, ist mit dem Vergleich zum Fernsehformat nicht konsistent. Auch die Tatsache, dass die Moderatoren diejenigen ohne Karten sind, ist damit inkompatibel: Im Fernsehen hat meist nur die Diskussionsleitung Karten in der Hand. Ebenso entspricht die provisorische Sitzposition auf den Tischen weder dem Fernsehformat noch handelt es sich um eine Arbeitshaltung. Hierfür würde man auf Stühlen oder Sesseln (im Fernsehen) und hinter den Tischen sitzen. Die Form einer Podiumsdiskussion wird durch die praktische Umsetzung konterkariert.

Insgesamt ist das Setting inhaltlich und organisatorisch durch den Ablauf der Vorbereitung, die vorbesprochenen Argumente und die Rollenzuweisung durch die Lehrkraft bestimmt. In der Adressierung des Plenums als Publikum zeigt sich, dass die Lehrkraft von einer rezeptiven, passiven Haltung ausgeht. In dieser Art und Weise des Vorgehens dokumentiert sich ein *themenvermittelnder Lehr-Lern-Modus*, der den beobachteten Unterricht in dieser Lerngruppe bestimmt. Als themenvermittelnd bezeichnen wir einen Lehr-Lern-Modus, in dem die Inhalte überwiegend durch die Lehrkraft bzw. das Unterrichtsmaterial vorgegeben werden. Eher geschlossene Aufgabenstellungen legen die Art und Weise der Bearbeitung durch die Schüler/innen formal und inhaltlich fest.[5]

Nachdem die erste Frage durch den Moderator nach der Zerstörung des Regenwaldes innerhalb von eineinhalb Minuten auf die Profitgier von Menschen zurückgeführt und deutlich gemacht wurde, dass die Zerstörung umweltschädlich ist, fragt die Ko-Moderatorin nach weiteren Argumenten.[6]

Af   Äh (2) habt also; gibt es irgendwelche Argumente die ihr ähm der Menschheit geben könnt warum wir Fleisch und Sojaprodukte aus dem Regenwald brauchen; (3)
Pm   Damit ich mein Einkommen kriege.
Me   @(.)@
Bf   ˙/Ja. Also wir brauchen billiges Soja, äh sonst werden die Produkte bei uns immer teurer und dann will sie auch niemand mehr.
(...)
Em   Was ist eigentlich dann die Meinung vom Vegetarier hier;
Cf   Äh ja also ich hab eigentlich also meiner Meinung nach ähm; könnten wir den Regenwald schützen wenn alle Vegetarier werden, weil dann gibt es auch in Deutschland genug zu Essen für uns und wir müssten auch kein Platz in den Regenwäldern schaffen für Sojaanbau, (°oder so°) °und ja° (2) dann würden also ich mein; man müsst ja jetzt nicht Vegetarier werden aber man könnte halt zwei drei Mal die Woche vegetarisch essen.
Pm   /Naja wenns aber nur Vegetarier geben würde dann würd ich kein Fleisch mehr verkaufen können und dann (.)°würd ich bankrott gehen.°
Me   @(2)@

---

5   Die empirischen Analysen, die zu dieser Einordnung des Lehr-Lern-Arrangements führen, können hier nicht ausführlich dargestellt werden, vgl. dazu Wettstädt (in Vorb.).

6   Theodor-Fontane-Schule, Passage „Podiumsdiskussion", Min. 18:26-19:54

In der zweiten Frage durch die Ko-Moderatorin sowie im weiteren Verlauf zeigt sich zunächst, dass das Thema für die Schüler/innen abstrakt und weit entfernt von eigenen Erfahrungen ist. Die Argumente sollen an die „Menschheit" gerichtet werden, was eine große Distanz auch zur eigenen Person deutlich macht. Die Argumente werden als beliebig („irgendwelche") gerahmt und es wird kein/e Podiumsteilnehmer/in direkt angesprochen.

Nicht nur dem Publikum wird eine rezeptive Rolle zugeschrieben, sondern auch diejenigen, die die Diskussion aufführen, verhalten sich rezeptiv. Die Podiumsteilnehmer/innen reagieren auf die Frage der Ko-Moderatorin nach Argumenten, indem sie die Punkte von ihren Karten mehr oder weniger wörtlich reproduzieren bzw. leicht abwandeln. Der Metzger (Pm) rekurriert auf seine ökonomische Existenz, was die Landwirtin (Bf) aus Deutschland mit dem Blick auf den Konsumenten, der keine teuren Produkte kauft, unterstützt. Pm und Bf geben dabei den Inhalt oder sogar Wortlaut ihrer Karten wieder.[7] Der Metzger (Pm) bringt die in den vorgegebenen Argumenten enthaltene existentielle Abhängigkeit vom Fleischkonsum der Kunden ein und verbindet sie mit dem gleichgelagerten ökonomischen Interesse an günstigen Fleischpreisen und hohem Konsum. Dies stellt auch die Perspektive der Konsumenten dar, die der Schüler/innen außerhalb des Spiels.[8] Diese Sichtweise bestimmt den weiteren Diskussionsverlauf. Nach einer kurzen Nachfrage des Moderators nach deutschem Soja, die ebenfalls mit dem Konsumentenwunsch nach billigen Produkten abgewiesen wird, involviert Em die Vegetarierin. Cf führt ihrer Rolle und der Karte entsprechend den Vegetarismus als Lösung und Rettung für den Regenwald an. Erneut werden damit die auf der Karte notierten Argumente vorgelesen.[9] Mit Rekurs auf das Generalargument der existentiell-ökonomischen Abhängigkeit wird der Austausch erneut vorläufig beendet.

Der Umgang mit unterschiedlichen Perspektiven auf ein Problem zeichnet sich in diesem Unterricht dadurch aus, dass vorgegebene Argumente wiedergegeben und abstrakt einander gegenüber gestellt werden. Diese Form des Umgangs als eine *Perspektivenwiedergabe* zeichnet sich dadurch aus, dass die Standortgebundenheit von Informationen bzw. unterschiedliche Akteure zwar als solche benannt werden, aber die Perspektivität ein formales Kennzeichen der Informationen bleibt. Es werden keine Konsequenzen für die Lösung globaler Probleme (hier: Zerstörung des Regenwaldes für den Futtermittelanbau) reflektiert. Die Unterschiedlichkeit der Perspektiven wird nicht thematisiert, mögliche Widersprüche oder Interessengegensätze, die sich daraus ergeben können, nicht verhandelt. Die Perspektive der

---

7   Auf der Karte der Landwirtin sind die beiden Argumente notiert: „Wir brauchen billiges Soja, sonst werden unsere Produkte so teuer, dass sie niemand kauft" und „Wenn ich nur einheimisches Futter verwende, dann kann ich nur wenige Tiere halten und das Fleisch wird teurer oder ich verdiene nicht genug um meine Familie zu ernähren".

8   Auf der Karte des Metzgers steht: „Fleisch muss günstig sein" und „Alle Menschen müssen die Möglichkeit haben Fleisch zu kaufen".

9   Auf ihrer Karte steht: „Wenn alle Vegetarier werden, dann gibt es genug zu essen für alle Menschen, da man zur Aufzucht eines Rindes riesige Mengen an Soja u. Wasser benötigt".

Schüler/innen bleibt die der (Fleisch-)Konsument/inn/en. Perspektivenübernahme oder auch nur die theoretische Einsicht in Perspektivität lässt sich in dieser Unterrichtssequenz nicht beobachten.

3.2 Perspektivenkoordination

Auch in der Unterrichtseinheit zum Thema ‚Schadstoffe in Kleidung', die in einer 10. Klasse an der Friedrich-Schiller-Schule, einem Gymnasium, im Biologie- und Sozialkundeunterricht fächerübergreifend durchgeführt wurde, fand eine Podiumsdiskussion statt. Anhand des kontrastierenden Vergleichs lässt sich für diese Lerngruppe die *Perspektivenkoordination* als Form des Umgangs mit Perspektivität rekonstruieren. Eingangs der Unterrichtseinheit wurde ein Alltagsproblem dargestellt, Krankheitssymptome nach dem Tragen eines neuen T-Shirts, das aus Expertensicht eingeschätzt und bearbeitet werden sollte. Die Schüler/innen hatten sich über fünf Unterrichtsstunden in Gruppen mit einem jeweiligen Expertengebiet (Medizin, Chemie, Textilunternehmen, Textilarbeiter/innen), also mit einer Perspektive auf das Thema Kleiderproduktion, beschäftigt. In der Podiumsdiskussion sollten die Schüler/innen diese vertreten. Die Diskussion als wesentliches Element der Ergebnispräsentation schließt an das bisher Erarbeitete an.

Auftakt der Podiumsdiskussion ist ein Film „Schön! Färber!"[10], der die Textilunternehmer als verantwortlich für die schlechten Bedingungen in der Textilproduktion identifiziert und eine klare Rollenverteilung der Akteure vornimmt.

Abb. 2: Podiumsdiskussion (Friedrich-Schiller-Schule, Passage „Podiumsdiskussion", Min. 19:08)

---

10 Video abrufbar unter http://www.youtube.com/watch?v=2JomPtm00yU (Stand 8.10.2012). Es stammt aus einer Kampagne für „saubere Kleidung", vgl. http://www.saubere-kleidung.de/ (Stand 08.10.2012).

Die Teilnehmer/innen der Podiumsdiskussion sitzen hinter der vorne aufgestellten Tischreihe und sind zum Plenum gewandt (s. Abb. 2). Sie haben im Vergleich zum zuvor analysierten Arrangement (s.o.) einen festen Platz. Bei dem Material, dass die Podiumsteilnehmer/innen vor sich liegen haben, handelt es sich um eigene Notizen, es ist – anders als die grünen Karten – selbst vorbereitetes Material. Das Arrangement ist formal durch die Vorgabe von Expertenrollen und inhaltlich durch das Video vorstrukturiert. Die Lehrkraft übernimmt die Moderation, hat somit auch während der Podiumsdiskussion eine steuernde Rolle. Der wesentliche Unterschied zu der vorherigen Sequenz besteht darin, dass sich die Schüler/innen die inhaltlichen Argumente ihrer Rollen in der Recherche-Aufgabe selbst erarbeitet haben. Den Lehr-Lern-Modus, der den Unterricht hier vor allem bestimmt, bezeichnen wir als *Aufgaben-Ko-Konstruktion*. Er zeichnet sich dadurch aus, dass zwar die Themen und der Gegenstand vorgegeben sind, innerhalb dieser thematischen Rahmung eine Mitgestaltung der Schüler/innen aber möglich ist und die Aufgaben selbstständige Tätigkeiten einfordern. In der Podiumsdiskussion kommen aber auch Aspekte der *Themenvermittlung* zum Tragen. So kommuniziert der Film eine eindeutige inhaltliche Einordnung des Gegenstandes. Als Diskussionsleitung beginnt die Lehrkraft die Diskussion:[11]

L   So in diesem kurzen <u>Spot</u> sind ja ganz viele Punkte <u>aufgetreten</u> die ihr ja <u>auch</u> ähm erstmal so im Unterricht kurz <u>behandelt</u> habt, ähm <u>wir</u> haben jetzt hier die <u>einzelnen</u> <u>Vertreter</u> (.) wir- es wurden ja eben die <u>Unternehmen</u> schon <u>angesprochen</u> wir ham jeder nen kurzen **Ausschnitt gesehen** ähm natürlich wahrscheinlich <u>alles</u> übertrieben **aber** dazu haben wir ja unsere <u>Experten</u> der <u>Unternehmer</u> äh aus der <u>Textilbranche</u> ähm

(...)
L   Wenn Sie sich kurz dazu <u>äußern</u> würden (...)

Mit der Bemerkung, dass auch Punkte aus dem Unterricht angesprochen wurden, und mit der Adressierung der Schüler/innen als Experten schließt die Lehrkraft an den bisherigen Unterricht an. Der Status als Experte setzt ein spezifisches Wissen voraus, das eine Positionierung ermöglicht. Inhaltlich folgt die Lehrkraft der Logik des Films, indem sie die Vertreter der Unternehmen zu einer Stellungnahme auffordert. Der Gehalt des Videos erscheint als Vorwurf, zu dem es sich zu verhalten gilt. In der ersten Stellungnahme des „Unternehmers" (Hm) geht dieser in Opposition:[12]

Hm   <u>Ja</u> also zu <u>allererst</u> das stimmt alles <u>nicht</u> was in dem Video <u>vorkommt</u> (2) unsere <u>Arbeiter</u> haben <u>Rechte</u> (2) und jeder Arbeiter ist <u>frei</u> wir zwingen <u>niemanden</u> da zu arbeiten in <u>Bangladesch</u> und auch ein Stundenlohn von zehn <u>Cent,</u> das ist <u>schwachsinnig;</u>

(...)
L   Ähm Herr <u>Müller</u> vielleicht können Sie kurz sich ähm nochmal als ähm Unternehmer
Me   / @(2)@

---

11   Friedrich-Schiller-Schule, Passage „Podiumsdiskussion", Min. 16:49-17:18
12   Friedrich-Schiller-Schule, Passage „Podiumsdiskussion", Min. 17:18-18:39

L   vorstellen was <u>warum</u> äh produzieren Sie ihre <u>T-</u> Shirts im <u>Ausland,</u> und <u>was</u> sind Ihre <u>Beweggründe, was</u> sind vielleicht aber auch Ihre <u>Probleme</u>; (2)

Cm   Ähm das <u>Problem</u> ist ganz einfach dass eine Produktion in <u>Deutschland</u> oder in der <u>EU</u> viel zu <u>teuer</u> wär, die Kosten für ein T-Shirt was vielleicht <u>so</u> zwanzig <u>Euro</u> kosten würd wären dann bei gut <u>hundert,</u> oder <u>mehr</u>; (2) und ich denk dass <u>keiner</u> hier im Raum soviel für n normales <u>T-Shirt bezahlen wollte</u>, wobei die Qualität dann auch nicht <u>besonders steigt,</u> sondern das geht <u>alles</u> nach <u>Standard</u> und ähm wir als Textilhersteller sehen uns gezwungen im Ausland zu produzieren, wo die Arbeitskräfte <u>billig</u> sind weil wir sonst <u>selber</u> nicht mehr mit unserm Geschäft <u>leben</u> können; (...)

Hm nimmt die Vorwürfe auf, indem er sich abgrenzt und seine Position verteidigt. Die nächste Nachfrage der Lehrkraft an den zweiten Vertreter der Unternehmen („Herr Müller") die Gründe für die Verlagerung der Produktion ins Ausland zu schildern, ist von dem Video losgelöst und eröffnet die Möglichkeit eine eigene Argumentation zu entfalten, gibt allerdings das Thema vor. Cm argumentiert ähnlich wie die Landwirte in der Podiumsdiskussion der Theodor-Fontane-Schule (s.o.): Sein wesentliches Argument ist die ökonomische Existenzsicherung im Zusammenhang mit dem Interesse der Konsument/inn/en an niedrigen Preisen. Die Mitschüler/innen werden hier explizit als potenzielle Käufer/innen von Textilien angesprochen. Die eigene Konsumentenperspektive, die in beiden Podiumsdiskussionen nicht durch eine Rolle vertreten ist, wird hier thematisiert und – wie sich im weiteren Verlauf zeigt – zu anderen Perspektiven ins Verhältnis gesetzt. Auch Cm grenzt sich von etwaigen Vorwürfen ab, indem er auf Standards verweist, die unabhängig vom Ort der Produktion eingehalten würden. Er argumentiert, dass die Unternehmer gezwungen sind so zu handeln. Die „Schuldfrage" kann mit dem Mangel an Alternativen suspendiert werden. Der Gehalt des Films bestimmt hier die Art und Weise der Auseinandersetzung der Unternehmer mit dem Thema. Die Dichotomie von „Gut" und „Böse" zieht sich durch die weitere Diskussion, in der außerdem Krankheitsbilder und Chemikalien in der Produktion thematisiert werden. Nachdem die Unternehmer sich auch gegen den Vorwurf von schädlichen Substanzen in Kleidungsstücken positioniert haben, wendet sich die Lehrkraft an die Vertreterinnen der Textilarbeiter. Diese kommen daraufhin auf das Thema Kinderarbeit, Cf erläutert dazu eine Graphik[13]:

Cf   Und @(.)@ also da sieht man halt wie viele Kinder ähm halt arbeiten in welchem Alter, (...) und ähm für die ist das halt auch schädlich wegen diesem ganzen Azofarbstoffen und so ja

Kf   Ähm vor allem auch Pestizide sind ein großes Thema da viele Leute die mit Pestiziden in Kontakt kommen eine Pestizidvergiftung also unter einer Pestizidvergiftung leiden, und dies führt dann schließlich zu Krebs, Nervenschäden, Atemwegserkrankungen,

Me   / @(.)@

Kf   Geburtsfehlern, und auch Unfruchtbarkeit, und schon zehn Milliliter Pestizide reichen aus um bei direkter Berührung eines M- also einen Menschen zu töten

---

13 Internetquelle der Graphik: www.welthungerhilfe.de/1086.html. Friedrich-Schiller-Schule, Passage „Podiumsdiskussion", Min. 30:27-32:1

Hm	Aber du hast gesagt, <u>zweitausendneunhundert</u> wenn ich das richtig verstanden hab, starben an einer <u>Vergiftung,</u> Deutschland hat <u>achtzig</u> Millionen Einwohner und
Cf	/ Zweiundachtzig
Hm	zweitausend starben (2) <u>rund</u> achtzig Millionen wie viele auch immer; und äh
?f	/@(.)@
Cf	/ Werd nicht
Hm	Deutschland hat
Cf	aggressiv
Me	@(2)@
L	Psch
Hm	/ Wenn da <u>zweitausend</u> dran sterben, dann heißt das nicht dass die zweitausend Kinder an der (Vergiftung) gestorben sind und nicht <u>jeder</u> der n T-Shirt <u>kauft</u> (.) reagiert <u>allergisch</u> auf <u>irgendeinen</u> Stoff der vielleicht in dem T-Shirt <u>vorhanden</u> ist und <u>stirbt</u> gleich da dran (2) und äh von um nochmal auf <u>Cristina</u> zurück zu kommen; (.) dann die
Cf	/ ( )
?m	/ Nee ich wird ( )
Hm	<u>Kinder</u> können erstens wir beschäftigen <u>keine</u> Kinder (.) und zweitens selbst <u>wenns</u>
Cf	/ <u>Äh</u> (.) ja
Hm	so <u>wäre</u> könnten die <u>gehen</u> (.) ich hab <u>vorhin</u> gesagt unsere Arbeiter sind <u>frei</u> die können gehen wann sie wann sie wollen
?f	/ Ja aber die müssen ja irgendwie <u>leben</u>
Cf	Ähm ihre Arbeiter sind <u>nicht</u> frei

Cf stellt Kinderarbeit als Problem dar, da auch arbeitende Kinder von den gesundheitlichen Gefahren betroffen seien. Dass die Schülerin mit der Grafik, die sie noch ausführlich beschreibt, einen Beleg in die Argumentation einbindet, zeigt, dass sie das selbsttätig gewonnene Wissen anwenden kann.

In dieser Sequenz kann nachvollzogen werden, wie die Schüler/innen – im Unterschied zu der ersten Podiumsdiskussion (s.o.) – Argumentationsstrategien entfalten und zwischen den Argumenten und Perspektiven Beziehungen herstellen. Der Verweis von Cf auf die Azofarbstoffe greift ein Argument der „Medizinerin" (Kf) auf, die diese als Gefahr für die Verbraucher/innen angeführt hatte, und integriert es in die eigene Argumentation. Sie entfaltet eine Expertise für die „Betroffenen", deren Arbeitsbedingungen es darzustellen und die es zu verteidigen gilt. Die „Medizinerin" (Kf) knüpft mit ihrem Wissen zu anderen möglichen Erkrankungen an. Auch der „Unternehmer" (Hm) reagiert auf eine vorherige Äußerung von Kf, nämlich die Behauptung, dass knapp 3000 Menschen durch Schadstoffe in Kleidungsstücken gestorben seien. Inhaltlich verschiebt er den Fokus wieder auf die Verbraucher/innen und begibt sich in den Modus der Verteidigung. Der eingelagerte Kommentar Cfs zur Aggressivität zeigt die Involviertheit der Schüler/innen, die wahrgenommen wird und den Modus des Gesprächs, der sich verändert. Es werden Argumentationsstrategien des Hinterfragens der Glaubwürdigkeit, des Negierens, Abstreitens oder Generalisierens genutzt und die Perspektiven auf das Problem miteinander in ein Verhältnis gesetzt. Es zeigt sich in dem Opponieren, der interaktiven Dichte und dem Meta-Kommentar zum Diskussionsverhalten die Relevanz des Konfliktes, der mit dem Video initiiert wurde und von den Beteiligten mit Hilfe des zuvor erarbeiteten Wissens bearbeitet wird.

Der Umgang mit Perspektivität als *Perspektivenkoordination* zeichnet sich hier dadurch aus, dass in der Übernahme einer Rolle, in der Darstellung von Perspektivität und der Koordination verschiedener Standpunkte ein diskursiver Austausch entsteht. Die Perspektivität gewinnt inhaltlich Bedeutung für die Entfaltung von Argumentationsfiguren.

4   Diskussion

Im Vergleich der beiden Unterrichtssequenzen zeigt sich wie die Lehr-Lern-Arrangements auf unterschiedliche Art und Weise zum Kompetenzerwerb beitragen. In der beobachteten Unterrichtssequenz aus der Theodor-Fontane-Schule erstrecken sich die Vorgaben bis auf die Argumente, die Vorbereitungszeit ist kurz und fordert keine eigenständige Erarbeitung der Argumente durch die Schüler/innen. Das weniger offene und stark durch Material und Lehrkraft gelenkte Setting lässt lediglich die Wiedergabe von Perspektiven zu. Die vorgegebenen Argumente werden reproduziert, das Einüben einer Perspektivenübernahme ist für die Bewältigung der Aufgabe nicht notwendig, vielmehr bleiben die Schüler/innen ihrer eigenen Rolle als Fleischkonsument/inn/en in Europa verhaftet.

Dagegen können die Schüler/innen der Friedrich-Schiller-Schule, die sich eigenständig und von Anfang an perspektivengebunden Wissen aneignen mussten, eigene Argumentationslinien entwickeln und die verschiedenen Perspektiven diskursiv in Beziehung setzen. Unterschiedliche Perspektiven der von einem globalen Problem Betroffenen werden auf diese Weise relevant. Allerdings bearbeiten die Schüler/innen die Perspektivenvielfalt lediglich theoretisierend (vgl. Asbrand & Martens, in Druck). Erste Ansätze von *Perspektivenübernahme* werden in dem analysierten Unterricht sichtbar, als für die Schüler/innen offensichtlich wird, dass die Textilarbeiter/innen durch den Kontakt mit Farbstoffen und Pestizidrückständen von ähnlichen gesundheitlichen Problemen betroffen sein könnten, wie die Verbraucher/innen in Europa. Hier erkennen sie bei den Menschen in einem anderen Kontext vergleichbare Erfahrungen zu ihren eigenen (vgl. Asbrand & Martens, in Druck).

Zusammenfassend kann festgehalten werden, dass das Erkennen von Perspektivität offensichtlich eher ermöglicht wird, wenn ein Lehr-Lern-Arrangement Ko-Konstruktionsprozesse der Schüler/innen und den diskursiven Austausch zu verschiedenen Positionen zulässt bzw. fördert. Im empirischen Material zeigt sich dieser Befund unabhängig von der Schulform bzw. dem Bildungshintergrund der Jugendlichen, sondern als Merkmal der didaktischen Gestaltung des Unterrichts. Mit Blick auf die Unterrichtsgestaltung zeigt sich ferner, dass die Auswahl und die Art und Weise des Einsatzes des inhaltlichen Inputs (z.B. der Film „Schön! Färber!") bzw. des Unterrichtsmaterials (z.B. Rollenkarten) für das Einüben einer Kompetenz einen entscheidenden Unterschied machen.

Literatur

AG Qualität & Kompetenzen des Programms Transfer-21. (2007), *Programm Transfer 21. Bildung für eine nachhaltige Entwicklung. Orientierungshilfe Bildung für nachhaltige Entwicklung in der Sekundarstufe I. Begründungen, Kompetenzen, Lernangebote*, Berlin.

Asbrand B. (2005), Unsicherheit in der Globalisierung. Orientierungen von Jugendlichen in der Weltgesellschaft, *Zeitschrift für Erziehungswissenschaft*, 8, 223-239.

Asbrand B. (2009), *Wissen und Handeln in der Weltgesellschaft. Eine qualitativ-rekonstruktive Studie zum Globalen Lernen in der Schule und in der außerschulischen Jugendarbeit*, Münster/ New York/ München/ Berlin: Waxmann.

Asbrand B. & Martens M. (in Druck), Qualitative Kompetenzforschung im Lernbereich Globale Entwicklung: Das Beispiel Perspektivenübernahme, in: Overwien B. & Rode H. (Hg.), *Bildung für nachhaltige Entwicklung als Prinzip lebenslangen Lernens*, Opladen: Barbara Budrich.

BMZ & KMK (2007), *Orientierungsrahmen für den Lernbereich Globale Entwicklung*, Bonn.

Bohnsack R. (2003), Orientierungsmuster, in: Bohnsack R., Marotzki W. & Meuser M. (Hg.), *Hauptbegriffe Qualitativer Sozialforschung*, Opladen, 132-133.

Bohnsack R. (2007), *Rekonstruktive Sozialforschung. Einführung in qualitative Methoden*, 6.Aufl., Opladen & Farmington Hills: Barbara Budrich.

Bohnsack R. (2009), *Qualitative Bild- und Videointerpretation*, Opladen & Farmington Hills: Barbara Budrich.

Bourdieu P. (1984), *Die feinen Unterschiede. Kritik an der gesellschaftlichen Urteilskraft*, Frankfurt am Main: Suhrkamp.

De Haan G. (2008), Gestaltungskompetenz als Kompetenzkonzept einer Bildung für nachhaltige Entwicklung, in: De Haan G. & Bormann I. (Hg.), *Kompetenzen der Bildung für nachhaltige Entwicklung. Operationalisierung, Messung, Rahmenbedingungen, Befunde*, Wiesbaden: VS Verlag für Sozialwissenschaften, 23-43.

Focali E. (2007), *Pädagogik in der globalisierten Moderne – Ziele, Aufgaben und Funktion von Pädagogik im Spannungsfeld von Globalisierung und Regionalisierung*, Münster/New York/München/Berlin: Waxmann.

Gehlbach H. (2004), A new perspective on perspective taking: A multidimensional approach to conceptualizing an aptitude, *Educational Psychology Review*, 16, 207-234.

Klieme E. & Rakoczy K. (2008), Empirische Unterrichtsforschung und Fachdidaktik. Outcome-orientierte Messung und Prozessqualität des Unterrichts, *Zeitschrift für Pädagogik*, 54, 222–243.

Kolbe F.-U., Reh S., Fritzsche B., Idel T.-S. & Rabenstein K. (2008), Lernkultur: Überlegungen zu einer kulturwissenschaftlichen Grundlegung qualitativer Unterrichtsforschung, *Zeitschrift für Erziehungswissenschaft*, 11/1, 125–143.

Köller O. (2008), Bildungsstandards – Verfahren und Kriterien bei der Entwicklung von Messinstrumenten, *Zeitschrift für Pädagogik*, 54/2, 163–173.

Künkler T. (2008), ‚Lernen im Zwischen' – Zum Zusammenhang von Lerntheorien, Subjektkonzeptionen und dem Vollzug des Lernens, in: Mitgutsch E., Sattler K., Westphal & Breinbauer I. M. (Hg.), *Dem Lernen auf der Spur*, Stuttgart: Klett-Cotta Verlag, 33-50.

Lang-Wojtasik G. & Scheunpflug A. (2005), Kompetenzen Globalen Lernens. *Zeitschrift für Internationale Bildungsforschung und Entwicklungspädagogik*, 28/2, 2–7.

Luhmann N. (2002), *Das Erziehungssystem der Gesellschaft*, Frankfurt am Main: Suhrkamp.

Martens M. & Asbrand B. (2009), Rekonstruktion von Handlungswissen und Handlungskompetenz – auf dem Weg zu einer qualitativen Kompetenzforschung, *Zeitschrift für Qualitative Forschung*, 10, 223–239.

Meyer-Drawe K. (2008), *Diskurse des Lernens*, Paderborn: Fink.

Overwien B. & Rathenow H.-F. (2009) (Hg.), *Globalisierung fordert politische Bildung. Politisches Lernen im globalen Kontext*, Opladen & Farmington Hills: Barbara Budrich.

Scheunpflug A. & Schröck N. (2002), *Globales Lernen*. (Hauptgeschäftsstelle des Diakonischen Werkes der Evangelischen Kirche in Deutschland (EKD) für die Aktion Brot für die Welt, Hg.), Stuttgart.

Scheunpflug A. & Uphues R. (2010), Was wissen wir in Bezug auf das Globale Lernen? Eine Zusammenfassung empirisch gesicherter Ergebnisse, in: Schrüfer G. & Schwarz I. (Hg.), *Globales Lernen. Ein geographischer Diskursbeitrag*, Münster/New York/München/Berlin: Waxmann, 63-100.

Schratz M., Schwarz J.F. & Westfall-Greiter T. (2011), Auf dem Weg zu einer Theorie lernseits von Unterricht, in: Meseth W., Proske M. & Radtke F. O. (Hg.), *Unterrichtstheorien in Forschung und Lehre*, Bad Heilbrunn: Klinkhardt, 103-115.

Schrüfer G. & Schwarz I. (Hg.), (2010), *Globales Lernen. Ein geographischer Diskursbeitrag*, Münster: Waxmann.

Selman R. L. (1997), Sozial-kognitives Verständnis. Ein Weg zu pädagogischer und klinischer Praxis, in: Geulen D. (Hg.), *Perspektivenübernahme und soziales Handeln*, Frankfurt am Main: Suhrkamp, 223-256.

Wettstädt L. (in Vorb.), *Kompetenzorientierter Unterricht im Lernbereich Globale Entwicklung*, Dissertation, Universität Frankfurt am Main.

Videografie im Politikunterricht
Erste Ergebnisse einer Pilotstudie zu domänenspezifischen Basisdimensionen

Sabine Manzel & Dorothee Gronostay (Universität Duisburg-Essen)

Videoforschung ist derzeit in der empirischen Bildungsforschung en vogue. Für die empirische Politikdidaktik eignet sich die standardisierte Videomethode besonders, um Kommunikations- und Urteilsbildungsprozesse im Politikunterricht in unterschiedlichen Klassenzimmern systematisch zu beschreiben und auszuwerten. Auch wenn Videos nur begrenzt Selbstlernphasen in Einzelarbeit, z.B. Textarbeit erfassen, bilden sie jedoch umfassend Elaborationsphasen im Politikunterricht ab, in denen Schüler/innen ihre kognitiven Prozesse verbalisieren oder in politischen Rollenspielen/Pro-Kontra-Debatten interagieren. An den Tiefenstrukturen aus den Videobeobachtungen wird z.B. nachvollziehbar, warum Schüler/innen Schwierigkeiten beim politischen Urteilen haben und an welchen Stellen die dazugehörenden Argumentationsprozesse im Unterricht verbessert werden können. Mittels videogestützter Unterrichtsaufzeichnungen können außerdem die Unterstützungsleistungen unterrichtlicher Lehr-Lernprozesse beim politischen Urteilen sowie die fachdidaktische Strukturierung von Unterricht bei Lehrpersonen in der Domäne identifiziert werden.

Die standardisierte Videografie stellt in der Politikdidaktik ein Novum dar. Obwohl es bereits in den 90er Jahren erste Ansätze der Unterrichtsbeobachtung mit Videomitschnitten auch im Politikunterricht gegeben hat (Grammes & Weißeno, 1993; Schelle, 1996), fehlt bislang ein systematischer Zugang. Die bisherigen Videoaufzeichnungen haben eher experimentellen Charakter und dienen zur Unterstützung von Belegstellen und qualitativen Analysen, insbesondere in der hermeneutischen Tradition der Erkenntnisgewinnung über Sprachhandlungen und Prozesse im Unterricht unter kulturvergleichender Perspektive (Meister & Schelle, 2012). Der Pilot stößt mit der standardisierten Videografie eine Reihe von Forschungsprojekten in der empirischen Politikdidaktik an, die zur Erfassung von Qualität in Politik beitragen sollen und den Anspruch erheben, methodologischen Standards zu genügen (vgl. Manzel, 2012).

1 Theoretische Grundlagen zur Erstellung eines Kategoriensystems für Politikunterricht

Die theoretische Grundlage der empirischen Unterrichtsforschung in Politik bildet – wie für viele andere Disziplinen auch – das Angebots-Nutzungs-Modell von Helmke (2009). Der Fokus der Pilotstudie liegt auf dem Baustein Unterrichtsgeschehen: Dort bietet eine Lehrkraft den Schüler/inne/n Lerngelegenheiten, die diese in einer vorgegebenen Zeit nutzen können. Dahinterliegende Mediationsprozesse wie Motivation, Lernpotential und Lehrkompetenz stehen nicht primär im Zentrum der Pilotstudie. Beschäftigt man sich mit Unterricht, so taucht immer die Frage nach der Qualität auf. In der Politikdidaktik gibt es zahlreiche normativ-appellative Ansätze zur Bestimmung von „gutem Politikunterricht", aber nur wenige gesicherte Befunde. Der Forderung nach empirischer Erkenntnis aus dem Jahr 1928 scheint für die Politische Bildung immer noch nicht eingelöst zu sein:

> „Wir besitzen Werbeschriften über Schulversuche oder Polemiken gegen sie, aber gerade das, worum geworben oder wogegen gekämpft wird, gerade die objektive Kennzeichnung schlüpft zwischen den bekenntnismäßigen Einstellungen hindurch" (Fischer 1928: 88).

Die Desiderata in der politikdidaktischen Forschung sind eklatant, obwohl unter normativ-empirischen Politikdidaktiker/inne/n Einigkeit darüber herrscht, dass „politikdidaktische Theorie und Empirie auf die Bereitstellung von Beschreibungs-, Erklärungs- und Veränderungswissen angewiesen sind" (Weißeno, 2011, 83). Aufgrund dieser Forschungslücken in der Domäne Politik/Sozialwissenschaften verbleibt bislang nur der Rückgriff auf gesicherte Merkmale guten Unterrichts aus anderen Disziplinen. Aus vergleichenden Wirkungsstudien der empirischen Bildungsforschung sind vier Faktoren mehrfach als lernfördernd und wirksam bestätigt worden: Class Room Management, kognitive Aktivierung, Unterrichtsklima und Feedback/Tests (Brophy & Good, 1986; Mayer, 2004; Hattie, 2012). Bisherige Videoanalysen geben Hinweise darauf, dass ein angemessenes Niveau an kognitiver Aktivierung Leistungen von Schüler/inne/n positiv beeinflusst (Lipowsky et al., 2005). In den vergangenen Monaten wurde auf Tagungen der empirischen Bildungsforschung wie der AEPF oder DGfE verstärkt gefordert, die Befunde aus der allgemeinen Pädagogik und den Vorreitern in der empirischen Mathematik- und Naturwissenschaftsdidaktik mit dem Blick auf die einzelnen Fachdidaktiken – auch der Nebenfächer – zu spezifizieren. So ist für die Politikdidaktik zu überlegen, ob diese Kriterien für „wirksamen Unterricht" übertragbar sind auf das Unterrichtsfach Politik/Wirtschaft (Sek. I) und Sozialwissenschaften (Sek. II) gemäß Lehrplan NRW. Für die Pilotstudie ist der Faktor „kognitive Aktivierung" mit folgenden vier Unterfacetten für „wirksamen" Politik-Unterricht ausgewählt worden:

a) Authentizität (situiertes und exemplarisches Lernen, Fallprinzip)
b) Fachkonzepte: „Politik kommt in Politik-Stunden vor"

c) Eigenaktivität, kooperatives Lernen und instruktionale Unterstützung
d) Diskursivität (Redeanteile, Elaborationsdichte)

1.1 Situiertes Lernen an authentischen und aktuellen Politikthemen

Authentizität und Aktualität der Sachbegegnung im Unterricht kommt mit dem lerntheoretischen Ansatz des situierten Lernens eine große Bedeutung zu. Situiertes Lernen betont die Kontextabhängigkeit von Wissensbeständen: Demnach nimmt die jeweilige Lernsituation erheblichen Einfluss auf die spätere Anwendungsqualität und Verfügbarkeit von Wissen (Moschner, 2003, 57f). Um in diesem Sinne „träges Wissen" zu vermeiden, ist in Lernsituationen die Auseinandersetzung mit realistischen Problemen und authentischen Situationen zu ermöglichen, welche zugleich einen Anwendungskontext für das zu erwerbende Wissen bereitstellen (Mandl, Gruber & Renkl, 2002, 143). Die Idee situierten Lernens kann für den Politikunterricht folgendermaßen konkretisiert werden:

> „Politisches Lernen als situativer Prozess erfolgt stets in spezifischen politischen Kontexten. Diese liefern einen Interpretationshintergrund für die Bewertung von Lerninhalten und ermöglichen reale Lernerfahrungen. Lernen Schüler/-innen am Beispiel aktueller Landtagswahlen wie das Wahlsystem in der BRD beschaffen ist (…), so können sie aus diesem konkreten Kontext heraus auch politische Inhalte und ihre dazu aufgebauten Wissensstrukturen für andere politische Situationen wie Bundestagswahl oder Europawahl anwenden" (Manzel, 2008, 28).

Dementsprechend wäre die Thematisierung z.B. der Funktionsweise von Wahlsystemen im Politikunterricht ohne entsprechende Einbettung in aktuelle, reale politische (Wahl-)Kontexte im Sinne einer späteren Anwendungs- und Transferfähigkeit wenig förderlich. Daraus kann geschlussfolgert werden, dass die Einbindung von Unterrichtsthemen in die aktuelle politische Realität sowie der Einsatz authentischer Unterrichtsmaterialien als Kriterium für einen lern- und motivationsförderlichen Politikunterricht angesehen werden können. Es wird davon ausgegangen, dass Themen des Politikunterrichts grundsätzlich Anknüpfungspunkte zur politischen Wirklichkeit aufweisen. Mit den Facetten Authentizität und Aktualität wird somit beurteilt, ob durch explizite Bezüge zu konkreten politischen Ereignissen im Politikunterricht eine kognitive Aktivierung von Schüler/inne/n angelegt ist. Das konkrete politische Ereignis dient somit als Beispiel oder Fall zur Veranschaulichung eines allgemeineren politischen Sachverhalts. Die Lernenden haben so die Möglichkeit gemäß des exemplarischen Lernens Verknüpfungen zwischen ihren bisherigen Wissensbausteinen herzustellen und zu vertiefen.

1.2 Fachkonzepte und ihre Vernetzung im Politikunterricht

Die Expertise „Zur Entwicklung nationaler Bildungsstandards" (Klieme et al., 2007) hat in allen Fächern die Diskussion um Kernbereiche des in Schule zu vermittelnden fachlichen Wissens angeregt, kumulatives Lernen soll u.a. mit Hilfe von Basis- und Fachkonzepten erzielt werden (vgl. KMK, 2005, 20).

„Die Bestimmung von Bildungszielen fordert deshalb auch eine Verständigung darüber, was den Kern von Lernbereichen und Fächern ausmacht" (Klieme et al., 2007, 20).

Die Politikdidaktik lehnt sich in ihren Überlegungen zu Fachkonzepten an die Definition aus der Didaktik der Naturwissenschaften an und sieht Basiskonzepte als

„die strukturelle Vernetzung aufeinander bezogener Begriffe, Theorien und erklärender Modellvorstellungen, die sich aus der Systematik eines Faches zur Beschreibung elementarer Prozesse und Phänomene historisch als relevant herausgebildet haben" (Demuth et al., 2005, 57).

Die Kenntnis von Begriffen (engl. concepts) stellt in der Kognitionspsychologie eine Voraussetzung für das Regellernen – und darauf aufbauend – dem Problemlösen dar (Weinert, 2001). Das Fachwissen einer Domäne ist folglich in konzeptuellen Modellen (Expertenmodellen) repräsentiert, das Wissen der Lernenden in mentalen Modellen. Schüler/innen haben demnach subjektive Theorien zu Fachgegenständen, die gemessen am Expertenmodell, richtig oder falsch sein können (vgl. Richter, 2008, 153f.). Darüber hinaus wird die Vernetzung der einzelnen fachlichen Wissenselemente als Basis für kumulatives Lernen angesehen.

Aktuell lassen sich in der politikdidaktischen Diskussion um den Kern des Faches folgende Gegensätze unterscheiden:
- politikwissenschaftliches Fachkonzepte-Modell vs. sozialwissenschaftliche Anregungen zur Konzeptbildung;
- Experten-Novizen-Modell vs. konstruktivistisches Modell.

Die Pilotstudie setzt das politikwissenschaftlich-begründete Fachkonzeptemodell von Weißeno et al. (2010) mit den 30 ausdifferenzierten Fachkonzepten als Grundlage für ein hochinferentes Kategoriensystem ein, bei dem „Ordnung, Entscheidung und Gemeinwohl" als Basiskonzepte definiert werden, weil sie „zum Verständnis des Politischen unverzichtbar [sind] und […] der Domäne eine Struktur [geben], die sie von anderen Domänen […] unterscheidet" (ebd., 11).

Um zusätzlich die Komplexität der Fachkonzepte zu erfassen, übernimmt der Pilot die Facette „Komplexität" aus dem naturwissenschaftlichen ESNaS-Kompetenzmodell (vgl. Kauertz et al., 2010). Die Unterteilung in Fakten-, Zusammenhangs- und Konzeptniveau wird auf politische Fachkonzepte übertragen, wobei nur Fakten bewertet werden, die einen politischen Gehalt aufweisen und sich entweder dekontextualisiert der Dimension Fachwissen Politik zurechnen lassen (z.B. Aufbau und Funktion der Verfassungsorgane, Entscheidungsprozesse in der EU, Gerechtigkeitskonzeptionen etc.) oder sich kontextualisiert auf die politische Realität beziehen (z.B. derzeitige Sitzverteilung im Bundestag oder Streit um eine Wahlrechtsreform, Erneuerbare Energien Gesetz, parteipolitische Querelen um Betreuungsgeld etc.). Reine Meinungsäußerungen („Ich bin für ein NPD-Verbot") oder

Alltagswissen („Drogen sind verboten" etc.) werden nicht als Faktenwissen kodiert.

1.3 Eigenaktivität, kooperatives Lernen und instruktionale Unterstützung

Der Aufbau von konzeptuellem Wissen lässt sich auch unter konstruktivistischer Perspektive betrachten. Empirische Untersuchungen aus der Schulpraxis bestätigen die Bedeutung der Eigenaktivität der Lernenden beim Wissenserwerb:

> „Um zu vermeiden, dass schulisches Lernen zum Erwerb eines trägen, mit seiner Systematik verlöteten und eingekapselten Wissens führt, muss der Lernende die relevanten Informationen aktiv, kreativ und auch situiert erwerben" (Weinert, 1998, 115).

Diese Auffassung des wissensbasierten Konstruktivismus kann sich die Politikdidaktik zu Nutze machen, indem sie bereichsspezifische Anwendungssituationen, z.B. aktuelle Debatten über die Energiewende, die Eurokrise oder die Friedensbemühungen im Nahen Osten mit konstruktiven und instruktionalen Elementen versieht, um das Weltwissen der Schüler/innen in begründetes Fachwissen zu transformieren. Denn selbst wenn Wissen eine Konstruktion des Individuums ist und Lernende über unterschiedlich ausgeprägte semantische Netzwerke verfügen, so trägt konzeptuelles Fachwissen der Lehrkräfte dazu bei, fehlerhaftes logisches Schließen bei den Schüler/inne/n zu erkennen. Individuelle Lernphasen oder kooperative Lernarrangements sind mit Reflexionsphasen zu kombinieren, bei der Lehrkräfte das selbständig erworbenen Wissen und Können der Schüler/innen diagnostizieren und instruktionale Unterstützung bieten. Unter kognitionspsychologischen Gesichtspunkten ist die Mischung aus instruktiven und konstruktiven Anteilen für die Politische Bildung förderlich: „Ein extern angeregter, systematisch organisierter, durch den Lehrer kontrollierter Wissenserwerb ist sehr wohl mit intrinsischer Motiviertheit, konzentrierter Aufmerksamkeit und mentaler Lernaktivität vereinbar" (Weinert, 2001, 46). In Studien zum Wissenserwerb in Physik bei Grundschüler/inne/n (Hardy et al., 2006) zeigt sich z.B. instruktionale Unterstützung im Unterricht effektiver als eine rein konstruktivistische Lehrmethode. Darüber hinaus verringern sich durch gezielte Instruktion die Fehlkonzepte und fachliche Begrifflichkeiten werden leichter angenommen (a.a.O., 321). Im Pilot werden diese Facetten über die Sozialform erhoben. Diese lässt sich unterteilen in Einzelarbeit, kooperative Lernarrangements wie Partner- oder Gruppenarbeit und fragend-entwickelndes Unterrichtsgespräch im Plenum. Kodiert wird, was real stattfindet, nicht, was die Lehrkraft vorgibt. So kann z.B. von der Lehrperson Gruppenarbeit instruiert sein, die Schüler/innen arbeiten aber entgegen dieser Anweisung überwiegend (>50%) alleine. Wie kooperative Lernformen oder instruktionale Unterstützung beschaffen sein müssen, um einen effektiven Kompetenzzuwachs in Politik zu erzielen, gilt es in experimentellen Wirkungsstudien zu messen.

2 Forschungsdesign

2.1 Fragestellung

In der Pilotstudie geht es in einem ersten Schritt darum, Basisdimensionen und typische Unterrichtsmuster, sog. *core patterns* des Politikunterrichts zu identifizieren und somit einen Beitrag zum Beschreibungswissen zu leisten. Ziel ist es, mittels videogestützter Unterrichtsaufzeichnungen das Spezifische des Politischen über Basiskodierungen wie Redeanteile sowie proximale Kodierungen z.B. zu Authentizität und Fachkonzepten herauszufiltern. Folgende Forschungsfragen stehen im Zentrum der Erhebung:

a) Inwiefern lassen sich allgemeine Merkmale von Unterrichtsqualität auf Politikunterricht übertragen? Was sind Fachspezifika?

b) Werden im Politikunterricht gemäß der situierten Kognition aktuelle politische Ereignisse thematisiert und authentische Materialien eingesetzt?

c) Lassen sich politische Fachkonzepte nach dem Konzepte-Modell (Weißeno et al., 2010) im alltäglichen Politikunterricht der Sek. I identifizieren? Welchen Komplexitätsgrad weisen diese auf?

2.2 Methode

Um Unterrichtsqualität in Politik zu erfassen, bietet sich wie oben bereits erwähnt die standardisierte Videografie an. Sie lässt einerseits Aussagen über die Prozessqualität zu, der Umgang mit Politik im Unterrichtsgeschehen wird sichtbar. Andererseits ermöglicht sie auch Aussagen über die Produktqualität: In Kombination mit standardisierten Erhebungen wie z.B. Fragebögen zur Motivation, dem Politikinteresse oder Wissenstests zu politischen Ereignissen können Wirkungen des Umgangs mit Politik im Unterricht gemessen werden.

Die Entscheidung für die standardisierte Videografie bedingt die Wahl der Methode der Erhebung und Auswertung. Die qualitative Inhaltsanalyse nach Mayring (2010 und 2012) verbindet ein induktives und deduktives Vorgehen, was bei der Entwicklung eines Kategoriensystems für die einzelnen Basisdimensionen im Politikunterricht besonders geeignet scheint. Im ersten Schritt werden die Analyseeinheiten bestimmt (Kodier-, Kontext- und Auswertungseinheit), danach erfolgen Analyseschritte mittels des erstellten Kategoriensystems, das wiederholt an Theorie und am Material überprüft wird. Sollten sich Veränderungen oder Anpassungen des Kategoriensystems ergeben, erfolgt ein erneuter Materialdurchlauf. Bei niedriginferenten Kodierungen ist dies selten der Fall, da die Auswertung entlang eines vordefinierten Manuals eindeutig ist, hingegen sind bei hochinferenten Ratings die Interpretationen vielschichtig und bedürfen häufiger einer Mehrfachschleife bei der Entwicklung eines adäquaten Kategoriensystems.

2.3   Stichprobe

Das Pilotprojekt hat mit einer zufälligen Stichprobenziehung von n=50 aus allen Gymnasien und Gesamtschulen in NRW (n=727) begonnen, ist jedoch dabei schnell an Grenzen der Praktikabilität gestoßen. 93 Prozent der kontaktierten Schulen haben sich nicht für den Modellversuch bereit erklärt, so dass die Stichprobe keine generalisierbaren Aussagen mehr zulässt. Zudem ist die Gefahr der Selbstselektivität der Lehrkräfte bei Unterrichtsaufzeichnungen gegeben, was nur durch höhere Fallzahlen ausgeglichen werden kann. Insgesamt haben sieben Schulen an dem Pilot teilgenommen, dabei waren an einem ländlichen und einem städtischen Gymnasium mehrere Lehrkräfte bereit, ihren Politikunterricht filmen zu lassen.

– 5 Schulen im RegBezirk Düsseldorf (Stadt D 586.217 Einw., Kreis ME 55.508 Einw., WES 37.454 Einw.)
– 1 Schule im RegBezirk Münster (Stadt RE 117.000 Einw.)
– 1 Schule im RegBezirk Köln (Stadt BM 64.839 Einw.)

Die Stichprobe besteht letztlich aus n = 11 Politiklektionen mit n = ca. 300 Schüler/inne/n. Aus der Jahrgangsstufe 8 am Gymnasium wurden 8 Klassen aufgenommen, aus der Jahrgangsstufe 9 aus zwei Gymnasien und einer Städtischen Gesamtschule wurden 3 Klassen gefilmt. Das Geschlecht der Lehrpersonen ist anteilsmäßig gleich verteilt. Zwei Lehrkräfte verfügen über eine Berufserfahrung von über 20 Jahren, die überwiegende Mehrheit verfügt über eine Berufserfahrung zwischen einem bis fünf Jahren. Dies deckt sich auch mit dem Alter der Lehrenden: fünf Lehrkräfte sind unter 30 Jahre alt, drei zwischen 30 und 50 und zwei zwischen 55 und 65. Die Tendenz, dass sich eher jüngere Lehrpersonen filmen lassen, entspricht den Stichprobenmerkmalen bei videografierten Unterrichtsstunden anderer Domänen (z.B. Gröschner, Jurik & Seidel, 2012; PaLea-Projekt)

2.4   Gütekriterien

Eine *smallscale*-Studie verlangt strenge Gütekriterien, um Aussagen zu ersten Anhaltspunkten bzgl. der *core patterns* im Politikunterricht treffen zu können. Gerade in der qualitativen Forschung steht die Interpretationsobjektivität häufig in Zweifel. Um dieser Kritik vorzubeugen und Interpretationsobjektivität zu gewährleisten, wurden Kodiermanuale mit Ankerbeispielen für alle Kategorien erstellt sowie daraus abgeleitete Ratingtabellen. Unabhängige Rater/innen wurden in einem Kodiertraining geschult. Die interne Validität ergibt sich zum einen aus der kommunikativen Validierung in fachdidaktischen Expert/inn/enrunden zum Konzeptemodell von Weißeno et al., zum anderen bzgl. der Konstruktvalidität durch die Anlehnung an validierte Videostudien aus den Naturwissenschaften (IPN-Studien) und der Mathematik (TIMMS, Pythagoras). Die Rater/innen-Übereinstimmung liegt bei den nominalskalierten Ratings bei einem Kappawert > 0.7. Die ordinalskalierten hochinferenten Ratings zeigen ebenfalls gute Übereinstimmungswerte von mindestens Spearman Rho > 0.7 und Kendall-W > 0.8.

3   Befunde

Folgende Ergebnisse lassen sich aus der *small scale*-Studie deskriptiv berichten. Bei den Schüleräußerungen wird differenziert nach Redebeiträgen im Rahmen des Unterrichtsgespräch („Schüler/in spricht") und Äußerungen in Phasen der Partner- oder Gruppenarbeit („Schüler/innen sprechen untereinander"). Vergleicht man die Redeanteile im Politikunterricht mit anderen Fächern, ist tendenziell zu beobachten, dass Schüler/innen im Politikunterricht mit 41% deutlich mehr zu Wort kommen als in Mathematik oder Englisch. Ob sich diese Tendenz auch bei größeren Fallzahlen erhärtet, ist noch zu prüfen.

Tab. 1: Vergleich der Redeanteile im Politikunterricht mit anderen Fächern

Redeanteile an der Unterrichtszeit	Politik (n=11)	VERA Mathe	DESI Englisch
Lehrer/in spricht	32%	51%	51%
Schüler/innen sprechen	41%	31%	24%
- davon: Schüler/in spricht (Plenum)	29%	n.b.	n.b.
- davon: Schüler/innen sprechen untereinander (Gruppen- oder Partnerarbeit)	12%	n.b.	n.b.
Keiner spricht	23%	18%	25%
Durcheinander	4%	n.b.	n.b.

n.b. = nicht berichtet; n = 11 Politiklektionen der Jgst. 8/9 an Gymnasien/Gesamtschulen in NRW

Bei den Sozialformen überwiegt mit 72% das Plenum, individuelles Lernen in Einzelarbeitsphasen findet zu 15% in den videografierten Unterrichtsstunden statt, kooperatives Lernen, angelegt in Partner- oder Gruppenarbeit, ist in 13% der Fälle zu beobachten. In zwei Einzelstunden werden zudem die handlungsorientierten Makromethoden Rollenspiel/Debatte eingesetzt.

Die Unterrichtsthemen weisen, gemessen an der aktuellen Nachrichtenberichterstattung, mehrheitlich einen aktuellen Bezug auf: fünf Themen sind sehr aktuell, zwei eher aktuell, eines eher nicht und drei gar nicht aktuell. Die Aktualität der Sachbegegnung wird aber im Unterricht implizit gelassen und nicht thematisiert (3 Rater/innen: Cohens Kappa: 1.0***). In den elf videografierten Politiklektionen werden in drei Stunden sehr aktuelle Materialien eingesetzt, in sechs Lektionen ist das Material älter als ein Jahr. Bezüglich der Authentizität des Unterrichtsmaterials lässt sich feststellen, dass überwiegend mit dem Schulbuch gearbeitet wird. In vier von elf Politiklektionen setzt die Lehrkraft darüber hinaus authentisches Material ein, definiert als nicht für den Einsatz im Unterricht produzierte Medien (Zeitungsartikel, Karikaturen, Fotos). Untersucht wurde dabei auch der Grad der Veränderung, wobei auf einer 4-stufigen Likert-Skala zwischen den Ausprägungen „unverändert" bis „stark verändert" unterschieden wurde. Originalgetreue Materialien kommen in den Politikstunden nicht zum Einsatz, der Veränderungsgrad variiert zwischen leicht bis stark verändert und bezieht sich häufig auf die optische Gestaltung, aber auch auf die inhaltliche Reduktion oder Vereinfachung des Originaltextes. Neben den eingesetzten Unterrichtsmaterialien wurde die Facette Authentizität auch anhand von Bezügen zu authentischen politischen Ereignissen im Verlaufe des Unterrichtsgesprächs erfasst. In zwei von elf Lektionen wird das Thema anhand eines authentischen politischen Falls behandelt. In neun von elf Politikstunden werden im Stundenverlauf weitere Bezüge zu authentischen politischen Fällen/Ereignissen hergestellt (Rating Authentizität Inhalt: $\kappa > 0.92$***; Authentizität: Veränderung des Materials: p (rho) > .87***).

Tab. 2: Aktualität des Stundenthemas und der eingesetzten authentischen Unterrichtsmaterialien*

Aktualitätsgrad	Stundenthema** (n=11)	Unterrichtsmaterial** (n=12)
Sehr aktuell (< 1 Monat)	5	3
Eher aktuell (1-6 Monate)	2	1
Eher nicht aktuell (6-12 Monate)	1	2
Gar nicht aktuell (> 12 Monate)	3	6

* ohne Schulbuch-Material; ** jeweils drei Rater/innen, je Rater-Paar Cohens Kappa > .70

Die Politiklektionen unterscheiden sich deutlich hinsichtlich ihres politischen Gehalts. In der small scale Studie liegt die durchschnittlich beobachtete Anzahl bei neun Fachkonzepten pro Unterrichtslektion. In einzelnen Stunden erhöht sich der Wert auf maximal 15 Fachkonzepte. Die Stunden mit sehr geringem Einbezug von Fachkonzepten weisen inhaltlich eine soziale oder moralische Schwerpunktsetzung auf, z.B. Drogenprävention oder moralische Appelle zum Schutz der Umwelt bzw. Umwelterziehung. Untersucht man die Konzepte genauer, so findet sich das Basiskonzept Ordnung, insbesondere das Fachkonzept Staat, in fast allen Unterrichtsstunden (82%). Europapolitik wird z.B. in bis zu einem Viertel der Politikstunden auf der Ordnungsebene angesprochen (Europäische Integration 1-25%), jedoch keinmal auf der Entscheidungsebene (Europäische Akteure: 0%). Das Basiskonzept Gemeinwohl (Freiheit, Gleichheit, Menschenwürde) wird in enger Verbindung mit dem Basiskonzept Ordnung (Demokratie, Rechtsstaat) in ¼ bis ½ der Stunden thematisiert.Tabelle 3 gibt eine Übersicht über die 30 Fachkonzepte aus dem Konzeptemodell von Weißeno et al. (2010) und ihr prozentuales Vorkommen im Politikunterricht.

Abb. 1: Anzahl der Fachkonzepte in den videografierten Politikstunden

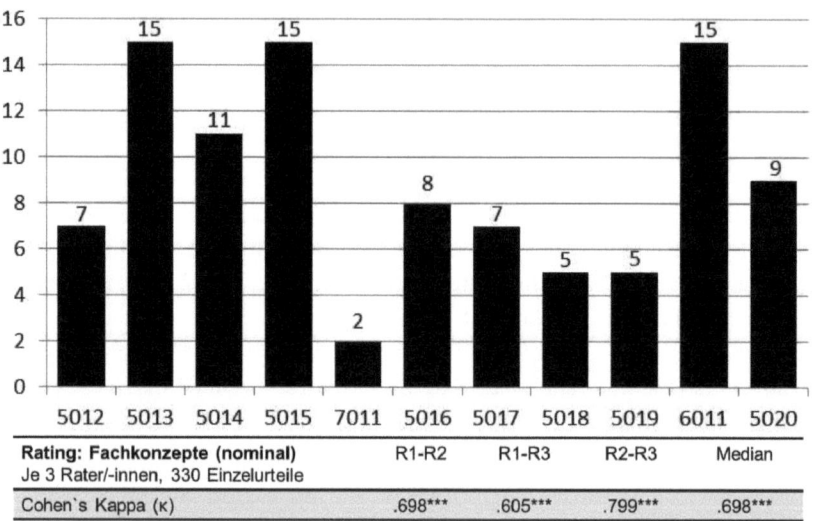

Rating: Fachkonzepte (nominal) Je 3 Rater/-innen, 330 Einzelurteile	R1-R2	R1-R3	R2-R3	Median
Cohen's Kappa (κ)	.698***	.605***	.799***	.698***

Tab. 3: Häufigkeit einzelner Fachkonzepte

Fachkonzepte*	% der Unterrichts- stunden Politik
Europäische Akteure, Opposition, Frieden	0%
Europäische Integration, Gewaltenteilung, Gerechtigkeit, Internat. Beziehungen, Interessengruppen, Massenmedien, Nachhaltigkeit, Öffentliche Güter	1% bis 25%
Grundrechte, Sozialstaat, Parlament, Repräsentation, Konflikt, Macht, Parteien, Öffentlichkeit, Regierung, Wahlen, Freiheit, Gleichheit, Menschenwürde, Sicherheit, Markt	26% bis 50%
Demokratie, Rechtsstaat, Legitimation	51% bis 75%
Staat	76% bis 100%

*Die Fachkonzepte ... wurden in x % der Politiklektionen identifiziert.

Anhand der Häufigkeiten der Fachkonzepte lässt sich noch keine Aussage darüber treffen, welche Bedeutung den einzelnen Fachkonzepten in der Unterrichtsstunde zukommt. Daher werden solche Fachkonzepte, die von allen drei Rater/inne/n übereinstimmend in einer Unterrichtslektion identifiziert werden, zusätzlich anhand einer fünfstufigen Likert-Skala in Bezug auf ihre Konstitutivität für den inhaltlichen Verlauf der Unterrichtsstunde bewertet (Wortlaut: Inwieweit stimmen Sie folgender Aussage zu? „Das Fachkonzept ... ist konstitutiv für die Unterrichtsstunde."[1]). Bei drei Rater/inne/n kann ein Fachkonzept von höchster Relevanz für die Unterrichtsstunde demnach einen Maximalwert von 15 Punkten erreichen (3 Ra-

---

1   Der Begriff der Konstitutivität ist im Ratingmanual genau definiert und anhand von Ankerbeispielen zu jeder möglichen Ausprägung der Variablen erläutert.

ter/innen, je max. 5 Punkte). Der Vergleich zweier Unterrichtsstunden zum gleichen Thema zeigt im Einzelfall die Unterschiedlichkeit der konstitutiven Fachkonzepte.

Abb. 2: Zwei Umweltpolitik-Stunden im Vergleich

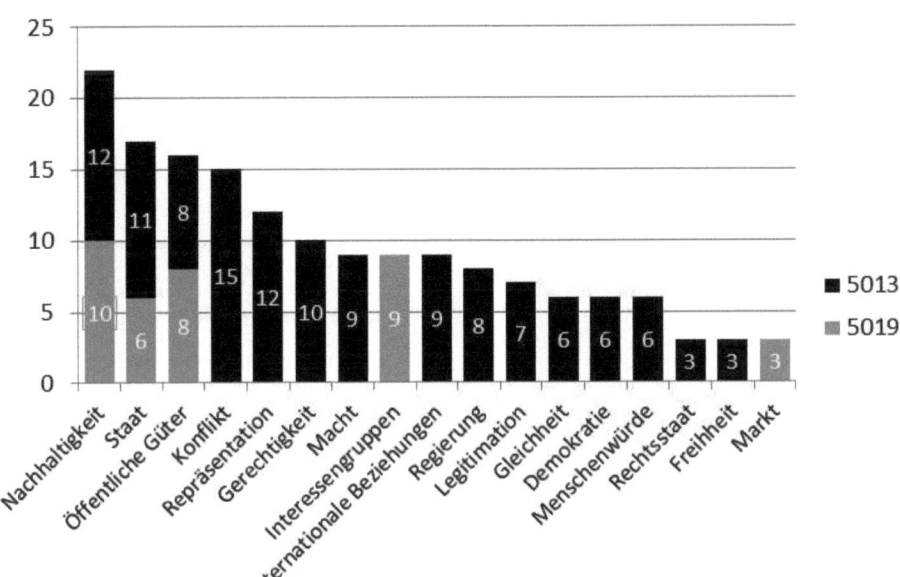

Während die drei wichtigsten Fachkonzepte für beide Unterrichtsstunden themenbedingt weitgehend übereinstimmen (Nachhaltigkeit, Staat und Öffentliche Güter), zeigen sich starke Differenzen in der Herstellung von Bezügen zu weiteren Konzepten sowie in der Gesamtzahl relevanter Konzepte. In Lektion 5013 ist der Themenbereich Umweltpolitik anhand des Rollenspiels „Internationale Klimakonferenz" handlungsorientiert umgesetzt, so dass in den Argumentationen der Schüler/innen als Ländervertreter u.a. (Interessen-)Konflikte, Machtgefälle in den Einflussmöglichkeiten einzelner Staaten, Gerechtigkeitsaspekte und Internationale Beziehungen vor dem Hintergrund der Umweltproblematik thematisiert werden. In der Vergleichsstunde 5019 liegt der inhaltliche Schwerpunkt vor allem auf der moralischen Verantwortlichkeit jedes Einzelnen für Umweltschutz sowie der Frage nach möglichen Umweltschutzmaßnahmen. Methodisch erfolgt die Umsetzung in Form des fragend-entwickelnden Unterrichtsgesprächs sowie Phasen der Einzel- und Partnerarbeit.

In Ergänzung zu den Fachkonzepten wird das Komplexitätsniveau des fachlichen Unterrichtsgespräches (Aussagen, Fragen/Aufgaben) anhand von hochinferenten Ratings auf Basis des ESNaS-Kompetenzmodells (Kauertz et al., 2010) ermittelt. Fünf Komplexitätsniveaus lassen sich unterscheiden: ein Fakt, mehrere Fakten, ein Zusammenhang, mehrere Zusammenhänge und ein Konzept. In den untersuchten Unterrichtsstunden (n=11) werden durchschnittlich M = 15 Aussagen (SD = 10,44) mit politischem Fachinhalt geäußert (ohne Wiederholungen), das Minimum liegt bei 0 Aussagen, das Maximum bei 36 Aussagen. Das Verhältnis der Lehrer/innen/- zu Schüler/innen/aussagen liegt bei 70:30. Bei Unterrichtsstunden mit keinen oder sehr wenigen Aussagen mit politischem Fachinhalt liegt der thematische Schwerpunkt auf sozialem oder moralischem Lernen bzw. Lebenshilfe.

Abb. 3: Aussagen mit Fachinhalt

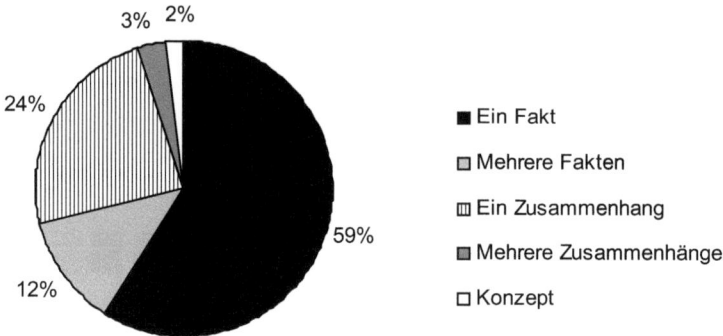

In Bezug auf die Fragen/Aufgaben im Unterrichtsgespräch werden durchschnittlich M = 7 Fragen/Aufgaben (SD = 5,86) geäußert (ohne Wiederholungen), das Minimum beträgt 0 Fragen/Aufgaben, das Maximum 16 Fragen/Aufgaben. Das Verhältnis der Lehrpersonen zu Schüler/inne/n liegt bei 88:12.

Abb. 4: Fragen/Aufgaben zu Fachinhalten im Unterrichtsgespräch

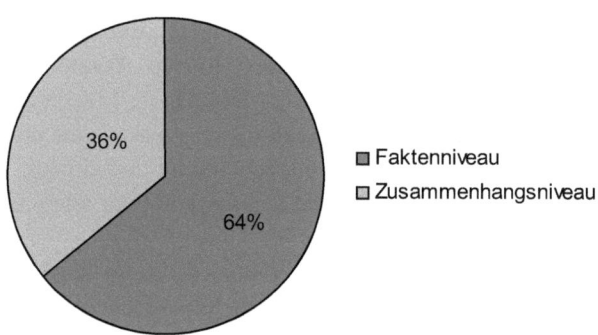

Zusammenfassend lässt sich hinsichtlich der Vernetzung von Wissensbeständen und Komplexitätsniveaus folgender deskriptiver Befund festhalten: Die fachlichen Aussagen der Unterrichtsstunden (Lehrpersonen und Schüler/innen) liegen zu 71% auf Faktenniveau, zu 27% auf Zusammenhangsniveau und zu 2% auf Konzeptniveau. Für die Lehrer/innen/-(Schüler/innen/-)aussagen ergibt sich folgendes Bild: 78% (68%) Faktenniveau, 20% (30%) Zusammenhangsniveau und 2% (2%) Konzeptniveau. Die Fragen/Aufgaben bewegen sich zu 64% auf Faktenniveau und zu 37% auf Zusammenhangsniveau.

Vergleicht man die Komplexitätsniveaus von Schüler/innen-Äußerungen und Äußerungen der Lehrkraft mit einer Datenerhebung (n = 47) aus dem Fach Biologie (Wadouh, 2007), stellt man geringe Unterschiede fest. Das Faktenniveau bei Fragen und Aussagen in Biologie beträgt 72% der fachlichen Gesamtäußerungen, in Politik liegt das Faktenniveau bei 67% (Mittelwert zwischen 71% Aussagen und 64% Fragen). Das Zusammenhangsniveau ist in Politikstunden mit 32% (M aus 27% Aussagen und 36% Fakten) gegenüber 28% in Biologie etwas höher. Das Konzeptniveau ist annähernd gleich gering mit ungefähr 1%. Dennoch zeigt sich bei fachlichen Äußerungen ein deutliches Gefälle zwischen Äußerungen der Lehrkraft und den Lernenden. In Biologie ist der fachliche Diskurs mit 52% Lehrer/innen/äußerungen und 48% Schüler/innen/äußerungen an den Gesamtäußerungen fast ausgeglichen, während in Politikstunden an den fachlichen Äußerungen die Schüler/innen nur zu 30% beteiligt sind im Vergleich zu den Lehrpersonen mit 70%.

4   Fazit und Ausblick

Das Pilotprojekt gibt erste Hinweise auf Basisdimensionen im Politikunterricht. Auch wenn die Arbeitsform des fragend-entwickelnden Unterrichts zur Erarbeitung von Inhalten wie in anderen Fächern auch deutlich überwiegt, sind die Sprechanteile der Schüler/innen mit 41% deutlich höher als in anderen Domänen (VERA Mathematik 31%, DESI Englisch 24%). Diskursivität scheint auf den ersten Blick ein domänenspezifisches Merkmal des Politikunterrichts zu sein, was sich mit den fachdidaktischen Idealvorstellungen der politischen Auseinandersetzung in Debatten gemäß einer deliberativen Demokratie nach Habermas decken würde.

In Bezug auf den Einsatz von Unterrichtsmaterial lässt sich in der *small scale*-Studie festhalten, dass überwiegend mit traditionellem Unterrichtsmaterial wie dem Schulbuch gearbeitet wird. Dieser Befund widerspricht augenscheinlich dem von Gräsel für den Chemieunterricht (2010). Zutreffend scheint jedoch ihre Aussage auch für Politik, dass Lehrpersonen für den entsprechenden Umgang mit Schulbüchern qualifiziert werden müssen, um adaptive Lernunterstützung beim Textverstehen und bei der Wissenskonstruktion bieten zu können (a.a.O., 145). Falls im videografierten Politikunterricht doch auf anderes Material wie Zeitungsartikel zurückgegriffen wird, so ist dieses Unterrichtsmaterial wenig authentisch und wird von der Lehrkraft überwiegend verändert. Insgesamt lässt sich feststellen, dass Printmedien gegenüber Bild- oder Ton-Material der Vorzug gegeben wird. Für auditive oder visuelle Lerntypen wird kein differenziertes Lernangebot gemacht, der analytische Zugang über gedruckte Texte steht im Vordergrund des Politikunterrichts. Hierbei gilt es aber zu bedenken, dass gerade der Fachwortschatz aus abstrakten Fachbegriffen aus Politik, Wirtschaft und Soziologie besteht sowie dahinterliegenden komplexen Konzepten (Oleschko, 2012, 50). Um konzeptuelles Wissen aufzubauen, benötigen insbesondere Schüler/innen mit Lernschwierigkeiten aufgrund von multilingualen Sprachproblemen und mangelnder Lesekompetenz Unterstützung im Sinne eines Scaffolding, um diese Begriffe mit ihren Bedeutungen in ihre bestehenden Wissensstrukturen einzuordnen und Konzepte zu bilden (Richter, 2009). Hier stellt sich die Frage, ob die Textlastigkeit bei der Materialauswahl ein zusätzliches Hindernis für Politisches Lernen darstellt.

Zeigt sich für die Authentizität ein Negativbild, so gilt dies auch für die Facette der Aktualität der Unterrichtsstunden der Pilotstudie. Aktuelle politische Ereignisse beeinflussen selten die Auseinandersetzung mit politischen Inhalten zum gleichen Thema, obwohl dies durchaus unter Rückgriff auf die öffentliche Berichterstattung möglich wäre. Ein situiertes Lernen an aktuellen und authentischen Beispielen findet demnach kaum statt. Die fehlende Einbettung des Stundenthemas in aktuelle politische Ereignisse und weitgehend abstrakte Lerninhalte verhindern die kognitive Auseinandersetzung der Schüler/innen mit realer Politik. Eine kognitive Aktivierung und das Vernetzen von politischen Inhalten im Sinne kumulativen Wissensaufbaus verlangt jedoch politische Aktualität und Realitätsbezug.

Es wird angenommen, dass Fachkonzepte als Gradmesser, ob Politik im Politikunterricht überhaupt thematisiert wird, ein domänenspezifischer Kernbaustein von „gutem" Fachunterricht sind. Ausgehend vom Fachkonzepte-Modell von Weißeno et al. gelten die drei Basiskonzepte „Ordnung", „Entscheidung" und „Gemeinwohl" unterteilt in insgesamt 30 Fachkonzepte Begriffe als konstituierend für die Domäne Politik. In der small scale Studie werden mit 9 Fachkonzepten pro Unterrichtsstunde durchschnittlich ein Drittel der möglichen Gesamtanzahl an domänenspezifischen Konzepten angesprochen. In einzelnen Stunden erhöht sich der Wert auf maximal 15 Fachkonzepte. Das Basiskonzept Ordnung, insbesondere das Fachkonzept Staat, zieht sich durch fast alle Unterrichtsstunden (82%). Die Kritik, dass Politik oft institutionenlastig und ordnungspolitisch unterrichtet wird, scheint sich im Pilot offenbar zu bestätigen. Der Wandel von Staatlichkeit, z.B. durch Einflussverlust der nationalstaatlichen Institutionen, ökonomische und politische Globalisierung und die dadurch bedingte Veränderung von Governance-Strukturen lassen sich in den videografierten Unterrichtsstunden nicht beobachten. Auch Europapolitik wird in einem Viertel der Politikstunden auf der Ordnungsebene angesprochen, jedoch keinmal auf der Entscheidungsebene. Gerade die aktuelle Verleihung des Friedensnobelpreises für das Projekt Europa (2012) und das tägliche Aushandeln von europäischen Interessen der Mitgliedsländer sowie die Entscheidungsfragen im Umgang mit der Eurokrise rücken die Ordnungsebene eher in den Hintergrund und die vielfältigen Handlungsebenen im Mehrebenensystem Europa in den Vordergrund. Dies zeigt sich nicht in den videografierten Politikstunden der 8. und 9. Klassen.

Dass einzelne Fachkonzepte eng zusammenhängen, wird allerdings in der Pilotstudie sichtbar: So lässt sich das Fachkonzept Demokratie nicht ohne die Fachkonzepte Konflikt und Macht erklären; umgekehrt gilt dies jedoch nicht. Deutlich wird in der Untersuchung der dichotomen Anzahl von Fachkonzepten, dass Lehrkräfte, die handlungsorientierte Methoden wie Rollenspiel oder politische Pro-Kontra-Debatte mit hoher Eigenaktivität der Schüler/innen einsetzen, mehr Fachlichkeit im Blick haben und einen höheren konzeptuellen Wissenserwerb ermöglichen. Ob dieses Angebot auch von den Schüler/inne/n genutzt wird und diese komplexe Fachkonzepte aufbauen, ist in einer Anschlussstudie mit einem Wissenstest und Concept Maps zu evaluieren.

Wie vermutet zeigen die videografierten Politikstunden vielfach nur eine geringe Vernetzung der fachlichen Begriffe und mit einem Prozent nur äußerst selten ein komplexes Vernetzungsniveau beim Aufbau eines Fachkonzepts bei den Lernenden. Dies deckt sich mit Befunden aus den Naturwissenschaften (Wadouh, 2007; Knobloch, Sumfleth & Walpuski, 2011). Vergleicht man die dichotome Anzahl der genannten Fachkonzepte mit dem Vernetzungsgrad fallen die handlungsorientierten Methoden nicht mehr stärker heraus, im Gegenteil. Für Breits Warnhinweis „Gut gemeint ist nicht gut gemacht" (2006), dass Politikverdrossenheit durch Missverständnisse und falsche Erwartungen seitens der Schüler/innen an Politiker/inne/n gerade in handlungsorientierten Methoden hervorgerufen werden kann, lassen sich in den beobachteten Unterrichtsstunden Hinweise finden. Indizien lassen sich auch finden zum häufig gemachten Vorwurf, Politik sei ein „Laberfach" mit allgemeinen Meinungsäußerungen ohne substantiellen Fachinhalt. Insbesondere die Differenz zwischen den domänenspezifisch höher ausfallenden Redeanteilen in Politik (41%) im Vergleich mit Mathematik (31%) oder Englisch (24%) und den tatsächlich beobachteten fachlichen Äußerungen von Schüler/inne/n (davon nur 30%), im Vergleich zu Biologie mit 48% Schüler/innen/anteil am Fachgespräch) werfen in der small scale Studie ein negatives Bild auf den politischen Kompetenzerwerb. Überraschend zeigt sich mit 30% bei den Schüler/inne/n ein höherer Anteil an Äußerungen auf Zusammenhangsniveau als bei den Lehrpersonen mit 20%. Was dies bezüglich der Professionskompetenz von Politiklehrkräfte bedeuten könnte, ist mit größeren Fallzahlen zu analysieren. Es ist anzunehmen, dass je differenzierter sowie vernetzter Fachkonzepte im Politikunterricht behandelt werden, desto höher der Lernzuwachs bei den SuS ist. Dies gilt es in anschließenden Wirkungsstudien zu prüfen.

Interessant ist auch der Befund, dass Lehrkräfte ohne Unterrichtsvorgaben und nur mit der Maßgabe, eine Politikstunde zu halten, unter einem typischen Politikunterricht nicht immer Politisches Lernen verstehen. Bei Stunden zur Umwelterziehung und Drogenaufklärung schimmert die fachdidaktische Kontroverse um Demokratieerziehung, soziales Lernen und Politiklernen (Breit, 2009; Fauser,

2004; Massing, 2004) durch. Insbesondere der integrative Fächerkanon in NRW mit den Disziplinen Politik, Ökonomie und Soziologie erschwert es sowohl den Lehrenden als auch den Lernenden aufgrund fehlender empirisch validierter Basis- und Fachkonzepte für die Teilfächer Wissensstrukturen klar anzulegen und kumulatives Lernen zu ermöglichen.

Insgesamt bieten die ersten Ergebnisse aus dem Pilotprojekt Hinweise auf „core patterns" im Politikunterricht. An den Tiefenstrukturen von Unterricht gilt es im Sinne eines Beschreibungswissens weiter zu forschen, um typische Unterrichtsmuster aufzudecken. Dazu gehören Phasen der Argumentation und Urteilsbildung, aber auch das Professionswissen der Lehrkräfte, wenn diese beispielsweise Elaborationsphasen bei den Schüler/inne/n unterstützen oder Lernaufgaben formulieren. Zusammenhänge zwischen Interaktionen und Handlungsmustern im Politikunterricht sowie multikriteriale Bildungswirkungen können das Erklärungswissen der Disziplin bereichern und Hypothesen zu „gutem Politik-/SoWi-Unterricht" stützen. Ergänzt werden muss die Videografie mit Wirkungsstudien. Die Messung von Interventionseffekten, z.B. zum Zusammenhang zwischen fachlichem Vernetzungsgrad und Wissenserwerb in Politik oder von weiteren Einflussvariablen auf Lehr-Lern-Prozesse wie Motivation, Fachinteresse und Selbstkonzepte, inklusive des sozioökonomischen Bildungs- und Migrationshintergrunds tragen zum Veränderungs- und Handlungswissen bei. Qualitative Pilotstudien zur Wirksamkeit politikdidaktischer Ansätze und Methoden können der Ausgangspunkt sein, um daraus entstehende Hypothesen quantitativ und im Längsschnitt bzgl. der kognitiven Leistungsentwicklung bei Schüler/inne/n zu testen.

Literatur

Breit G. (2009), Politische Bildung ohne Politik. Versuche von der Partnerschaftserziehung bis zum BLK-Programm, in: *Kursiv – Journal für politische Bildung*, Nr.1, 44–49.

Breit G. (2006), Gut gemeint ist nicht gut gemacht! Verstärkt Politik als Inhalt des Politikunterrichts Politikverdrossenheit?, in: *Politische Bildung*, 4, 47–65.

Brophy J. & Good T. (1986), Teacher behaviour and student achievement, in: Wittrock M. C. (ed.), *Handbook of research on teaching* (3rd ed.), New York: McMillan, 328-375.

Demuth R., Ralle B. & Parchmann I. (2005), Basiskonzepte – eine Herausforderung an den Chemieunterricht, in: *CHEMKON*, 2, 55-60.

Fauser P. (2004), Demokratiepädagogik oder Politische Bildung?, in: *Kursiv – Journal für politische Bildung*, 8/1, 44–48.

Fischer Aloys (1928), Die Wissenschaft der Erziehung, in: Kongressleitung (Hg.), Die neuzeitliche deutsche Volksschule. *Bericht über den Kongress Berlin, 1928*, Berlin: Comenius, 76-93.

Gräsel C. (2010), Lehren und Lernen mit Schulbüchern – Beispiele aus der Unterrichtsforschung, in: Fuchs E., Kahlert J. & Sandfuchs U. (Hg.), *Schulbuch konkret. Kontexte Produktion Unterricht*, Bad Heilbrunn: Julius Klinkhardt, 137-148.

Grammes T. & Weißeno G. (1993) (Hg.), *Sozialkundestunden. Politikdidaktische Auswertungen von Unterrichtsprotokollen*, Opladen: Leske+Budrich.

Gröschner A., Jurik V. & Seidel T. (2012), Mit Videoanalysen tiefer blicken. Vermessung des mathematisch-naturwissenschaftlichen Unterrichts, in: *Friedrich Jahresheft*, XXX, 20–22.

Hardy I. & Jonen A. & Möller K. & Stern E. (2006), Effects of instructional support within constructivist learning environments for elementary school students' understanding of "floating and sinking", in: *Journal of Educational Psychology*, 98, 307-326.

Hattie J. (2012), *Visible Learning for teachers. Maximizing Impact on Learning*, Oxon/New York: Routledge.

Helmke A. (2010), *Unterrichtsqualität und Lehrerprofessionalität. Diagnose, Evaluation und Verbesserung des Unterrichts* (3. Aufl.), Seelze-Velber: Kallmeyer.

Janík T. & Seidel T. (2009) (eds.), *The power of video studies in investigating teaching and learning in the classroom*, Münster: Waxmann.

Kauertz A., Fischer H. E., Mayer J., Sumfleth E. & Walpuski M. (2010), Standardbezogenen Kompetenzmodellierung in den Naturwissenschaften der Sekundarstufe I, in: *Zeitschrift für Didaktik der Naturwissenschaften*, 16, 135–153.

Klieme E. et al. (2007), *Zur Entwicklung nationaler Bildungsstandards. Eine Expertise* (unveränd. Nachdruck, 2009), Bonn, Berlin: BMBF.

KMK (Sekretariat der Ständigen Konferenz der Kultusminister der Länder in der

Bundesrepublik Deutschland) (2005) (Hg.), *Bildungsstandards der Kultusministerkonferenz. Erläuterungen zur Konzeption und Entwicklung*, München, Neuwied: Luchterhand.

Knobloch R., Sumfleth E. & Walpuski M. (2011), Analyse der Schüler-Schüler-Kommunikation im Chemieunterricht, in: *Chemie konkret: CHEMKON*, *Forum für Unterricht und Didaktik*, 18/2, 1-6.

Kobarg M. (2009), *Unterstützung unterrichtlicher Lernprozesse aus zwei Perspektiven. Eine Gegenüberstellung*, Münster: Waxmann.

Lipowsky F., Rakoczy K., Klieme E., Reusser K. & Pauli C. (2005), Unterrichtsqualität im Schnittpunkt unterschiedlicher Perspektiven. Rahmenkonzept und erste Ergebnisse einer binationalen Studie zum Mathematikunterricht in der Sekundarstufe I, in: Holtappels H. G. & Höhmann K. (Hg.), *Schulentwicklung und Schulwirksamkeit*, Weinheim: Juventa, 223-238.

Mandl H., Gruber H. & Renkl A. (2003), Situiertes Lernen in multimedialen Lernumgebungen, in:Issing, L. J. & Klimsa P. (Hg.), *Information und Lernen mit Multimedia* (3. vollständig überarbeitete Auflage), Weinheim: Beltz, 167-178.

Manzel S. (2012), Anpassung an wissenschaftliche Standards oder Paradigmenwechsel in der Politikdidaktik? Zum empirischen Aufbruch einer neuen Generation von Politikdidaktiker/-innen, in: *Zeitschrift für Politikwissenschaft* 3 (im Erscheinen).

Manzel S. (2008), *Wissensvermittlung und Problemorientierung im Politikunterricht. Lehr-Lern-Forschung. Eine anwendungsorientierte Einführung*, Schwalbach/Ts.: Wochenschau.

Massing P. (2004), „Demokratie-Lernen" und „Politik-Lernen" – Ein Gegensatz? Eine Antwort auf Gerhard Himmelmann, in: *Politische Bildung*, Nr. 1, 130–135.

Mayring P. (2012), Qualitative Inhaltsanalyse – Ein Beispiel für Mixed Methods, in: Gläser-Zikuda M., Seidel T., Rolfs A., Gröschner A. & Ziegelbauer S. (Hg.), *Mixed Methods in der empirischen Bildungsforschung*, Münster: Waxmann, 27-36.

Mayring P. (2010), *Qualitative Inhaltsanalyse* (11., akt. u. überarb. Aufl.), Weinheim u. Basel: Beltz.

Meister N. & Schelle C. (2012), Schüler-Lehrer-Interaktion im Unterricht in Frankreich und Deutschland, in: Hummrich M. & Rademacher S. (Hg.), *Kulturvergleich in der qualitativen Forschung*, Wiesbaden: VS Verlag (im Erscheinen).

Meyer H. (2004), *Was ist guter Unterricht?*, Berlin: Cornelsen Verlag Scriptor.

Moschner B. (2003), Wissenserwerbsprozesse und Didaktik, in: Moschner B., Kiper H., Kattmann U. & Eichner W. (Hg.), *PISA 2000 als Herausforderung: Perspektiven für Lehren und Lernen*, Hohengehren: Schneider, 53-64.

Oleschko S. (2012), Mit Texten politisch handeln. Fachliches und sprachliches Lernen im Politikunterricht am Beispiel der Sprachvielfalt an Schulen, in: *Praxis Politik*, H. 2, 50–55.

Paul C. & Reusser K. (2006), Von international vergleichenden Video Surveys zur videobasierten Unterrichtsforschung und -entwicklung, *Zeitschrift für Pädagogik*, 52/6, 774–797.

Richter D. (2009), Politisches Lernen mit und ohne Concept Maps,in: *Zeitschrift für Grundschulforschung. Bildung im Elementar- und Primarbereich* 2/1, 91–103.

Richter D. (2008), Kompetenzdimension Fachwissen. Zur Bedeutung und Auswahl von Basiskonzepten, in: Weißeno G. (Hg.), *Politikkompetenz. Was Unterricht zu leisten hat*, Bonn: BpB, 152-168.

Schelle C. (1996), Schülergespräche zum Sozialkundeunterricht, in: *Politische Bildung*, Nr. 1, 109–117.

Seidel T. et al. (2006), Blicke auf den Physikunterricht. Ergebnisse der IPN Videostudie, in: *Zeitschrift für Pädagogik*, 52/6, 798–821.

Wadouh J. (2007), *Vernetzung und kumulatives Lernen im Biologieunterricht der Gymnasialklasse 9* [Internetdokument]. [Verfügbar unter: http://duepublico.uni-duisburg-essen.de/servlets/DerivateServlet/Derivate-20492/DISSERTATION_komplett_5_BIB_end.pdf; zuletzt abgerufen am 10.10.2012.]

Weinert F. E. (2001), Concept of Competence: A Conceptual Clarification, in: Rychen D. S. & Salganik L. H. (Hg.), *Defining and Selecting Key Competencies*, Bern: Huber, 45-64.

Weinert F. E. (1998), Neue Unterrichtskonzepte zwischen gesellschaftlichen Notwendigkeiten, pädagogischen Visionen und psychologischen Möglichkeiten, in: Bayerisches Staatsministerium für Unterricht und Kultus, Wissenschaft und Kunst (Hg.), *Wissen und Werte für die Welt von morgen*, München, 114-119.

Weißeno G. (2011), Welches Wissen produziert die Politikdidaktik als Wissenschaft?, in: Detjen J., Richter D. & Weißeno G. (Hg.), *Politik in Wissenschaft, Didaktik und Unterricht*, Schwalbach/Ts.: Wochenschau, 77-89.

Weißeno G., Detjen J., Juchler I., Massing P. & Richter D. (2010), *Konzepte der Politik. Ein Kompetenzmodell*, Schwalbach/Ts.: Wochenschau.

Sichtstrukturen im Tanzunterricht

Judith Becker[a], Ursula Beermann[b], Lysann Zander[a] & Bettina Hannover[a]

[a] *Freie Universität Berlin*
[b] *University of California, Berkeley*

Seit der „Dritten Internationalen Mathematik- und Naturwissenschaftsstudie" (*Third International Mathematics and Science Study* – TIMSS-Video) werden in der videobasierten Unterrichtsforschung in Deutschland von verschiedenen Fachdidaktiken vermehrt Merkmale und Verlauf von Schulunterricht objektiv beschrieben. In einem ersten Schritt werden dabei typischerweise die Sichtstrukturen erfasst. Der Begriff wurde von Oser und Patry (1990) eingeführt, von Seidel (2003a) weitergeführt und bezeichnet sichtbare, sich aneinander reihende Handlungen von Personen im Klassenzimmer. Aufbauend auf den in TIMSS-Video beschriebenen Kategorien (Stigler, Gonzales, Kawanaka, Knoll & Serrano, 1999) wurden die Sichtstrukturen für den Physikunterricht weiter spezifiziert (vgl. Seidel, Prenzel, Duit, Euler, Geiser, Hoffmann, Lehrke, Müller & Rimmele, 2002) und schließlich in einem Kodiermanual veröffentlicht (Seidel, 2003b). Aus Videostudien in verschiedenen Fachdidaktiken (Mathematik, Physik, Deutsch, Englisch und Geschichte) liegen inzwischen Beschreibungen der Unterrichtsgestaltung in diesen Fächern vor. Vergleichsweise wenig ist über den Unterricht in künstlerischen Fächern und in von traditionellen Strukturen abweichenden Unterrichtsformen bekannt (vgl. Seidel, 2011). In dem vorliegenden Beitrag[1] werden am Beispiel eines projektorientierten musisch-kreativen Tanzunterrichts und unter Einsatz des bereits etablierten Beobachtungsinstruments (Seidel, 2003b) Sichtstrukturen erfasst, um (1) Aussagen über dessen typischen Aufbau machen zu können und (2) Gemeinsamkeiten und Unterschiede zu bereits videobasiert untersuchtem Unterricht in schulcurricularen Fächern herauszuarbeiten.

1 Ergebnisse zu Sichtstrukturen in schulcurricularen Fächern

In diesem Abschnitt werden die Ergebnisse von bereits durchgeführten Videostudien an deutschen Schulen zusammengefasst.[2] Die Darstellung orientiert sich an den von Seidel (2003b) verwendeten Kategoriensystemen zur Beschreibung von

---

1   Der Beitrag entstand im Rahmen des Projekts „Der Einfluss musisch-kreativer Projekte auf die schulische Entwicklung von Jugendlichen", welches vom Bundesministerium für Bildung und Forschung (BMBF) gefördert wird.

2   Die Erfassung der Sichtstrukturen in den verschiedenen Fächern erfolgte unter Einsatz verschiedener Beobachtungsinstrumente – meist handelte es sich dabei um die Anwendung einzelner Kategorien aus TIMSS-Video.

Unterricht: (1) die zur Verfügung stehende Unterrichtszeit (Klassenorganisation), (2) die im Unterricht auftretenden Arbeitsformen (Unterrichtliche Arbeitsformen) und (3) die von der Lehrperson verfolgten Ziele (Allgemeindidaktische Unterrichtsphasen).

1.1   Ergebnisse zur Klassenorganisation

Mit dem Kategoriensystem „Klassenorganisation" wird die tatsächlich zur Verfügung stehende Unterrichtszeit erfasst. Nur in wenigen Videostudien finden sich Angaben zur tatsächlichen Unterrichtszeit. Bei TIMSS-Video (Stigler et al., 1999) betrug die durchschnittliche Unterrichtsdauer 43.2 Minuten, unter Nichtberücksichtigung von äußeren Unterbrechungen. In den zwei Studien des DFG-Projekts „Lehr-Lernprozesse im Physikunterricht" (Seidel, Rimmele & Prenzel, 2003c; Seidel & Prenzel, 2004) machte sie durchschnittlich 40.5 Minuten bzw. 42.2 Minuten (SD = 2.7 Min) aus und lag damit leicht unterhalb der regulären Unterrichtszeit von 45 Minuten.

1.2   Ergebnisse zu den unterrichtlichen Arbeitsformen

Nach Seidel und Prenzel (2004) lassen sich die im Beobachtungsinstrument aufgeführten Arbeitsformen (typischerweise) in lehrer- oder schülerzentrierte Aktivitäten unterteilen, je nachdem, „… welche Personengruppen am wahrscheinlichsten Impulse für zielgerichtete Lernaktivitäten und Interaktionen im Unterricht geben können" (Seidel & Prenzel, 2004, S. 181). Lehrervortrag, Klassengespräch (d.i. ein von der Lehrperson geführtes, meist fragend-entwickelndes Unterrichtsgespräch) und Diktat stellen Beispiele für lehrerzentrierte Aktivitäten dar, Still-/Einzelarbeit, Partner- und Gruppenarbeit sind Beispiele für schülerzentrierte Aktivitäten.

Lehrerzentrierte Aktivitäten. Im Physikanfangsunterricht (Seidel, 2003a) zeigte sich, dass das *Klassengespräch* die dominierende Arbeitsform war: durchschnittlich 29.4 Minuten bei einer durchschnittlichen Unterrichtsdauer von 39.9 Minuten, d.h. 74% der Unterrichtszeit entfielen darauf. Ein ähnlicher Aufbau war beim Physikunterricht der neunten Klasse (Seidel & Prenzel, 2004) zu beobachten: das *Klassengespräch* nahm 31%, der *Lehrervortrag* 32% und das/der *Diktat/Hefteintrag* 10% der beobachteten Unterrichtszeit ein. Damit dominierten die lehrerzentrierten Aktivitäten deutlich das Unterrichtsgeschehen. Dies scheint aber nicht nur ein Charakteristikum des Physikunterrichts zu sein, wie Untersuchungen des *Klassengesprächs* in anderen Schulfächern und Klassenstufen verdeutlichen. So wurden 57.4% der beobachteten Unterrichtszeit im Mathematikunterricht der vierten Klasse (Helmke, Helmke, Heyne, Hosenfeld, Hosenfeld, Schrader & Wagner, 2008) und 80% im Englischunterricht der neunten und zehnten Klasse (Göbel, 2007) mit *Klassengesprächen* verbracht.

Schülerzentrierte Aktivitäten. Bisherige Forschung zeigt, dass über die verschiedenen Fachdomänen hinweg *Schülerarbeit* einen vergleichsweise geringen

Anteil der Unterrichtszeit einnahm, nämlich nur 15% im Englischunterricht (Göbel, 2007), 18% im Physikunterricht (Seidel & Prenzel, 2004) und 29.2% im Mathematikunterricht (Helmke et al., 2008). Bezüglich der Formen der *Schülerarbeit* zeigten sich deutliche Unterschiede zwischen den Fachdomänen. Während die *Schülerarbeit* im Mathematikunterricht (Helmke et al., 2008) vorrangig in *Gruppenarbeit* (14.8%) oder *Still-/Einzelarbeit* (12.3%) und deutlich seltener in *Partnerarbeit* (2.1%) geschah, lernten die Schüler/innen im Physikunterricht (Seidel & Prenzel, 2004) in dieser Zeit meist in *Gruppenarbeit* (11%) und seltener in *Partnerarbeit* (2%) oder *Still-/Einzelarbeit* (4%). Ein ähnliches Bild zeigte sich im Englischunterricht (Göbel, 2007): Auch hier arbeiteten die Schüler/innen besonders häufig in Gruppen (11% vs. 0% *Partnerarbeit* vs. 4% *Still-/Einzelarbeit*).

Über die lehrer- und schülerzentrierten Aktivitäten hinaus werden in Seidels (2003b) Beobachtungsinstrument noch zwei weitere Kategorien spezifiziert. Unter der Arbeitsform *Übergang* werden Zwischenphasen, in denen (z.B. für organisatorische Aktivitäten) zwischen den oben genannten Arbeitsformen gewechselt wird, verstanden und in die Kategorie *andere* fallen Situationen, die keinen der bereits genannten Aktivitäten und Arbeitsformen zugeordnet werden können. Im Physik- und Mathematikunterricht nahmen *Übergänge* durchschnittlich zwischen 4% und 5.4% der Unterrichtszeit ein. Der Anteil der (nur für den Physikunterricht berichteten) Kategorie *andere* am Unterrichtsgeschehen betrug durchschnittlich nur 0.7%.

1.3 Ergebnisse zu den allgemeindidaktischen Unterrichtsphasen

Mit dem Beobachtungsinstrument von Seidel (2003b) können neun allgemeindidaktische Unterrichtsphasen erfasst werden. Je nach ihrem jeweiligen pädagogischen Fokus lassen sie sich Seidel (2003a) zufolge in organisierende Phasen und in „Unterrichtsphasen, in denen Wissen und Konzepte eingeführt und aufgebaut werden" (Seidel, 2003a, S. 62), unterscheiden.

Auf letztere Gruppe von „Unterrichtsphasen" wird in diesem Beitrag der Fokus gelegt. Seidel (2003a) orientiert sich bei der Unterteilung dieser „Unterrichtsphasen" an Aeblis (2011) Arbeit zu den *Vier Funktionen im Lernzyklus*, wonach der ideale Lernzyklus (bzw. Lernprozess) aus vier aufeinander aufbauenden (Teil-) Funktionen bestehen sollte: (1) Der problemlösende Aufbau, womit das Lernen der Schüler/innen durch lebendig empfundene Probleme in Bewegung gesetzt werden soll, (2) das Durcharbeiten der Handlungspläne, Operationen und Begriffe, damit die Schüler/innen zu einem vertieften Verständnis gelangen, und (3) das Üben und Wiederholen des Gelernten. Mit (4) dem Anwenden soll das Gelernte auf neue Fragestellungen übertragen werden. Neben dem Umstand, dass sich hier noch „bedeutende Schwächen des Verständnisses und des selbständigen In-Angriff-Nehmens und Lösens der Aufgaben" (Aebli, 2011, S. 361) zeigen können, soll mit dem abschließenden Anwenden die Wahrscheinlichkeit erhöht werden, dass die Schüler/innen das Gelernte auf neue Situationen übertragen können und damit ein Lebensweltbezug hergestellt wird. In dem Beobachtungsinstrument von Seidel

(2003b) lassen sich (bis auf die zweite Teilfunktion, das Durcharbeiten, welche hier nicht gesondert erfasst wird) die Teilphasen von Aebli (2011) – teilweise gleichlautend – wiederfinden: *Erarbeiten neuer Inhalte/Instruktion, Sichern/Üben* und *Anwenden/Vertiefen*. Im Folgenden werden diese drei Teilphasen von Aebli (2011) „Lernprozessphasen" genannt, wenn von den mit dem Beobachtungsinstrument von Seidel (2003b) erfassten Unterrichtsphasen die Rede ist.

Für den Physikunterricht der neunten Klasse (Seidel & Prenzel, 2004) zeigte sich, dass der zeitliche Schwerpunkt auf der Lernprozessphase *Erarbeiten neuer Inhalte/Instruktion* lag. Bei einer durchschnittlichen Unterrichtsdauer von 43.2 Minuten (SD = 2.7) wurden insgesamt 31.5 Minuten (d.h. 72.9% der Unterrichtszeit) darauf verwendet. Dieses Bild zeigte sich auch bei einer anderen Studie zum Physikanfangsunterricht (Seidel, 2003a), wo durchschnittlich 20.6 Minuten, d.h. 70% des durchschnittlich 29.4 Minuten dauernden Klassengesprächs, auf das *Erarbeiten neuer Inhalte/Instruktion* entfielen. Das *Sichern/Üben* konnte im Physikunterricht (Seidel & Prenzel, 2004) nur überaus selten beobachtet werden. Diese Lernprozessphase nahm durchschnittlich 0.2% der Unterrichtszeit ein.

Als davon deutlich divergierend können die Befunde von TIMMS-Video (Stigler et al., 1999) zum Mathematikunterricht angesehen werden, in dem das *Sichern/Üben* von Routineprozeduren während der Schülerarbeitsphasen im Vordergrund (M = 89.4%) stand. Das *Anwenden/Vertiefen* von mathematischen Konzepten nahm im Mathematikunterricht einen ähnlich geringen Stellenwert (M = 6.3%) wie im Physikunterricht ein; durchschnittlich 3.7% der Unterrichtszeit wurde darauf verwendet.

2   Forschungsfragen

Während für verschiedene Fächerdomänen bereits Videoanalysen zur Beschreibung der Sichtstrukturen von Schulunterricht vorliegen, sind uns keine Studien bekannt, die den Unterricht in einem künstlerischen Fach untersucht hätten. Am Beispiel eines Berliner Tanzprojekts soll im vorliegenden Beitrag der musisch-kreative Projektunterricht exemplarisch untersucht werden. Das untersuchte Projekt *Tanz-Zeit* hat es sich zum Ziel gemacht, Schüler/inne/n unterschiedlicher sozialer Herkunft und Begabung einen kreativen und aktiv-schöpferischen Zugang zu Musik und Tanz zu vermitteln. Die an dem Tanzunterricht teilnehmenden Schüler/innen lernen über die Projektzeit, vermittelt durch zwei professionelle Tanzlehrer/innen, den zeitgenössischen Tanz kennen. Die Leistungen der Schüler/innen werden während dieser Zeit nicht benotet. Wie bei an Schulen realisierten Tanzprojekten üblich (vgl. Keuchel, Günsche & Groß, 2009), war es das Ziel, gemeinsam eine Choreographie zu erarbeiten, die der Öffentlichkeit präsentiert werden kann. Der Umstand, dass der Tanzunterricht nicht die in Bildungsstandards definierten Leistungsziele erfüllen muss und in ihm kreatives Arbeiten im Vordergrund steht, führte uns zu der Annahme, dass sich seine Sichtstrukturen von denen des Unterrichts in Schulfächern des Regelcurriculums unterscheiden würden. Im Folgenden werden unsere Hypothesen basierend auf den Kategoriensystemen von Seidel (2003b) dargestellt, wobei der Fokus bei den „Unterrichtlichen Arbeitsformen" auf die lehrer- und schülerzentrierten Aktivitäten und bei den „Allgemeindidaktischen Unterrichtsphasen" auf die Lernprozessphasen gelegt wird.

Hypothese I: Wie oben bereits dargelegt wurde, überwogen in den untersuchten Fächerdomänen des Regelcurriculums die lehrerzentrierten Aktivitäten. Ausgehend von der Zielsetzung des Tanzunterrichts – gemeinsam mit den Schüler/inne/n eine Choreographie zu erarbeiten – und den Ergebnissen einer landesweiten Befragung von Tänzer/inne/n und Tanzpädagog/inn/en in Nordrhein-Westfalen (Keuchel et al., 2009), in der 80% von 230 Befragten angaben, dass ihnen Team- und Gruppenarbeit sehr wichtig seien, sollte bei den Tanzstunden ein höherer Anteil an schülerzentrierten Aktivitäten als bei den Fächern des Regelcurriculums zu beobachten sein. Lehrerzentrierte Aktivitäten sollten hingegen im Tanzunterricht deutlich seltener auftreten.

Hypothese II: Für den Physikunterricht konnte gezeigt werden, dass der Unterrichtsschwerpunkt auf der Lernprozessphase Erarbeiten neuer Inhalte/Instruktion lag. Die anderen beiden Lernprozessphasen konnten deutlich seltener beobachtet werden. Für den Tanzunterricht dessen Ziel die gemeinsame Erarbeitung einer aufführbaren Choreographie, nicht aber die Erfüllung der Vorgaben des Rahmenlehrplans ist, nehmen wir eine andere Gewichtung der Lernprozessphasen an. Da die reine Wissensvermittlung beim Tanzunterricht in den Hintergrund tritt und stattdessen das allseitige Verständnis und die reibungslose Koordination der Abläufe der Choreographie im Vordergrund stehen, sollte das Sichern/Üben einen größeren Anteil im Tanzunterricht ausmachen.

3 Methoden

3.1 Stichprobe

Unsere Stichprobe umfasst acht Grundschulklassen der fünften und sechsten Jahrgangsstufe aus dem Bundesland Berlin, die wöchentlich Unterricht im zeitgenössischen Tanz erhielten. Zwei Klassen wurden ein halbes Schuljahr und die anderen sechs Klassen ein ganzes Schuljahr (2009/2010) von externen Lehrpersonen unterrichtet.

Die Teilnahme an der Studie war freiwillig. Es wurden insgesamt 15 Schulleiter/innen (aus unterschiedlichen Berliner Bezirken) angefragt, deren Klassen in dem Schuljahr 2009/2010 an *TanzZeit* teilnahmen und die bereits einer quantitativen Befragung durch unser Projektteam zugestimmt hatten. Elf Schulleiter/innen (Teilnahmequote 73.3%) stimmten einer Videoerhebung in einer ihrer Klassen zu. Es liegen uns von 11 Klassen insgesamt 25 videographierte Tanzstunden zur Auswertung vor. Die Ergebnisse von drei Klassen werden nicht berichtet, da sie sich in einer anderen Jahrgangsstufe (9. und 11. Klasse) befanden.

3.2 Design

Tanzunterricht

Der Tanzunterricht fand im Klassenverband wöchentlich im Umfang von zwei Schulstunden (90 Minuten) statt. Die Tanzlehrer/innen, als Tanzpädagog/inn/en oder Choreograph/inn/en ausgebildet, unterrichteten die Klassen in Zweierteams. In den meisten Klassen gab es eine Aufgabenteilung. So übernahm die/der ein/e Tanzlehrer/in die Rolle der/des Lehrer/in/s und die/der andere die der/des Assistentin/Assistenten. In dem Schuljahr 2009/2010 fand die erste Tanzstunde für die Schüler/innen in der zweiten Septemberwoche 2009 und die letzte Anfang Juni 2010 statt. Die Klassen, die sich für einen ganzjährigen Tanzunterricht entschieden hatten, nahmen an 28 Tanzstunden teil. Jene Klassen, welche an dem Projekt nur für ein Schulhalbjahr teilnahmen, hatten entsprechend 14 Tanzstunden. Zum Projektende wurden die erarbeiteten Choreographien in der Zeit vom 10. bis 13. Juni 2010 im Radialsystem V (Veranstaltungsort in Berlin) öffentlich aufgeführt. Bis auf eine Klasse – diese hatte nur im ersten Schulhalbjahr am Tanzunterricht teilgenommen – nahmen alle Klassen aus unserer Stichprobe an der öffentlichen Aufführung teil.

Videoaufzeichnungen

Bis auf eine Ausnahme wurde jede Klasse während des Schuljahres zweimal videographiert. In der Mehrheit der Fälle lagen zwischen dem ersten und zweiten Aufzeichnungstermin mehrere Monate.[3] Die erste Tanzstunde wurde am 19. November 2009, die letzte am 08. Juni 2010 gefilmt. Die Aufzeichnungstermine waren von uns frei wählbar und wurden nur kurze Zeit vorher telefonisch mit der/dem zuständigen Klassenlehrer/in und den Tanzlehrer/inne/n abgesprochen.

Erhebung

Die Tanzstunden wurden von zwei Kameras des Typs Canon HG21 aufgenommen: Die Überblickskamera (mit Weitwinkel) zeichnete das gesamte Unterrichtsgeschehen, d.h. die gesamte Klasse und die Tanzlehrer/innen auf. Die zweite Lehrer/in-Kamera fokussierte die/den unterrichtende/n Tanzlehrer/in und ihre/seine Interaktionen mit den Schüler/inne/n.[4] Die Aufzeichnung der Tanzstunden und die Schu-

---

3   Dies steht im Unterschied zu den oben angeführten Videostudien, in denen sich die herausgearbeiteten Sichtstrukturen auf zwei bis drei aufeinander folgende Unterrichtsstunden bezogen.

4   An dieser Stelle möchten wir vor allem Rayma Cadeau, Tina Deckert und Maria B. Jung für ihre Unterstützung bei den Videoerhebungen danken.

lung der Videoerheber/innen folgten den standardisierten Richtlinien von Seidel, Dalehefte und Meyer (2001).

Datenanalyse

Vor Auswertungsbeginn wurden die Aufnahmen mit dem Videobearbeitungsprogramm MOYEA Video Converter in ein für INTERACT lesbares Format (.avi) konvertiert. Die Auswertung des Videomaterials geschah mit INTERACT (Mangold, 2010) und verlief zweiphasig: Zuerst wurde das Vorhandensein einzelner Unterrichtsereignisse (Events) identifiziert und deren zeitliche Dauer mit dem Setzen eines Anfangs- und Endpunkts bestimmt, so dass jede Tanzstunde in chronologisch angeordnete, lückenlose Events eingeteilt wurde (Eventkodierung). Im Anschluss fand die Inhaltskodierung statt. Bei dieser wurde der Inhalt eines jeden Events bestimmt, indem sich die/der Kodierer/in für eine Kategorie in jedem Kategoriensystem entscheiden musste.

Instrument

Unsere Kategoriensysteme stellen eine Adaption der Kategoriensysteme nach Seidel (2003b) dar, welches im Manual Sichtstrukturen – Organisation unterrichtlicher Aktivitäten zusammengefasst ist. Die Anwendung dieses Kodiermanuals auf den Tanzunterricht (anstelle von Physikunterricht) machte mehrere Anpassungen notwendig. Die Adaption der drei Kategoriensysteme (Klassenorganisation, Unterrichtliche Arbeitsformen und Allgemeindidaktische Unterrichtsphasen) erfolgte durch deren Anwendung auf die Aufzeichnungen von fünf zufällig ausgewählten Tanzstunden und ist Tabelle 1 zu entnehmen.

Auch in technischer Hinsicht waren einige Anpassungen erforderlich, da ein anderes Auswertungsprogramm als bei Seidel (2003b) zur Anwendung kam. So wurde die Kategorie „Keine" in den Kategoriensystemen „Unterrichtliche Arbeitsformen" und „Allgemeindidaktische Unterrichtsphasen" gestrichen, denn durch Voreinstellungen bei INTERACT ist es möglich, die anderen Kategoriensysteme automatisch zu überspringen, wenn nicht Unterricht (Klassenorganisation) kodiert wurde. Ebenso brachte es die Entscheidung für eine zweiphasige Auswertung mit sich, dass sich bestimmte Aspekte der Kategorie „Mehrere Arbeitsformen" gleichzeitig erübrigten, da auch kurze Ansprachen der Tanzlehrer/innen mit der Kodierung eines neuen Events einhergingen. Veränderungen aufgrund inhaltlicher Unterschiede ergaben sich aus dem Umstand, dass im Tanzunterricht die Arbeitsform Diktat nicht auftrat, dafür aber häufig Demonstrationen der Tanzlehrer/innen von einzelnen Übungen bzw. Schrittfolgen beobachtet werden konnten. Darüber hinaus wurde das Kategoriensystem „Unterrichtliche Arbeitsformen" um die Kategorie Zwischenfrage erweitert, worunter unterrichtsrelevante Fragen der Schüler/innen an die/den Tanzlehrer/in zum Ablauf der Tanzstunde oder einzelnen Übungen verstanden wurden. Das Gegenstück zu den Zwischenfragen der Schüler/innen stellt die Kategorie „Verständnisfragen klären" (Allgemeindidaktische Unterrichtsphasen) dar. Diese Kategorie wurde kodiert, wenn die/der Tanzlehrer/in Fragen einzelner Schüler/innen beantwortete. Eine strukturelle Veränderung an dem Kategoriensystem „Unterrichtliche Arbeitsformen" ergab sich aus dem Umstand, dass im Tanzunterricht bei der Schülerarbeit über die Still-/Einzelarbeit, Partnerarbeit und Gruppenarbeit hinaus noch andere Gruppenformationen auftraten. Damit das Kategoriensystem nicht durch die Hinzunahme der Kategorien „Gesamtklasse" und „Mehrere Gruppenaspekte" gleichzeitig seine Übersichtlichkeit einbüßt, wurde ein neues Kategoriensystem, „Gruppenaspekt", angelegt. Mit diesem kann die von den Schüler/inne/n eingenommene Gruppenformation während der Schülerarbeit spezifiziert werden. Durch die neue Kategorie „Mehrere Gruppenaspekte gleichzeitig" erübrigte sich die Kategorie „Mehrere Arbeitsformen gleichzeitig" vollständig. Aufgrund dieser Veränderungen an den Kategoriensystemen war es nötig, zusätzliche Abgrenzungskriterien zu den bestehenden Kategorien nach Seidel (2003b) festzulegen. Zwei bestehende Kategorien mussten um einzelne Aspekte erweitert werden, um die Besonderheit des Tanzunterrichts abbilden zu können. So wurden die verschiedenen Funktionen des Übergangs genauer spezifiziert, da dieser im Tanzunterricht einen großen Raum einnahm.

Tab. 1: Adaptierte Kategoriensysteme zur Erfassung von Sichtstrukturen im Tanzunterricht

Kategoriensystem	Kategorien
Klassenorganisation	Kein Unterricht/Unterbrechung, Vor Unterrichtsbeginn, Unterricht, Nach Unterrichtsende.
Unterrichtliche Arbeitsformen	*Keine*[1], Lehrervortrag, *Diktat*[1], *Demonstration*[2], Klassengespräch, *Zwischenfrage*[2], *Still-/Einzelarbeit*[3], *Partnerarbeit*[3], *Gruppenarbeit*[3], *Mehrere Arbeitsformen gleichzeitig*[1], *Mehrere Gruppenaspekte gleichzeitig*[2+3], *Gesamtklasse*[2+3], Übergang, Andere.
Allgemeindidaktische Unterrichtsphasen	*Keine*[1], Wiederholung, Einstieg/Einführung, Erarbeiten neuer Inhalte/Instruktion, Sichern/Üben, Anwenden/Vertiefen, Zusammenfassen, Rückschau, *Verständnisfragen klären*[2], Prüfen/Leistungskontrolle/Hausaufgabenkontrolle, Andere.

Anmerkung: Kursiv hinterlegte Kategorien wurden entweder in das erweiterte Kategoriensystem [1] nicht übernommen oder [2] darum ergänzt. Die Arbeitsformen [3] wurden gebündelt und durch die Kategorie *Schülerarbeit* ersetzt. Die einzelnen Arbeitsformen der Schüler/innen werden in dem neuen Kategoriensystem „Gruppenaspekt" spezifiziert.

Über die feste, bei Seidel (2003b) angelegte Kombination mit der Unterrichtsphase „andere" hinaus wurden Aufstellungen für die nächste Übung oder die Choreographie mit der Unterrichtsphase „Erarbeiten neuer Inhalte/Instruktion" erfasst. Eine Erweiterung war auch für die Unterrichtsphase „Einstieg/Einführung" nötig, um neben der verbalen Einführung in die Unterrichtsstunde durch die Tanzlehrer/innen auch körperliche Aspekte, d.h. Aufwärmübungen der Schüler/innen zum Beginn der Tanzstunde, berücksichtigen zu können. An den anderen bestehenden Kategorien wurden keine Veränderungen vorgenommen.

Kodierung

Für die Auswertung des Materials wurden vier Personen in einer eintägigen Schulung (12.11.2010) mit den Kategoriensystemen vertraut gemacht und in der Handhabung des Auswertungsprogramms INTERACT trainiert.[5] Der Aufbau der Schulung orientierte sich an dem im DFG-Projekt „Geschlechtsspezifische Sozialbeziehungen als Determinanten früher Bildungsprozesse" entwickelten Beobachtungstraining (Hannover, Glüer & Wolter, 2006-2010). Die Auswertung des Videomaterials verlief zweiphasig.

Eventkodierung. In der Einarbeitungsphase bearbeiteten die Kodierer/innen getrennt voneinander mehrere Tanzstunden. In regelmäßigen Abständen fanden Gruppentreffen statt, in denen Unsicherheiten und Zweifelsfälle besprochen werden konnten. Nachdem die Einarbeitungsphase abgeschlossen war, wurde die Beobachterübereinstimmung für die Kodierung einer Tanzstunde (die nicht in die Auswertung einbezogen wurde) berechnet. Mit einer Voreinstellung bei INTERACT (Mangold, 2010), gemäß der Events nur dann als identisch gezählt werden, wenn bei dem Vergleich die Dauer der kodierten Events zu mindestens 90% überlappte, wurde mit einer prozentualen Übereinstimmung von durchschnittlich 95.7% (Min: 95.3%, Max: 96.9%) eine sehr gute Beobachterübereinstimmung erreicht. Nachdem die Übereinstimmung hergestellt war, analysierten die vier Kodierer/innen unabhängig voneinander alle weiteren Tanzstundenaufzeichnungen.

Tab. 2: Beobachterübereinstimmung (N=4) für die vier Kategoriensysteme

Kategoriensystem	Cohens Kappa	Übereinstimmung in %
Klassenorganisation	0.89	99.9
Unterrichtliche Arbeitsformen	0.89	91.0
– Gruppenaspekt	0.78	92.8
Allgemeindidaktische Unterrichtsphasen	0.71	77.5

Anmerkung: Tanzstunde mit 241 zu bestimmbaren Events.

Inhaltskodierung. Die Verwendung der Kategoriensysteme wurde mit den Kodierer/inne/n wiederholt geübt. Getrennt voneinander kodierten sie für eine Tanzstunde alle Events in Bezug auf die inhaltlichen Kategorien der drei Kategoriensysteme: „Klassenorganisation", „Unterrichtliche Arbeitsformen" und „Allgemeindidaktische Unterrichtsphasen" (und das zusätzliche Kategoriensystem „Gruppenaspekt"). Wie Tabelle 2 zu den Beobachterübereinstimmungen zu entnehmen ist, waren die Übereinstimmungswerte für die Inhaltskodierung zufriedenstellend bis

---

5   Wir möchten an dieser Stelle Sarah Gentrup, Stine Paul, Anke Röhrs, Dina Roßbach, Maike Schwarzlose, Lubina Rycer und Tobias Nowotzin für ihre Unterstützung bei der Auswertung danken.

sehr gut. Die vier Kodierer/innen analysierten im Anschluss unabhängig voneinander alle Tanzstundenaufzeichnungen.

Aufbereitung der Daten

Sämtliche INTERACT-Dateien wurden in SPSS transferiert. Da die Dauer der Unterrichtsstunden stark divergierte, wird – im Fall der Ergebnisdarstellung von den Kategoriensystemen „Unterrichtliche Arbeitsformen", „Gruppenaspekt" und „Allgemeindidaktische Unterrichtsphasen" – nicht mit Minutenangaben, sondern mit Prozentangaben bezogen auf die jeweilige Gesamtunterrichtszeit gearbeitet. Dafür wurde für jede Tanzstunde die Dauer eines jeden Events in Prozent umgerechnet; anschließend wurden inhaltlich gleiche Events über die Unterrichtsstunde hinweg aggregiert.

4 Ergebnisse

Im Folgenden werden die Ergebnisse zu den Sichtstrukturen der 15 videographierten Tanzstunden, gegliedert nach den drei Kategoriensystemen des Beobachtungsinstruments (Seidel, 2003b), dargestellt. Über die Angabe der prozentualen Zeitanteile der „Unterrichtlichen Arbeitsformen" und „Allgemeindidaktischen Unterrichtsphasen" an der Gesamtunterrichtszeit hinaus werden, wenn auf den Aspekt von Veränderungen über die Projektzeit (Dezember bis Juni) eingegangen wird, nur die Klassen (n = 6) berücksichtigt, welche ein ganzes Schuljahr Tanzunterricht hatten (n = 12 Tanzstunden).

4.1 Klassenorganisation

In den meisten Fällen begann die Aufzeichnung der Tanzstunden mit dem Eintritt der Tanzlehrer/innen in die Turnhalle. Als Kriterium für den Unterrichtsbeginn und das Unterrichtsende galt die explizite Äußerung einer Begrüßung bzw. Verabschiedung durch die/den Tanzlehrer/in. Situationen, in denen die Tanzlehrer/innen auf die Anwesenheit des Kamerateams eingingen oder die Schüler/innen Pause hatten, wurden bei der Berechnung der zur Verfügung stehenden Unterrichtszeit nicht berücksichtigt. In den aufgezeichneten Tanzstunden (N = 14) variierte die Unterrichtszeit zwischen 75.5 und 96.2 Minuten (M = 85.8, SD = 7.1). Eine Tanzstunde mit einer Dauer von 170.9 Minuten wurde in dieser Berechnung nicht berücksichtigt, da am Tag der Aufzeichnung eine ausgefallene Projektstunde nachgeholt wurde.

4.2   Unterrichtliche Arbeitsformen

Die Auswertung der Arbeitsformen zeigte, dass im Tanzunterricht vor allem die Schüler/innen aktiv waren. Die zweithäufigste Arbeitsform stellte – gefolgt vom *Lehrervortrag* – der *Übergang* dar. Eine Übersicht zu den prozentualen Zeitanteilen, welche die verschiedenen Arbeitsformen an der Gesamtunterrichtszeit einnahmen, ist Tabelle 3 zu entnehmen.

Tab. 3: Prozentuale Zeitanteile der unterrichtlichen Arbeitsformen an der Gesamtunterrichtszeit

Arbeitsformen	*M*	*SD*	*Min*	*Max*
Schülerarbeit	45.8	10.4	26.5	63.1
Übergang	22.2	7.2	11.9	37.9
Lehrervortrag	19.7	5.1	14.5	31.9
Demonstration	3.7	2.4	0.4	7.9
Andere	3.7	2.8	0.6	9.5
Klassengespräch	3.3	2.3	0.4	9.5
Zwischenfrage	1.7	1.2	0.2	4.2

Anmerkung. N = 15 Tanzstunden, Angaben in Prozent, sortiert nach Häufigkeit.

Der Kategorie *andere* wurden z.B. Beratungen der Tanzlehrer/innen untereinander zugeordnet. Im Folgenden wird auf die schüler- und lehrerzentrierten Aktivitäten gesondert eingegangen.

Schülerzentrierte Aktivitäten

Es zeigte sich, dass die Schülerarbeit die häufigste Arbeitsform im Tanzunterricht darstellte. In jeder Tanzstunde arbeiteten die Schüler/innen in dieser Zeit meistens gemeinsam als Klasse an einem Arbeitsauftrag (M = 31.2%, SD = 15.2). Die anderen Arbeitsformen „Schüler/innen arbeiten in Gruppen" (M = 9.4%, SD = 8.4), zu zweit (M = 8.8%, SD = 8.2) oder einzeln (M = 0.7%, SD = 0.5) kamen vergleichsweise seltener vor und wurden nicht in jeder der aufgezeichneten Tanzstunden beobachtet (n = 10, 8 und 6 Tanzstunden). Situationen, in denen mehrere Gruppenaspekte gleichzeitig im Vordergrund standen, konnten in fünf Tanzstunden beobachtet werden und nahmen dann (zeitlich gesehen) einen relativ großen Umfang ein (M = 9.9%, SD = 6.2). Wie Abbildung 1 zu entnehmen ist, veränderte sich der prozentuale Zeitanteil, der auf die *Schülerarbeit* fiel, über die Projektzeit deutlich. Während er in den Monaten November bis Januar zwischen 43.7% und 54.1% lag, schien er sich in den folgenden Monaten etwas zu verringern, mit Ausnahme einer Tanzstunde im April.

Abb. 1: Zeitanteile (in %) der unterrichtlichen Arbeitsform Schülerarbeit über die Projektzeit, n=12 Tanzstunden

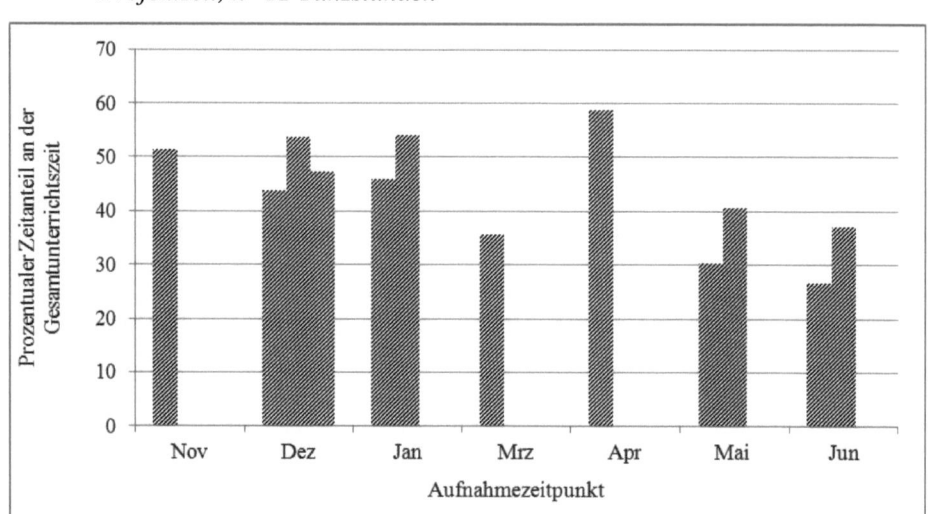

Lehrerzentrierte Aktivitäten

Im Durchschnitt nahmen die Arbeitsformen Lehrervortrag, Demonstration und Klassengespräch 26.6% der beobachteten Unterrichtszeit ein (SD = 5.6). Der prozentuale Zeitanteil, den der Lehrervortrag einnahm, lag deutlich über dem der anderen beiden lehrerzentrierten Aktivitäten (vgl. Tabelle 3). Bei einem Großteil der beobachteten Tanzstunden (n = 9) nahm der Lehrervortrag zwischen 14.9% und 19.5% der beobachteten Unterrichtszeit ein. Bei einigen Tanzstunden (n = 3) war ein deutlicher Anstieg des prozentualen Zeitanteils (26.5%-31.9%) zu beobachten; diese Tanzstunden fanden in den Monaten März und Mai/Juni statt.

Ebenso wie der *Lehrervortrag* konnten auch die anderen beiden lehrerzentrierten Aktivitäten in allen aufgezeichneten Tanzstunden beobachtet werden. Für die Arbeitsform *Demonstration* zeigte sich, dass in den meisten Tanzstunden (*n* = 7) die Tanzlehrer/innen zwischen 0.4% bis 3.6% der Unterrichtszeit den Schüler/inne/n einzelne Übungen oder Schrittfolgen demonstrierten. Lediglich in vier Tanzstunden – vor allem zu Projektbeginn (November bis Dezember) – wurde diese Arbeitsform häufiger beobachtet (4.5%-7.9%). Für das *Klassengespräch* zeichnete sich ein ähnlicher Verlauf über die Projektzeit ab. Während in einigen Tanzstunden (*n* = 4) die Tanzlehrer/innen zum Projektbeginn diese Form der Zusammenarbeit mit der Klasse häufiger nutzten (3.1%-4.7%), relativierte sich der Einsatz dieser Arbeitsform in den folgenden Monaten bis auf eine Ausnahme: In einer Tanzstunde im Juni lag der prozentuale Zeitanteil bei 5.7%. In fünf Tanzstunden schwankte der prozentuale Zeitanteil zwischen 1.9% und 2.6%, und in zwei Tanzstunden wurde das *Klassengespräch* fast gar nicht beobachtet (0.4% und 0.5%).

4.3   Allgemeindidaktische Unterrichtsphasen

Für jede in den Tanzstunden erfasste Arbeitsform wurde das allgemeindidaktische Ziel bestimmt (d.h. es erfolgt dessen Zuordnung zu einer allgemeindidaktischen Unterrichtsphase). Im Tanzunterricht stand vor allem das Sichern/Üben im Vordergrund. Zusammen mit „Erarbeiten neuer Inhalte/Instruktion" und „Anwenden/Vertiefen" entfielen durchschnittlich 47.7% der beobachteten Unterrichtszeit auf diese drei Lernprozessphasen. Neben den drei Lernprozessphasen war der prozentuale Zeitanteil, den die Unterrichtsphase *Rückschau* einnahm besonders groß. In dieser Phase gaben die Tanzlehrer/innen den Schüler/inne/n eine Rückmeldung zu deren Lernverlauf und -fortschritten. Die anderen sechs Unterrichtsphasen konnten im Tanzunterricht deutlich seltener beobachtet werden, wie Tabelle 4 zu entnehmen ist. Im Folgenden wird auf die drei Lernprozessphasen eingegangen.

Tab. 4: Prozentuale Zeitanteile der allgemeindidaktischen Unterrichtsphasen an der Gesamtunterrichtszeit

Unterrichtsphasen	M	SD	Min	Max
Sichern/Üben	26.4	12.0	0.1	46.3
Erarbeiten neuer Inhalte/Instruktion	13.5	5.0	7.6	23.6
Rückschau	12.1	3.5	6.7	16.6
Anwenden/Vertiefen	7.8	13.3	0.0	36.6
Einstieg/Einführung	7.6	8.3	0.2	31.2
Prüfen/Leistungskontrolle	6.1	3.7	0.0	12.2
Wiederholung	3.8	2.5	0.0	8.8
Andere	3.3	2.3	0.3	9.5
Zusammenfassen	1.9	1.5	0.0	3.3
Verständnisfragen klären	1.9	1.4	0.3	4.2

Anmerkung. N = 15 Tanzstunden, Angaben in Prozent, sortiert nach Häufigkeit. Die Unterrichtsphasen der Arbeitsform *Übergang* wurden bei dieser Darstellung (aufgrund der erweiterten Kombinationsmöglichkeit, s. 3.2.5) nicht berücksichtigt.

Für das Erarbeiten neuer Inhalte/Instruktion zeigte sich, dass über die gesamte Projektzeit die Tanzlehrer/innen mit den Schüler/inne/n neue Schritte bzw. Schrittfolgen erarbeiteten. Bei fast allen Tanzstunden lag der prozentuale Zeitanteil zwischen 7.6% und 16.6%, mit Ausnahme einer Tanzstunde im Mai, in der 23.6% der Unterrichtszeit dafür genutzt wurden. Im Vergleich zum Erarbeiten neuer Inhalte/Instruktion nahm das Sichern/Üben durchschnittlich doppelt so viel Unterrichtszeit ein. Eine genauere Aufschlüsselung über die Projektzeit (vgl. Abb. 2) macht deutlich, dass bei der Hälfte der Tanzstunden zwischen 21.6% und 31.3% der beobachteten Unterrichtszeit mit dem Festigen bereits erarbeiteter Schrittfolgen und Übungen verbracht wurde. In der anderen Hälfte der Tanzstunden verhielt es sich gegensätzlich: Während bei drei Tanzstunden das Sichern/Üben deutlich (17.6%-17.9%) bzw. sehr deutlich (0.1%) unter dem Gesamtmittelwert lag, wurde in den drei anderen Tanzstunden viel Zeit mit der Konsolidierung der erarbeiteten Schrittfolgen verbracht (36.4%-43.2%): Zwei Tanzstunden davon fanden im Mai/Juni statt.

Abb. 2: Zeitanteile (in %) der Lernprozessphase Sichern/Üben über die Projekt-zeit, n=12 Tanzstunden

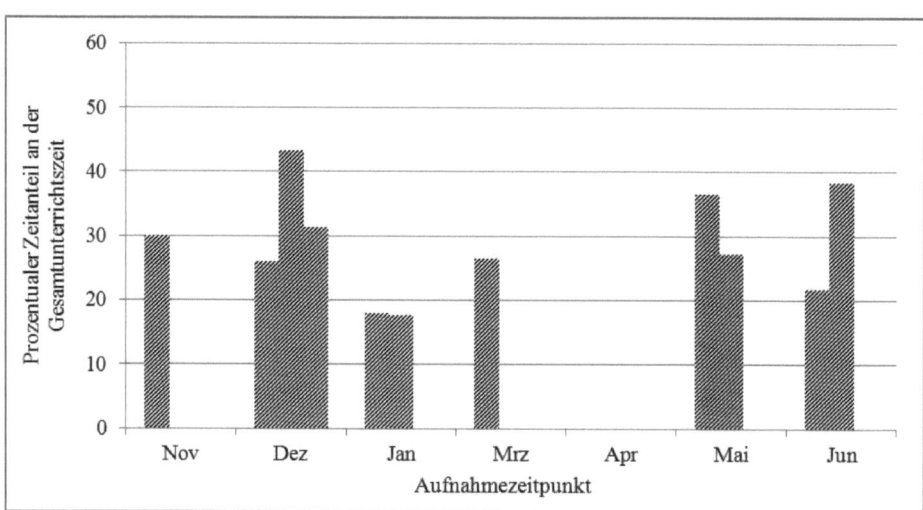

Im Gegensatz zu den anderen beiden Lernprozessphasen konnte das *Anwen-den/Vertiefen* ($n = 5$) nicht in allen Tanzstunden beobachtet werden. Bei drei dieser Tanzstunden (November-Januar) wurden zwischen 0.3% und 1.8% der beobachteten Unterrichtszeit darauf verwendet. In zwei anderen Tanzstunden, einer im Januar (11.8%) und einer anderen im April (36.6%), wurde den Schüler/inne/n deutlich mehr Zeit für das Übertragen bereits erarbeiteter Schrittfolgen oder Übungen auf neue Aufgabenstellungen eingeräumt.

5.   Zusammenfassung und Ausblick

Die Adaptation des bereits etablierten und für den schulcurricularen Unterricht entwickelten Beobachtungsinstruments *Sichtstrukturen – Organisation unterricht-licher Aktivitäten* (Seidel, 2003b) auf ein musisch-kreatives Projekt kann als gelungen betrachtet werden. Ohne Schwierigkeiten und mit geringfügigen Anpassungen konnte das für die Analyse des regelcurricularen und einzelstündigen Fachunter-richts entwickelte Beobachtungsinstrument auf Doppelstunden des projektorientier-ten Tanzunterrichts übertragen werden. Die erwarteten Spezifika des Tanzunter-richts ließen sich auf diese Weise abbilden.

Im Folgenden werden die Ergebnisse zum Tanzunterricht kurz zusammenge-fasst und den Befunden von Videostudien im Regelunterricht gegenübergestellt. Erwartungskonform lag im Tanzunterricht der Schwerpunkt der „Unterrichtlichen

Arbeitsformen" auf den schülerzentrierten Aktivitäten. Dieser Befund steht im deutlichen Kontrast zu den Ergebnissen von Videostudien in anderen fachlichen Domänen des regelcurricularen Unterrichts, bei denen der Schwerpunkt v.a. auf den lehrerzentrierten Aktivitäten lag. Während in diesen Videostudien das *Klassengespräch* als die zeitlich umfangreichste Arbeitsform identifiziert wurde, lag er im Tanzunterricht auf dem *Lehrervortrag*. Bei den beobachteten Lernprozessphasen (allgemeindidaktischen Unterrichtsphasen) zeigte sich für den Tanzunterricht folgendes Bild: Wie erwartet, unterschied sich die Schwerpunktsetzung im Physikunterricht (*Erarbeiten neuer Inhalte/Instruktion*) von der im Tanzunterricht. Im Tanzunterricht stand vor allem das *Sichern/Üben* im Vordergrund. Insgesamt lässt sich für den Tanzunterricht ein ausgewogeneres Verhältnis zwischen diesen beiden Lernprozessphasen konstatieren. Der Anteil der Lernprozessphase *Anwenden/ Vertiefen* am Gesamtunterrichtsgeschehen verhielt sich zwischen Tanz- und Physikunterricht ähnlich.

Die vorliegende Studie macht durch die adaptierten Kategoriensysteme eine umfassende Beschreibung der Sichtstrukturen im Tanzunterricht möglich. Durch die Begleitung des Tanzprojekts über ein Schuljahr und den Vergleich der Arbeitsformen und Lernprozessphasen kann festgehalten werden, dass sich der Tanzunterricht insgesamt durch einen hohen Anteil an *Schülerarbeit* und umfängliches *Sichern/Üben* auszeichnet. Über die Projektzeit zeichneten sich verschiedene Tendenzen ab, wie beispielsweise der sich im Laufe des Schuljahres verringernde Anteil der *Schülerarbeit*. Dies reflektiert möglicherweise die sich verändernden Zielsetzungen des Tanzprojekts über die Projektzeit.

Die vorliegenden Kategoriensysteme eröffnen die Möglichkeit für die weiterführende Erforschung struktureller Aspekte alternativer Formen des intra- und extracurricularen Unterrichts, sowie zur Überprüfung der projektzielgebundenen Wirksamkeit verschiedener Anteile von Arbeitsformen und Unterrichtsphasen auf schulbezogene, motivationale Variablen.

Literatur

Aebli H. (2011), *Zwölf Grundformen des Lehrens: Eine allgemeine Didaktik auf psychologischer Grundlage. Medien und Inhalte didaktischer Kommunikation, der Lernzyklus*, 14. Auflage, Stuttgart: Klett-Cotta.

Göbel K. (2007), *Qualität im interkulturellen Englischunterricht: Eine Videostudie*, Münster: Waxmann.

Geschlechtsspezifische Sozialbeziehungen als Determinanten früher Bildungsprozesse: Eine Berliner Längsschnittstudie zum Einfluss der Bindungen zu Erzieher/inne/n und Primarstufenlehrer/inne/n auf die Bildungskarriere von Mädchen und Jungen. Unter Mitarbeit von Hannover, B., Glüer, M. und Wolter, I.. [Online verfügbar unter http://www.ewi-psy.fu-berlin.de/einrichtungen/arbeitsbereiche/ewi-psy/forschung/dfg_sozialbeziehungen.html, zuletzt geprüft am 20.9.2012.]

Helmke A., Helmke T., Heyne T., Hosenfeld A., Hosenfeld I., Schrader F. W. & Wagner W. (2008), Zeitnutzung im Grundschulunterricht: Ergebnisse der Unterrichtsstudie „VERA – Gute Unterrichtspraxis" in: *Zeitschrift für Grundschulforschung*, 11/1, 23–36.

Mangold (2010), INTERACT *Quick Start Manual* V2.4., Mangold International GmbH. [Online verfügbar unter www.mangold-international.com.]

Keuchel S., Günsche C. & Groß S. (2009), *Tanz in Schulen in NRW ein empirischer Blick in die Praxis*, Bonn: Bundesverband Tanz in Schulen. [Online verfügbar unter http://www.kulturellebildung-nrw.de/cms/front_content.php?idcat=228&idart=400, zuletzt geprüft am 20.09.2012.]

Oser F. & Patry J.-L. (1990), Choreographien unterrichtlichen Lernens: Basismodelle des Unterrichts, in: *Berichte zur Erziehungswissenschaft* 89.

Seidel T., Dalehefte I. M. & Meyer L. (2001), Richtlinien für Videoaufzeichnungen, in: Prenzel M., Duit R., Euler M., Lehrke M. & Seidel T. (Hg.), *Erhebungs- und Auswertungsverfahren des DFG-Projekts „Lehr-Lernprozesse im Physikunterricht – eine Videostudie"*, Kiel: IPN, 5-23.

Seidel T., Prenzel M., Duit R., Euler M., Geiser H., Hoffmann L., Lehrke M., Müller C. T. & Rimmele R. (2002), „Jetzt bitte alle nach vorn schauen!" – Lehr-Lernskripts im Physikunterricht und damit verbundene Bedingungen für individuelle Lernprozesse, in: *Unterrichtswissenschaft* 30/1, 52–77.

Seidel T. (2003a), *Lehr-Lernskripts im Unterricht: Freiräume und Einschränkungen für kognitive und motivationale Lernprozesse – eine Videostudie im Physikunterricht*, Münster: Waxmann.

Seidel T. (2003b), Sichtstrukturen – Organisation unterrichtlicher Aktivitäten, in: Seidel T., Prenzel M., Duit R. & Lehrke M. (Hg.), *Technischer Bericht zur Videostudie „Lehr-Lern-Prozesse im Physikunterricht"*, Kiel: IPN, 113-127.

Seidel T., Rimmele R. & Prenzel M. (2003c), Gelegenheitsstrukturen beim Klassengespräch und ihre Bedeutung für die Lernmotivation: Videoanalysen in Kombination mit Schülerselbsteinschätzungen, in: *Unterrichtswissenschaft* 31/2, 142–165.

Seidel T. & Prenzel M. (2004), Muster unterrichtlicher Aktivitäten im Physikunterricht, in: Doll J. & Prenzel M. (Hg.), *Bildungsqualität von Schule: Lehrerprofessionalisierung, Unterrichtsentwicklung und Schülerförderung als Strategien der Qualitätsverbesserung*, Münster: Waxmann, 177-194.

Seidel T. (2011), Lehrerhandeln im Unterricht, in: Terhart E., Bennewitz H. & Rothland M. (Hg.), *Handbuch der Forschung zum Lehrerberuf*, Münster: Waxmann, 605-629.

Stigler J. W., Gonzales P., Kawana T., Knoll S. & Serrano A. (1999), *The TIMSS Videotape Classroom Study: Methods and findings from an exploratory research project on eigthgrade mathematics instruction in Germany, Japan, and the United States*, Washington, D.C.: U.S. Department of Education.

Assistieren
Rekonstruktion eines Kooperationsmusters im Lehrenden-Tandem im Programm „Jedem Kind ein Instrument"

Ulrike Kranefeld (Universität Bielefeld)

1 Unterrichtsbezogene Kooperation im Lehrenden-Tandem

1.1 Hintergrund: Das Tandem in JeKi

In der Unterrichtsforschung spielt derzeit die Diskussion um die Kooperation von Lehrkräften eine wichtige Rolle, gerade auch angesichts der zahlreicher werdenden Projekte, in denen schulische und außerschulische Partner in der Unterrichtspraxis zusammenarbeiten. Ein Beispiel aus der Musikpädagogik stellt das Programm „Jedem Kind ein Instrument" (JeKi) in NRW dar, das seit 2008 in Grundschulen des Ruhrgebiets durchgeführt wird. Hier kooperieren Grund- und Musikschullehrende, die als sogenanntes „Tandem" den Unterricht in der ersten Klasse in einer Stunde pro Woche gemeinsam gestalten. Neben Elementen musikalischer Grundausbildung steht dort die Vorstellung von Musikinstrumenten im Mittelpunkt. Eines dieser Instrumente kann am Ende des Schuljahres von den Kindern gewählt werden, um es während der folgenden Grundschuljahre zu erlernen.

Im Gegensatz zu Kooperationen innerhalb des Kollegiums einer Schule treffen im Tandem-Unterricht im ersten JeKi-Jahr unterschiedliche berufsbiographische Hintergründe und damit verbunden auch durchaus differierende Vorstellungen von Zielen und Methoden aufeinander. Gerade zu Beginn der Programmlaufzeit wurde die institutionsübergreifende Zusammenarbeit im Tandem als innovatives Moment gedeutet und mit der Hoffnung auf Mehrwert und Synergie verbunden. Auch aktuell heißt es auf der Internetpräsenz der Stiftung „Jedem Kind ein Instrument":

> „Diese gegenseitige Kompetenzergänzung und die daraus resultierende Bereicherung ermöglichen eine intensive Zusammenarbeit und eine optimale Unterrichtsbetreuung der Kinder."[1]

Erste Ergebnisse aus dem BMBF-Forschungsschwerpunkt zu „Jedem Kind ein Instrument"[2] fallen gegenüber dieser hoffnungsvollen Perspektive allerdings ernüchternd aus, zeigen sie doch, dass sich in den ersten Jahren des Programms im Tan-

---

1 https://www.jedemkind.de/programm/informationen/grundlagen.php (01.10.2012). Dort auch weitere Informationen zur Programmstruktur von JeKi in NRW.

2 Das BMBF hat innerhalb des Rahmenprogramms zur Förderung der empirischen Bildungsforschung einen Forschungsschwerpunkt zu JeKi eingerichtet. Weitere Informationen dazu unter www.jeki-forschungsprogramm.de.

dem eine klare und einseitige Rollenverteilung entwickelt zu haben scheint: Nach Kulin & Özdemir (2011) geben in einer Befragung über 98% der Musikschullehrenden (ML)[3] an, dass die Planung des Unterrichts in ihren alleinigen Händen liegt. Bei der Frage nach der Unterrichtsdurchführung sind es immerhin noch 74% der Befragten, die diese Aufgabe allein übernehmen, obwohl eine zweite Lehrkraft in der Regel im Klassenraum anwesend ist. Die Aussagen der parallel befragten Grundschullehrenden (GL) bestätigen diesen Befund. Auch die Ergebnisse einer Interviewstudie von Lehmann, Hammel & Niessen (2012) unterstützen diesen Eindruck. Sie konstatieren zudem, dass Absprachen im Vorfeld des Unterrichts (meist aus Zeitmangel) kaum stattfinden.

Vor diesem Hintergrund erscheint es notwendig zu fragen, wie sich die Lehrenden-Kooperation in einem Tandem-Unterricht vollzieht, wenn notwendige Absprachen und Kommunikation als Voraussetzung gelingender Kooperation (Lütje-Klose & Willenbring, 1999) kaum stattfinden und es doch gleichzeitig wenigstens partiell zu Phasen gemeinsamer Unterrichtsdurchführung kommt. Immerhin fast ein Viertel der Lehrenden geben an, den Unterricht zumindest phasenweise gemeinsam mit der Tandem-Partnerin durchzuführen (Kulin & Özdemir, 2011). Welche Formate finden die Lehrenden-Tandems für dieses gemeinsame Durchführen von Unterricht, wenn gleichzeitig vorherige Absprachen nicht stattfinden? Wie vollzieht sich die implizite und situative Aushandlung von Aufgabenbereichen in der Unterrichtssituation selbst und wie kooperieren die Lehrenden in der Gestaltung der Lernarrangements?

1.2 Forschungen zu unterrichtsbezogener Kooperation

Forschungen zur Kooperation von Lehrenden haben sich bisher vor allem in der Schulentwicklungsforschung vor organisationspsychologischem Hintergrund entwickelt (Gräsel, Fussangel & Pröbstel, 2006; Fussangel & Gräsel, 2012). Hier werden das Ausmaß und die Intensität von Lehrendenkooperation etwa als Merkmal effektiver Schulen und in ihrer Bedeutung für Schulentwicklungsprozesse diskutiert (Idel, Ullrich & Baum, 2012). Dabei sehen sich die entsprechenden empirischen Forschungen mit zwei Herausforderungen konfrontiert: Zum einen ist der erziehungswissenschaftliche Diskurs um Lehrendenkooperation nach Idel et al. (2012) stark normativ grundiert, was sich etwa in der Nutzung aufsteigender Stufenmodelle zeige. Zudem weisen Fussangel & Gräsel (2012) darauf hin, dass eine Operationalisierung von Kooperation in den bisher vorgelegten empirischen Studien nicht einheitlich vorgenommen werde und ein zugrunde zu legendes „theoretisches Gesamtmodell zur Kooperation" (Fussangel, 2008, S. 115) noch fehle.

Insbesondere Forschungen, die unterrichtsbezogene Lehrendenkooperation auf der Mikroebene des Unterrichts systematisch in den Blick nehmen und für unsere

---

3 Im gesamten Text werden aus Gründen der besseren Lesbarkeit für die Musikschul- und Grundschullehrenden die Abkürzungen ML und GL verwendet.

Forschungsfrage interessant wären, spielen bislang eine eher untergeordnete Rolle. Das mag auch mit einem Phänomen zusammenhängen, das in mehreren Studien beschrieben werden konnte: „Je näher man dem Unterricht kommt, desto seltener wird zusammengearbeitet." (Idel et al., 2012, 14) Diesen Eindruck bestätigen Ergebnisse aus Studien von Holtappels (1999), Gräsel et al. (2006) und auch Daten aus der „Studie zur Entwicklung von Ganztagsschulen" (StEG) (Dieckmann et al., 2008). Einen forschungsmethodischen Zugang zur explizit unterrichtsbezogenen Kooperation stellt hier in der Regel die Befragung von Lehrenden dar in Form mitlaufender Variablen in größeren standardisierten Fragebogenerhebungen innerhalb der Unterrichts- und Schulentwicklungsforschung. Darüber hinaus existieren auch Zugänge in Form von quantitativen oder qualitativen Interviewstudien. So legte Fussangel (2008) eine Arbeit zur Kooperation von (Fach-)Lehrkräften in Lerngemeinschaften vor und richtet ihren Blick auf die subjektiven Theorien der Lehrenden „als individuellen Bedingungsfaktor von Kooperation" (Fussangel, 2008, 69). Auch für den JeKi-Kontext liegen bereits Ergebnisse von Lehrerbefragungen zu ihrer Arbeit im Tandem vor (Cloppenburg & Bonsen, 2012; Lehmann et al., 2012; Kulin & Özdemir, 2011; Franz-Özdemir, 2012). Der Blick in die authentische Unterrichtspraxis selbst wird aber innerhalb der Forschungen zur Lehrenden-Kooperation insgesamt selten verfolgt: Textor (2007) entwickelt für den sonderpädagogischen Kontext einen strukturierten Beobachtungsbogen, der insbesondere unter der Rubrik „Organisation der Förderung" (S. 155) auch Aspekte von Lehrenden-Kooperation im Hinblick auf die Unterrichtsdurchführung erfasst. Eine kombinierte Interview- und Beobachtungsstudie zum Team-Teaching führten Frommherz und Halfhide (2003) an Unterstufenklassen der Stadt Zürich durch: Sie konnten so in den sechs befragten und beobachteten Lehrenden-Tandems unterschiedliche Deutungen von Team-Teaching beobachten und „Rollen" in der Unterrichtsdurchführung und Varianten von Arbeitsteilung und Zuständigkeiten rekonstruieren.

2 Die GeiGE-Videostudie

Um Einblicke in die Kooperationsformen im Tandem des ersten JeKi-Jahres zu gewinnen, wurden im Rahmen der BMBF-geförderten Studie GeiGE[4] an der Universität Bielefeld insgesamt sieben Lehrenden-Tandems untersucht und in der Regel jeweils in bis zu sechs Stunden während der Instrumentenvorstellung der Streich- und Blasinstrumente videographiert. Übergeordnetes Ziel der Studie ist die

---

4   Das Verbundvorhaben „Gelingensbedingungen individueller Förderung in Grundschulen in Essen" (GeiGE) der Universitäten Bielefeld (Prof. Dr. Kranefeld) und Münster (Prof. Dr. Martin Bonsen) und der Hochschule für Musik und Tanz Köln (PD Dr. Anne Niessen) wurde von 2009 bis 2012 durchgeführt, im Teilprojekt Bielefeld unter wissenschaftlicher Mitarbeit von Kerstin Heberle, Dr. Susanne Naacke und Melanie Schönbrunn.

Rekonstruktion von fachdidaktischen Inszenierungsmustern, einen Teilaspekt stellt dabei die Frage nach der Kooperation im Tandem dar.

Die Erhebung und Auswertung des Materials orientiert sich an den Grundzügen einer interpretativen Unterrichtsforschung, wie sie Krummheuer & Naujok (1999) formuliert haben und verbindet damit interaktions- und gesprächsanalytische Zugänge.[5] Unterstützt wurde die Analyse durch die Software atlas.ti. Für den Auswertungsaspekt „Kooperation" wurden nach einer ersten Sichtung des Materials „Schlüsselszenen" (Deppermann, 2008) ausgewählt, die Phasen des Unterrichts betreffen, in denen die GL aktiv am Unterrichtsgeschehen beteiligt sind bzw. in dieses eingreifen. Interaktionsbezogenes Kriterium zur Begrenzung der Ausschnitte ist also der Zeitraum vom „Auftritt bis zum Abtritt einer Interaktantin/eines Interaktanten" (Krummheuer & Naujok, 1999, S. 69). Transkriptionen dieser Schlüsselszenen wurden bei der Videoanalyse unterstützend einbezogen. Da sich der Befund von Kulin & Özdemir (2011) bestätigte, dass JeKi-Unterricht überhaupt nur phasenweise gemeinsam durchgeführt wird, ergab sich eine überschaubare Menge an Schlüsselszenen, die vergleichend analysiert wurden. Dabei wurden unterschiedliche Typen von Unterrichtssequenzen einbezogen, die sich schon durch ihre bloße Länge graduell unterscheiden: Die Extremfälle bilden auf der einen Seite Sequenzen, in denen die GL über eine ganze Unterrichtsphase an der Unterrichtsgestaltung beteiligt ist, etwa beim Ausprobieren der Instrumente in Kleingruppen oder bei der gemeinsamen Gestaltung eines Unterrichtsgesprächs. Auf der anderen Seite stehen Fälle eines nur wenige Sekunde andauernden, punktuellen Eingreifens der GL. Ergebnis waren induktiv entwickelte Beobachtungskategorien, die im Folgenden insbesondere in Bezug auf die dominierende Kooperationsform *Assistieren* berichtet werden. Dabei werden die gewonnenen Beobachtungskategorien im Hinblick auf die theoretische Systematisierung von Cook & Friend (1995) kontextualisiert.

3   Der Kooperationsmodus Assistieren

Als vorherrschendes Muster von Kooperation zeigte sich in einer ersten Durchsicht der Schlüsselszenen eine Form, die Cook & Friend (1995) in ihrer groben Systematisierung von Kooperationsmodellen, die sie vornehmlich für die Kooperation von Regelschullehrenden und Sonderpädagogen entwickelt haben, als „one teach / one assist" bezeichnen würden: Dabei übernimmt die ML die Unterrichtsdurchführung und die GL assistiert. Dieser dominierende Kooperationsmodus *Assistieren* soll im Folgenden vor dem Hintergrund des Modells von Cook & Friend weiter differenziert werden. Die starke Dominanz des *Assistierens* ist im beschriebenen JeKi-Kontext nicht verwunderlich, wenn man bedenkt, dass andere von Cook & Friend (1995) genannte Kooperationsweisen (etwa *station teaching, parallel teaching,*

---

5   Für die interpretative Unterrichtsforschung in der Musikpädagogik s. Kranefeld (2008).

alternative teaching und team-teaching) jeweils zwingend inhaltliche und methodische Absprachen und gemeinsame Planungsschritte erfordern.

3.1   Wem wird assistiert? Das Tandem im Interaktionsdreieck

Die Analogiebildung zu der Systematisierung von Cook & Friend (1995) wirft im Hinblick auf die Interpretation des JeKi-Unterrichts aber auch eine Schwierigkeit auf. In der Definition bei Cook & Friend richtet sich das Assistieren auf die Schülerinnen und Schüler: „… one takes a clear lead in the classroom while the other observes students or drifts around the room, assisting them as needed." (Cook & Friend, 1995, S. 8) Hier werden als Objekt des Assistierens also deutlich die Schülerinnen und Schüler fokussiert. Bei der Analyse des Videomaterials aus dem JeKi-Unterricht kommt nun eine Facette des *Assistierens* in den Blick, die in der oben genannten Definition zunächst nicht im Vordergrund steht: Das Assistieren betrifft – gegebenenfalls vermittelt – auch den führenden Tandem-Lehrer, denn auch diesem wird assistiert: Der assistierende Lehrer bringt eine individuelle Hilfestellung für einzelne Schülerinnen und Schüler ein, also eine Form von Binnendifferenzierung, die der führende Lehrende in diesem Moment in seiner Unterrichtsgestaltung nicht leisten kann oder will. Diese prinzipiell doppelte Ausrichtung des Assistierens verweist auf die Notwendigkeit, in der Rekonstruktion von assistierender Kooperation jeweils sowohl die beiden Lehrenden als auch die Schüler als Interagierende einzubeziehen, sie also innerhalb eines Interaktionsdreiecks zu denken. Beim Assistieren im JeKi-Tandem nimmt die GL eine Art Vermittlungsfunktion ein, wobei entweder die Assistenz des Schülers oder die Assistenz des Tandem-Partners im Vordergrund stehen kann, die andere Ausrichtung aber möglicherweise jeweils mitschwingt und zum Gegenstand von subjektiven Bedeutungszuschreibungen wird. Welche der beiden Seiten des Interaktionsdreiecks dabei stärker akzentuiert erscheinen, hängt von unterschiedlichen Faktoren ab, von denen einige in der Analyse des Videomaterials rekonstruiert werden konnten und die mit der interaktionalen Einbettung des Assistierens verbunden sind. Zu beachten ist die *Reichweite des Assistierens*: Handelt es sich um einen zugeflüsterten Hinweis des Assistierenden für einen einzelnen Schüler, für eine Gruppe von Schülern oder um eine eingestreute Erklärung, die der ganzen Klasse gilt? Die *Positionierung im Raum* und damit im Unterrichtsgeschehen spielt eine Rolle: Das zeigen in unseren Videos etwa verschiedene Varianten der GL, sich zu einem Sitzkreis zu verhalten, den die ML initiieren: Sitzt die GL außerhalb des Sitzkreises in einer Beobachterhaltung und greift eher *aus dem Off* ein, weckt ihre Assistenz i.d.R. mehr Aufmerksamkeit und erhält dadurch ein größeres Gewicht als wenn sie sich im Sitzkreis befindet und am Geschehen aktiv teilnimmt. Auch hier kann sie zwei verschiedene Rollen einnehmen: Sie macht mit und verhält sich gleichermaßen wie eine Schülerin oder sie agiert (etwa disziplinierend) in ihrer Lehrerrolle. Von Bedeutung ist auch die Frage, auf welche Art und Weise assistierende Tätigkeiten eingebracht werden, wie diese von Lehrenden und Schülern in den Unterrichtsprozess integriert werden bzw. welche *Konsequenz* dieses für den laufenden Prozess hat: Handelt es sich um ein paralleles Geschehen im Hintergrund, also ein paralleles Ergänzen oder um einen Eingriff in den von der ML gestalteten Prozess, der dazu führt, dass die ML pausieren muss oder sogar den weiteren Verlauf neu ausrichten muss?

Cook & Friend (2004) gehen in ihrer Idealvorstellung eines assistierenden Lehrenden, der durch den Klassenraum streift (*one drift*), von einer „unobtrusive assistance" (o.S.), also einer dezenten, zurückhaltenden und unaufdringlichen Assistenz aus. Wird – wie es im JeKi-Unterricht häufiger geschieht – vom assistierenden Lehrenden die ganze Klasse angesprochen und dabei die Gesprächsführung des ML sogar unterbrochen, kann dadurch (auch bei der Tandem-Lehrerin) der Eindruck entstehen, dass sich die Assistenz innerhalb des Interaktionsdreiecks von der Ausrichtung auf den Schüler hin zum Lehrenden verschiebt. Ein Beispiel für eine punktuelle Assistenz auf der Mikroebene des Unterrichts ist die Sequenz „Die rechte Hand" aus einer Stunde, in der die Geige vorgestellt wird:

> Die ML möchte mit den Schülerinnen und Schülern ausprobieren, wie man einen Geigenbogen hält. Die Kinder stehen hinter ihrem jeweiligen Platz an den Tischen, die parlamentarisch angeordnet sind. Die ML steht frontal vor der Klasse. Die GL, in diesem Falle eine Sonderpädagogin, steht hinter einem Jungen, vermutlich einem Kind mit Förderbedarf, und unterstützt ihn motorisch bei den folgenden Bewegungsübungen. Um die Bogenhaltung vorzubereiten, fragt die ML: „Wo ist Eure rechte Hand?" Die Kinder heben eine Hand, mal die rechte, mal die linke. Die ML kommentiert bzw. korrigiert einzelne Schülerinnen und Schüler im Plenum, in dem sie auf einzelne Kinder zeigt und „richtig" oder „falsch" sagt. Dabei geht sie einige Kinder durch. Dann zeigt sie auf ein Mädchen: „Marie, bei Dir: falsch". Daraufhin wendet sich die GL zu dem Mädchen um und fügt hinzu: „Die Hand, mit der Du schreibst!" Die ML greift dies auf und sagt: „Genau, so isses" und wendet sich gleichzeitig dem nächsten Schüler zu, um ihn mit „richtig" zu kommentieren und ihr Vorgehen der Korrektur fortzusetzen.

Besonders interessant ist die Einbettung in den laufenden Unterrichtsprozess und die Beibehaltung des *clear lead*: Zwar muss die ML in ihrem Vorgehen kurz pausieren, durch ihre positive Evaluation „Genau, so isses" und der simultanen Zuwendung zu einem nächsten Schüler, um ihr bisheriges Vorgehen fortzusetzen, bleibt sie aber führend in der weiteren Gestaltung des Prozesses. Dass sich die Ergänzung relativ flüssig in den Unterrichtsprozess einzubetten scheint, hat also einerseits mit der schnellen Kontextualisierung des Einwurfs durch die ML zu tun. Ebenso scheint die Positionierung der GL im Raum eine Rolle zu spielen: Sie nimmt am Unterrichtsgeschehen aktiv teil, indem sie hinter dem Jungen mit Förderbedarf steht und ihn unterstützt, das Assistieren kommt also nicht *aus dem Off* (s.o.). In Bezug auf die Reichweite adressiert die GL ihre Ergänzung klar an das Mädchen, in dem sie es mit „Du" anspricht. Anders als in der Assistenz des Jungens mit Förderbedarf, den sie hinter ihm stehend dezent und unauffällig unterstützt im Sinne einer *unobtrusive assistance* (s.o.), hat der Hinweis an die Schülerin (schon aufgrund der räumlichen Distanz) eine andere Reichweite, kann also auch von anderen Kindern der Klasse als Hilfestellung aufgefasst werden, bedeutet aber gleichzeitig auch eine Ergänzung der Ausführungen der ML. Die Analyse des Beispiels zeigt, wie sich ein Akt des Assistierens auf einer Mikroebene des Unterrichtsprozesses im kooperationsbezogenen Interaktionsdreieck verorten lässt.

Aufgrund der doppelten Ausrichtung des Kooperationsmodus *Assistieren* ist dieser durchaus anfällig für Störungen, wie auch entsprechende Äußerungen der Lehrenden in der Interviewstudie der Kölner Kolleginnen Lehmann & Niessen (2011) zeigen: Neben der Frage *Wem wird assistiert?* stellt sich den ML durchaus die Frage: *Wer wird beobachtet?* Das Beobachten sehen auch Friend et al. (2010) als Form der Kooperation (*one teach / one observe*), allerdings verbinden sie damit im Tandem zuvor klar verabredete Beobachtungsaspekte: Ziel ist es etwa, systematische Beobachtungsdaten zu einzelnen Schülern zu sammeln. Die ML des Samples der Kölner Interviewstudie betonen aber gerade auch die andere Seite des Interaktionsdreiecks: Sie selbst fühlen sich im Fokus der Beobachtung durch die GL: „Wenn die Tandemlehrerin (…) nur abweisend dasitzt (…), weiß man nicht: Werden die Kinder observiert oder ich?" (Niessen & Lehmann, 2011, S. 11f.)

Anfällig für Störungen erweist sich der Kooperationsmodus auch, wenn es zum Verlust des *clear lead*, also der klaren Führung innerhalb des Tandems kommt, ohne dass ein alternativer Kooperationsmodus, etwa das Team-Teaching, etabliert wird. In einem Fall ist zu beobachten, wie Schülerinnen und Schüler in einen Loyalitätskonflikt geraten: Sie schauen bei einer Arbeitsanweisung der ML zunächst die eigentlich in der Situation „passive" Grundschullehrerin an, um eine Bestätigung des Arbeitsauftrags zu erhalten, bevor sie der Aufforderung der ML folgen. Dies kann als Indiz gewertet werden, dass die ML hier ihre „Führung" (*clear lead*) offensichtlich verloren hat, obwohl sie gerade eine Aufgabenstellung formuliert, was eine solche Position normalerweise markiert, die ihr aber von den Schülern nicht eindeutig zugewiesen wird.

Die Fragen *Wem wird assistiert?* und *Wer wird beobachtet?* verweisen darauf, dass das Assistieren nicht nur als bilaterale Interaktion aufzufassen ist, sondern in seiner Verwobenheit innerhalb des Interaktionsdreiecks ML – GL – Klasse/ einzelnen Schüler zu reflektieren ist. Mit dem oben genannten Aspekt der *Reichweite* löst sich dabei die Klasse zudem noch in unterschiedliche Dimensionen auf, je nachdem, ob dem einzelnen Schüler, einer Gruppe von Schülern oder der gesamten Klasse als Plenum assistiert wird.

3.2 Assistieren als Kompetenzergänzung?

Eine gelingende Kooperation auf der Basis von *Kompetenzergänzung* (s.o.), wie sie sich die Programmentwickler der Stiftung „Jedem Kind ein Instrument" erhoffen, würde voraussetzen, dass die Aufgabenbereiche der beiden Lehrenden gemäß ihrer Erfahrung und ihres Ausbildungshintergrunds aufeinander abgestimmt sind. Paradoxerweise finden wir aber im JeKi-Unterricht des 1. Schuljahres in diesem Fall gravierende Verschiebungen, etwa im Hinblick auf Kompetenzen im Umgang mit großen Lerngruppen: Die ML, die meist eine Ausbildung in Instrumentalpädagogik und/oder elementarer Musikpädagogik (EMP) absolviert haben und damit eher für den Einzelunterricht oder kleinere Gruppen ausgebildet sind, berichten in den Interviews offen von ihren Schwierigkeiten, eine ganze Klasse zu unterrichten (Lehmann et al., 2012). Die GL, deren Kompetenz es sein könnte, bei der Entwicklung und Durchführung von Lernarrangements mitzuwirken, die für große Gruppen angemessen sind, verhalten sich überwiegend passiv und überlassen die Unterrichtsverantwortung den ML. Raum für Kompetenzergänzung kann so, auch aufgrund der mangelnden Absprachen, kaum entstehen.

Für die Videoanalyse stellt sich die weiterführende Frage, inwieweit Kompetenzergänzungen möglicherweise vermittelt durch den oben beschriebenen Kooperationsmodus *Assistieren* in der Durchführung des Unterrichts sichtbar werden. Kommt es zu Situationen einer eher intuitiven, ungeplanten und in der Regel einseitigen Kompetenzergänzung durch die Grundschullehrerin auf der Handlungsebene des Unterrichts? Um dies zu untersuchen, wurden aus den Schlüsselszenen zum Kooperationsmodus *Assistenz* insbesondere Interaktionseinheiten zur weiteren Detailanalyse ausgewählt, die ein in der Regel unaufgefordertes „Eingreifen"[6] in einer eigentlich von der ML allein gestalteten und durchgeführten Unterrichtsphase darstellen. Der Impuls zum Eingreifen setzt voraus, dass etwas beobachtet wird, was als problematisch empfunden wird und Ungeduld auslöst. Gleichzeitig deutet sich darin an, dass die GL davon ausgehen, dass sie die beobachtete (problematische) Situation mit eigenem Handeln lösen oder entschärfen könnten.[7]

3.3   Anlässe des Eingreifens

Jenseits der prozessbezogenen Aspekte des Eingreifens, die mit den unter 4.1 beschriebenen Kategorien (*Reichweite, Positionierung im Raum, Konsequenzen für den Prozess*) erfasst werden können, interessieren bei der Analyse vor dem Hintergrund der Frage nach Kompetenzergänzung insbesondere die *Anlässe des Eingreifens*. Sie könnten auf Bereiche verweisen, in denen mögliche inhaltliche Aspekte der Kompetenzergänzung durch die Grundschullehrerin vermittelt aufzudecken sind, allerdings nur mit beschränkter Reichweite: Es handelt sich um Hinweise auf Situationen, in denen die Grundschullehrerin glaubt, etwas einbringen zu können bzw. zu müssen, was sie selbst für relevant in der Situation erachtet. Es handelt sich also um eine eher vermittelte Analyse im Hinblick auf eine einseitige Kompetenzergänzung.

---

6   In der Kölner Interviewstudie berichten GL, dass sie gelegentlich den Wunsch verspüren, „direkt in den JeKi-Unterricht einzugreifen" (Niessen & Lehmann, 2011, S. 11).

7   Dabei sind bei den Tandems durchaus unterschiedliche Konstellationen zu unterscheiden, so macht es etwa einen Unterschied, ob es sich um fachfremde Lehrende oder ausgebildete Grundschullehrende mit dem Fach Musik handelt.

Übersetzungen

Auch das oben angeführte Beispiel „Die rechte Hand" kann als ein solches punktuelles Eingreifen gewertet werden: Was könnte als Anlass des Eingriffs interpretiert werden? Offensichtlich kann nur ein Teil der Kinder in dieser ersten Klasse rechts und links schon sicher unterscheiden. Die GL gibt mit der Ergänzung *Die Hand, mit der Du schreibst* einen über die Einzelkorrektur der ML hinausweisenden Hinweis, auch wenn dieser nur für die Rechtshänder unter den Kindern Gültigkeit hat. Es handelt sich um den Versuch einer „Übersetzung": *Die rechte Hand* wird für die Kinder zur *Hand, mit der Du schreibst.* Die Vermittlungstätigkeit der GL bestehen möglicherweise darin, unmittelbarer an die Lernvoraussetzungen der Kinder anzuknüpfen. Damit wäre auch ein potentieller Kompetenzbereich beschrieben, der für die angesprochene Kompetenzergänzung relevant sein könnte.

Disziplinierendes Eingreifen

Hauptanlass für das Eingreifen von Grundschullehrerinnen ist der Umgang mit Störungen, also eine reaktive Disziplinierung, die sich sowohl auf einzelne wie auf eine Gruppe von Schülern oder die ganze Klasse richten kann. In einigen Tandems hat sich auf diese Weise eine fast ritualisierte Arbeitsteilung etabliert: die ML unterrichtet, die GL unterstützt bei der Disziplinierung.

Auf den ersten Blick erscheint dies als mögliche und praktikable Form der Kompetenzergänzung im Sinne der Programminitiatoren: Die ML als Expertin für die fachlichen Inhalte wird ergänzt durch die GL, die im Umgang mit großen Gruppen geschult ist. Die GL, vorausgesetzt sie ist Klassen- oder Fachlehrerin in dieser Klasse, kennt in der Regel das Verhalten der einzelnen Schüler und kann möglicherweise besser einschätzen, wann, bei wem und in welcher Form eine Intervention sinnvoll und notwendig ist. Vielfach geschieht dies in den Stunden unseres Samples „im Hintergrund", nur der betreffende Schüler wird adressiert, ermahnt, manchmal auch innerhalb der Klasse räumlich umgesetzt. Zudem kennt die GL die mit den Schülern vereinbarten Verhaltensregeln, die meist gerade in der ersten Klasse zentraler Gegenstand der gemeinsamen Arbeit sind. Die ML kennt die Klasse nur aus einer Stunde pro Woche, ist mit den Kindern also weniger vertraut.

So plausibel und pragmatisch diese Arbeitsteilung insbesondere vor dem Hintergrund fehlender inhaltlicher und methodischer Absprachen im Vorfeld auch erscheinen mag, hat diese Form der Arbeitsteilung wesentliche Nachteile: Sie ermöglicht lediglich einen reaktiven Umgang mit Störungen. Proaktive Strategien zur Vermeidung von Unterrichtsstörungen in der Großgruppe, die u.a. auch die grundsätzliche Gestaltung der Lernarrangements betreffen, stellen in der Regel vorgelagerte Planungsentscheidungen dar. Die Kompetenz der GL im Umgang mit großen Gruppen müsste also bereits während der Unterrichtsvorbereitung einfließen, um wirksam zu werden. Tatsächlich zeigt eine Analyse der Unterrichtsgestaltung der

ML, dass insbesondere in Bereichen, die Nolting (2002) als Bereiche der präventiven Strategien zur Vermeidung von Unterrichtsstörungen nennt, Probleme entstehen: wie in der Etablierung von Regeln, in der Aufrechterhaltung des Unterrichtsflusses oder in der breiten Aktivierung der Schüler. Was auf den ersten Blick als Kompetenzergänzung betrachtet werden könnte *(einer unterrichtet / einer diszipliniert)*, entpuppt sich so eher als situative Kompensation einer grundlegenden Schwierigkeit.

Außerdem kann diese Arbeitsteilung möglicherweise zu Loyalitäts- bzw. Führungsproblemen beitragen (s.o.), wie auch eine Grundschullehrkraft in den Interviews bemerkt: „Irgendwo ist es auch schlecht, wenn der eine den Unterricht macht und der andere diszipliniert quasi immer. Damit nehme ich ihm ja auch die Autorität (…)." (Lehmann et al., 2012, S. 201)

Unterstützung in der Gesprächsführung

Ein zentraler Unterrichtsbaustein, der im Videomaterial zu identifizieren ist, ist das Vorstellen der Bau- und Spielweise der Instrumente. Dabei wählen die ML vornehmlich die Form des Klassengesprächs und begeben sich dabei in oftmals sehr enggeführte Gesprächssituationen, in denen den Schülern nur noch eine Antwortmöglichkeit (etwa die richtige Benennung eines Bauteils des Instruments) bleibt und die kognitive Aktivierung der Schülerinnen und Schüler meist gering ausgeprägt ist.[8] Dabei nehmen diese *Ratespiele*[9] entweder den Ausgang, dass es zu Ketten von Antwortversuchen mit jeweils negativer Evaluation durch die ML kommt oder zu einer frühzeitigen richtigen Antwort eines Schülers, wodurch die auf die Nennung eines Begriffs zugeschnittene Ratephase als Unterrichtssequenz schnell bzw. gegen ihre Erwartung vorzeitig beendet ist. Darauf reagieren die ML mit unterschiedlichen Strategien, teilweise mit dem einfachen Ignorieren richtiger Antworten, was zu Verwirrungen bei den Schülern führt.

Der folgende Ausschnitt aus einer Unterrichtssequenz zeigt einen Fall, in dem die GL der ML in einer solchen Gesprächssituation assistiert, indem sie versucht, das Gespräch wieder zu öffnen. Besonders brisant ist die Situation deshalb, weil die „Gefahr droht", dass der Schüler mit seiner Antwort nicht nur ein Ratespiel frühzeitig beendet, sondern im Grunde die oder zumindest eine zentrale Frage der Stunde *(Was unterschiedet die Bratsche von der Geige?)* in der ersten Minute beantwortet. Das Tandem nimmt in unserem Sample deshalb eine besondere Stellung ein, da die beiden Lehrerinnen phasenweise versuchen, das Klassengespräch ge-

---

8 Das Problem einer engen Führung im Unterrichtsgespräch ist bereits in mehreren Video-Studien aufgedeckt worden, u.a. auch in der TIMSS-Videostudie (z.B. Klieme & Baumert 2001).

9 Carla Schelle (2010) schildert unter der Überschrift „Ratespiel statt didaktischer Strukturierung" (S. 121) einen ähnlichen Fall im Musikunterricht einer 7. Klasse.

meinsam zu gestalten. Besondere Voraussetzung ist zudem, dass die GL selbst Fachlehrerin für Musik ist und im Gegensatz zur ML das Geigenspiel beherrscht.[10]

Zu Beginn der Unterrichtssequenz präsentiert die ML der Klasse eine Bratsche, nachdem in der Stunde zuvor bereits die Geige besprochen wurde:

ML:	*hält eine Bratsche in der Hand.* Was ist das hier? Ich habe gehört, es ist auch eine Geige.
S1:	*zeigt auf.* Das ist ein-
ML:	Ja, Matthias. *Übergibt die Bratsche an die GL.*
S1:	Das ist eine Bratsche.
GL:	Was ist das denn? *Setzt sich mit der Bratsche auf den Stuhl.*
S1:	Eine Bratsche ist ein Instrument, das nur größer und deshalb auch viel tiefer klingt als eine Geige.
ML	*nickt.*
GL:	Mal gucken, ob der Matthias Recht hat, ne? *Setzt die Bratsche an den Hals und spielt die beiden höchsten Saiten a' und d'.* Klingt doch genauso, oder? *Guckt einige SuS an; ein Schüler zeigt auf.* Noah.

Der Schüler agiert als Experten-Kind und gibt für einen Erstklässler inhaltlich und sprachlich erstaunlich überzeugende Antworten, indem er den Namen des Instruments nennt und gleich auch auf Nachfrage eine Definition liefert. Während die ML im zweiten Fall bestätigend nickt, öffnet die Grundschullehrerin mit zwei Beiträgen *Was ist das denn?* und *Mal gucken, ob der Matthias Recht hat, ne?* die Gesprächs- und damit die Unterrichtssituation wieder und etabliert gleichzeitig eine höhere Ebene kognitiver Aktivierung: Es geht nun nicht mehr darum, Vorwissen abzufragen, sondern hörend zu überprüfen, ob die Bratsche tatsächlich tiefer klingt als die Geige.

Zentrale *Anlässe des Eingreifens*, die auf den Bereich einer möglichen Kompetenzergänzung durch die GL hinweisen könnten, sind also in unserem Sample: (1) Übersetzungstätigkeiten im Sinne einer Anknüpfung an die Lernvoraussetzungen der Kinder, (2) Unterstützung in der Klassenführung und (3) Unterstützung in der Gesprächsführung.

Die Analyse der *Anlässe des Eingreifens* liefert weniger abschließende Erkenntnisse als eher den Impuls für weitere Fragen, die etwa vor dem Hintergrund des Experten-Paradigmas in der Professionalisierungsforschung[11] weiterverfolgt werden können: Zeigen Musikschullehrende beim Umgang mit der Großgruppe und in der Gesprächsführung im JeKi-Unterricht aufgrund ihres neuen Arbeitsfeldes Merkmale eines „Novizentums", ähnlich vielleicht wie Referendare in ihrer

---

10 Dadurch ist die GL diesmal in fachlicher Hinsicht (Geigenspiel) die Expertin. Zugleich deutet sich hier noch eine weitere Untiefe im Hinblick auf die Kompetenzergänzung an: Die ML stellen innerhalb des Schuljahres als Experten für die fachlichen Inhalte i.d.R. 15 verschiedene Instrumente vor. Viele dieser Instrumente können sie selbst nicht spielen, agieren dann also strenggenommen ebenfalls „fachfremd". Im Sample haben wir dieser Tatsache mit der Typisierung „native vs. non-native player" Rechnung getragen.

11 S. dazu etwa Bromme (1992), Blömeke (2002), Berliner (2004), Krauss (2011).

ersten Zeit in der Unterrichtspraxis? Einige in weiteren Tiefenanalysen am Material rekonstruierte Schwierigkeiten der ML im Umgang mit der Großgruppe und der didaktischen Strukturierung des Unterrichts[12] legen diese Vermutung nahe, ebenso die Interviewäußerungen sowohl der beobachtenden GL als auch der ML selbst. Dabei muss die Frage, ob es sinnvoll ist, die Idee einer Kompetenzergänzung nun in die Vorstellung eines Experten-Novizen-Verhältnisses zu wenden, aus folgenden Gründen differenziert betrachtet werden:

(1) In der Professionalisierungsforschung gilt eine Gleichsetzung von Berufserfahrung und Expertenstatus von Lehrenden als nur bedingt tragfähig, (Krauss, 2011) eine pauschale Zuschreibung eines Expertenstatus für die GL nur auf der Basis der Länge ihrer Berufstätigkeit wäre also problematisch.

(2) Zudem handelt es sich in unserem Fall um notwendigerweise „einseitige" Analysen, weil der Unterricht der GL (jenseits assistierender Tätigkeiten) in der Regel nicht zur Disposition steht. Im Zentrum der Unterrichtsanalyse steht die ML, aufgrund der Tatsache, dass sie den Unterricht verantwortlich durchführt. *Novizentum* der GL im Hinblick auf fachliche und fachdidaktische Aspekte, wie es sich etwa bei den (zumeist fachfremden) GL offenbaren könnte, bleibt somit unsichtbar.

(3) Mögliche Merkmale von *Novizentum* wurden in unseren Analysen nur für spezifische Teilbereiche der Unterrichtsexpertise der ML beschrieben. Im Vordergrund standen hierbei insbesondere Aspekte der Klassenführung, der Gesprächsführung und einige Fragen der didaktischen Strukturierung, weniger ihre fachliche oder grundsätzlich ihre fachdidaktische Expertise.

(4) Ophardt (2007) unterscheidet im Hinblick auf die Identifizierung von Experten zwischen „Orientierungsmustern", die etwa in Interviews rekonstruierbar werden, und „Handlungsmustern", die beobachtbar sind. Durch unsere Videoanalysen ist lediglich ein Blick auf Handlungsmuster möglich. Allerdings kann ein Bereich der Unterrichtsexpertise wie der Umgang mit großen Gruppen als Aspekt von Klassenmanagement „vor allem über die Performanz in interaktiven Settings erfasst werden. Für diesen Zweck sind Unterrichtsvideographien in besonderem Maße geeignet." (Ophardt & Thiel, 2007, S. 142)

Ein Vergleich zur Konstellation in der zweiten Phase der Lehrerausbildung (Referendar-Mentor) zeigt die Problematik in ihrer ganzen Brisanz: Dort wird das Experten-Novizen-Verhältnis in der Regel als konstitutiv angenommen. Aus dem „Gefälle" an Expertise soll eine konstruktive Beratungssituation entstehen. Im JeKi-Unterricht wird diese oftmals aber (teils aus Vorsicht) nicht als solche gedeutet, wie eine Grundschullehrerin formuliert: „Wir wollen auch nicht zu viel sagen. Ne, also wir wollen uns da nicht jetzt als Oberlehrer aufspielen." (Lehmann et al., 2012,

---

12 Hierzu wurde in einer weiteren Auswertungsperspektive der GeiGE-Videostudie unter der Kernkategorie „ungenutzte Lernzeit" eine Problemanalyse durchgeführt, u.a. zur Gestaltung von Gelenkstellen, zur Gesprächsführung, zur Formulierung von Arbeitsaufträgen, zu Verzögerungen im Unterrichtsfluss etc.

S. 201) Stattdessen kommt es bei den GL zu Unzufriedenheit, Ungeduld und Impulsen zum oder tatsächlichem Eingreifen in den Unterricht der Tandem-Partnerin. Die ohnehin bereits für Störungen äußerst anfällige Situation des gemeinsamen Unterrichtens (Gräsel et al., 2006) wird weiter belastet durch das nicht gemeinsam reflektierte Kompetenz-Gefälle in Teilbereichen der Unterrichtsexpertise.

4 Fazit und Ausblick

Mit Hilfe videobasierter Methoden konnte für den Tandem-Unterricht im ersten Jahr des Programms „Jedem Kind ein Instrument" in NRW ein dominierender Kooperationsmodus *Assistieren* sowohl prozess- bzw. interaktionsbezogen *(Wem wird assistiert?)* als auch inhaltsbezogen *(Anlässe des Eingreifens)* rekonstruiert werden. Die beobachteten *Anlässe des Eingreifens* verweisen dabei auf eine Schieflage innerhalb der Tandems in Bezug auf eine mögliche „Kompetenzergänzung" (s.o.), wie sie sich die Programmverantwortlichen erhofft hatten. Deutlich wurde auch, dass die bloße Doppelbesetzung eines Unterrichts nicht automatisch zur tatsächlichen unterrichtsbezogenen Kooperation oder gar erhofften „Kokonstruktion" (Gräsel et al., 2006, S. 210) führen muss. Warum die Tandem-Situation so überraschend wenig für individuelle Förderung oder Binnendifferenzierung genutzt wird, ist auf der Basis einer Videoanalyse nicht zu beantworten. Die Lehrenden geben in Befragungen dazu vor allem an, keine Zeitfenster für gemeinsame vorherige Absprachen zu haben (Cloppenburg & Bonsen, 2012; Lehmann et al., 2012).

In methodischer Hinsicht erwiesen sich die eingesetzten videobasierte Methoden als sehr geeignet, um auf einer Mikroebene des Unterrichts Kooperationsprozesse zu rekonstruieren und damit einen Beitrag zu einer unterrichtsbezogenen Kooperationsforschung zu leisten, die authentische Kooperationspraxis in den Blick nimmt. Insbesondere die im Video im Gegensatz zur Arbeit mit Transkripten erfassbare „simultane Raumordnung" (Dinkelaker & Herrle, 2009, S. 52) und die Analyse von Blickrichtungen ermöglichten Beobachtungskategorien wie die *Positionierung im Raum (s.o.)* oder die Rekonstruktion des oben geschilderten Loyalitätskonflikts der Schüler.

Eine spezifisch auf Lehrenden-Kooperation ausgerichtete interpretative Unterrichtsforschung ist nicht zuletzt angesichts der anstehenden institutionellen Veränderungen im Hinblick auf vermehrten gemeinsamen bzw. inklusiven Unterricht in allen Fachdidaktiken ein Desiderat. Außerdem ist weiterführend und in Hinsicht auf einen Rückbezug der Ergebnisse in die Praxis zu fragen, inwieweit die Videoanalyse des Tandem-Unterrichts dazu beitragen kann, Fortbildungsbedarf zu identifizieren und darüber hinaus auf der Basis des bisher erhobenen Materials videobasierte Fortbildungsformate zu entwickeln.

Literatur

Berliner D.C. (2004), Describing the behavior and documenting the accomplishments of expert teachers, in: *Bulletin of science, technology & society* 24, 200-212.

Blömeke S. (2002), *Universität und Lehrerausbildung*, Bad Heilbrunn: Klinkhardt.

Bromme R. (1992), *Der Lehrer als Experte. Zur Psychologie des professionellen Wissens*, Bern: Huber.

Cloppenburg, M. & Bonsen, M. (2012), Führt die Anwesenheit einer zweiten Lehrkraft im Unterricht zu mehr Lehrerkooperation? Ein Vergleich von Lehreraussagen zur Kooperation mit Musikschullehrkräften und Fachlehrkräften in der Grundschule, in: Knigge, J. & Niessen, A. (Hg.), *Musikpädagogisches Handeln. Begriffe, Erscheinungsformen, politische Dimensionen*, Essen: Die blaue Eule, 172-194.

Cook L. & Friend M. (1995), Co-Teaching: Guidelines for creating effective practices, in: *Focus on Exceptional Children* 28, 1-16.

Cook, L. & Friend, M. (2004), *Co-teaching: Principles, practices and pragmatics.* Paper presented at the quarterly meeting of the New Mexico Public Education Department. Special Education Meeting, Albuquerque, NM. Verfügbar unter: http://frank.mtsu.edu/~tsbrown/coteachingdetailsofModels.pdf (16.11.2012).

Deppermann A. (2008), *Gespräche analysieren. Eine Einführung*, Wiesbaden: VS Verlag.

Dieckmann K., Höhmann K. & Tillmann K. (2008), Schulorganisation, Organisationskultur und Schulklima an ganztägigen Schulen, in: Holtappels H. G., Klieme E., Rauschenbach T. & Stecher L. (Hg.), *Ganztagsschule in Deutschland. Ergebnisse der Ausgangserhebung der »Studie zur Entwicklung von Ganztagsschulen« (StEG)*, 2. Aufl., Weinheim und München: Juventa, 164-185.

Dinkelaker J. & Herrle M. (2009), *Erziehungswissenschaftliche Videographie. Eine Einführung*, Wiesbaden: VS Verlag für Sozialwissenschaften.

Franz-Özdemir M. (2012), Interprofessionelles Teamteaching: Realisierungsformen und institutionelle Bedingungen. Evaluation einer Kooperation zwischen Grund- und Musikschulen im Programm „Jedem Kind ein Instrument", in: Knigge J. & Niessen, A. (Hg.), *Musikpädagogisches Handeln. Begriffe, Erscheinungsformen, politische Dimensionen*, Essen: Die blaue Eule, 132-151.

Friend M., Cook L., Hurley-Chamberlain D. & Shamberger C. (2010), Co-Teaching: An illustration of complexity of collaboration in special education, in: *Journal of Educational and Psychological Consultation* 20, 9-27.

Frommherz B. & Halfhide Th. (2003), *Teamteaching in Unterstufenklassen der Stadt Zürich. Beobachtungen in sechs Klassen*, Zürich: Pädagogisches Institut der Universität. Verfügbar unter: http://methodenpool.uni-koeln.de/teamteaching/teamteaching_zuerich.pdf (16.11.2012).

Fussangel K. & Gräsel C. (2012), Lehrerkooperation aus der Sicht der Bildungsforschung, in: Baum E., Idel T.-S. & Ullrich H. (Hg.), *Kollegialität und Kooperation in der Schule. Theoretische Konzepte und empirische Befunde*, Wiesbaden: Springer VS, 29-40.

Fussangel K. (2008), *Subjektive Theorien von Lehrkräften zur Kooperation. Eine Analyse der Zusammenarbeit von Lehrerinnen und Lehrern in Lerngemeinschaften.* Verfügbar unter: http://elpub.bib.uni-wuppertal.de/edocs/dokumente/fbg/paedagogik/diss2008/fussangel (16.11.2012).

Gräsel C., Fussangel K. & Pröbstel C. (2006), Die Anregung von Lehrkräften zur Kooperation – eine Aufgabe für Sisyphos?, in: *Zeitschrift für Pädagogik*, 52, 205-219.

Holtappels H.G. (1999), Neue Lernkultur – veränderte Lehrerarbeit. Forschungsergebnisse aus Grundschulen, in:Carle U. & Buchen S. (Hg.), *Jahrbuch für Lehrerforschung*, Band 2, Weinheim/München: Juventa, 137-151.

Idel T.-S., Ullrich H. & Baum E. (2012), Kollegialität und Kooperation in der Schule – Zur Einleitung in diesen Band, in: Baum E., Idel T.-S. & Ullrich H. (Hg.), *Kollegialität und Kooperation in der Schule. Theoretische Konzepte und empirische Befunde*, Wiesbaden: Springer VS, 10-25.

Klieme E. & Baumert J. (2001), *TIMSS. Impulse für Schule und Unterricht. Forschungsbefunde, Reforminitiativen, Praxisberichte und Video-Dokumente*, Bonn: BMBF.

Kranefeld U. (2008), Zur Standortbestimmung einer Interpretativen Unterrichtsforschung in der Musikpädagogik im Spannungsfeld von erziehungswissenschaftlicher und fachdidaktischer Perspektive, in:Pfeffer M., Rolle Ch. & Vogt J. (Hg.), *Musikpädagogik auf dem Weg zur Vermittlungswissenschaft? Sitzungsbericht 2007 der Wissenschaftlichen Sozietät Musikpädagogik*, Münster: Lit, 99-111.

Kounin J.S. (2006), *Techniken der Klassenführung* (Original der dt. Ausgabe, 1976), Münster: Waxmann.

Krauss S. (2011), Das Experten-Paradigma in der Forschung zum Lehrerberuf, in: Terhart T., Bennewitz H. & Rothland M. (Hg.), *Handbuch zum Lehrerberuf*, Münster, 171-191.

Krummheuer G. & Naujok N. (1999), *Grundlagen und Beispiele interpretativer Unterrichtsforschung*, Opladen: Leske + Budrich.

Kulin S. & Özdemir M. (2011), Lehrer-Kooperation im JeKi-Kontext: Erwartungen und Umsetzungen, *B:em. Beiträge empirischer Musikpädagogik*, 2. Verfügbar unter: http://www.b-em.info/index.php?journal=ojs&page=article&op=view&path[]=61&path[]=151 (16.11.2012).

Lehmann K., Hammel N. & Niessen A. (2012). „Wenn der eine den Unterricht macht und der andere diszipliniert…". Aufgabenverteilung im Lehrenden-Tandem des musikpädagogischen Programms „Jedem Kind ein Instrument", in: Knigge J. & Niessen A. (Hg.), *Musikpädagogisches Handeln. Begriffe, Erscheinungsformen, politische Dimensionen*, Essen: Die blaue Eule, 195-212.

Lütje-Klose B. & Willenbring M. (1999), Kooperation fällt nicht vom Himmel – Möglichkeiten der Unterstützung kooperativer Prozesse in Teams von Regelschullehrerin und Sonderpädagogin aus systemischer Sicht, in: *Behindertenpädagogik*, 38, 2-31.

Niessen A. & Lehmann,K. (2011), „Das ist auch ein schöner frischer Moment in der Klasse mit zwei Lehrern." Zur Kooperation im Lehrenden-Tandem des ersten JeKi-Jahres, in: *AfS-Magazin*, 32, 10–13.

Nolting H.-P. (2007), *Störungen in der Schulklasse. Ein Leitfaden zur Vorbeugung und Konfliktlösung* (6. überarbeitete und erweiterte Auflage), Weinheim und Basel: Beltz.

Ophardt D. (2008), Klassenmanagement als Anforderung an die professionelle Expertise von Lehrkräften. Theoretische und methodische Überlegungen zur Rekonstruktion von Handlungs- und Orientierungsmustern, in: Ittel A., Stecher L., Merkens H. & Zinnecker J. (Hg.). *Jahrbuch Jugendforschung*, Wiesbaden: Verlag für Sozialwissenschaften, 165-178.

Ophardt D. & Thiel F. (2007), Klassenmanagement als professionelle Gestaltungsleistung. Methodische Überlegungen zur Rekonstruktion von Handlungsmustern des Klassenmanagements anhand von Unterrichtsvideographierungen, in: Lemmermöhle D., Rothgangel M., Bögeholz S., Hasselhorn M., Watermann R. (Hg.), *Professionell Lehren – Erfolgreich Lernen*, Münster: Waxmann, 133-145.

Schelle C. (2010), Die Ko-Konstruktion von Themen im Gespräch und schwierige Verständigungsprozesse, in: Schelle C., Rabenstein K. & Reh S., *Unterricht als Interaktion. Ein Fallbuch für die Lehrerbildung*, Bad Heilbrunn: Klinkhardt, 99-148.

Textor A. (2007), *Analyse des Unterrichts mit „schwierigen" Kindern. Hintergründe, Untersuchungsergebnisse, Empfehlungen*, Bad Heilbrunn: Klinkhardt.

Wie kommen Schüler/innen ins Gespräch mit religiösen Traditionen?

Eine Untersuchung religionsdidaktischer Inszenierungsstrategien

Rudolf Englert (Universität Duisburg-Essen)

Im Folgenden wird eine Untersuchung aus dem Bereich der Religionsdidaktik vorgestellt. Die Darstellung hat drei Schwerpunkte: 1. die Erläuterung der Fragestellung (insb. nach einer Unterscheidbarkeit fachdidaktischer Inszenierungsmuster); 2. die Skizzierung der methodischen Vorgehensweise (Ratings; Korrelationsexpertise und Fallanalyse); sowie 3. die Präsentation ausgewählter Befunde, insbesondere zu den Problempunkten gegenwärtigen Religionsunterrichts (Versachkundlichung; geringes Maß kognitiver Aktivierung). In diesem Zusammenhang werden einige kritische Überlegungen zur Leistungsfähigkeit der in der gegenwärtigen religionsunterrichtlichen Praxis favorisierten Unterrichtsformen angestellt. Diese Überlegungen sind unmittelbar anschlussfähig an die Frage, wie sich die religiöse Kompetenzentwicklung der Schüler/innen im Religionsunterricht noch besser unterstützen lässt.

1   Die Fragestellung und der mit ihr verbundene Klärungswert

Im Religionsunterricht geht es heute nicht mehr einfach darum, den Glauben einer bestimmten Religionsgemeinschaft zu tradieren. Dies gilt auch für den konfessionellen und näherhin den katholischen Religionsunterricht, von dem im Folgenden die Rede sein soll. Religiöse Traditionen spielen hier zwar nach wie vor eine wichtige Rolle, aber vor allem als didaktischer Ausgangspunkt des Lernprozesses, nicht als sein weltanschaulicher Zielpunkt. In kritischer Auseinandersetzung mit den religiösen Überzeugungen und Praktiken einer bestimmten (aber mittlerweile sehr selbstverständlich nicht nur mehr einer einzigen) Religion geht es darum, die religiöse Orientierungsfähigkeit der Schülerinnen und Schüler entwickeln zu helfen. Das Ziel ist also nicht die Rezeption vorgegebener religiöser Muster, sondern die Befähigung zu eigener religiöser Urteils- und Entscheidungsfähigkeit (vgl. dazu etwa die Kirchlichen Richtlinien zu Bildungsstandards für den katholischen Religionsunterricht, 2004, 13ff.). In diesem Sinne heißt es schon in einer bis heute gültigen programmatischen Erklärung aus dem Jahre 1974: „Religionsunterricht soll zu verantwortlichem Denken und Verhalten im Hinblick auf Religion und Glaube befähigen." (Gemeinsame Synode, 1976, S. 139)

In der katholischen Religionsdidaktik versucht man diese Intention seit vielen Jahren mittels der sogenannten „Korrelationsdidaktik" umzusetzen. Die Grundidee dieser didaktischen Strategie ist die Inszenierung einer wechselseitig aufschlussreichen Beziehung zwischen religiösen Traditionen einerseits und den religiösen Erfahrungen und Deutungsmustern von Schüler/inne/n andererseits. Das heißt, es soll ein Dialog initiiert werden zwischen religiösen Traditionen und heutigen Schüler/inne/n, in dem sich sowohl die Lebens- und Sinnmuster der Schüler/innen im Lichte der religiösen Tradition als auch umgekehrt die religiösen Traditionen im Lichte der Erfahrungen und Anfragen heutiger Kinder und Jugendlicher spiegeln sollen (vgl. Abb. 1).

Abb. 1: Zentrale Intention der Korrelationsdidaktik: Initiierung eines Dialogs zwischen religiöser Tradition und gegenwärtiger Lebenswelt

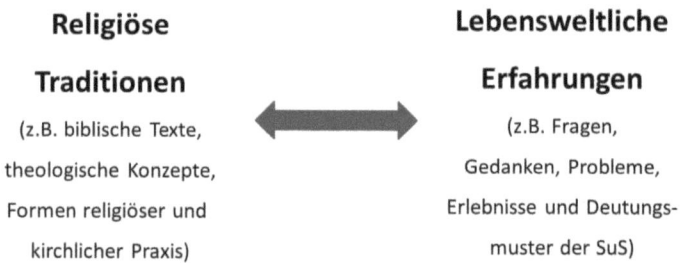

Religiöse Traditionen
(z.B. biblische Texte, theologische Konzepte, Formen religiöser und kirchlicher Praxis)

Lebensweltliche Erfahrungen
(z.B. Fragen, Gedanken, Probleme, Erlebnisse und Deutungsmuster der SuS)

In dieser religionsunterrichtlichen Grundanlage kann man eine Spezifikation des fachdidaktischen Grundproblems sehen, Instruktion und Konstruktion, Kognitive Aktivierung und individuelle Adaption in ein gutes Verhältnis zu setzen (vgl. Abb. 2): Religiöse Traditionen bzw. religiöse Zeugnisse müssen, besonders auch durch eine stimulierende Instruktion, so aufbereitet werden, dass die religiöse Orientierungsfähigkeit der Schüler/innen dadurch herausgefordert und gefördert wird (= kognitive Aktivierung); die entsprechenden religiösen Zeugnisse werden von den Schüler/inne/n im Kontext ihrer jeweiligen Erfahrungen und Deutungsmuster wahrgenommen und verarbeitet (= individuelle Adaption). Wobei sich die von den Schüler/inne/n in diesem Aneigungsprozess generierten Konstruktionen theologisch selbst wiederum als Teil des lebendigen und in die Zukunft hinein offenen Tradierungsprozesses verstehen lassen. Das eben ist die eigentliche Pointe einer korrelativen Religionsdidaktik: dass demnach nicht nur die Auseinandersetzung mit einem Gegenstand die Perspektivik der lernenden Subjekte weiter entwickeln hilft, sondern auch umgekehrt: der Gegenstand in der Konfrontation mit den Subjekten und ihren Aneignungserfahrungen selbst in ein neues Licht gerückt wird und insofern nicht einfach derselbe bleibt. Auf diese Weise entsteht eine Art Regelkreis, der es ermöglicht, den didaktischen Prozess durchaus auch anders zu eröffnen als mit der Erschließung religiöser Zeugnisse.

Abb. 2: Das Verhältnis von Prozessen kognitiver Aktivierung und individueller Adaption im Religionsunterricht

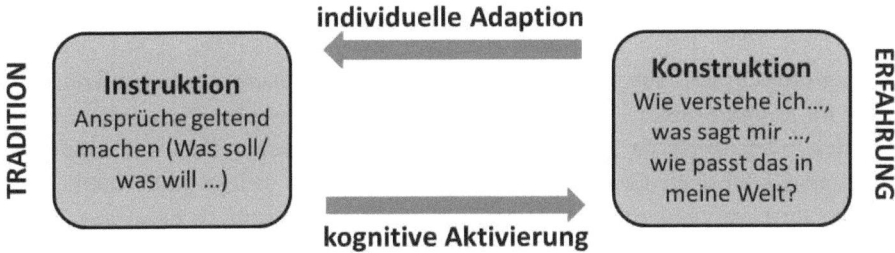

Der korrelative Prozess muss heute unter Bedingungen eingefädelt und gestaltet werden, die religionsdidaktisch besonders herausfordernd, aber in verschiedener Hinsicht auch besonders reizvoll sind:

1. Der Prozess muss so organisiert werden, dass auch Schüler/innen ohne lebensweltlichen Bezug zu Formen gelebten Glaubens in das Gespräch mit religiösen Traditionen eintreten und aus ihm Gewinn ziehen können (vgl. z.B. Dressler 2002).

2. Er muss so gestaltet werden, dass er der Situation religiöser Pluralität Rechnung trägt, die dazu führt, dass die Schüler/innen nicht mehr nur mit einer weitgehend exklusiv bestimmenden religiösen Tradition, sondern mit einer großen Vielfalt von Ausprägungen des Religiösen konfrontiert sind (vgl. Englert u.a., 2012; Schweitzer u.a., 2002).

3. Schließlich hat man sich auf die Tendenz zu einer Individualisierung von Religion einzustellen, die mit einer Distanz gegenüber verbindlichen religiösen Vergemeinschaftungsformen und mit teilweise sehr persönlichen Aneignungen und Konstruktionen religiöser Muster verbunden ist (vgl. schon Schweitzer, 1996).

Durch die genannten Gegebenheiten hat sich die Religionsdidaktik veranlasst gesehen, eine Reihe neuer Strategien zu entwickeln, wie der korrelativen Grundidee eines Dialogs zwischen religiöser Tradition und jugendlicher Gegenwartserfahrung heute entsprochen werden kann (z.B. abduktive Korrelation, Alteritätsdidaktik, performativer Religionsunterricht, konstruktivistische Konzepte, Theologisieren mit Kindern und Jugendlichen usw.: vgl. dazu Grümme, Lenhard & Pirner, 2012).

Die Frage ist: Inwieweit haben diese innovativen Konzepte mittlerweile Eingang in die unterrichtliche Praxis gefunden? Hat man in der Praxis des Religionsunterrichts vielleicht sogar schon eher als im religionsdidaktischen Diskurs auf die gewandelten Bedingungen reagiert? Hat man sich hier möglicherweise mit Strategien beholfen, die in der Theorie des Faches noch gar keine größere Beachtung gefunden haben? Mit anderen Worten: Wie genau wird in der unterrichtlichen Praxis heute versucht, den Dialog mit einer Religion produktiv zu machen? Auf welchen verschiedenen Wegen und in welchen unterschiedlichen Varianten wird das Grundanliegen der Korrelationsdidaktik umgesetzt?

Zu diesen Fragen finden sich in der Religionsdidaktik gegenwärtig kaum wirklich tragfähige empirische Aufschlüsse. Es gibt zwar einige Erhebungen zum Selbst- und Aufgabenverständnis der Religionslehrerschaft (vgl. Feige & Tzscheetzsch, 2005; Feige u.a., 2000; Bucher, 2000), die erkennen lassen, dass es hier einen starken, über die verschiedenen Schulformen hinausreichenden Konsens über die im Religionsunterricht zu verfolgenden Intentionen gibt. Diese Intentionen lassen sich, auch wenn sie unterschiedlich formuliert werden, ganz im Sinne der korrelationsdidaktischen Grundidee interpretieren. Doch welche unterrichtlichen Strategien im Unterricht tatsächlich zum Einsatz kommen und ob bzw. wie diese Strategien dem Konzept der Korrelation entsprechen, darüber gibt es aus neuerer Zeit kaum belastbare Befunde (ältere Untersuchungen der unterrichtlichen Praxis: Faust-Siehl, 1995; Stachel, 1976). Dieses Defizit an empirischem Wissen ist der Ausgangspunkt der im Folgenden vorgestellten Untersuchung der religionspädagogischen Forschungsgruppe Essen (vgl. rpfe.de).

2   Die methodische Anlage der Untersuchung

Es kann nicht davon ausgegangen werden, dass die von den Religionslehrpersonen artikulierten Intentionen für sich genommen schon hinreichend verlässliche Rückschlüsse auf die faktisch im Unterricht zum Tragen kommenden Konzepte zulassen. Es muss daher ein anderer Untersuchungsansatz gewählt werden als die für die Vorstellungen vom „heutigen Religionsunterricht" bisher bestimmend gewesenen Befragungen der Religionslehrerschaft. In besonderer Weise infrage kommt hier der Ansatz der empirischen Unterrichtsforschung, näherhin die Analyse videografierter Unterrichtsstunden.

Die Fragestellung erfordert, dass sich die Untersuchung nicht auf bestimmte unterrichtliche Einzelmerkmale beschränken kann, sondern auf komplexe Strategien bzw. Inszenierungsmuster richten muss (vgl. Hugener, 2008; Hugener, Pauli & Reusser, 2007; Oser & Patry, 1994). Es geht darum herauszufinden, inwieweit die Grundidee der korrelativen Didaktik für den beobachteten Unterricht prägend ist und in welchen unterschiedlichen Varianten diese Grundidee unterrichtspraktisch realisiert wird. Abgekürzt könnte man sagen: Es geht um die Untersuchung von Varianten korrelativer Didaktik im heutigen Religionsunterricht.

Dieses Ausgangsinteresse wird in zwei Richtungen näher konkretisiert: Das Forschungsprojekt soll – erstens – eine Typologie der gegenwärtig im Religionsunterricht zum Einsatz gelangenden Inszenierungsmuster ermöglichen und diese Muster insbesondere danach zu klassifizieren versuchen, wie sie jeweils den Dialog zwischen religiöser Tradition und gegenwärtiger Lebenswelt der Schüler/innen initiieren und gestalten. Die Untersuchung soll – zweitens – Erkenntnisse über die spezifische Leistungsfähigkeit der verschiedenen Muster ermöglichen. Wie also ist das religionsdidaktische Potential der verschiedenen unterrichtlichen Strategien einzuschätzen, insbesondere im Blick auf die Gestaltung eines lebendigen und für die religiöse Orientierungsfähigkeit der Schüler/innen gewinnbringenden Gesprächs mit der religiösen Tradition?

Im Blick auf dieses Klärungsinteresse wird das Sample der Erhebung bestimmt. In drei Erhebungswellen werden je vier bzw. fünf komplette Unterrichtsreihen aufgezeichnet, und zwar aus jeweils zwei vierten und zwei zehnten Klassen (durchwegs Schulen aus dem Ruhrgebiet). Dies führt zu einem Gesamtbestand von dreizehn Unterrichtsreihen. Die Reihen werden so auszuwählen versucht, dass sowohl im Blick auf die Thematik, also auch im Blick auf Schulformen, Lehrkräfte (Alter, Ausbildung usw.) und Schüler/innen (Herkunft, Ausmaß vermuteter religiöser Prägungen usw.) eine möglichst große Streuung gegeben ist (was sicherlich nicht in jeder Hinsicht optimal gelungen ist, vgl. Abb. 3). Insgesamt werden 113 Religionsstunden aufgezeichnet, bis auf einige Ausnahmen aus der ersten Erhebungsphase durchgängig videografisch. (mittels des üblichen Arrangements von zwei unterschiedlich positionierten Kameras).

Abb.3: Das Sample der Erhebung

Grundschule (4. Jahrgang)			Weiterführende Schulen (10. Jahrgang)	
ERHEBUNG 1				
Reihe 1 Symbol „Wasser" (6 Stunden)	Reihe 2 Propheten (5 Stunden)	Reihe 3 Propheten (5 Stunden)	Reihe 4 (Gymnasium) Suizid (9 Stunden)	Reihe 5 (Realschule) Thema „Tod" (7 Stunden)
ERHEBUNG 2				
Reihe 6 Thema „Zeit" (7 Stunden)		Reihe 7 Psalmen (6 Stunden)	Reihe 8 (Gymnasium) Bergpredigt (9 Stunden)	Reihe 9 (Hauptschule) Die Weltreligionen (22 Stunden)
ERHEBUNG 3				
Reihe 10 Schöpfung (7 Stunden)		Reihe 11 Symbole Sonne und Licht (5 Stunden)	Reihe 12 (Gymnasium) Bergpredigt (15 Stunden)	Reihe 13 (Gesamtschule) Namenspatrone (10 Stunden/5 Doppelstd.)

Auf der so gewonnenen Datenbasis ist es sicherlich nicht möglich, zu repräsentativen Auskünften über den „gegenwärtigen Religionsunterricht" zu gelangen. Dafür ist das Sample insgesamt zu klein, regional zu beschränkt und auch in seiner Streuung über die verschiedenen Jahrgangsstufen und Schulformen nicht breit genug angelegt. Gleichwohl dürfte das hier ausgewertete Material, bezogen auf die angesprochenen Forschungsfragen, durchaus aussagekräftig sein. Bei seiner Bewertung ist zu bedenken, dass es in der Untersuchung nicht um eine Typologie von Religionslehrkräften geht, sondern um eine Typologie von Inszenierungsmustern. Die

Fallzahl ist von daher nicht 13 (Zahl der Lehrpersonen), sondern 113 (Zahl der Unterrichtsstunden) – insofern ein bestimmter Religionslehrer, abhängig von Unterrichtsfunktion und -situation, *unterschiedliche* Strategien zum Einsatz bringen kann. Die Auswertung der Unterrichtsaufzeichnungen geschieht mittels dreier methodischer Instrumente. Es sind dies:

2.1   Rating-Verfahren

a) Ein Beobachtungsbogen zur Erfassung bestimmter, klar definierter Merkmale des unterrichtlichen Verlaufs (niedriginferentes Rating, Codierungen zu den Kategorien „Sozialformen" und „inhaltliche Aktivitäten", Event-sampling-Verfahren, bezogen auf die Analyseeinheit einer Unterrichtsstunde).

b) Ein Beobachtungsinventar zur Erfassung jener Merkmale, die über die Art und Weise der Umsetzung der korrelativen Grundidee in besonderer Weise Aufschluss geben können (hochinferente Ratings zu 15 Merkmalen, deren Ausprägung jeweils auf einer vierstufigen Skala einzuschätzen ist, bezogen auf die Analyseeinheit einer Unterrichtsstunde). Das Spektrum der Items lässt sich als der Versuch betrachten, die beiden Grundkomponenten unterrichtlicher Arbeit, „kognitive Aktivierung" und „individuelle Adaption", fachspezifisch auszudifferenzieren (vgl. Abb. 4).

Abb. 4: Hochinferentes Rating – Kategoriensystem

1. Unterrichtsfunktion: Kognitive Aktivierung

1.1 Transparenz der unterrichtlichen Zielsetzung

1.2 Bezug auf thematisch relevante Medien

1.3 Bezug auf religiöse Traditionen

1.4 Bezug auf das Vorwissen der Schüler/innen

1.5 Fachliche Auskunftsfähigkeit der Lehrkraft auf Schülerfragen

1.6 Herstellung von übergreifenden thematischen Zusammenhängen

1.7 Reflexion unterrichtlicher Prozesse

1.8 Unterrichtliche Struktur und Dramaturgie

2. Unterrichtsfunktion: Individuelle Adaption

2.1 Stellenwert von Erfahrungen und Interpretationen der Schüler/innen

2.2 Den Schüler/innen sich eröffnende Aneignungsspielräume

2.3 Kontroverse Einschätzungen zu unterrichtlich relevanten Fragen

2.4 Raum für Verstehensprobleme der Schüler/innen

2.5 Unterrichtliche Diskussionskultur

2.6 Gesprächsintensität

2.7 Unterrichtsatmosphäre

Die folgende Abbildung zeigt, wie die Unterscheidung der vier Ausprägungsstufen angelegt ist – am Beispiel eines ausgewählten Merkmals aus dem Bereich der „kognitiven Aktivierung" (vgl. Abb. 5).

Abb. 5: Hochinferentes Rating – Beispiel für die Unterscheidung von vier Ausprägungsstufen

1.6 Herstellung von übergreifenden thematischen Zusammenhängen

Level 0	Es werden keine Zusammenhänge zwischen aktuellem Unterrichtsgegenstand und früheren bzw. bevorstehenden Lernprozessen erkennbar.	
Level 1	Bezüge zu vorausgehenden bzw. bevorstehenden Lernprozessen werden genannt.	
Level 2	Thematische Bezüge zu vorausgehenden bzw. bevorstehenden Lernprozessen werden deutlich angesprochen.	
Level 3	Thematische Bezüge zu vorausgehenden bzw. bevorstehenden Lernprozessen werden zur Vertiefung des aktuellen Lernprozesses gezielt genutzt.	

c) Ein Beobachtungsinventar zur Erfassung des unterrichtlichen Spannungsbogens (hochinferente Ratings, bezogen auf die verschiedenen Phasen einer Unterrichtsstunde). Einzuschätzen sind hier ausgewählte Merkmale, die als besonders sensible Indikatoren für die Dramaturgie religionsunterrichtlicher Prozesse gelten können: die quantitative bzw. qualitative Partizipation auf Seiten der Schüler/innen, die inhaltliche bzw. methodische Steuerung auf Seiten der Lehrpersonen sowie der Vertiefungsgrad in der Auseinandersetzung sowohl mit religiösen Traditionen als auch mit Schülerbeiträgen.

2.2 Korrelationsexpertisen

Das von der Forschungsgruppe selbst entwickelte Instrument der „Korrelationsexpertise" soll die Rekonstruktion der unterrichtlichen Dramaturgie sowohl einer gesamten Reihe als auch deren einzelner Stunden ermöglichen. Dabei werden die einzelnen Unterrichtsstunden (in einer durch ein Manual festgelegten Art und Weise) in ihrem Aufbau kurz beschrieben und auf das Verhältnis ihrer einzelnen didaktischen Schritte hin analysiert. Im Blickpunkt steht dabei besonders die Frage, was die verschiedenen Elemente der unterrichtlichen Dramaturgie für das Zustandekommen jenes Dialogs zwischen religiöser Tradition und gegenwärtiger Lebenswelt austragen, der für die Umsetzung der korrelativen Grundidee charakteristisch ist. Die Korrelationsexpertisen münden jeweils in den Versuch, die in der Unterrichtsreihe wahrnehmbaren korrelativen Varianten zu identifizieren und nach bestimmten Merkmalen zu klassifizieren.

Die mittels der Ratings und der Korrelationsexpertisen erzielten Befunde werden im Sinne einer Triangulation miteinander in Beziehung gesetzt. Die Frage ist: Was haben sich die auf unterschiedlichem Wege gewonnenen Erkenntnisse gegenseitig zu sagen? Inwieweit bestätigen sie sich? Inwieweit ergänzen sie einander? Inwieweit aber werden bestimmte Befunde dadurch auch in Frage gestellt?

2.3 Fallanalysen

Aufgabe der Fallanalysen ist es, ausgewählte Einzelstunden auf ihre innere Dynamik hin sequentiell, also Schritt für Schritt bzw. Interakt für Interakt, zu analysieren. Die methodische Grundlage ist dabei eine weiterentwickelte Form der Objektiven Hermeneutik (vgl. z.B. Jensen, 2005; Reichertz, 2000) Aus jeder Unterrichtsreihe wird eine Stunde ausgewählt, die für die Anlage des in der betreffenden Lerngruppe beobachteten Unterrichts besonders bezeichnend erscheint. Diese Stunde wird komplett transkribiert. Auf der Grundlage der Videoaufzeichnung und des Transkripts wird die Stunde von einer Auswertungsgruppe (stets mindestens drei Personen) vom ersten bis zum letzten Interakt interpretiert. Dabei wird, vor allem zu Beginn, versucht, eine möglichst große Vielfalt plausibler Lesarten von den einzelnen Unterrichtssequenzen zu erzeugen. Mit dem Voranschreiten des unterrichtlichen Geschehens und der daraus resultierenden zunehmenden Kenntnis der Handlungslogik der einzelnen Akteure verdichtet sich die Deutung dann in der Regel auf bestimmte Perspektiven. Die in den Fallanalysen gewonnenen Aufschlüsse gehen insofern noch einmal über die aus den Ratings und den Korrelationsexpertisen gewonnenen Erkenntnisse hinaus, als hier am Einzelfall oft sehr gut deutlich wird, welche grundsätzlichen Chancen, aber auch welche konkreten praktischen Probleme bestimmte unterrichtliche Strategien beinhalten. Insofern sind die Fallanalysen von besonderem Interesse für die Bestimmung des didaktischen Potentials der einzelnen Varianten korrelativer Didaktik.

3. Ausgewählte Befunde zu Problempunkten heutigen Religionsunterrichts

Die Studie der religionspädagogischen Forschungsgruppe Essen ergibt ein facettenreiches Bild von der Art und Weise, wie Schüler/innen im Religionsunterricht mit religiösen Traditionen in Berührung kommen; sie lässt erkennen, wie variantenreich diese Begegnung didaktisch gestaltet wird. Dabei wird deutlich, was Religionsunterricht heute zu leisten vermag, aber auch, welche didaktischen Problempunkte bei der unterrichtlichen Begegnung mit religiösen Traditionen zu beobachten sind.

Auf diesen letzten Punkt: die Problempunkte, wird sich die Darstellung im Folgenden konzentrieren. Sie wird also nicht auf die aus der Untersuchung hervorgegangene Typologie korrelativer Varianten eingehen (Forschungsfrage 1). Auch das didaktische Potential der verschiedenen Varianten (Forschungsfrage 2) soll nur sehr auswahlweise interessieren. Im Fokus sollen an dieser Stelle nicht einzelne Unterrichtsstrategien stehen, sondern vielmehr Problempunkte, die den heutigen Religionsunterricht fast durchgängig und weitgehend über seine verschiedenen Varianten hinweg zu kennzeichnen scheinen. Man könnte hier geradezu von „strukturellen Verlegenheiten" sprechen.

Eine solche Fokussierung führt natürlich zu einer sehr einseitigen Darstellung der in unserer Untersuchung sichtbar gewordenen Unterrichtsrealität. Viele ausgesprochen positive Entwicklungen des Religionsunterrichts kommen dabei nicht oder nur als die Kehrseite der hier geschilderten Problempunkte zum Tragen. Da gerade diese Schwachpunkte für die Weiterentwicklung der religionsunterrichtlichen Qualität aber von entscheidendem Interesse sind, wird diese Einseitigkeit hoffentlich als verzeihlich empfunden.

3.1   Die Versachkundlichung des Religionsunterrichts

Der konfessionelle Religionsunterricht wurde in der Vergangenheit stark von einem religionskundlichen Unterricht abgesetzt (vgl. beispielsweise die verschiedenen Positionen in Lott, 1992). Während letzterer lediglich „Information über Religion" biete („learning about religion") gehe es beim konfessionellen Religionsunterricht für die Schüler/innen darum, in Auseinandersetzung mit dem Wahrheitsanspruch religiöser Traditionen sich selbst zu befragen und zu einem eigenen religiösen Urteil zu gelangen („learning from religion"; vgl. z.B. Englert 2011). Häufig wurde der Unterschied auch als die Differenz zwischen Beobachter- und Teilnehmerperspektive beschrieben: Während es die Aufgabe eines religionskundlichen Unterrichts sei, aus analytischer Distanz zu betrachten, was es im Bereich des Religiösen an Formenreichtum gibt (Beobachterperspektive), stehe im konfessionellen Religionsunterricht die Konfrontation mit der Frage im Raum, inwiefern eine bestimmte religiöse Tradition auch heute noch als relevant und gültig anzusehen sei. Dies setze voraus, dass die – idealiter als konfessionell homogen gedacht – Lerngruppe mit der fraglichen Tradition in besonderer Weise vertraut sei und ihr eine gewisse bevorzugte Geltung zuerkenne (Teilnehmerperspektive).

Die von uns beobachtete religionsunterrichtliche Praxis nun zeigt eine Reihe von Merkmalen, die zu diesem Selbstverständnis mindestens in einer deutlichen Spannung stehen. Zusammenfassend kann man von einer Tendenz zur Versachkundlichung des Religionsunterrichts sprechen. Einige besonders auffällige Momente dieser Entwicklung werden im Folgenden angesprochen.

Vom Zeugen des Glaubens zum Moderator religiöser Bildungsprozesse

In dem von uns aufgezeichneten Unterricht fungieren die Religionslehrpersonen überwiegend nicht als „Zeugen des Glaubens", als die sie bis heute in der Literatur immer wieder angesprochen werden (vgl. z.B. Böttigheimer & Dausner, 2011), sondern als Moderatoren des unterrichtlichen Prozesses. Das bedeutet auch: Auskünfte darüber, „was Christen glauben", kommen im heutigen Religionsunterricht weniger von den Lehrpersonen als von in den Unterricht eingespielten Medien (Texten, Bildern, Internetrecherchen).

Zum Rollenverständnis gerade jüngerer Religionslehrer/innen gehört offenbar, in der Grundschule noch deutlicher als in den weiterführenden Schulen, dass sie sich nicht nur mit Explikationen der eigenen Überzeugung, sondern überhaupt mit eigenen inhaltlichen Eingaben stark zurückhalten (vgl. dazu Englert 2010). Das heißt ihre Zurückhaltung gilt nicht nur für konfessorische Sprechakte, bei denen sich der Lehrer mit seinem eigenen Glaubensstandpunkt in den Unterricht einbringt, sondern auch für die fachliche Expertise, bei der es beispielsweise um sachkundliche Hintergründe, vertiefende Erklärungen oder perspektivische Weitungen usw. geht.

Nun wird man sich vielleicht fragen: Wie kommt man denn mittels der in unserer Untersuchung eingesetzten Auswertungsinstrumente zu einer so weitreichenden Aussage über das Rollenverständnis von Religionslehrpersonen? Klar ist: Es ist nicht möglich, eine solche Aussage an einem einzigen Befund festzumachen. Sie lässt sich im Grunde nur treffen, wenn man dabei auf das gesamte Material schaut und die mit allen drei Instrumenten erzielten Ergebnisse berücksichtigt. Insofern gibt es keinen strikten Nachweis für diese Aussagen, sondern lediglich Indikatoren, die in ihrer Summe eine solche Aussage – mindestens für unser beschränktes Sample – als begründet erscheinen lassen. In diesem Falle ist der aus unserer Sicht deutlichste Indikator das quantitative Ausmaß der „Lehrerpräsentation". Die Lehrerpräsentation umfasst in dem hier zugrundegelegten Verständnis das Einbringen inhaltlich relevanter Impulse wie Sachinformationen, Erklärungen, Herstellen von Zusammenhängen usw. Sie ist eine von acht „inhaltlichen Aktivitäten", die wir unterschieden und nach dem Event-Sampling-Verfahren in ihrer Häufigkeit und ihrem Umfang genau erfasst haben. Es zeigt sich: Die Lehrerpräsentation spielt, mit wenigen Ausnahmen, im gesamten Sample nur eine sehr geringe Rolle: Sie umfasst knapp 7 Prozent der Unterrichtszeit. Im Durchschnitt investieren die Lehrer/innen für die Klärung methodischer und organisatorischer Fragen mehr Zeit als für die Präsentation eigener inhaltlicher Impulse.

Abb. 6: Der zeitliche Umfang der inhaltlichen Aktivitäten PRÄ-L und OR-I im Vergleich (Angaben in Prozent)

	R 1	R 2	R 3	R 4	R 5	R 6	R7	R 8	R 9	R10	R11	R12	R13	ges
PRÄ-L	10	1	9	15	3	3	4	8	5	7	12	6	3	6,6
OR-I	9	5	8	2	11	7	14	11	6	4	11	17	11	8,9

Zur Erläuterung: PRÄ-L ist der Code für die inhaltliche Aktivität „Präsentation durch die Lehrkraft". Darunter fallen vom Lehrer/der Lehrerin eingegebene fachliche Inputs: Erschließung eines Sachzusammenhangs, Präsentation eines Mediums, weiterführende Erklärungen, Erläuterungen von Hintergründen, Herstellung von Zusammenhängen usw.
OR-I ist der Code für die inhaltliche Aktivität „Organisation zur inhaltlichen Durchführung". Darunter fallen Arbeitsanweisungen, die Erläuterung von Arbeitsaufträgen, Hinweise zum Nacheinander von Arbeitsschritten, Hinweise zum Abschluss der Stunde usw.

Wir halten den geringen Stellenwert der Lehrerpräsentation für ein deutliches Anzeichen dafür, dass der Lehrer in seiner Rolle als fachlicher und vor allem eben auch als theologischer Experte im gegenwärtigen Religionsunterricht stark zurücktritt, ja, man könnte in etlichen Fällen sogar sagen: kaum noch vorkommt.

Von allgemeinen Geltungsansprüchen zu individuellen Viabilitäten

In dem von uns aufgezeichneten Religionsunterricht fungieren religiöse Traditionen meist nicht als Herausforderung, an der man sich abzuarbeiten hätte, sondern eher als Spielmaterial für individuelle Adaptionen. Seit die Korrelationsdidaktik als Leitkonzept des katholischen Religionsunterrichts gilt, das heißt, seit Mitte der 1970er Jahre, wurde von verschiedener Seite immer wieder herausgestellt: Die Überzeugungen christlichen Glaubens oder allgemeiner: religiöse Traditionen fordern die durch gegenwärtige Plausibilitäten geprägten Interpretationen, Werteprioritäten und Sinnmuster Heranwachsender zum Teil kräftig heraus. Das heißt die Zeugnisse und Überzeugungen der Religionen sollen nicht nur zum Gegenstand kritischer Anfragen aus der Gegenwartsperspektive werden, sondern umgekehrt auch ihrerseits die heutigen Schülerinnen und Schüler anfragen. Ein solch wechselseitiger Befragungsprozess setzt voraus, dass die Fremdheit zwischen religiöser Tradition und Gegenwartsbewusstsein bzw. in unserem Falle speziell: zwischen Vorstellungen christlichen Glaubens einerseits und gegenwärtigen Erfahrungen und Plausibilitäten andererseits nicht kaschiert oder reduziert, sondern gerade deutlich herausgearbeitet wird. Es ist dies ein Punkt, der in der konzeptionellen Diskussion neuerdings sogar wieder stärker betont wird, etwa vom Ansatz einer sog. „Alteritätsdidaktik" (vgl. Grümme, 2007).

Im Unterschied zu dieser von Seiten der religionsdidaktischen Theorie erhobenen Anforderung ist in dem von uns beobachteten Unterricht eine sehr deutliche Tendenz festzustellen, die Fremdheit und unter Umständen auch die Anstößigkeit der in den Unterricht eingebrachten religiösen Traditionen möglichst nicht hervortreten zu lassen. Das im Vordergrund stehende Muster, nach dem Tradition und Lebenswelt miteinander ins Gespräch gebracht werden, ist nicht die produktive Anstößigkeit, sondern die Analogie: Was Schülerinnen und Schüler heute erleben, haben auch schon z. B. biblische Figuren in dieser oder jener Situation erlebt. Insofern bieten diese Figuren eine Identifikationsmöglichkeit. Die Schüler/innen sollen erkennen: Die religiösen Traditionen sind bis heute aktuell, insofern sie, gerade in der Gestalt biblischer Erzählzusammenhänge, elementare menschliche Grundsituationen (z. B. der Verzweiflung und Verlassenheit, des Zorns und der Wut, der Eifersucht und der Rivalität, der Freundschaft und der Solidarität usw.) ansprechen. Zu diesem Ansatz passt, dass methodisch vor allem individualisierende Arbeitsformen eingesetzt werden: Die Schüler/innen sollen z. B. überlegen, mit welchen eigenen Erfahrungen, Gedanken und Gefühlen eine bestimmte biblische Erzählung oder ein bestimmter Psalmvers korrespondieren.

Es ist evident, dass eine solche Herangehensweise, die auf die individuelle Adaption religiöser Zeugnisse abzielt, sehr produktiv sein kann und ihren guten Platz im Religionsunterricht hat. Wenn dieser Ansatz aber einseitig in den Vordergrund tritt, droht die Gefahr, dass der Eigenanspruch religiöser Traditionen nicht angemessen erfasst wird. Wenn nicht mehr spürbar wird, welche Anfragen z. B. von prophetischen Texten oder von der jesuanischen Bergpredigt ausgehen, etwa an die heute im Umlauf befindlichen Vorstellungen von Gerechtigkeit bzw. von der Zukunft und Bestimmung der Menschheit, dann lässt sich nicht mehr von einer theologisch-fachlich überzeugenden Unterrichtsarbeit sprechen. Von daher stellen sich Fragen an den heutigen Religionsunterricht, der, jedenfalls nach Ausweis unseres Samples, häufig dazu tendiert, den Eigenanspruch religiöser Traditionen zu „ermäßigen" – gewiss aus dem nur allzu verständlichen Bemühen heraus, den Schüler/inne/n überhaupt einen Zugang zu diesen Traditionen zu ermöglichen.

Auch hier ist wieder die Frage, woran sich eine solche weitreichende Behauptung festmachen lässt. Zunächst einmal ist hier auf die Fallanalysen einzelner Stunden zu verweisen, die erkennen lassen, dass religiöse Traditionen häufig eher als Material für die persönlichen Aneignungen der Schüler/innen eingebracht werden (z.B.: Schreibt eine kleine Geschichte zu einem von euch ausgewählten Prophetenwort) und nicht so sehr als Perspektiven, an deren Geltungsanspruch man sich kritisch abarbeiten müsste. Dieser Beobachtung entsprechen auch Befunde aus den Ratings. So ist auffällig, dass es in den meisten Unterrichtsreihen nur selten einmal zu „kontroversen Einschätzungen über unterrichtlich relevante Fragen" kommt (dies ist Punkt 2.3 aus dem Katalog der 15 einzuschätzenden Unterrichtsmerkmale). Kaum Kontroversen, wenn es um Religion geht! Und das in Anbetracht der zu Recht immer wieder herausgestellten weltanschaulichen Heterogenität der Schülerschaft! Das ist schon bemerkenswert.

Abb. 7: Wie oft kommt es im Religionsunterricht zu kontroversen Einschätzungen inhaltlich relevanter Fragen?

	R 1	R 2	R 3	R 4	R 5	R 6	R 7	R 8	R 9	R10	R11	R12	R13	GES
KON	0/6	1/5	1/5	7/9	2/7	2/7	2/6	5/9	3/22	2/7	1/5	7/15	3/10	36/ 113

Zur Erläuterung: Die erste Ziffer zeigt an, in wie vielen Unterrichtsstunden einer Reihe „kontroverse Einschätzungen zu unterrichtlich relevanten Fragen" feststellbar sind (Code „KON"); die zweite Ziffer gibt an, wie viele Unterrichtsstunden die betreffende Reihe insgesamt umfasst.

Die Korrelationsexpertisen zeigen schließlich, dass im Anschluss an die oft in Einzelarbeit erfolgende Adaption religiöser Zeugnisse (etwa in Gestalt der zu einem Prophetenwort verfassten Geschichte) meist keine kommunikative Validierung der individuellen Interpretationen mehr stattfindet. Das heißt, die Ergebnisse individueller Arbeit werden nicht noch einmal auf ihre Plausibilität und Tragfähigkeit hin überprüft. Im Regelfall werden die Ergebnisse präsentiert, mit Applaus bedacht und bleiben dann so stehen. Eine wirklich lebendige Diskussion entsteht eher selten (vgl. dazu auch Punkt 2.5 aus dem Merkmalskatalog: „Unterrichtliche Diskussionskultur").

Von der Teilnehmer- zur Beobachterperspektive

Es zeigt sich: Die von uns identifizierten unterrichtlichen Varianten können, anders als wir ursprünglich annahmen, keineswegs alle dem Formenspektrum korrelativen Religionsunterrichts zugeordnet werden. Selbst wenn man von einem korrelativen Religionsunterricht nicht mehr verlangt als eine wie auch immer geartete Umsetzung der sehr offenen Grundidee eines Dialogs zwischen religiöser Tradition und gegenwärtiger Lebenswelt, kommt man zu dem Ergebnis: Es finden sich sehr wohl Formen unterrichtlicher Praxis, die an einem solchen Dialog kein stärkeres Interesse zeigen. Dafür kann es unterschiedliche Gründe geben, unter anderem den, dass über religiöse Traditionen eben lediglich informiert wird. Und zwar nicht nur dann, wenn *„andere"* Religionen Thema sind, also wenn zum Beispiel im katholischen Religionsunterricht über den Islam gesprochen wird, sondern nicht selten auch dann, wenn über Zeugnisse und Überzeugungen der *„eigenen"* Religion gesprochen wird. Beispiel: Eine Unterrichtsreihe über Namenspatrone. Die von einem korrelativen Ansatz her eigentlich zu erwartende Frage, inwieweit sich aus der näheren Begegnung mit dem eigenen Namenspatron ein gewisses biografisches Anregungspotential ergibt bzw. ob sich von den betreffenden Heiligen irgendetwas lernen lässt, bleibt im Hintergrund. Die unterrichtliche Arbeit beschränkt sich weitgehend auf Recherche, Information und unverbindlichen Austausch. – Insgesamt gibt es deutliche Anhaltspunkte dafür, dass auch im konfessionellen Religionsunterricht die Tradition christlichen Glaubens vermehrt wie eine „Fremdreligion" behandelt wird: dass hier eine Verlagerung von einer Teilnehmer- zu einer Beobachterperspektive stattfindet.

3.2   Die zu schwache Förderung gedanklicher Anstrengungsbereitschaft

Kreative Betriebsamkeit ohne zielführende Perspektivik

Ein in der Vergangenheit gegenüber dem Religionsunterricht immer wieder zu hörender Vorwurf war, dass die Lehrer/innen hier nur gelten ließen, was auf der Linie ihrer eigenen Meinung liege. Einen solchen Religionsunterricht, in dem ein Lehrer die inhaltliche Auseinandersetzung mit einem Gegenstand von seinen eigenen Überzeugungen her bestimmte, haben wir in unserem Sample kaum gefunden, im Gegenteil: In dem von uns beobachteten Religionsunterricht blieb die eigene Überzeugung der Lehrer/innen meist stark im Hintergrund (vgl. die schon erwähnte Tendenz im Wandel des professionellen Aufgabenverständnisses).

Eine inhaltliche Übersteuerung kann man dem gegenwärtigen Religionsunterricht von daher sicherlich nicht vorwerfen. Der Gestaltungswille der Lehrkräfte schlägt sich eher im Methodischen nieder. Auffällig ist, mit welcher Sorgfalt die methodischen Einzelschritte einer Unterrichtsstunde häufig geplant sind und in welch enger Taktung diese Einzelschritte mitunter aufeinander folgen. Gerade in der Grundschule werden die Schüler/innen nicht selten ununterbrochen „aktiv" beschäftigt. Dabei kommt es allerdings teilweise – und dies führt zu dem hier anzusprechenden Problem – zu einer kreativen Betriebsamkeit ohne wirklich zielführende Perspektivik. Beispiel: In einer Reihe zu Propheten werden Bilder gemalt, Texte verfasst, Bibelverse verklanglicht usw., ohne dass die Schüler/innen nachher sagen können, wer oder was ein Prophet ist, geschweige denn, inwiefern die Auseinandersetzung mit Propheten für uns heute noch von Interesse sein kann. In einigen Fällen hat man geradezu den Eindruck, die Schüler/innen sollen an einem Gegenstand nicht deshalb „kreativ" arbeiten, damit auf diese Weise tieferes Interesse und eigene Fragen generiert werden, sondern sie sollen beschäftigt werden, damit gerade keine – inhaltlich möglicherweise schwierigen – Fragen entstehen. Eigentlich könnte man erwarten: Wo sich im Religionsunterricht ein klare methodische Anlage der Stunde mit einem hohen Maß an inhaltlicher Offenheit verbindet, sind die besten Voraussetzungen für unterrichtliche Qualität geschaffen. Es zeigt sich aber, dass es unter diesen Voraussetzungen zu häufig Handarbeit mit nur wenig Denkarbeit gibt, Selbsttätigkeit ohne das Angebot von Expertise, individuelle Differenzierung ohne kommunikative Validierung, Offenheit ohne ein halbwegs gesichertes Ergebnis.

Geringes Maß kognitiver Aktivierung

In dem Katalog von 15 Merkmalen, der unserem wichtigsten Ratinginstrument zugrundeliegt, lassen sich acht Merkmale dem unterrichtlichen Anliegen der „kognitiven Aktivierung" und sieben dem Anliegen der „individuellen Adaption" zuordnen. Insgesamt lässt sich sagen, dass die meisten Religionsstunden im Bereich der Aktivierung im Mittel niedrigere, zum Teil deutlich niedrigere Werte aufweisen als im Bereich der Adaption. Das heißt, dass den Schüler/inne/n im heutigen Religionsunterricht breiter Raum gegeben wird, ihre eigenen Ideen, Einstellungen und Empfindungen zu einem Gegenstand zu artikulieren. Es wirft allerdings auch die Frage auf, wie intensiv und weiterführend die individuelle Adaption eines Gegenstands sein kann, wenn dieser nicht durch welche Formen kognitiver Aktivierung auch immer fachlich ausreichend erschlossen oder wenigstens zugänglich gemacht wurde.

Mit der alten Vorstellung, der man auch heute immer noch begegnen kann, wonach der Religionsunterricht einseitig auf die Rezeption vorgegebener Inhalte abzielt, hat der von uns beobachtete Religionsunterricht nichts mehr zu tun. Eher stellt sich die Frage, ob die Lehrer/innen über der Sorge, die Schüler/innen könnten vielleicht zu wenig zum Zuge kommen, den Inhalten genug Aufmerksamkeit zuwenden und diese in ihrem eigenen Sachanspruch deutlich genug hervortreten lassen. Jedenfalls ist festzustellen, dass religiöse Zeugnisse nur selten so präsentiert werden, dass sie als Herausforderung sowohl an das eigene Denken und die eigene

Urteilskraft, als auch an die persönliche Lebensorientierung und die Plausibilitäten des umgebenden Milieus erfahren werden können.

Auch hier ist wieder die Frage: Auf welche Indikatoren lässt sich diese Behauptung stützen? Wir haben (insbesondere in den Fallanalysen) die Beobachtung gemacht, dass die Intensität der inhaltlichen Auseinandersetzung in den eher wenigen Fällen, in denen der Lehrer nicht nur als Arrangeur von Lernsituationen fungiert, sondern auch eigene fachliche Expertise einbringt, vergleichsweise hoch ist. Umgekehrt gibt es deutliche Hinweise darauf, dass die schon diagnostizierte durchschnittlich geringe Bedeutung der Lehrerpräsentation mit ein Grund dafür ist, dass das Anregungspotential mancher Gegenstände nicht so ausgeschöpft wird, wie es eigentlich der Fall sein könnte.

Der kognitiven Aktivierung der Schüler/innen abträglich ist auch, dass vielfach keine nachvollziehbaren Kriterien für die Bewertung von Schülerbeiträgen erkennbar werden; das muss zu dem Eindruck führen, dass man im Religionsunterricht für seine Aussagen und Behauptungen keiner Begründungspflicht unterliegt – und eigentlich nichts, was man in „Religion" sagt, wirklich falsch sein kann. Nun gibt es im Bereich des Religiösen gewiss einen großen Spielraum für subjektive Empfindungen und Einschätzungen. Gleichwohl hat auch das religiöse Sprachspiel seine „Logik" und erfordert überdies, dass, was hier geäußert wird, nicht mit dem aus anderen Domänen stammenden Weltwissen in einem unaufgeklärten Widerspruch steht. Von daher wäre es wünschenswert, den Schüler/innen würde im heutigen Religionsunterricht auch durch Nachfragen und Anfragen gezeigt, dass sie ernst genommen werden.

Unsere Analysen lassen erkennen: Besonders aktivierungsstark sind Unterrichtsstunden oder auch Unterrichtsreihen, die sich an einer klaren Fragestellung orientieren (vgl. z.B. auch Helmke, 2005, S. 60ff.). Eine solche Fragestellung hält den unterrichtlichen Prozess mit seinen verschiedenen Komponenten zusammen und hilft den Schüler/innen, die eigene gedankliche Bewegung über die einzelnen Unterrichtsphasen hinweg in Gang zu halten. Beispiel: Eine Unterrichtsstunde zu der Frage nach der Vereinbarkeit von biblischer Schöpfungserzählung und dem naturwissenschaftlichen Konzept der Evolution. Es handelt sich hier um eine „high order question", durch die sich die betreffende Lerngruppe einer vierten Klasse herausgefordert sieht, relativ eigenständig eine Reihe von Vorstellungen zum Verhältnis von biblischer und naturwissenschaftlicher Sicht zu entwickeln. In einem anderen Fall steht eine ganze Unterrichtsreihe unter der Frage nach der Erfüllbarkeit der in der jesuanischen Bergpredigt enthaltenen Weisungen. Die Frage wird exemplarisch verdichtet auf den Punkt, ob das Gebot der Feindesliebe dem Menschen zumutbar sei. Durch die gesamte Reihe und alle ihre inhaltlichen Einzelaspekte läuft die „Erfüllbarkeitsfrage" als eine Art roter Faden mit. In inhaltlich derartig gut fokussierten Stunden bzw. Reihen gehen die Aktivitäten der Schüler/innen und die Gespräche der Lerngruppe von einem klar definierten Klärungsbedarf aus und verfolgen ein durchgängig vor Augen stehendes Ziel. Der Motivation der

Schüler/innen zu gedanklicher Anstrengungsbereitschaft ist dies offensichtlich förderlich. Noch eine Schlussbemerkung: Der Religionsunterricht hat sich insgesamt zu einem Fach entwickelt, das sich, was die Ausbildung seiner Lehrpersonen, seine Bildungsstandards und Lehrpläne, die in der Didaktik des Faches diskutierten Konzepte, die verfügbaren Praxismaterialien usw. mit den anderen Schulfächern auf Augenhöhe befindet. Auch unsere Untersuchung zeigt, dass der gegenwärtige Religionsunterricht, was z.B. die in seine Planung investierte Sorgfalt, seine methodische Variabilität, die Aktivierung der Schüler/innen, die Kultur menschlichen Miteinanders anbelangt, vielfach hohen Anforderungen genügt. Sie macht aber auch deutlich, dass es, unabhängig von Jahrgangsstufe und Thema, strukturelle Verlegenheiten im Umgang mit der religiösen Tradition gibt, die weiter bedacht werden müssen. Hier tut sich eine Reihe von Ansatzpunkten für die Weiterentwicklung religionsunterrichtlicher Konzepte auf.

Literatur

Böttigheimer Chr. & Dausner R. (2011), Kompetente Glaubenszeugen. Was sollen Religionslehrer leisten?, in: *Herder Korrespondenz* 65, 457-461.

Bucher A. (2000*), Religionsunterricht zwischen Lernfach und Lebenshilfe. Eine empirische Untersuchung zum katholischen Religionsunterricht in der Bundesrepublik Deutschland*, Stuttgart: Kohlhammer.

Dressler B. (2002), Darstellung und Mitteilung. Religionsdidaktik nach dem Traditionsbruch, in: *Religionsunterricht an höheren Schulen* 45, 11-19.

Englert R. (2010), Ein Lehrer, der lehrt – schockierend? Über das Potential der viel geschmähten Instruktion, in: *Katechetische Blätter* 135, 330-336.

Englert R. (2011), Zehn Gründe für einen konfessionellen Religionsunterricht – ein Plädoyer aus religionsdidaktischer Sicht, in: Ucar B. (Hg.), *Islamische Religionspädagogik zwischen authentischer Selbstverortung und dialogischer Öffnung. Perspektiven aus der Wissenschaft und dem Schulalltag der Lehrkräfte,* Frankfurt/Main: Peter Lang, 35-45.

Englert R., Schwab U., Schweitzer F. & Ziebertz H.-G. (2012), *Welche Religionspädagogik ist pluralitätsfähig? Strittige Punkte und weiterführende Perspektiven,* Freiburg: Herder.

Faust-Siehl G., Krupka B., Schweitzer F. & Nipkow K. (1995), *24 Stunden Religionsunterricht. Eine Tübinger Dokumentation für Forschung und Praxis,* Münster: Comenius-Institut.

Feige A. & Tzscheetzsch W. (2005), *Christlicher Religionsunterricht im religionsneutralen Staat?,* Stuttgart: Schwabenverlag/Kohlhammer.

Feige A. u.a. (2000), ‚*Religion* ‘ bei ReligionslehrerInnen. Religionspädagogische Zielvorstellungen und religiöses Selbstverständnis in empirisch-soziologischen Zugängen, Münster: LIT.

Gemeinsame Synode der Bistümer in der Bundesrepublik Deutschland (1976), *Beschluß: Der Religionsunterricht in der Schule,* in: Bertsch L. u.a. (Hg.), Gemeinsame Synode der Bistümer in der Bundesrepublik Deutschland. Offizielle Gesamtausgabe I, Freiburg: Herder, 123-152.

Grümme B. (2007), *Vom Anderen eröffnete Erfahrung. Zur Neubestimmung des Erfahrungsbegriffs in der Religionsdidaktik,* Gütersloh/Freiburg: Gütersloher Verlagshaus/Herder.

Grümme B., Lenhard H. & Pirner M. L. (2012) (Hg.), *Religionsunterricht neu denken. Innovative Ansätze und Perspektiven der Religionsdidaktik*, Stuttgart: Kohlhammer.

Helmke A. ([4]2005), *Unterrichtsqualität erfassen, bewerten, verbessern*, Seelze: Kallmeyersche Verlagsbuchhandlung.

Hugener I. (2008), *Inszenierungsmuster im Unterricht und Lernqualität*, Münster: Waxmann.

Hugener I., Pauli Chr. & Reusser K. (2007), Inszenierungsmuster, kognitive Aktivierung und Leistung im Mathematikunterricht. Analysen aus der schweizerisch-deutschen Videostudie, in: Lemmermöhle D. u.a. (Hg.), *Professionell lehren – erfolgreich lernen*, Münster: Waxmann, 109-121.

Jensen O. (2005), Induktive Kategorienbildung als Basis Qualitativer Inhaltsanalyse, in: Mayring Ph., & Gläser-Zikuda M. (Hg.), *Die Praxis der Qualitativen Inhaltsanalyse*, Weinheim: Beltz, 255-275.

Kirchliche Richtlinien zu Bildungsstandards für den katholischen Religionsunterricht in den Jahrgangsstufen 5-10/Sekundarstufe I (Mittlerer Schulabschluss) (2004), hg. vom Sekretariat der Deutschen Bischofskonferenz, Bonn: Schriftenreihe Die deutschen Bischöfe, Nr. 56.

Lott J. (Hg.) (1992), *Religion – warum und wozu in der Schule?*, Weinheim: Deutscher Studien Verlag.

Oser F. & Patry J.-L. (1994), Sichtstruktur und Basismodelle des Unterrichts: Über den Zusammenhang von Lehren und Lernen unter dem Gesichtspunkt psychologischer Lernverläufe, in: Olechowski R. & Rollett B. (Hg.), *Theorie und Praxis. Aspekte empirischpädagogischer Forschung – quantitative und qualitative Methoden*, Frankfurt/Main: Peter Lang, 138-146.

Reichertz J. (2000), Objektive Hermeneutik und hermeneutische Wissenssoziologie, in: Flick U., von Kardorf E. & Steinke I. (Hg.), *Qualitative Forschung. Ein Handbuch*, Reinbek: Rowohlt 514-524.

Schweitzer F. (1996), *Die Suche nach eigenem Glauben. Einführung in die Religionspädagogik des Jugendalters*, Gütersloh: Gütersloher Verlagshaus.

Schweitzer F., Englert R., Schwab U. & Ziebertz H.-G. (2002), *Entwurf einer pluralitätsfähigen Religionspädagogik*, Gütersloh-Freiburg: Gütersloher Verlagshaus-Herder.

Stachel G. (1976), *Die Religionsstunde – beobachtet und analysiert. Eine Untersuchung zur Praxis des Religionsunterrichts*, Zürich: Benziger.

Religionsdidaktische Kompetenz messen

Auf dem Weg zu einem Ratingmanual zur Erfassung religionsdidaktischer Kompetenz auf der Grundlage videografierter
Religionsstunden

Ulrich Riegel (Universität Siegen)

Professionelle Kompetenzen von Lehrpersonen sind ein zentrales Thema gegenwärtiger Bildungsforschung. Auch die Religionspädagogik diskutiert diese Kompetenzen, konzentriert sich bislang jedoch vornehmlich auf hermeneutisch-
theoretische Explikationen alltäglicher schulischer Praxis. Eine systematische empirische Untersuchung dieser Kompetenzen steckt noch in den Anfängen. An dieser
Forschungslücke setzt der vorliegende Beitrag an. Er stellt ein konzeptuelles Modell religionsdidaktischer Kompetenz vor, welches diese Kompetenz auf der
Grundlage videografierter Religionsstunden erheben will. Dazu wird zuerst ein
Überblick über den religionspädagogischen Diskurs professioneller Kompetenz
gegeben (1), auf dessen Grundlage besagtes konzeptuelles Modell entwickelt wird
(2). Es folgen Angaben zur Operationalisierung und zum ersten Try-out dieses Modells (3), um diese abschließend zu diskutieren (4).

1 Professionelle Kompetenz im Religionsunterricht

Die Religionspädagogik diskutiert professionelle Kompetenzen unter verschiedenen Begriffen wie „Berufshandlungsfähigkeit" (EKD, 1997), „berufliche Kompetenz" (Doedens & Fischer, 2004), „religionspädagogische Kompetenz" (Hoffmann,
2008) oder „professioneller Habitus" (Mendl, 2006). Gemeinsam ist diesen Begriffen jedoch, dass sie sämtlich aus dem Bildungsauftrag des Religionsunterrichts
bzw. seiner institutionellen Verortung in der öffentlichen Schule abgeleitet werden.
Damit folgt der religionspädagogische Diskurs implizit einem professionstheoretischen Kompetenz-Modell (vgl. Baumert & Kunter, 2006; Bromme, 1997).
   Professionelles Handeln im Religionsunterricht hat das Ziel, die Schüler/innen
zu verantwortungsbewusstem Denken und Handeln im Blick auf Religion und
Christentum zu befähigen (vgl. DBK, 1974: 2.5.1). Es eröffnet im Religionsunterricht einen „kommunikative[n] Raum" (EKD, 1997, S. 41), in dem die Schü-
ler/innen ihre eigenen Erfahrungen mit dem biblischen Zeugnis und den christlichen Ansprüchen an das menschliche Leben in Beziehung setzen und auf diese
Weise ihre eigene Persönlichkeit und verbindliche Sinn- und Wertekonzepte entwickeln (vgl. Englert, 2009; Tzscheetzsch, 1999, S. 6-7). Auf der Grundlage dieser

Zielbestimmung werden im religionspädagogischen Diskurs materiale Kataloge unterrichtsbezogener Kompetenzen formuliert.

Gemeinsam ist diesen Katalogen, dass sie unterschiedliche Bereiche kompetenten Handelns im Religionsunterricht aufzeigen. Werner Tzscheetzsch (1999, S. 4) z.B. fordert „Fachkompetenz in den zu lehrenden Fächern, personale Kompetenz als Fähigkeit, sich als Person Schülerinnen und Schülern ‚zuzumuten‘, didaktisch-methodische Kompetenz als Fähigkeit, Unterrichtsprozesse anregend, zielorientiert und den Schülerinnen und Schülern angemessen zu entwerfen, durchzuführen und auszuwerten.“ (1999, S. 4) Folkert Doedens und Dietlind Fischer (2004) nennen diesbezüglich (a) personale Kompetenz, (b) Sachkompetenz, (c) didaktische Kompetenz, (d) Methodenkompetenz, (e) Kompetenz für Beobachtung, Beurteilung und Beratung und (f) Kompetenz zur Kontextualisierung religionspädagogischer Arbeit, worunter sie die Kooperation von Religionslehrpersonen mit den Kolleginnen und Kollegen aus anderen Fächern verstehen. Rudolf Englert (2005, S. 23-30) schlägt acht Kompetenzdomänen für professionelle Religionslehrpersonen vor: (a) personale Kompetenzen, (b) Organisation unterrichtlicher Prozesse, (c) fachliches Wissen, welches nach Englert neben dem Fachwissen auch curriculares und fachdidaktisches Wissen beinhaltet, (d) pädagogisches Ethos, (e) kommunikative Kompetenz, (f) pädagogisches Handlungsrepertoire, (g) diagnostische Kompetenz und (h) reflexive Kompetenz. Renate Hofmann (2008) nennt die Bereiche fachwissenschaftliche Kompetenz, fachdidaktische und hermeneutische Kompetenz, Methodenkompetenz und Medienkompetenz. Hans-Georg Ziebertz (2010a) schließlich unterscheidet zwischen pädagogisch-didaktischer, theologisch-religionspädagogischer und personaler Kompetenz.

Bei allen Differenzen in Inhalt und Struktur der einzelnen Bereiche lassen sich in diesen Kompetenzkatalogen doch inhaltliche Konvergenzen feststellen. So enthalten alle Kataloge einen Bereich eines *Fachwissens* bzw. einer *Fachkompetenz*, welcher sich auf die Kenntnis theologischer Sachverhalte, Theorien und Methoden bezieht. Kompetent handelnde Religionslehrpersonen zeichnen sich durch eine solide theologische Bildung aus und sind in der Lage, theologische Inhalte so zu elementarisieren, dass sie für die Schüler/innen auf der Grundlage ihrer Alltagserfahrungen zugänglich sind. Ebenso beinhalten alle Kompetenzkataloge einen Bereich *didaktischer Kompetenz*, in dem es um die schülergemäße Inszenierung religiöser Inhalte geht. Kompetent handelnde Religionslehrpersonen können Lernarrangements so gestalten, dass die Schüler/innen zu einer intensiven Auseinandersetzung mit den angebotenen Inhalten angeregt werden. Darunter fällt der geschickte Einsatz von Medien und Methoden ebenso wie die die Fähigkeit, Unterricht klar zu strukturieren und in einem angemessenen Lerntempo zu inszenieren. Schließlich lässt sich in den Katalogen ein Bereich *pädagogischer Kompetenz* feststellen, welcher ebenso das Gespür für die Religiosität der Schüler/innen umfasst wie die Fähigkeit, Religionsunterricht so zu arrangieren, dass er Impulse für die Persönlichkeits- und moralische Bildung der Schüler/innen bietet. Kompetent handelnde Religionslehrpersonen nehmen die spirituellen Bedürfnisse ihrer Schüler/innen wahr, gehen sensibel mit der Religiosität und den Lebenseinstellungen derselben um und eröffnen ihnen Identitätsangebote auf der Grundlage religiöser bzw. christlicher Erzählungen, Symbole und Werte.

Neben diesen drei Bereichen, die in praktisch allen Kompetenzkatalogen enthalten bzw. intendiert sind, finden sich weitere Bereiche, die öfter oder auch nur vereinzelt zur Sprache kommen. Ein relativ häufig genannter Bereich ist der der *personalen Kompetenz*. Er speist sich aus der Überzeugung, dass der besondere „Modus des Weltzugangs" (Baumert, 2002, S. 113) im Religionsunterricht seine Glaubwürdigkeit durch das persönliche Zeugnis der Lehrperson gewinnt. Insofern es im Religionsunterricht nicht um den Beweis von Sachverhalten, sondern um die Kommunikation über Weltbilder, Lebenseinstellungen und Wertoptionen geht, bildet die Lehrperson mit ihrem eigenen Glauben und ihrer gelebten Religiosität einen zentralen Referenzpunkt für die Glaubwürdigkeit der angebotenen Inhalte (vgl. Dressler, 2009). Demnach nehmen kompetent handelnde Religionslehrpersonen im Unterricht persönlich Stellung und lassen die Schüler/innen in einer Art und Weise an ihren eigenen Glaubensüberzeugungen und -zweifeln teilhaben, wie es die Sinntiefe der religiösen und ethischen Auseinandersetzung verlangt. Ferner wird immer wieder der Bereich der *diagnostischen Kompetenz* angesprochen, welcher die Fähigkeit bezeichnet, die kognitive und spirituelle Entwicklung der Schüler/innen zu erkennen und den Lernenden ein angemessenes Feedback zu ihren religiösen Kenntnissen und ihrer persönlichen Entwicklung zu geben. Kompetent handelnde Religionslehrpersonen kennen Modelle kognitiver und religiöser Entwicklung, schätzen die Verständnisvoraussetzungen und Lernfortschritte der Schüler/innen angemessen ein und setzten Letztere davon in Kenntnis. Dann wird in manchen Katalogen der Bereich der *Organisationskompetenz* bzw. *institutionellen Kompetenz* genannt, welcher sich auf die schulischen und kirchlichen Rahmenbedingungen des Religionsunterrichts bezieht (z.B. Heil & Ziebertz, 2005, S. 72). Kompetent handelnde Religionslehrpersonen wissen um die schulischen und kirchlichen Anforderungen an ihre Person, kennen das besondere pädagogische und didaktische Arrangement eines konfessionell verfassten Religionsunterrichts und können die Anliegen des eigenen Fachs im Gespräch mit Kolleg/inn/en verständlich machen, um zu fächerübergreifenden Kooperationen zu gelangen. Schließlich findet man in einzelnen Katalogen den Bereich einer *reflexiven Kompetenz*, der die Fähigkeit bezeichnet, sich selbst und den eigenen Unterricht ständig zu hinterfragen und zu verbessern (z. B. EKD, 2008, S. 20). Kompetent handelnde Religionslehrpersonen sind nicht mit dem Status quo ihres Unterrichts zufrieden, sondern stellen die eigenen Lernarrangements immer wieder neu in Frage, bilden sich weiter und arbeiten stetig an ihrer eigenen spirituellen Haltung.

Die obige Feststellung, dass der religionspädagogische Diskurs zu professioneller Kompetenz implizit einem professionstheoretischen Modell folgt, wird durch die soeben skizzierte Zusammenschau vorliegender Kompetenzkataloge bestätigt.

So eignen sich die für die Erforschung professioneller Handlungskompetenz üblichen Kategorien, die sich in der deutschsprachigen Rezeption Shulmans (1986) ausgebildet haben (z.B. Baumert & Kunter, 2006), um den religionspädagogischen Diskurs zu ordnen. Sie liefern nicht nur eine inhaltlich stimmige Vorlage, sondern entsprechen in ihrer sachlogischen Struktur auch weitgehend dem soeben skizzierten religionspädagogischen Argumentationsgang. Gleichzeitig geht dieser Diskurs nicht vollständig in den vorliegenden Ordnungsschemata auf. So kennzeichnet die personale Kompetenz einen elementaren Bereich professioneller Kompetenz, welcher aus dem spezifischen Charakter des Religionsunterrichts erwächst und in den vorliegenden Kompetenzmodellen anderer Fächer bestenfalls in der pädagogischen Kompetenz subsummiert ist. Aber auch die inhaltliche Füllung der einzelnen Kompetenzbereiche trägt die typische Signatur eines konfessionellen Religionsunterrichts an öffentlichen Schulen.

Allerdings – und hier unterscheidet sich die Religionspädagogik zumindest von den Fachdidaktiken der sog. MINT-Fächer und der Sprachen – entspringt die Diskussion über unterrichtsbezogene Kompetenzen fast ausschließlich einer hermeneutisch-theoretisch orientierten Reflexion vorfindlicher religionsunterrichtlicher Praxis. Empirische Studien zu professionellen Kompetenzen gibt es nur vereinzelt. Neben Untersuchungen älteren Datums zu den Lehr- und Lernprozessen im Religionsunterricht (vgl. AAC, 1993; Nipkow et al., 1996; Stachel, 1976) liegen nur zwei aktuelle Studien vor. Die Essener Studie zu den Inszenierungsstrategien im Religionsunterricht wird in diesem Band vorgestellt (vgl. Englert im vorangegangenen Kapitel). Außerdem hat Renate Hofmann 2008 eine empirisch-explorative Studie zu religionspädagogischer Kompetenz vorgelegt, in welcher sie mit Interviews, Tests und Video-Studie arbeitet. Für die Video-Studie hat sie die oben genannten vier Kompetenzbereiche in 78 Items operationalisiert (Hofmann, 2008, S. 211-216), von denen sich allerdings nur 28 Items in der Studie selbst bewähren (ebd.: S. 341f.) und bei denen nicht weiter analysiert wird, ob sich die Zuordnung dieser Items zu den Kompetenzbereichen im theoretischen Modell auch im empirischen Befund widerspiegelt. Schließlich entstehen gerade an den Universitäten Regensburg[1] und Münster (Janssen et al. 2009) Projekte, welche u.a. religionsdidaktische Kompetenz fragebogenbasiert bzw. videobasiert erheben wollen. Konzeptuelle Modelle oder Befunde liegen in beiden Fällen jedoch noch nicht vor.

Fasst man den religionspädagogischen Forschungsstand zu professioneller Kompetenz zusammen, zeigt er eine große inhaltliche Nähe zu den professionstheoretischen Modellen, unter denen diese Kompetenzen in anderen Disziplinen der Bildungsforschung diskutiert werden. Professionelle Handlungskompetenz im Religionsunterricht lässt sich analytisch somit in einzelne Kompetenzbereiche untergliedern. Offen ist noch, wie sich diese theoretischen Entwürfe zu religionsunter-

---

1   Vgl. http://www.uni-regensburg.de/Fakultaeten/phil_Fak_I/Evangelische_Theologie /pdfs/ FALKO_1.pdf

richtlicher Praxis verhalten und mit welchen Instrumenten ein derart empirischer Zugang zu unterrichtsbezogenen Kompetenzen möglich ist.

2 Theoretisches Konzept religionsdidaktischer Kompetenz

Religionsdidaktische Kompetenz wird im vorliegenden Modell als Bereich professioneller Handlungskompetenz für den Religionsunterricht aufgefasst. Dabei wird unter professioneller Handlungskompetenz für den Religionsunterricht die Fähigkeit verstanden, „die unterrichtlichen und erzieherischen Aufgaben des Religionsunterrichts theologisch sachgemäß und schülerorientiert wahrzunehmen. Theologisch sachgemäß werden diese Aufgaben wahrgenommen, wenn das biblische Zeugnis im Kontext lebensgeschichtlicher, gesellschaftlicher und kirchlicher Erfahrungen wissenschaftlich reflektiert zur Sprache gebracht wird. Schülerorientiert ist der Religionsunterricht, wenn er die Lebenswirklichkeit der Schülerinnen und Schüler erschließt und sie im Licht biblisch-theologischer Einsichten und Perspektiven aufzuklären und zu orientieren sucht." (EKD, 1997, S. 43)

Gemäß den professionstheoretischen Modellen lässt sich diese Handlungskompetenz analytisch in einzelne Kompetenzbereiche aufgliedern (vgl. Baumert & Kunter, 2006, S. 482f.). Analog zum oben skizzierten Diskussionstand in der Religionspädagogik beinhaltet das hier vorgeschlagene Modell professioneller Handlungskompetenz für den Religionsunterricht sieben Kompetenzbereiche: a) theologische Kompetenz, b) religionsdidaktische Kompetenz, c) allgemein-didaktische Kompetenz, d) pädagogische Kompetenz, e) diagnostische Kompetenz, f) institutionelle Kompetenz und g) personale Kompetenz. Neu gegenüber dem oben skizzierten Forschungsstand in der Religionspädagogik ist an diesem Modell die analytische Aufteilung der didaktischen Kompetenz in eine religions- und eine allgemeindidaktische Kompetenz. Diese Aufteilung ist der Tatsache geschuldet, dass der Religionsunterricht als ordentliches Schulfach prinzipiell den Organisation- und Inszenierungserwartungen regulären Unterrichts unterworfen ist, wie sie durch die allgemeine Didaktik formuliert werden. Auch Religionsunterricht sollte klar strukturiert und stimmig aufgebaut sein, sowie in einem angemessenen Lerntempo gestaltet werden. In dieser allgemein-didaktischen Perspektive folgt der Religionsunterricht den selben Regeln und Prinzipien wie jedes ordentliche Unterrichtsfach. Inwieweit eine Religionslehrperson diesen Regeln und Prinzipien im Unterricht gerecht wird, wird im allgemein-didaktischen Kompetenzbereich erfasst.

Allerdings steht der Religionsunterricht auch für einen spezifischen Weltzugang (s.o.), der diesem Fach in vielfacher Hinsicht ein eigenes Profil gibt. So thematisiert der Religionsunterricht Wahrheits- und Wertfragen, arbeitet mit einer Überlieferung, deren Ursprung viele Generationen zurückliegt und die sich nicht im Modus des Beweises erschließt, sondern im Modus des Zeugnisses. Dieses charakteristische Profil hat unmittelbare didaktische Konsequenzen (vgl. Schmid, 2012;

Ziebertz, 2010b). Der Bereich der religionsdidaktischen Kompetenz erfasst im vorliegenden Modell genau diesen Bereich, der spezifisch für den Religionsunterricht ist. Spezifisch wird zum einen verstanden als exklusiv in dem Sinne, dass sich die betreffende Kompetenzfacette in keinem anderen regulären Unterrichtsfach so antreffen lässt. Zum anderen wird spezifisch verstanden als grundlegend in dem Sinne, dass der Religionsunterricht ohne die betreffende Kompetenzfacette nicht mehr seinem Auftrag gerecht werden könnte.

Eine erste Facette religionsdidaktischer Kompetenz ist demnach der Umgang mit der konfessorischen Dimension des Religionsunterrichts. Religionsunterricht in Deutschland ist konfessionell angelegt, insofern er in einer konkreten religiösen Tradition und deren Wahrheits- und Wertüberzeugungen verortet ist (vgl. DBK, 1996). Für die konfessorische Dimension des Religionsunterrichts bedeutet das, dass kompetente Religionslehrpersonen a) die Wahrheits- bzw. Wertfrage, die dem angebotenen Thema inhäriert, stellen statt ihr auszuweichen. Allerdings ist Religionsunterricht nicht exklusiv angelegt, denn in ihm werden auch Überzeugungen und Vollzüge anderer Religionen bzw. die Tatsache religiöser Pluralität des Alltags der Schüler/innen thematisiert. Für die konfessorische Dimension des Religionsunterrichts bedeutet das, dass kompetente Religionslehrpersonen b) die religiöse Pluralität, innerhalb derer sich Wahrheits- und Wertfragen heute stellen, selbst zum Thema machen, statt eine Situation zu suggerieren, dass es nur eine Antwort auf besagte Fragen gäbe. Schließlich wurde oben skizziert, dass sich die Glaubwürdigkeit des Religionsunterrichts nicht zuletzt durch die Lehrperson selbst ergibt. Bezieht man diesen Charakterzug des Religionsunterrichts auf seine konfessorische Dimension, bedeutet das, dass kompetente Religionslehrpersonen c) stets die eigene, individuell verbindliche Antwort auf besagte Wahrheits- und Wertfragen zu erkennen geben, statt die eigene Position im Unterricht außen vor zu lassen. Freilich muss eine solche Positionalität in einem Religionsunterricht, der die Schüler/innen zu religiöser Orientierungsfähigkeit erziehen will, so geäußert werden, dass auch alternative positionale Verortungen ihre Berechtigung haben. Kompetente Religionslehrpersonen zeigen daher auch d) eine Toleranz gegenüber alternativen Glaubens- und Werthaltungen, sofern diese geäußert werden. Die konfessorische Dimension gliedert sich konzeptuell somit in vier Aspekte, welche später die Grundlage für die Operationalisierung dieser Dimension abgeben werden (vgl. Abb. 1).

Eine zweite Facette religionsdidaktischer Kompetenz ist die theologisierende Dimension. Religionsunterricht will die Schüler/innen befähigen, Phänomene ihres Alltags mit theologischen Konzepten und Theorien zu bedenken (vgl. DBK, 2005). Dabei geht es nicht um die Vermittlung einer akademischen Theologie an die Schüler/innen, sondern um die Befähigung zu altersgerechtem und alltagsbezogenem theologischem Denken (vgl. Bucher, 1992; Zimmermann, 2010). Analog zum Philosophieren mit Kindern spricht die sog. Kindertheologie von einer Theologie von Kindern, mit Kindern und für Kinder (vgl. Schweitzer, 2003). Gemäß einer Theologie von Kindern nehmen kompetente Religionslehrpersonen a) die theologisch relevanten Reflexionen ihrer Schüler/innen ernst, auch wenn diese nicht den Konzepten akademischer Theologie gerecht werden. Ferner werden kompetente Religionslehrpersonen im Sinn einer Theologie mit Kindern b) die Schüler/innen zu eigenständigen theologischen Hypothesen und Denkversuchen ermuntern, wenn es um die Auseinandersetzung mit biblischen Erzählungen, geschichtlichen Ereignissen oder Phänomenen des Alltags geht. Schließlich werden kompetente Religionslehrpersonen gemäß einer Theologie für Kinder c) akademische theologische Konzepte auf eine Art und Weise in den Lernprozess einspeisen, dass sie den Verständnishorizonten der Schüler/innen gerecht werden. Die theologisierende Dimension kann konzeptuell somit in drei Aspekte untergliedert werden (vgl. Abb. 1).

Abb. 1: Konzeptuelles Modell religionsdidaktischer Kompetenz

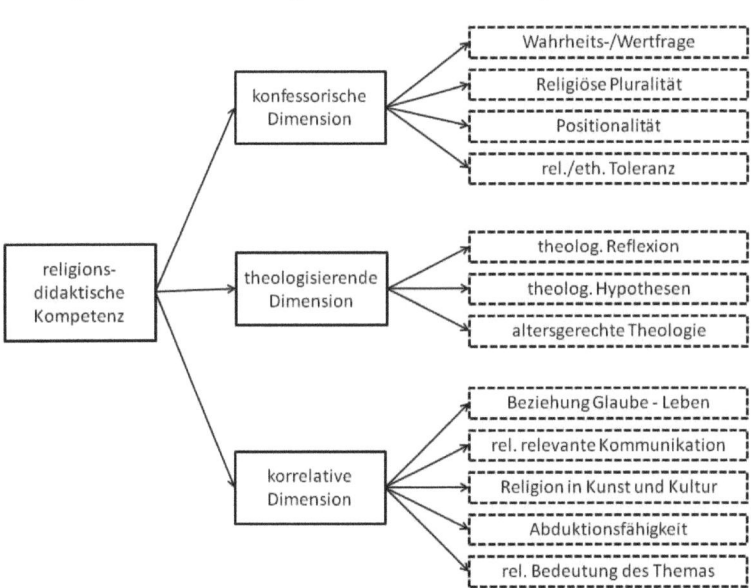

Eine dritte Facette religionsdidaktischer Kompetenz ist die korrelative Dimension. Mit Korrelation bezeichnet die Religionspädagogik eine unterrichtliche Programmatik, in der die christliche Glaubensüberlieferung und die Lebenswelt der Schüler/innen zueinander in Beziehung gesetzt werden (vgl. Baudler, 1984; Hilger, 2010). In einem korrelativen Ansatz erschließen sich die Schüler/innen nicht nur die gegenwärtige Bedeutung einer religiösen Überlieferung, sondern auch die religiöse Dimension der gegenwärtigen Wirklichkeit. Ein erstes äußeres Kennzeichen eines korrelativen Ansatzes ist es somit, dass a) die kompetente Religionslehrperson ein Lernarrangement anbietet, in dem sowohl Inhalte der christlichen Überlieferung wie auch Aspekte des Alltags der Schüler/innen explizit thematisiert und zueinander in Beziehung gesetzt werden. Christliche Überlieferung kann dabei in ihrer alltäglichen Rezeption zur Sprache gebracht werden. Kompetente Religionslehrpersonen bringen demnach b) religiöse Motive, Symbole, usw. in Kunst und Kultur in den Unterricht ein und arbeiten deren religiöse Referenzen explizit heraus. Religiöse Überlieferung wird aber auch in religiösen Erzählungen, Symbolen, Überzeugungen oder auch Vollzügen selbst zur Sprache gebracht. Im schulischen Religionsunterricht sind derartige Formen religiöser Kommunikation in die Möglichkeitsbedingungen schulischen Unterrichts eingebunden (vgl. Klie & Leonhard, 2012; Mendl, 2008). Unter dieser Voraussetzung kann eine kompetente Religionslehrperson im Sinn der korrelativen Dimension c) den Schüler/innen christlich relevante Kommunikationsformen wie religiöse Erzählungen, Symbole oder Vollzüge anbieten und mit ihnen durcharbeiten. In der sog. Korrelationsdidaktik wird davon ausgegangen, dass Glaubensüberlieferung und Lebenswelt heutiger Menschen in einer „produktiven kritischen Wechselbeziehung" (Hilger, 2010, S. 346) stehen. Um diese Wechselwirkung anzubahnen, bedürfen Religionslehrpersonen somit nicht nur der Kenntnis der christlichen Überlieferung, sondern auch der Fähigkeit, das religiöse Potential im Alltag zu erkennen. Kompetente Religionslehrpersonen sind somit in der Lage, d) das religiöse Potential in lebensweltlichen Äußerungen der Schüler/innen zu erkennen und produktiv in den Religionsunterricht einzuspielen. Ferner können sie e) die religiöse Bedeutung eines Themas erkennen und im Unterricht explizit zur Sprache bringen. Die konfessionelle Dimension religionsdidaktischer Kompetenz gliedert sich somit in fünf Aspekte (vgl. Abb. 1).

Mit dem beschriebenen Modell religionsdidaktischer Kompetenz wird ausschließlich der Bereich professioneller Handlungskompetenz im Religionsunterricht fokussiert, welcher sich im didaktischen Bereich von allgemein-didaktischen Kompetenzfacetten unterscheidet. Es wird somit nur ein kleiner Ausschnitt professioneller Handlungskompetenz im Religionsunterricht erfasst. Es sei hier betont, dass diese konzeptuelle Unterscheidung auf theoretischen Überlegungen beruht. Sollte sich im Verlauf der empirischen Untersuchung herausstellen, dass religions- und allgemein-didaktische Kompetenz hoch positiv korrelieren, werden sie zu einem didaktischen Kompetenzbereich verdichtet.

3 Operationalisierung und empirische Befunde des Try-out

3.1 Methode

Religionsdidaktische Kompetenz wird in der vorliegenden Studie als Bereich professioneller Handlungskompetenz anhand von videografiertem Unterricht erhoben. Dieser empirische Zugriff ist prinzipiell möglich, weil eine Kompetenz eine Disposition zu selbstorganisiertem Handeln darstellt (vgl. Erpenbeck & Rosenstiel, 2007, S. XIX; Kanning, 2005, S. 4; Klieme & Leutner, 2006, S. 879; Weinert, 2002, S. 27-28). Als kognitive Disposition ist Kompetenz nicht direkt beobachtbar, kann aber über erbrachte Leistung erschlossen werden. Unterrichtliche Performanz ist hierfür ein zentraler Indikator bzgl. unterrichtsbezogener Kompetenzen, denn „activity in situation is considered to be of fundamental importance in a logic of competencies" (Jonneart et al., 2006, S. 15; vgl. Knobloch, 2010). Videografierte Unterrichtsstunden dokumentieren unterrichtliches Handeln und somit Leistungen im Sinn unterrichtsbezogener Kompetenz. Welche konkreten Handlungen dabei als Indikator für Kompetenz in Frage kommen, muss von der Sache der zu analysierenden Kompetenz her erschlossen werden.[2]

In der Analyse von Unterrichtsvideos lassen sich grob zwei unterschiedliche Zugriffe auf das Datenmaterial unterscheiden: niedrig inferentes Kodieren und hoch inferentes Rating (vgl. Seidel, 2005). Niedrig inferentes Kodieren bezieht sich in der Regel auf Sichtmerkmale des Unterrichts, die direkt beobachtet werden können. Der Deutungsspielraum der Kodierer ist dabei sehr gering. Ratingsysteme stellen dagegen Messwerte für die Einschätzung des Unterrichts bezüglich einer Variablen zur Verfügung, welche sich in der Regel auf die Qualität von Unterricht beziehen. Sie beziehen sich somit auf Tiefenstrukturen des Unterrichts, welche nicht direkt beobachtet werden können, sondern aus Indikatoren, die u.U. auf die gesamte Stunde verteilt sind, abgeleitet werden müssen. Ratingsysteme erfordern das Urteil des Raters, weil sich Qualität auf mehrere Sichtmerkmale bezieht, welche u.U. über eine gesamte Stunde verstreut sind. Die Anwendung von Ratingsystemen stellt damit ein hoch inferentes Verfahren dar. Bei den im konzeptuellen Modell dargestellten Items, welche die drei Bereiche religionsdidaktischer Kompetenz repräsentieren, handelt es sich sämtlich um Tiefenstrukturen des Unterrichts, für die zwar sichtbare Indikatoren formuliert werden können, welche jedoch aus den Indikatoren erschlossen werden müssen. Für die Operationalisierung der einzelnen Items müssen deshalb Ratingmanuale erstellt werden.

Um die Vergleichbarkeit hoch inferenter Ratings zu gewährleisten, werden detaillierte Manuale erstellt, die präzise beschreiben, in welchen Fällen welcher Messwert bzgl. des beforschten Phänomens einzutragen ist (z.B. Helmke et al., 2007). Zwei oder drei Rater betrachten dann unabhängig voneinander die Unterrichtsvideos und tragen einen Messwert ins Untersuchungsprotokoll ein. Die Übereinstimmung der Rater wird neben dem ICC_{unjust} mit dem sog. Generalisierbarkeitskoeffizienten berechnet (vgl. Clausen, Reusser & Klieme 2003: 129f). In der Regel gelten ICC-Werte > .70 und G-Koeffizienten > .80 als gut, bei Phänomenen, die nur aus vereinzelt auftretenden Merkmalen erschlossen werden können, sind aber auch Werte > .65 zufriedenstellend. Der ICC der vorliegenden Ratings wurde mit SPSS, der Generalisierbarkeitskoeffizient wurde mit dem Programm GT berechnet (Ysewijn 1997).

---

2 Es liegt auf der Hand, dass mit einem videobasierten Zugriff auf Kompetenz nur ein bestimmter Aspekt von Kompetenz erfasst werden kann. Das gilt aber für jede Form des empirischen Zugriffs auf Kompetenz. Zu den besonderen Chancen videobasierter Kompetenzforschung vgl. den Beitrag von Blömeke in diesem Band.

3.2   Operationalisierung

Für die Operationalisierung des konzeptuellen Modells religionsdidaktischer Kompetenz wurde das Ratingmanual der DESI-Studie als Vorlage herangezogen (Helmke et al. 2007). Demnach beschreibt das Manual jedes der zwölf oben genannten Items, welche einen der drei Bereiche religionsdidaktischer Kompetenz repräsentieren, präzise und nennt dann die Kriterien, nach welchen entschieden werden soll, ob das Phänomen zutrifft, eher zutrifft, eher nicht zutrifft oder nicht zutrifft. Im Fall der Fälle ist als fünfte Kategorie „nicht zuordenbar" möglich. Hinweise zum Rating, die in der Regel ein Item gegenüber anderen abgrenzen oder den Focus des Ratings präzisieren, runden das Manual für jedes Item ab.

Zur Veranschaulichung der Operationalisierung wird im Folgenden das Item „Thematisierung der Wahrheits-/Wertfrage", welches ein Merkmal der konfessorischen Dimension religionsdidaktischer Kompetenz ist, dargestellt. Die Beschreibung dieses Items lautet:

> „L geht im Unterricht explizit auf den existentiellen Anspruch (z.B. bei ethischen Themen) bzw. den Wahrheitsanspruch (z.B. bei religiösen Themen) ein, der dem Unterrichtsthema innewohnt. Von einem existentiellen Anspruch wird dann gesprochen, wenn das Thema notwendige Konsequenzen für das persönliche Leben beinhaltet, von Wahrheitsansprüchen, wenn das Thema notwendig mit der Frage verbunden ist, ob man ihm zustimmt oder nicht."

Es folgen die Kriterien, unter welchen Bedingungen dieses Merkmal in der beobachteten Stunde angetroffen wird:

> ○ Trifft zu: Die existenziellen Ansprüche bzw. die Wahrheitsansprüche des Themas werden explizit und für prinzipiell alle in der Klasse vernehmbar herausgearbeitet bzw. diskutiert.
> ○ Trifft eher zu: Die existenziellen Ansprüche bzw. die Wahrheitsansprüche des Themas werden im Unterrichtsverlauf zwar erwähnt, nicht jedoch zum eigentlichen Thema einer Unterrichtsphase bzw. zum Gegenstand einer unterrichtlichen Auseinandersetzung gemacht.
> ○ Trifft eher nicht zu: Die existenziellen Ansprüche bzw. die Wahrheitsansprüche des Themas werden im Unterrichtsverlauf implizit verhandelt, nicht jedoch explizit – sei es vertieft, sei es en passant – angesprochen bzw. erwähnt.
> ○ Trifft nicht zu: Die existenziellen Ansprüche bzw. die Wahrheitsansprüche des Themas werden im Unterricht nicht zur Sprache gebracht und auch nicht indirekt berührt.
> ○ nicht beurteilbar: Das Unterrichtsthema beinhaltet keinen existenziellen Anspruch bzw. keinen Wahrheitsanspruch.

Die letzte Kategorie verdeutlicht, dass bereits in die Operationalisierung des konzeptuellen Modells subjektive Entscheidungen eingeflossen sind, denn es beinhaltet die Option, dass nicht jede Religionsstunde die Wahrheits- bzw. Wertfrage thematisieren muss. Das Manual endet mit den Hinweisen:

- Es ist für diese Kategorie ohne Bedeutung, wer besagte Ansprüche zum Thema macht (L oder SuS). Entscheidend ist, dass diese Ansprüche sichtbar herausgearbeitet bzw. verhandelt werden.

- Es ist ferner ohne Bedeutung, inwieweit sich L angesichts besagter Ansprüche persönlich positioniert. Diese Kategorie ist auch dann vorhanden, wenn L die Ansprüche lediglich herausarbeitet, ohne selbst Stellung zu beziehen.

3.3   Sample

Für den Try-out standen 26 videografierte Religionsstunden zur Verfügung, die allesamt im fachdidaktischen Praktikum entstanden sind, d.h. Studierende bei ihren Unterrichtsversuchen zeigen. Da es im Try-out nicht um repräsentative Aussagen über die Kompetenz von Religionslehrpersonen geht, sollte es kein Problem sein, dass es sich hier ausschließlich um Novizen handelt. Vielmehr ist wichtig, dass die 26 Videos ein altersmäßig und thematisch breites Feld des Religionsunterrichts abdecken.

12 Stunden finden in einer dritten Jahrgangsstufe statt, 6 in einer vierten und 8 in einer elften, so dass trotz eines Schwerpunktes in der Grundschule im Sample auch Stunden aus der Oberstufe repräsentiert sind. Sämtliche Aufnahmen erstrecken sich auf eine Unterrichtsstunde von 45 min. Inhaltlich geht es um Heilige, die Schöpfung, Paulus und das christliche Menschenbild. Die Videos decken also ein breites Spektrum katholischen Religionsunterrichts ab.

3.4   Empirischer Befund

Die 26 Videos wurden von zwei studentischen Hilfskräften, die im Vorfeld an einem Seminar zur videobasierten Erfassung religionsdidaktischer Kompetenz teilgenommen hatten, unabhängig voneinander geratet.[3] Tabelle 1 (nächste Seite) zeigt die Interraterreliabilität. Neben dem ICC_{unjust} wird nur der relative G-Koeffizient aufgeführt wird, weil für die weiteren Berechnungen nur die Rangfolge, nicht aber der absolute Wert des Ratings von Belang ist.

Mit einer Ausnahme sind der ICC_{unjust} stets > .76 und der relative G-Koeffizient stets > .85, was für eine insgesamt sehr gute Übereinstimmung der hoch inferenten Ratings beider Hilfskräfte spricht. Knapp noch zufriedenstellend fällt das Rating zum Item „Ermunterung zu theologischer Hypothesenbildung" aus (ICC_{unjust} = .60; GK = .74). Die Beschreibung dieses Items lautet:

> „SuS äußern eigene Meinungen zu theologischen Sachverhalten und/oder formulieren theologische Schlussfolgerungen bzw. Thesen."

Sollte sich eine eigene Meinung der Schüler/innen aus dem Stundenzusammenhang noch relativ direkt ableiten lassen, ist denkbar, dass es den Raterinnen schwer gefallen ist, Aussagen von Schüler/innen als theologische Thesen einzustufen. Darin

---

3   Mein herzlicher Dank gilt Anna Hölken und Ann-Kathrin Russek.

steckt eine doppelte Deutung, nämlich die Einstufung einer Aussage als a) These, welche zudem b) theologische Qualität hat. Evtl. hat aber auch der folgende Hinweis im Manual verwirrt:

> „Ausgenommen vom Rating sind Deutungen im Rahmen einer Bildbetrachtung o.ä., bei denen es um die Erschließung des Gegenstands geht. Theologische Urteile oder Deutungen suchen nicht, einen Gegenstand zu erschließen, sondern einen erschlossenen Gegenstand theologisch einzuordnen."

Dieser Hinweis führt eine kaum zu objektivierende Unterscheidung zwischen erschließenden und einordnenden Urteilen ein, welche inhaltlich zudem äußerst fragwürdig ist. Er wird zukünftig aus dem Manual herausgenommen. Angesichts dieses Deutungsspielraums ist der G-Koeffizient akzeptabel und das Rating zu diesem Item wird weiter verwendet.

Tab. 1: Interreliabilität (relativer Generalisierbarkeitskoeffizient und Intra-Class-Coefficient für 2 Rater, 26 Videos; ***: $p < .001$; **: $p < .01$)

Item	rel. G-Koeff	ICC_{unjust}
Wahrheits-/Wertfrage	.99	.99***
religiöse Pluralität	.86	.76***
Positionalität	.96	.92***
rel./eth. Toleranz	.91	.84***
theolog. Hypothesen	.74	.60**
theolog. Reflexion	.88	.79***
altersger. Theologie	.93	.89***
Bez. Glaube-Leben	.88	.79***
Abduktionsfähigkeit	.93	.96***
rel. relev. Kommunik.	.97	.87***
rel. Bed. des Themas	.92	.94***
rel. in Kunst & Kultur	.86	.85***

Nachdem die Zuverlässigkeit des Ratingmanuals im Try-out geprüft wurde, gilt es noch zu bestimmen, inwieweit die faktischen Ratings die konzeptuelle Struktur des theoretischen Modells widerspiegeln. Eigentlich müsste dieser Test mittels konfirmatorischer oder zumindest explorativer Faktorenanalyse vollzogen werden. Für beide Routinen ist die Fallzahl im Try-out jedoch zu gering. Deshalb wird hier Cronbachs Alpha bestimmt, und zwar sowohl für jeden der drei Bereiche religionsdidaktischer Kompetenz als auch für alle Items zusammen, d.h. für die Annahme, es handele sich bei religionsdidaktischer Kompetenz um einen Bereich ohne weitere Differenzierung (vgl. Tab. 2).

Für die konfessorische Dimension ergibt sich ein ungenügendes $\alpha = .37$. Dieser Wert steigt auf .58, wenn man das Item „rel./eth. Toleranz" aus der Skala nimmt. Angesichts einer Skala mit drei Items ist dieser Wert zufriedenstellend (vgl. Rippl & Seipl 2008: 159). Die theologische Dimension hat ein sehr gutes $\alpha = .81$, die korrelative Dimension angesichts von fünf Items ein zufriedenstellendes $\alpha = .76$.

Somit weisen alle drei theoretisch konstruierten Bereiche eine ausreichende Reliabilität auf.

Tab. 2: Reliabilität der einzelnen Bereiche religionsdidaktischer Kompetenz

Bereich religionsdidaktischer Kompetenz	N$_{Items}$	Cronbachs Alpha
konfessorische Dimension	4	.37
konfessorische Dimension*	3	.58
theologisierende Dimension	3	.81
korrelative Dimension	5	.76
Reliabilität über alle Items	11	.69
* Konfessorische Dimension ohne das Item „rel./eth. Toleranz"		

Für alle elf Items, die nach der Streichung des Items „rel./eth. Toleranz" übrig bleiben, ergibt sich ein α = .69. Dieser Wert bedeutet zum einen keine Steigerung gegenüber den Reliabilitäten der einzelnen Bereiche, zum anderen ist der Wert für eine Skala von elf Items nicht zufriedenstellend. Insgesamt legt der empirische Befund eine dreidimensionale Lösung nahe, welche die theoretisch konstruierten Bereiche als eigenständige Skalen religionsdidaktischer Kompetenz replizieren.

4   Diskussion

In diesem Beitrag wurde auf der Grundlage des religionspädagogischen Diskurses zu unterrichtsbezogenen Kompetenzen ein im professionstheoretischen Ansatz verankertes Modell religionsdidaktischer Kompetenz entwickelt. In seiner konzeptuellen Struktur ist es an den bildungswissenschaftlichen Kompetenzdiskurs anschlussfähig, wobei die im Beitrag entwickelte religionsdidaktische Kompetenz ein Spezifikum professionellen Handelns im Religionsunterricht erschließen will.

Der vorgestellte empirische Befund weist die vorgeschlagene Operationalisierung als viabel aus. Zum einen erfüllt das zu Grunde liegende Ratingmanual die formalen Anforderungen an die Präzision der Phänomenbeschreibungen, denn beide Raterinnen erreichen mit einer Ausnahme für hoch inferente Ratings sehr gute Übereinstimmungswerte. Zum anderen spiegelt der empirische Befund die theoretische Struktur des konzeptuellen Modells religionsdidaktischer Kompetenz wider, d.h. die aufgrund der theoretischen Überlegungen entwickelte Binnenstruktur religionsdidaktischer Kompetenz lässt sich in realem Unterricht auffinden. Letzteres gilt es zukünftig in größeren Stichproben mit statistisch robusteren Methoden, wie z.B. der konfirmatorischen Faktorenanalyse, zu erhärten. Auch stellt sich die Frage, ob sich die Struktur der drei Bereiche religionsdidaktischer Kompetenz in einem Sample mit Expert/inn/en replizieren lässt, weil diese aufgrund ihrer Routine evtl. eigene, unterschiedlich strukturierte Facetten dieses Kompetenzbereichs zeigen.

Weiterer Forschungsbedarf liegt in der Beziehung religionsdidaktischer Kompetenz zu den anderen Kompetenzbereichen. Gilt etwa der vielmals beobachtete positive Zusammenhang zwischen Fachkompetenz und fachdidaktischer Kompetenz (z.B. Kraus et al. 2008) auch für den Zusammenhang zwischen theologischer Kompetenz und religionsdidaktischer Kompetenz? Bestätigt sich die konzeptuelle Unterscheidung zwischen religionsdidaktischer und allgemein-didaktischer Kompetenz empirisch? Weiterführende Analysen an den Daten des Try-outs können hier erste Antworten liefern, die freilich in einer größeren Stichprobe bestätigt werden müssen.

Offen bleiben muss hier die Frage, inwieweit das vorgeschlagene Modell das für den Religionsunterricht spezifische Spektrum fachdidaktischer Kompetenz ausschöpft. Zwar wird es aus dem religionspädagogischen Diskurs abgeleitet, beruht aber auf konzeptuellen Vorentscheidungen, die kontrovers diskutiert werden können. Erstens lässt sich die Grenze zwischen dem didaktischen und dem pädagogischen Bereich anders ziehen als in diesem Beitrag vorgeschlagen. Das in der Religionspädagogik z. B. grundlegende Theorem der Subjektorientierung wird im vorgeschlagenen Konzept dem pädagogischen Bereich zugeordnet, könnte bei anderer Grenzziehung aber auch dem didaktischen Bereich zugeordnet werden. Zweitens kann die Unterscheidung zwischen religionsdidaktischer und allgemein-didaktischer Kompetenz dahingehend kritisiert werden, dass sie Dinge analytisch trennt, die im Unterricht notwendig aufeinander bezogen sind. So verbinden die Grundmodelle Hans Schmids (vgl. 2012) charakteristische Konstellationen des Religionsunterrichts mit allgemein-didaktischen Prinzipien zum Lernarrangement. Drittens lässt sich diskutieren, ob sich das Spezifische religionsdidaktischer Kompetenz durch die beiden Kriterien der Exklusivität oder der Charakteristik angemessen erfassen lässt. Viertens lassen sich sicher weitere Dimensionen religionsdidaktischer Kompetenz finden, welche sich schlüssig in das vorliegende Modell religionsdidaktischer Kompetenz einfügen lassen. Eine tragfähige Antwort auf diese Fragen kann letztlich nur die religionspädagogische Debatte liefern. Der vorliegende Beitrag will diese Debatte anregen.

Literatur

AAC – Augsburger Arbeitsgruppe Curriculum (1993), Das Gleichnis von den Arbeitern im Weinberg, in: Schulkommissariat in Bayern (Hg.), *Bibelarbeit – reflektiert. Stichwort: Gleichnisse* (Materialien für den RU an Gymnasien), München, 2-35.

Baudler G. (1984), *Korrelationsdidaktik: Leben durch Glauben erschließen*, Paderborn.

Baumert J. (2002), Deutschland im internationalen Bildungsvergleich, in: Killius N., Kluge J. & Reisch L. (Hg.), *Die Zukunft der Bildung*, Frankfurt, 100-150.

Baumert J. & Kunter M. (2006), Stichwort: Professionelle Kompetenz von Lehrkräften, in: *Zeitschrift für Erziehungswissenschaft* 9/4, 469-520.

Bromme R. (1997), Kompetenzen, Funktionen und unterrichtliches Handeln des Lehrers, in Weinert F. (Hg.), *Psychologie des Unterrichts und der Schule*, Göttingen.

Bucher A. (1992), Kinder als Theologen?, in: *RL. Zeitschrift für Religionsunterricht und Lebenskunde* 1/21, 19–22.

Clausen M., Reusser K. & Kieme E. (2003), Unterrichtsqualität auf der Basis hoch-inferenter Unterrichtsbeurteilungen. Ein Vergleich zwischen Deutschland und der deutschsprachigen Schweiz, in: *Unterrichtswissenschaft* 31/2, 122-141.

DBK –Die Deutchen Bischöfe (1974) (Hg.), *Der Religionsunterricht in der Schule. Ein Beschluss der Gemeinsamen Synode der Bistümer in der Bundesrepublik Deutschland*, Bonn.

DBK – Die Deutchen Bischöfe (1996) (Hg.), *Die bildende Kraft des Religionsunterrichts. Zur Konfessionalität des katholischen Religionsunterrichts*, Bonn.

DBK – Die Deutchen Bischöfe (2005) (Hg.), *Der Religionsunterricht vor neuen Herausforderungen*, Bonn.

Doedens F. & Fischer D. (2004), Kompetenzen von ReligionslehrerInnen. Anregungen für eine berufsfeldbezogene Praxis, in: Rothgangel M. & Fischer D. (Hg.), *Standards für die religiöse Bildung. Zur Reformdiskussion in Schule und Lehrerbildung*, Münster, 148-155.

Dressler B. (2009), Was soll eine gute Religionslehrerin, ein guter Religionslehrer können?, in: *Theo-Web. Zeitschrift für Religionspädagogik* 8/2, 115-127.

EKD – Evangelische Kirche in Deutschland (1997) (Hg.), *Im Dialog über Glauben und Leben. Zur Reform des Lehramtsstudiums Evangelische Theologie/Religionspädagogik. Empfehlungen der Gemischten Kommission*, Gütersloh.

EKD – Evangelische Kirche in Deutschland (2008) (Hg.), *Theologisch-Religionspädagogische Kompetenz. Professionelle Kompetenzen und Standards für die Religionslehrerausbildung* (EKD-Texte 96), Hannover.

Englert R. (2005), Welche Kompetenzen brauchen (Religions-)Lehrer/innen heute? Ein Überblick über den Stand der erziehungswissenschaftlichen Diskussion, in: *Religionspädagogische Beiträge* 55, 21-36.

Englert R. (2009), Was sich im Religionsunterricht lernen lässt, in: *Katechetische Blätter* 134, 50-58.

Erpenbeck J. & Rosenstiel L.v. (2007), Einführung, in: dies. (Hg.), *Handbuch Kompetenzmessung. Erkennen, verstehen und bewerten von Kompetenzen in der betrieblichen, pädagogischen und psychologischen Praxis*, 2. Aufl., Stuttgart, XVII-XLVI.

Heil St. & Ziebertz H.-G. (2005), Kompetenzen der Profession Religionslehrer/in, in: Ziebertz H.-G. et al., *Religionslehrerbildung an der Universität. Profession – Religion – Habitus*, Münster, 65-77.

Helmke A., Helme T., Schrader F.-W. & Wagner W. (2007), *Der Ratingbogen der DESI-Videostudie*, Landau: Universität Koblenz-Landau.

Hilger G. (2010), Korrelationen entdecken und deuten, in: Hilger G. et al., *Religionsdidaktik. Ein Leitfaden für Studium, Ausbildung und Beruf*, Neuausgabe, München, 344-354.

Hofmann R. (2008), *Religionspädagogische Kompetenz. Eine empirisch-explorative Studie zur Evaluation religionspädagogischer Kompetenz von ReligionslehrerInnen*, Hamburg.

Janssen Ch., Bude M. & Hunze G. (2009), Projekt GRUVI. Entwicklung von Grundkompetenzen für den Religionsunterricht durch videografische Unterrichtsanalyse, in: *Religionspädagogische Beiträge* 62, 61-64.

Jonneart Ph., et al. (2006), *Revisiting the Concept of Competence as an Organizing Principle for Programs of Study: From Competence to Competent Action* (ed. by the International Bureau of Education, IBE/UNESCO), Genf.

Kanning U. (2005), *Soziale Kompetenzen. Entstehung, Diagnose und Förderung*, Göttingen.

Klie Th. & Leonhard S. (2012), Performatives Lernen und Lehren von Religionen, in: Grümme B., et al. (Hg.), *Religionsunterricht neu denken. Innovative Ansätze und Perspektiven der Religionsdidaktik*, Stuttgart, 90-104.

Klieme E. & Leutner D. (2006), Kompetenzmodell zur Erfassung individueller Lernergebnisse und zur Bilanzierung von Bildungsprozessen. Beschreibung eines neu eingerichteten Schwerpunktprogramms der DFG, in: *Zeitschrift für Pädagogik* 52/6, 876-903.

Knobloch H. (2010), Von der Kompetenz zur Performanz. Wissenssoziologische Aspekte der Kompetenz, in: Kurtz Th. & Pfadenhauer M. (Hg.), *Soziologie der Kompetenz*, Wiesbaden, 237-255.

Kraus S., Brunner M., Kunter M. & Baumert J. (2008), Pedagogical content knowledge and content knowledge of secondary mathematics teachers, in: *Journal of Educational Psychology* 100/3, 716-725.

Mendl H. (2006), Handwerker, Künstler, Meister. Eine Problemstudie zum Erwerb eines professionellen Habitus, in: Bizer Chr., et al. (Hg.), *Was ist guter Religionsunterricht?* (JRP 22), Neukirchen, 65-78.

Mendl H. (2008), *Religion erleben. Ein Arbeitsbuch für den Religionsunterricht*, München.

Nipkow K.-E., Schweitzer F., Faust-Siehl G. & Krupka B. (1996), Development Research in the Classroom. An Empirical Study of Teaching-Learning Processes, in: Francis L., Kay W. & Campell W. (eds.), *Research in Religious Education*, Herfordshire, 113-128.

Rippl S. & Seipl C. (2008), *Methoden kulturvergleichender Sozialforschung: eine Einführung*, Wiesbaden.

Schmid H. (2012), *Die Kunst des Unterrichtens. Ein praktischer Leitfaden für den Religionsunterricht*. Aktualisierte Neuausgabe, München.

Schweitzer F. (2003), Was ist und wozu Kindertheologie?, in: Bucher A., et al. (Hg.), „Im Himmelreich ist keiner sauer". Kinder als Exegeten (*Jahrbuch für Kindertheologie* 2), Stuttgart, 9-18.

Seidel T. (2005), Video analysis strategies oft he IPN Video Study – a methodological overview, in: dies., Prenzel M. & Kobarg M. (Hg.), *How to run a video study. Technical report of the IPN Video Study*, Münster, 70-78.

Shulman L. (1986), Those Who Understand: Knowledge Growth in Teaching, in: *Educational Researcher*, 15/2, 4-14.

Stachel G. (1976) (Hg.), *Die Religionsstunde – beobachtet und analysiert. Eine Untersuchung zur Praxis des Religionsunterrichts*, Zürich.

Tzscheetzsch W. (1999), Der Religionsunterricht in der „neuen" Schule – Überlegungen zu „Kompetenzen" und „Schlüsselqualifikationen", in: *Kirche und Schule* 25/110, 1-12.

Weinert F. (2002), Vergleichende Leistungsmessung in Schulen – eine umstrittene Selbstverständlichkeit, in: ders. (Hg.), *Leistungsmessung in Schulen*, Weinheim, 17-31.

Ysewijn P. (1997), *GT – Programm für Generalisierbarkeitsstudien*, Neuchatel (www.irdp.ch/methodo/generali.htm).

Ziebertz H.-G. (2010a), Wer initiiert religiöse Lernprozesse? Rolle und Person der Religionslehrerinnen und Religionslehrer, in: Hilger G. et al., *Religionsdidaktik. Ein Leitfaden für Studium, Ausbildung und Beruf*, Neuausgabe, München, 206-226.

Ziebertz H.-G. (2010b), Warum die religiöse Dimension der Wirklichkeit erschließen?, in: Hilger G. et al., *Religionsdidaktik. Ein Leitfaden für Studium, Ausbildung und Beruf*, Neuausgabe, München, 123-141.

Zimmermann M. (2010), *Kindertheologie als theologische Kompetenz von Kindern. Grundlagen, Methodik und Ziel kindertheologischer Forschung am Beispiel der Deutung des Todes Jesu*, Neukirchen-Vluyn.

Erwerb und Erfassung unterrichtlicher Kompetenzen im Lehrerstudium und im Übergang in den Beruf

Ein multiperspektivischer Ansatz zur Wirksamkeit der Ausbildung und der Auswirkung der Berufspraxis

Corinne Wyss, Mirjam Kocher & Matthias Baer (Pädagogische Hochschule / Universität Zürich)

1   Einleitung

Seit einigen Jahren erfährt die videobasierte Unterrichtsforschung vermehrt große Aufmerksamkeit. Der Grund für das zunehmende Interesse ist die technologische Entwicklung, die das Aufnehmen, Verarbeiten und Analysieren von Unterrichtsvideos enorm beschleunigt und vereinfacht hat. Durch videobasierte Unterrichtsforschung können Daten über Erscheinungsformen des pädagogischen Handelns und damit von Lehr-Lern-Prozessen erfasst werden, die im Hinblick auf die Qualitätssicherung, die Schulentwicklung und die Lehrerbildung großes Potenzial haben (Reusser, 2005).

In drei von der Internationalen Bodensee Hochschule (IBH) und vom Schweizerischen Nationalfonds (SNF) unterstützten Forschungsprojekten[1] bot neben verschiedenen anderen methodischen Zugängen die Videografie von Unterricht einen zentralen Zugang zur Erfassung der unterrichtsbezogenen Kompetenzen von angehenden, in den Beruf einsteigenden und erfahrenen Lehrpersonen. Die Datenerhebung fand zu fünf Messzeitpunkten, am Anfang (t1), in der Mitte (t2) und am Schluss des Studiums (t3) sowie zu Beginn (t4) und am Ende (t5) des ersten Jahres im Beruf statt. Eine Gruppe von erfahrenen Lehrpersonen wurde als Referenzgruppe in die Untersuchung miteinbezogen und zu einem Messzeitpunkt befragt. Das übergreifende Ziel der Forschungsprojekte bestand darin, die Kompetenzentwicklung von Studierenden der Pädagogischen Hochschulen St. Gallen und Zürich während des sechssemestrigen Studiengangs für Lehrpersonen der Primarstufe (in der

---

1   Forschungsprojekt „Standarderreichung beim Erwerb von Unterrichtskompetenz in der Lehrerinnen- und Lehrerbildung – Analyse der Wirksamkeit der berufsfeldorientierten Ausbildung" (IBH-Projekt Nr. 6 69/04, Projekt Nr. 58) und Forschungsprojekt „Standarderreichung beim Erwerb von Unterrichtskompetenz im Lehrerstudium und im Übergang zur Berufstätigkeit" (SNF-Projekt Nr. 100013-112467/1), sowie SNF-Projekt Nr. 100014-124956/1: Fortsetzungsprojekt zum SNF-Projekt Nr. 100013-112467/1 „Standarderreichung beim Erwerb von Unterrichtskompetenz im Lehrerstudium und im Übergang zur Berufstätigkeit".

Schweiz 1.-6. Klasse) sowie während des ersten Jahres im Beruf empirisch zu untersuchen (Larcher et al., 2008; Baer et al., 2008, 2009a, 2009b, 2011; Kocher et al., 2010). Der vorliegende Beitrag gibt Einblick in die in den erwähnten Forschungsprojekten eingesetzten videobasierten Forschungsmethoden und die damit gewonnenen Daten und Erkenntnisse.

2 Perspektiven auf Unterricht

Folgt man den Überlegungen der COACTIV-Forschungsgruppe, ist das Unterrichten die zentrale Aufgabe im Lehrberuf und die erste Referenz für das professionelle Kompetenzprofil von Lehrpersonen. Die Analyse von Handlungsanforderungen und Handlungskompetenzen von Lehrpersonen sollte demgemäß beim Unterricht, dem Kerngeschäft von Lehrpersonen, ansetzen (Baumert, Kunter, Blum et al., 2011).

2.1 Qualitätskriterien von Unterricht

Unterricht wird heute zumeist im Zusammenhang mit Angebots-Nutzungs-Modellen behandelt, die die Faktoren der Unterrichtsqualität in ein umfassendes Modell der Wirkungsweise und Zielkriterien des Unterrichts zu integrieren versuchen. Die Qualität des Unterrichts wird in diesen Modellen durch die Lehrperson und verschiedene Kontextvariablen bestimmt. Der Unterricht stellt in seiner Gesamtheit ein Angebot dar, das von den Schülerinnen und Schülern mehr oder weniger wirksam genutzt wird (Helmke, 2009). Die Aufgabe der Lehrperson besteht darin, durch ein adaptives didaktisches Design und eine ko-produktive Prozessgestaltung zu einer optimalen Synchronisierung von Angebotsstrukturen und Nutzungsfähigkeiten beizutragen. Damit dies gelingen kann, brauchen Lehrpersonen einerseits Kenntnisse für die handwerkliche Gestaltung der Oberflächenstruktur des Unterrichts (die Methoden und Inszenierungsformen des Unterrichts) sowie über die Tiefendimensionen von Unterrichtsqualität (das psychologische Aktgefüge bzw. die Artikulation des Lehr-Lern-Handelns) (Reusser, 2009). Gemäß Reusser (2009, S. 893) haben sich die folgenden Merkmale, die sich primär auf tiefenstrukturelle Qualitäten und nur indirekt auf die Inszenierungsformen des Unterrichts beziehen, empirisch als Qualitätsrahmen von Unterricht verankern lassen:

– *Ziel- und Stoffqualität*: Zielklarheit und transparente Leistungserwartungen; Qualität von Lernaufgaben; Lehrstoff-Relevanz; kumulativer Stoffaufbau.
– *Lernprozess-Qualität*: (Ko-)Konstruktivistisches Wissens- und Lernprozessverständnis; störungspräventive Klassenführung; aktive Lernzeitnutzung; kognitive Aktivierung; Sinnfluss und Verstehensklarheit; sicherndes und intelligentes Üben; sinnstiftende Gesprächsführung.

– *Beziehungs- und Unterstützungsqualität*: Wertschätzendes Lern- und Sozial-
klima; Balance zwischen lenkender Kontrolle und Autonomiegewährung;
adaptive Lernunterstützung; diskursive Fehlerkultur; „Scaffolding" von Lern-
strategien und Lernreflexion; Umgang mit Heterogenität.

Zur Beschreibung des unterrichtlichen Handelns bzw. zur Objektivierung von Un-
terrichtsmustern sowie von Konstrukten von Unterrichtsqualität und -wirksamkeit
haben sich in den vergangenen Jahren vor allem (inter)nationale Videostudien als
ertragreich erwiesen (Reusser, 2009; Seidel, 2011).

2.2   Videobasierte Unterrichtsforschung

Die Videografie des Unterrichts führte in der Unterrichtsforschung lange Zeit ein
Schattendasein. Erst seit der im Jahre 1995 durchgeführten TIMS-Videostudie, die
den Mathematikunterricht in Deutschland, Japan und den USA untersuchte, begann
in der Unterrichtsforschung ein Umschwung (Helmke, 2009). Die Ergebnisse der
TIMS-Videostudie sowie der Nachfolgestudie TIMSS 1999 Video Study, die Entwicklung von videobasierten Datenerhebungs- und Auswertungsverfahren sowie
die dabei entstandenen Videodokumentationen führten weltweit zu einem Schub
videobasierter Unterrichtsstudien (Pauli & Reusser, 2006). Aufgrund neuer Tech-
nologien, die die Aufnahme, Verarbeitung und Speicherung von Videos wesentlich
einfacher und kostengünstiger machten, wurde es möglich, zwei methodische Ansätze zu integrieren: einerseits die videobasierte Analyse von sichtbaren Unter-
richtsprozessen und andererseits die systematische und quantifizierende Erfassung
von tiefenstrukturellen Prozessmerkmalen des Unterrichts anhand repräsentativer
Stichproben im internationalen Vergleich (ebd., 2006). In der Folge der TIMS-
Videostudien zum Mathematikunterricht entstanden weitere, vereinzelt auch umfangreichere Videostudien in anderen Fachbereichen, so beispielsweise die Physik-
Videostudie des IPN Kiel (Seidel et al., 2003), die DESI-Videostudie des Englischunterrichts (Helmke et al., 2008) oder die Videostudie „Geschichte und Politik im
Unterricht" (Gautschi et al., 2008). Der Mehrwert von videobasierter Unterrichtsforschung wird im Vergleich zu Selbstberichten oder Fragebogenuntersuchungen in
der hohen Anschaulichkeit, der Informationsdichte sowie der Realitätsnähe gesehen (Krammer & Reusser, 2005).

3 Eigene Untersuchung zur Erfassung der Oberflächen- und Tiefenstrukturen von Unterricht

3.1 Forschungsdesign

Mit den in Kapitel 1 erwähnten Forschungsprojekten wurde ein multiperspektivischer Ansatz verfolgt, in dem Selbst- mit Fremdeinschätzungen kombiniert sind. Insgesamt wurde mit zehn verschiedenen Instrumenten Daten erhoben: (1) einem Online-Fragebogen zur Selbsteinschätzung der Kompetenzentwicklung, (2) Vignetten zur Erhebung des Wissens über das Planen von Unterricht, (3) auf Video aufgezeichnete Unterrichtsstunden, (4) einem Fragebogen zur Standardorientierung der Ausbildung, (5) einem Fragebogen zur Einschätzung des Unterrichts aus Schülersicht, (6) dem NEO FFI zur Erfassung der fünf grundlegenden Persönlichkeitsdimensionen (BIG FIVE), (7) dem Fragebogen zur allgemeinen Selbstwirksamkeitsüberzeugung, (8) dem Fragebogen zur lehrpersonen-bezogenen Selbstwirksamkeitsüberzeugung, (9) dem Fragebogen zum Lernverständnis und (10) einem Fragebogen zum Umgang mit Problemsituationen im Unterricht. Neben den Selbsteinschätzungen der Studierenden, der Lehrpersonen im Berufseinstieg und der erfahrenen Lehrpersonen liegen somit Ergebnisse von standardisierten Verfahren und Fremdeinschätzungen durch Expert/inn/en vor. Entsprechend dem Thema des Bandes steht im vorliegenden Beitrag die Darstellung von (3) auf Video aufgezeichneten Unterrichtsstunden im Fokus.

3.2 Datenerhebung

Im Rahmen des ersten Forschungsprojektes[2] konnten insgesamt 15 Studierende der Primarstufe der Pädagogischen Hochschulen St. Gallen und Zürich im Rahmen ihrer berufspraktischen Ausbildung zu Beginn (t1), in der Mitte (t2) und am Ende des Studiums (t3) beim Unterrichten videografiert werden. Für das zweite Forschungsprojekt[3], das am Ende des Studiums ansetzte und sich auf das anschließende erste Jahr im Beruf bezog, konnten an den beiden Pädagogischen Hochschulen insgesamt 41 Studierende am Ende der Ausbildung, die zu in den Beruf einsteigende Lehrpersonen wurden, untersucht werden. Diese Studierenden, die demselben Studienjahrgang wie jene des ersten Projektes angehörten, wurden ebenfalls zu drei Messzeitpunkten videografiert, am Ende des Studiums (t3) sowie am Anfang (t4)

---

2 Forschungsprojekt „Standarderreichung beim Erwerb von Unterrichtskompetenz in der Lehrerinnen- und Lehrerbildung – Analyse der Wirksamkeit der berufsfeldorientierten Ausbildung" (IBH-Projekt Nr. 6 69/04, Projekt Nr. 58).

3 Forschungsprojekt „Standarderreichung beim Erwerb von Unterrichtskompetenz im Lehrerstudium und im Übergang zur Berufstätigkeit" (SNF-Projekt Nr. 100013-112467/1)

und am Schluss (t5) des ersten Berufsjahres. Für das dritte Forschungsprojekt[4] wurden keine neuen Daten erfasst, sondern bereits vorhandene Videodaten aus dem zweiten Projekt einer erweiterten Analyse in Bezug auf die kognitive Aktivierung der Schüler/innen unterzogen. Insgesamt liegt damit eine Längsschnitterhebung über fünf Messzeitpunkte (t1-t5) vor; für Quervergleiche wurden zusätzlich 16 erfahrene Lehrpersonen in die Untersuchung einbezogen (Tab. 1).

Tab. 1: Die Messzeitpunkte der Datenerhebungen und Anzahl Studienteilnehmer/innen

Phase / Vpn-Gruppe / Messzeitpunkt	t_1	t_2	t_{3a}	t_{3b}	t_4	t_5
Studium	Anfang N=15	Mitte N=13	Ende N=15	Ende N=41	-	-
erstes Berufsjahr	-	-	-	-	Anfang N=41	Ende N=41
erfahrene Lehrpersonen				ein Messzeitpunkt N=16		

3.3   Ziele und Fragestellung

Das Ziel der drei Forschungsprojekte bestand darin, das empirisch gesicherte Wissen über den Erwerb unterrichtlicher Kompetenzen und die Fähigkeit, sie für den Unterricht zu nützen, zu erweitern und zu vertiefen. In Bezug auf die Videografie des Unterrichts wurden für die ersten beiden Forschungsprojekte (in der Folge mit Studie A bezeichnet) die folgenden Fragestellungen untersucht:

A1. Wie verändern sich die Sichtstrukturen des Unterrichts und die Qualität des Unterrichts während des Lehramtsstudiums und im ersten Berufsjahr?

A2. Mit welchem Qualitätsniveau steigen die Berufseinsteigenden in den Beruf ein?

A3. Gibt es Unterschiede bezüglich den Sichtstrukturen des Unterrichts und der Qualität des Unterrichts zwischen den Berufseinsteigenden und den erfahrenen Lehrpersonen?

Für das Nachfolgeprojekt (in der Folge mit Studie B bezeichnet) wurden die folgenden vier weiteren Fragen untersucht:

B1. Wie gestalten Lehrpersonen die kognitive Strukturierung des Unterrichts in der Phase des Unterrichtsbeginns („Ouvertüre")?

---

4   SNF-Projekt Nr. 100014-124956/1: Fortsetzungsprojekt zum SNF-Projekt Nr. 100014-112467/1 „Standarderreichung beim Erwerb von Unterrichtskompetenz im Lehrerstudium und im Übergang zur Berufstätigkeit".

B2. Wie kognitiv strukturierend sind das Unterrichtsgespräch, die (in ihm) gestellten Fragen sowie die Arbeitsaufträge, welche die Lehrpersonen in der Unterrichtsstunde erteilen?

B3. Verändert die Erfahrung des täglichen Unterrichtens im ersten Berufsjahr (Messzeitpunkte t4 und t5) die kognitive Strukturierung des Unterrichtsbeginns und die Qualität der kognitiv strukturierenden Arbeitsaufträge, der Unterrichtsgespräche und der Fragen?

B4. Unterscheiden sich die in den Beruf einsteigenden und die erfahrenen Lehrpersonen hinsichtlich der Fragen 1 und 2 voneinander?

Für die Untersuchung der Forschungsfragen wurden unterschiedliche Datenerhebungsinstrumente konzipiert, erprobt und eingesetzt. Das nachfolgende Kapitel geht darauf ein.

3.4   Datenerhebungsinstrumente

Die Unterrichtsstunden der Studierenden bzw. der Lehrpersonen wurden zu den jeweiligen Messzeitpunkten von einem geschulten Kamerateam nach TIMSS-Norm auf Video aufgezeichnet. Die Studierenden bzw. Lehrpersonen wurden gebeten, eine Einführungsstunde in ein neues Thema zu gestalten und den Unterricht so durchzuführen, wie er auch ohne Anwesenheit des Kamerateams stattfinden würde. Die Wahl des Unterrichtsthemas zu den Fächern Deutsch, Mathematik oder Mensch & Umwelt war den Studierenden bzw. den Lehrpersonen überlassen.

Die videografierten Unterrichtsstunden wurden einerseits mit einem niedriginferenten Kodierverfahren (quantitative Analyse des Unterrichtsgeschehens zur Erfassung der Sichtstrukturen), andererseits mit einem hochinferenten Ratingverfahren (qualitative Analyse des Unterrichtsgeschehens zur Erfassung der Tiefenstrukturen) analysiert.

Für das *niedriginferenten Kodierverfahren* wurde die Software ‚Videograph' (Rimmele, 2004) eingesetzt. Dabei wurden die Kodes jeweils in 10 Sekunden Zeiteinheiten gesetzt.

Um die Sichtstrukturen der Unterrichtsstunden zu erfassen, wurden in der Studie A in Anlehnung an Seidel (Seidel et al., 2001; Seidel, 2003) ein Kategoriensystem ausgearbeitet, das zwei Hauptkategorien und mehrere Facetten umfasst (Tab. 2, nächste Seite). Für jede Facette wurden mehrere Items formuliert (insgesamt sind es 50 Items) (vgl. Kocher und Wyss, 2008; Baer et al., 2011). Die unabhängig voneinander arbeitenden Kodierer/innen erzielten bei jeder Facette zufriedenstellende Übereinstimmungen mit Kappa-Werten zwischen .70 und 1.00.

In der Studie A wurde zur Erfassung der Tiefenstruktur außerdem ein hochinferentes Ratingverfahren eingesetzt. Dieses wurde in Anlehnung an Clausen et al. (2003) entwickelt (Kocher & Wyss, 2008; Baer et al., 2011) und umfasst vier Hauptkategorien und, diesen zugeordnet, neun Facetten. Jede Facette besteht aus mehreren Items, das ganze Ratingsystem umfasst 37 Items. Nach eingehendem Training wurden bei allen Items zufriedenstellende Interraterreliabilitäten erreicht.

Tab. 2: Hauptkategorien und Facetten des Kodiersystems

Hauptkategorien	Facetten	
(A) Sichtstrukturen	(A1) Unterrichtsstatus	(A2) Unterrichtliche Arbeitsformen
	(A3) Allgemeindidaktische Unterrichtsphasen	(A4) Aktivitäten im Klassenunterricht
	(A5) Kommunikation im Unterricht	
(B) Lernorganisation	(B1) Strukturierung	(B2) Differenzierung

Das Rating wurde auf einer sechsstufigen bipolaren Skala vorgenommen, deren Skalenbezeichnungen von 1 („trifft überhaupt nicht zu") bis 6 („trifft voll und ganz zu") reichen. Für die Beurteilung wurde jedes Unterrichtsvideo von je zwei wissenschaftlich geschulten Personen unabhängig voneinander mit dem Ratingverfahren eingeschätzt. Bei Nichtübereinstimmung wurde die Einschätzung mittels Konsensverfahren vorgenommen. Tabelle 3 enthält eine Übersicht über die Hauptkategorien des Ratingverfahrens.

Tab. 3: Hauptkategorien und Facetten des Rater-Inventars

Hauptkategorien	Facetten	
(A) Instruktionseffizienz	(A1) Umgang mit der Unterrichtszeit	(A2) Qualität der Organisation
(B) Schülerorientierung	(B1) Umgang mit Fehlern	(B2) Motivierungsfähigkeit
(C) Kognitive Aktivierung	(C1) Pacing	(C2) Lehrperson als Mediator
(D) Klarheit, Strukturiertheit	(D1) Sprachliche Qualität	(D2) Gesprächsführung
	(D3) Zielklarheit	

In der Studie B, die auf die kognitive Aktivierung der Schüler/innen durch den Unterricht ausgerichtet war, kamen weitere Instrumente zum Einsatz, die wiederum sowohl auf die Sicht- als auch auf die Tiefenstruktur des Unterrichts zielten, und dabei die kognitive Aktivierung des Unterrichts fokussieren:

(1) Kodierung (Analyse der Sichtstrukturen = quantitative Analyse) (a) des Unterrichtsbeginns (die ersten 10 Minuten der Unterrichtsstunde) und (b) des Unterrichtsgesprächs

(2) Rating (Beurteilung der Qualität = qualitative Analyse) (c) des Unterrichtsgesprächs und (d) der im Unterricht erteilten Aufträge (vgl. Tab. 4 u. 5)

Während für (a) auf aufbereitete Daten aus der Studie A zurückgegriffen werden konnte, wurden für (b), (c) und (d) unter Bezugnahme auf Neubrand (2002), Klieme, Pauli & Reusser (2003), Blömeke et al. (2006), Danielson (2009), Helmke (2009), Pauli, Ineichen & Suhner (2009), Maier et al. (2010) sowie Elmer (2006) Verfahren für die Analysen der Unterrichtsvideos entwickelt. Die Unterrichtsvi-

deos wurden wiederum von jeweils zwei wissenschaftlich geschulten Personen unabhängig voneinander kodiert (quantitative Analyse) bzw. beurteilt (qualitative
Analyse). Bei unterschiedlicher Beurteilung eines Items wurde die Kodierung bzw.
das Rating konsensual definitiv festgelegt.

Im Rahmen dieses Beitrages werden aus der Studie B lediglich ausgewählte Ergebnisse der qualitativen Erhebungen vorgestellt. Für die Beurteilung der Qualität
der kognitiven Strukturierung im Unterrichtsgespräch wurde ein Rater-Inventar
ausgearbeitet, das acht Kriterien umfasst. Jedes Kriterium wurde auf einer Skala
von 1 bis 4 beurteilt. Tabelle 4 gibt einen Einblick in das Beurteilungsinstrument.

Tab. 4: Kriterien der Beurteilung der Qualität der kognitiven Strukturierung im
Unterrichtsgespräch mit Beispielen zur Ausprägung mit dem Wert 1 (=
tiefster Wert) auf der vierstufigen Likertskala

Kriterium	Beispiel: Ausprägung mit Wert 1 auf der vierstufigen Likert-Skala
Situationssensibilität	Die Lehrperson ist nicht oder nur wenig situationssensibel, in-dem sie im Unterrichtsgespräch klar ihren inhaltlichen Vorstel-lungen folgt und bei Schülerbeiträgen nicht oder nur vereinzelt nachfragt, wie diese zu verstehen sind.
Interesse am Denken der Schüler	Die Lehrperson ist am Denken der Schüler/innen nicht oder nur vereinzelt interessiert; sie macht selten offene und individuali-sierte Initiierungen; Schülerbeiträge bindet sie nie oder nur aus-nahmsweise ins Unterrichtsgespräch ein.
Kenntnis des Sachver-halts	Die Lehrperson kennt den Lerngegenstand (zu) wenig genau; bei der Bearbeitung des Lerngegenstandes im Unterrichtsge-spräch geht sie (zu) wenig sachorientiert, fachlich korrekt und vertiefend vor.
enge Fragen und Erklä-rungen	Die Lehrperson leitet das Unterrichtsgespräch fast ausschließlich durch enge Fragen und eigene Erklärungen.
Aufrufverhalten	Die Lehrperson ruft ausschließlich jene Schüler/innen auf, die sich selber melden.
Förderung des Dialogs unter den Schülern	Die Lehrperson fördert den Dialog unter den Schülerinnen und Schülern nicht oder nur sehr vereinzelt.
Rückmeldungen und Hilfestellungen	Die Lehrperson gibt den Schülerinnen und Schülern keine oder nur vereinzelt differenzierte Rückmeldungen und individuelle Hilfestellungen.
Beteiligung der Schüler an der inhaltlichen Ent-wicklung	Die Schüler/innen beteiligen sich vorwiegend mit nichtsubstanzi-ellen Beiträgen an der inhaltlichen Auseinandersetzung mit dem Lerngegenstand und geben ausschliesslich kurze Antworten (Stichwort-Antworten).
generelle Gesprächsbe-teiligung der Schü-ler/innen	Es beteiligen sich wenige und vorwiegend dieselben Schü-ler/innen am Unterrichtsgespräch.

Die Beurteilung der Qualität der kognitiven Strukturierung durch Arbeitsaufträge
wurde durch ein weiteres, im Rahmen der Studie B entwickeltes Rater-Inventar
vorgenommen. Das Instrument umfasst wiederum acht Kriterien, die auf einer Skala von 1 bis 4 beurteilt wurden (Tab. 5).

Tab. 5: Kriterien der Beurteilung der Qualität der kognitiven Strukturierung durch Arbeitsaufträge

Kriterium / Qualität	Ungenügend = 1	Genügend = 2	Gut = 3	sehr gut = 4
Lebensweltbezug[5]	Der Auftrag ist ohne Lebensweltbezug.	Der Auftrag enthält einen erdachten („konstruierten") Lebensweltbezug.	Der Auftrag enthält einen erdachten („konstruierten"), aber authentischen Lebensweltbezug.	Der Auftrag enthält einen realen Lebensweltbezug.
kognitives Niveau des Auftrages	Der Auftrag zielt auf eine Reproduktionsaufgabe ab.	Der Auftrag erfordert einen nahen Transfer.	Der Auftrag erfordert einen weiten Transfer.	Der Auftrag erfordert eine kreative Problemlösung.
Fachlichkeit	Der Auftrag ist inhaltlich (Kohä-renz) und/oder fachlich (Korrekt-heit) unklar.	Der Auftrag ist inhaltlich (Kohärenz) und/oder fachlich (Korrektheit) teilweise klar.	Der Auftrag ist inhaltlich (Kohärenz) und/oder fachlich (Korrektheit) mehrheitlich klar.	Der Auftrag ist inhaltlich (Kohärenz) und/oder fachlich (Korrektheit) eindeutig klar.
sprachliche Klarheit[6]	Der Auftrag ist akustisch (Verstehbarkeit) und/oder sprachlich (Prägnanz[7]), inhaltlich (Kohärenz[8]) und/oder fachlich (Korrektheit) unklar.	Der Auftrag ist akustisch (Verstehbarkeit) und/oder sprachlich (Prägnanz) und/oder inhaltlich (Kohärenz) und fachlich (Korrektheit) ansatzweise klar.	Der Auftrag ist akustisch (Verstehbarkeit) und/oder sprachlich (Prägnanz) und/oder inhaltlich (Kohärenz) und fachlich (Korrektheit) mehrheitlich, jedoch insgesamt nicht vollständig klar.	Der Auftrag ist akustisch (Verstehbarkeit) und/oder sprachlich (Prägnanz) und/oder inhaltlich (Kohärenz) und fachlich (Korrektheit) eindeutig klar.
Strukturiertheit	Die Informationen im Auftrag sind für die Bearbeitung des Auftrags nicht ausreichend.	Die Informationen im Auftrag sind für die Bearbeitung des Auftrags nur zum Teil ausreichend.	Die Informationen im Auftrag sind für die Bearbeitung des Auftrags gerade ausreichend.	Die Informationen im Auftrag sind für die Bearbeitung des Auftrags sehr reichhaltig.
Offenheit des Auftrages	Es ist nur eine einzige Lösung ist möglich.	Bestimmte eindeutige Lösungen sind möglich.	Die Bearbeitung des Auftrags kann zu mehreren unterschiedlichen Lösungen führen.	Von der Bearbeitung des Auftrags werden zahlreiche kreativ unterschiedliche Lösungen erwartet.
Differenzierung	keine Differenzierung	-	-	Differenzierung
Klärungsbedarf der Schüler/innen in nachfolgenden Unterrichtssequenzen	Der Klärungsbedarf der S zum Inhalt des Auftrags und/oder zur Organisation der Auftragsbearbeitung ist ausgeprägt.	Der Klärungsbedarf der S zum Inhalt des Auftrags und/oder zur Organisation der Auftragsbearbeitung ist in erheblichem Ausmass vorhanden.	Der Klärungsbedarf der S zum Inhalt des Auftrags und/oder zur Organisation der Auftragsbearbeitung ist gering.	Die S haben zum Inhalt des Auftrags und/oder zur Organisation der Auftragsbearbeitung keinerlei Klärungsbedarf wie ihre problemlose Auftragsbearbeitung zeigt.

5 Der Lebensweltbezug ist die Relation zwischen domänenspezifischem, deklarativem Wissen und der Erfahrungswelt der Schüler/innen (Maier et al., 2010).

6 Die Vermittlung von Informationen an die Schüler/innen u. a. in Form von Aufträgen gehört zu einem lernförderlichen Unterricht. Diese Informationen müssen, damit sie schülerseitig einen Lernprozess anregen, korrekt, klar und verständlich präsentiert und strukturiert sein (Helmke, 2009)

7 Die Prägnanz gibt Auskunft über die Aussagekraft eines Auftrages.

8 Die Kohärenz sagt aus, wie zusammenhängend das, was gesagt wird, ist.

4 Ergebnisse der Analyse der Unterrichtsvideos

Dieses Kapitel gibt Einblick in ausgewählte Resultate. Zur Studie A werden in Kapitel 4.1 Ergebnisse der Kodierung der Unterrichtsvideos, in Kapitel 4.2 Ergebnisse des Ratings dargestellt. Die Ergebnisse des Ratings der Unterrichtsgespräche und Arbeitsaufträge, die im Rahmen von Studie B vorgenommen wurden, werden in Kapitel 4.3 und 4.4 erläutert.

4.1 Ergebnisse der Kodierung der Unterrichtsvideos in Studie A

Wie Abbildung 1 zeigt, verwenden sowohl die Studierenden als auch die berufseinsteigenden und die erfahrenen Lehrpersonen über alle fünf Messzeitpunkte hinweg rund 50% der Unterrichtszeit für den Klassenunterricht. 20-25% der Unterrichtszeit wird für Still- bzw. Einzelarbeit, je rund 5% bis 10% der Unterrichtszeit für Partner- oder Gruppenarbeit eingesetzt. Zwischen den Personengruppen und zwischen den einzelnen Messzeitpunkten bestehen keine Unterschiede, mit einer einzigen Ausnahme: Im Unterricht der Praxislehrpersonen kommen Störungen signifikant häufiger vor als im Unterricht der Studierenden bzw. Berufseinsteigenden ($T_{t3a\&t3b}$= -5.17, p<.01). Als Störungen wurden Äußerungen der Lehrperson an die Klasse kodiert, die erfolgten, nachdem die Schüler/innen bereits ohne Hilfe der Lehrperson am Unterrichtsgegenstand zu arbeiten angefangen hatten. Sie umfassen nachträgliche Aussagen zu den Arbeitsaufträgen oder Vorgehensweisen der Schüler/innen (Ergänzungen, Präzisierungen, Korrekturen) (Baer et al., 2011).

Abb. 1: Kodierung der videografierten Unterrichtsstunden zur Facette (A2) Unterrichtliche Arbeitsformen am Anfang (t1), in der Mitte (t2) und Ende (t3) des Studiums sowie am Anfang (t4) und am Ende (t5) des ersten Berufsjahres bei den in den Beruf einsteigenden Lehrpersonen und bei den erfahrenen Lehrpersonen (PLP)

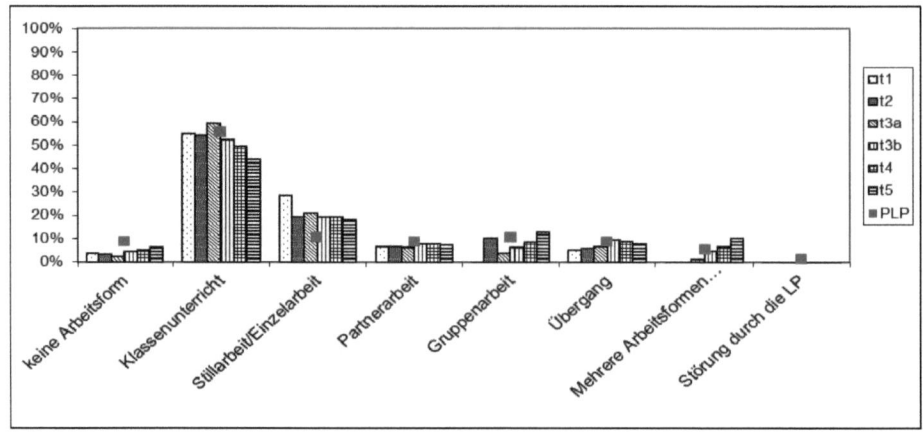

Die Analyse der Kommunikation im Unterricht (Abb. 2) zeigt, dass die Lehrperson das Gespräch dominiert: Mit über 30% der Unterrichtszeit beansprucht sie einen grossen Anteil der Redezeit. Besonders ausgeprägt ist dies bei den Praxislehrpersonen, die im Unterricht signifikant häufiger sprechen als die Studierenden zu t3a und t3b. Allerdings sprechen auch die Schüler/innen der Praxislehrpersonen signifikant mehr, als es die Schüler/innen der Studierenden am Ende der Ausbildung tun. Bei den Berufseinsteigenden nimmt die kommunikative Dominanz der Lehrperson von t3b zu t5 signifikant ab (partielles $Eta^2 = 0.17^*$) zugunsten der Mischformen der Kommunikation, die signifikant zunehmen (partielles $Eta^2 = 0.24^{**}$).

Abb. 2: Kodierung der videografierten Unterrichtsstunden zur Facette (A5) Kommunikation im Unterricht am Anfang (t1), in der Mitte (t2) und Ende (t3) des Studiums sowie am Anfang (t4) und am Ende (t5) des ersten Berufsjahres bei den in den Beruf einsteigenden Lehrpersonen und bei den erfahrenen Lehrpersonen (PLP)

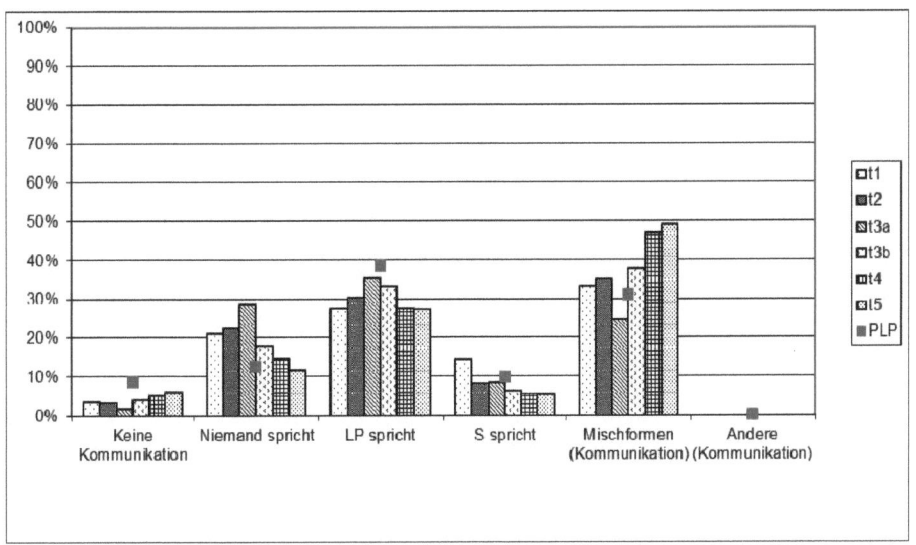

Die gemischte Kommunikation (in Abb. 2 als ‚Mischform' bezeichnet) kommt mit insgesamt rund 25% bis 50% am häufigsten vor. Diese Form der Kommunikation ist typisch für Partner- und Gruppenarbeit oder für Übergangsphasen im Unterricht. Für diese Art der Kommunikation zeigt sich für die Studierenden ein Anstieg von t1 bis t5; dadurch ergibt sich ein signifikanter Unterschied zwischen den Berufseinsteigenden am Ende des ersten Berufsjahres (t5) und den Praxislehrpersonen (T=4.64^**; p=0.00) (Baer et al., 2011).

4.2 Ergebnisse der Beurteilung der Qualität des Unterrichts in Studie A

Die Beurteilung der Qualität der Unterrichtsstunden wurde nach den Dimensionen ‚Instruktionseffizienz‘, ‚Schülerorientierung‘, ‚Kognitive Aktivierung‘ und ‚Klarheit und Strukturiertheit‘ mittels sechsstufiger Likertskala vorgenommen. Wie in Abbildung 3 ersichtlich unterrichten die Studierenden bereits zu Beginn des Studiums (t1) durchschnittlich auf einem Niveau, das mit einem Mittelwert von M=3.51 über der Mitte der sechsstufigen Skala liegt. Am Ende der Ausbildung liegt der Mittelwert auf M=4.00, womit sich die Unterrichtsqualität während des Studiums von t1 bis t3a signifikant verbessert (partielles Eta^2=0.58**). Auch bei zwei der vier untersuchten Dimensionen sind für die Zeit des Studiums (t1 bis t3a) signifikante Zuwächse vorhanden: bei der ‚Instruktionseffizienz‘ (partielles Eta^2=0.57**) und der ‚kognitiven Aktivierung‘ (partielles Eta^2=0.52*).

Abb. 3: Qualität der videografierten Unterrichtsstunden am Anfang (t1), in der Mitte (t2) und Ende (t3) des Studiums sowie am Anfang (t4) und am Ende (t5) des ersten Berufsjahres bei den in den Beruf einsteigenden Lehrpersonen und bei den erfahrenen Lehrpersonen (Referenzgruppe); 1 = niedrige, 6 = hohe Qualität

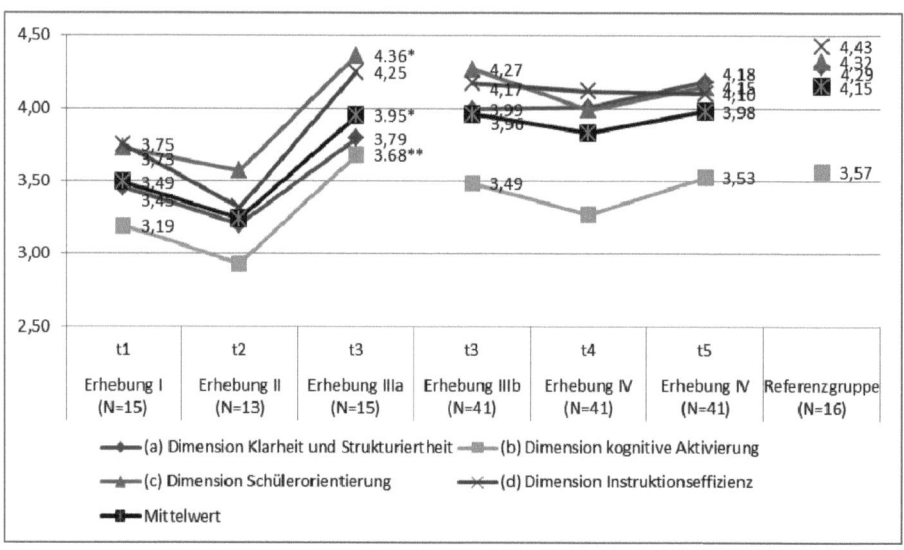

Mit einem durchschnittlichen Wert der Unterrichtsqualität von M=4.00 (t3a) bzw. M=3.96 (t3b) erreichen die Studierenden am Ende der Ausbildung das durchschnittliche unterrichtliche Qualitätsniveau der erfahrenen Lehrpersonen (M=4.13). Zwischen den Studierenden am Ende der Ausbildung (t3a + t3b) und den Praxislehrpersonen bestehen keine statistisch signifikanten Unterschiede. Dieses Ergebnis kann als erfreuliche Wirkung der Ausbildung der Lehrpersonen gewertet werden. Für den Übergang in den Beruf und das Berufsjahr (t3b bis t5) bestehen keine Veränderungen der Unterrichtsbeurteilung als Gesamtauswertung und nach den vier Dimensionen (Baer et al., 2011).

4.3 Ergebnisse der Beurteilung der kognitiven Aktivierung des Unterrichtsgesprächs in Studie B

Die Analyse der Qualität der kognitiven Strukturierung zwecks kognitiver Aktivierung der Schüler/innen in Unterrichtsgesprächen zeigt, dass sich das (durchschnittliche) Niveau der kognitiven Strukturierung im Unterrichtsgespräch im ersten Berufsjahr nicht verändert (M_{t4}=1.76, SD_{t4}=.41; M_{t5}=1.79, SD_{t5}=.50); zwischen t4 und t5 besteht kein signifikanter Unterschied. Der Vergleich der in den Beruf ein steigenden Lehrpersonen mit den erfahrenen Lehrpersonen fällt am Anfang des ersten Berufsjahres (t4) signifikant aus (T_{t4}= -2.18, p<.05), am Ende (t5) ist der Unterschied knapp nicht signifikant (T_{t5}= -1.96, p=.06). Das bedeutet, dass die in den Beruf einsteigenden Lehrpersonen bis zum Ende des ersten Berufsjahres das Niveau der erfahrenen Lehrpersonen erreichen. Die Mittelwerte der in den Beruf einsteigenden und der erfahrenen Lehrpersonen liegen zwischen 1.76 und 2.21 (Abb. 4) und befinden sich im unteren Bereich der vierstufigen Beurteilungsskala.

Abb. 4: Kognitive Aktivierung im Unterrichtsgespräch am Anfang (t4) und am En-
de (t5) des ersten Berufsjahres bei den in den Beruf einsteigenden Lehr-
personen (bLP) und bei den erfahrenen Lehrpersonen (eLP); 1 = niedrige,
4 = hohe kognitive Aktivierung

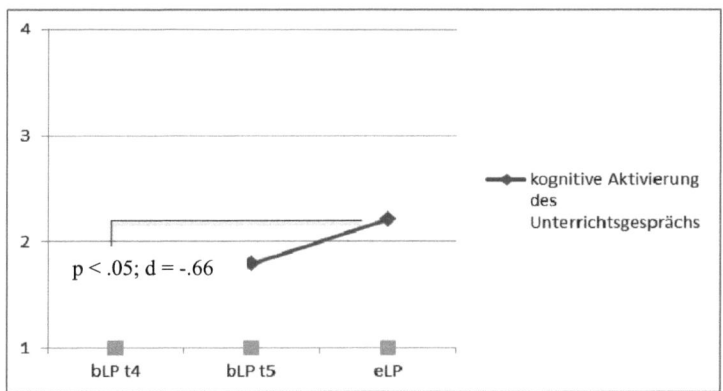

Wie die Tabelle 4 (s.o.) zeigt, wurde die Beurteilung der lehrpersonenseitigen kognitiven Strukturierung anhand von verschiedenen Kriterien vorgenommen. Der Grund für die durchschnittlich eher tiefen Beurteilungen ist, dass die Unterrichtsgespräche sowohl von den in den Beruf einsteigenden als auch von den erfahrenen Lehrpersonen durch viele enge Fragen geführt werden, welche die Schüler/innen mit kurzen, stichwortartigen Beiträgen beantworten. Die Aussagen der Schüler/innen werden von den Lehrpersonen wenig aufeinander bezogen und ihre Rückmeldungen auf Aussagen der Schüler/innen sind wenig differenziert.

4.4 Ergebnisse der Beurteilung der kognitiven Aktivierung der Arbeitsaufträge in Studie B

Mit dem Rating der Auftragserteilung der Lehrperson wurde die inhaltliche und strukturelle Klarheit (,inhaltliche Klarheit', ,Strukturiertheit', ,inhaltliche Fragen' und ,organisatorische Fragen' der Schüler/innen) sowie die kognitive Anforderung der Aufträge (,Lebensweltbezug', ,Offenheit des Arbeitsauftrages', ,Differenzierung', ,kognitives Niveau der Transferleistung') beurteilt.

In Abbildung 5 sind die Ergebnisse in Bezug auf die strukturelle und inhaltliche Klarheit des Arbeitsauftrages dargestellt. Für die in den Beruf einsteigenden Lehrpersonen zeigt sich keine signifikante Veränderung von t4 zu t5. Auch der Vergleich zwischen ihnen und den erfahrenen Lehrpersonen fällt nicht signifikant aus. Die Mittelwerte der Berufseinsteigenden und der erfahrenen Lehrpersonen liegen zwischen 2.3 und 2.5 und befinden sich damit im mittleren Bereich der vierstufigen Beurteilungsskala.

Das zweite Ergebnis, das in Abbildung 5 dargestellt ist, bezieht sich auf die kognitive Anforderung des Arbeitsauftrages. Für die Berufseinsteigenden wurde ein signifikanter Anstieg von t4 zu t5 festgestellt (T=-2.83, p<.01). Außerdem besteht ein signifikanter Unterschied zwischen den Werten der Berufseinsteigenden zu t4 und den erfahrenen Lehrpersonen (T=-3.73, p<.01). Am Ende des ersten Berufsjahres (t5) besteht dieser Unterschied nicht mehr. Mit Werten von im Durchschnitt 1.26 am Anfang (t4) auf 1.63 am Ende (t5) des ersten Jahres im Beruf bzw. 1.91 bei den erfahrenen Lehrpersonen ist das Niveau der kognitiven Anforderung tief bis mittelmäßig.

Das Niveau der kognitiven Anforderung des Arbeitsauftrages nimmt hingegen, wenn auch auf tiefem Niveau, innerhalb des ersten Berufsjahres von im Durchschnitt 1.26 am Anfang (t4) auf 1.63 am Ende (t5) des ersten Jahres im Beruf signifikant zu (T=-2.83, p<.01). Der Wert für die erfahrenen Lehrpersonen beträgt 1.91. Die Arbeitsaufträge zeichnen sich mehrheitlich durch einen geringen Lebensweltbezug aus, stellen eher Reproduktionsaufgaben dar, lassen wenig Offenheit zu und sind nicht (leistungs-)differenziert.

Abb. 5   Inhaltliche und strukturelle Klarheit des Arbeitsauftrages und das Niveau ihrer kognitiven Anforderung bei den in den Beruf einsteigenden Lehrpersonen (bLP) am Anfang (t4) und am Ende (t5) des ersten Berufsjahres und bei den erfahrenen Lehrpersonen (eLP)

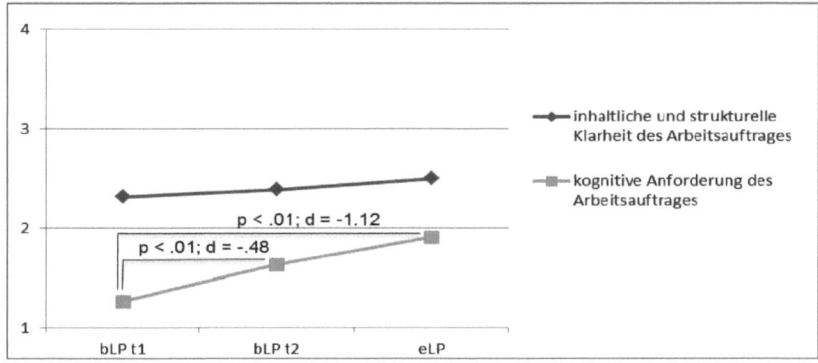

5   Diskussion

Im Rahmen von drei von der Internationalen Bodensee Hochschule (IBH) und vom Schweizerischen Nationalfonds (SNF) unterstützten Forschungsprojekten wurde die unterrichtsbezogene Kompetenz von angehenden, in den Beruf einsteigenden und erfahrenen Lehrpersonen mittels eines multiperspektivischen Ansatzes untersucht. Entsprechend dem Thema des Tagungsbandes liegt der Fokus des vorliegenden Beitrages auf den videobasierten Forschungsmethoden. Durch die Konzeption und den Einsatz von niedriginferenten und hochinferenten Analyseverfahren wurden unterschiedliche Aspekte der Sichtstrukturen des Unterrichts, der Unterrichtsqualität sowie der kognitiven Strukturierung des Unterrichts untersucht.

In Bezug auf die Fragestellungen A1., A2. und A3. sind für den Verlauf des Studiums die Resultate der Untersuchung teilweise positiv zu bewerten. Die Qualität des Unterrichts nimmt von Beginn des Studiums (t1) bis zum Ende (t3) signifikant zu und erreicht das Niveau von erfahrenen Lehrpersonen. Der Übergang in den Beruf wird von den Studierenden ohne nennenswerte Veränderung der unterrichtsbezogenen Kompetenzen gemeistert. Das Phänomen der ‚Konstanzer Wanne‘ ist nicht zu beobachten, womit sich die Befunde von Lipowsky (2003) und Larcher Klee (2005) bestätigen. Offenbar gelingt es der Ausbildung jedoch nicht, die Studierenden in allen Bereichen der Unterrichtsqualität in gleichem Maße zu fördern. In der Dimension ‚Kognitive Aktivierung‘ weisen die Studierenden zu allen Messzeitpunkten während des Studiums wie auch im Berufseinstieg die geringste Qualität auf. Die Gestaltung eines kognitiv aktivierenden Unterrichts scheint auch für die erfahrenen Lehrpersonen anspruchsvoll zu sein. Auch bei ihnen sind die Werte im hochinferenten Rating in dieser Dimension am tiefsten.

Kritisch müssen auch die Ergebnisse der niedriginferenten Kodierung bewertet werden. Der Unterricht wird bestimmt durch einen großen Anteil an Klassenunterricht und einen hohen Redeanteil der Lehrperson. Individualisierende Formen sowie adaptive Unterrichtsgestaltung mit Potenzial für eigenständiges, eigenverantwortliches Lernen sowie Möglichkeiten zur Partizipation sind kaum vorhanden. Diese Ergebnisse sind in Anbetracht bisheriger empirischer Untersuchung nicht erstaunlich (z.B. Seidel, 2003; Gautschi et al., 2007). Betrachtet man die vorgefundene Unterrichtspraxis jedoch im Lichte der in der Ausbildung theoretisch vermittelten Inhalte, sind die Ergebnisse ernüchternd. Die Veränderungen, die seit den 1970-Jahren das wissenschaftliche Verständnis des Lehrens und Lernens prägen, und die im Nachgang auch in die Ausbildung von Lehrpersonen implementiert wurden, haben auf die vorherrschende Unterrichtspraxis kaum Einfluss genommen.

Für die Fragestellungen B1. bis B4., die sich auf die Analyse der kognitiven Aktivierung im Unterricht beziehen, ist insgesamt ein kritisches Fazit zu ziehen. Die Ergebnisse zeigen, dass die Gestaltung des Unterrichtsbeginns sowie die kognitive Strukturierung durch das Unterrichtsgespräch, die (in ihm) von der Lehrperson gestellten Fragen und die Arbeitsaufträge weniger verstehendes, strukturelles Lernen anregen als assoziatives Lernen von geringer Verstehenstiefe ermöglichen. Auch diese Ergebnisse werden durch Befunde aus anderen Studien bestätigt (Baumert et al., 2010).

Eine zentrale Erkenntnis, die sowohl in der Studie A als auch in der Studie B offensichtlich wurde, betrifft die Entwicklung der Kompetenzen nach Abschluss des Studiums. Die Ergebnisse zeigen, dass sich der Unterricht der jungen Lehrpersonen im Verlauf des ersten Berufsjahres kaum verändert. Darüber hinaus sind auch lediglich unbedeutende Unterschiede zwischen dem Unterricht der Berufseinsteigenden und den erfahrenen Lehrpersonen beobachtbar. Offensichtlich ist langjährige Berufstätigkeit alleine nicht Bedingung genug für die Entwicklung von Expertise (Baer et al., 2011, S.113). In die gleiche Richtung weisen auch die Ergebnisse der COACTIV-Studie (Baumert et al., 2010; Kunter et al., 2011). Es wurde hier unter anderem festgestellt, dass Unterschiede hinsichtlich des Fachwissens und des fachdidaktischen Wissens, die am Ende der Ausbildung aufgrund des verschieden langen Studiums (vier- gegenüber fünfjähriges Studiums) der untersuchten Lehrpersonengruppen über die ganze Zeit der beruflichen Tätigkeit bestehen, nicht durch „practical on-the-job-experience" (Baumert et al., 2010, p. 167) ausgeglichen werden. Forschungsarbeiten von Ericsson zeigen außerdem, dass ohne *deliberate practice* (in der Weiterbildung) keine Kompetenzentwicklungen (nach dem Studium) mehr erfolgen, selbst wenn die (berufliche) Tätigkeit über viele Jahre hinweg ausgeübt wird (Ericsson 2011). Berufspraxis allein treibt die Professionsentwicklung auch in ihren zentralen Bereichen nicht wesentlich an (vgl. auch Krauss, 2011).

Die im vorliegenden Beitrag berichteten Studien können in zweierlei Hinsicht genutzt werden. Aus methodischer Sicht können die für die Untersuchung konzipierten Instrumente auch in weiteren Studien verwendet, validiert und weiterentwickelt werden und damit einen Beitrag zur videobasierten Forschung leisten. Aus fachlicher Sicht liefern die Ergebnisse Hinweise auf die Entwicklung unterrichtsbezogener Kompetenzen von angehenden, in den Beruf einsteigenden und erfahrenen Lehrpersonen. Diese Erkenntnisse können für die Aus- und Weiterbildung von Lehrpersonen genutzt werden und damit einen Beitrag zur Professionalisierung von Lehrpersonen leisten.

Literatur

Baer M., Dörr G., Fraefel U., Kocher M., Küster O., Larcher S., Müller P., Sempert W. & Wyss C. (2007), Werden angehende Lehrpersonen durch das Studium kompetenter? – Kompetenzaufbau und Standarderreichung in der berufswissenschaftlichen Ausbildung an drei Pädagogischen Hochschulen in der Schweiz und in Deutschland, in: *Unterrichtswissenschaft* 35/1, 15-47.

Baer M., Dörr G., Fraefel U., Kocher M., Küster O., Larcher S., Müller P., Sempert W. & Wyss C. (2009b), Competences and standards in teacher education in Switzerland and Germany – Do prospective teachers become more competent through teacher training?, in: Achtenhagen F., Oser F. K. & Renold U. (eds.), *Teacher's professional development. Aims, modules, evaluation*, Rotterdam: Sense Publishers, 145-173.

Baer M., Dörr G., Guldimann T., Kocher S., Müller P. & Wyss C. (2008), Wirkt Lehrerbildung? – Kompetenzaufbau und Standarderreichung in der berufswissenschaftlichen Ausbildung an drei Pädagogischen Hochschulen in der Schweiz und in Deutschland, in: *Empirische Pädagogik*, 22/3, 259-273.

Baer M., Guldimann T., Kocher M., Larcher S., Wyss C., Dörr G., Müller P. & Smit R. (2009a), Auf dem Weg zu Expertise beim Unterrichten – Erwerb von Lehrkompetenz im Lehrerinnen- und Lehrerstudium, in: *Unterrichtswissenschaft* 37/2, 118-144.

Baer M., Kocher M., Wyss C., Guldimann T., Larcher S. & Dörr G. (2011), Lehrerbildung und Praxiserfahrung im ersten Berufsjahr und ihre Wirkung auf die Unterrichtskompetenzen von Studierenden und jungen Lehrpersonen im Berufseinstieg, in: *Zeitschrift für Erziehungswissenschaft* 14/1, 85-117.

Baumert J., Kunter M., Blum W., Brunner M., Voss T., Jordan A., Klusmann U., Krauss S., Neubrand M. & Tsai Y.-M. (2010), Teachers' mathematical knowledge, cognitive activation in the classroom, and student progress, in: *American Educational Research Journal* 47/1, 133-180.

Baumert J, Kunter M., Blum W., Klusmann U., Krauss S. & Neubrand M. (2011), Professionelle Kompetenz von Lehrkräften, kognitiv aktivierender Unterricht und die mathematische Kompetenz von Schülerinnen und Schülern (COACTIV) – ein Forschungsprogramm, in: Kunter M., Baumert J., Blum W., Klusmann U., Krauss S. & Neubrand M. (Hg.), *Professionelle Kompetenz von Lehrkräften. Ergebnisse des Forschungsprogramms COACTIV*, Münster: Waxmann, 7-25.

Blömeke S., Risse J., Müller C., Eichler D. & Schulz W. (2006), Analyse der Qualität von Aufgaben aus didaktischer und fachlicher Sicht. Ein allgemeines Modell und seine exemplarische Umsetzung im Unterrichtsfach Mathematik, in: *Unterrichtswissenschaft* 34/4, 330-357.

Danielson C. (2009), *Enhancing Professional Practice: A Framework for Teaching*, Alexandria, NA: ASCD.

Elmer A. (2006), Codiermanual „Gesprächsmuster in tutoriellen Dialogen", Videostudie *„Didaktische Unterrichtskommunikation und Bildungswirkungen im problemorientierten Mathematikunterricht"* (NF Projekt-Nr. 100013-113971/1), Universität Zürich, Institut für Erziehungswissenschaft, Lehrstuhl Pädagogische Psychologie und Didaktik (Prof. Kurt Reusser).

Ericsson A. (2011), Deliberate Practice and the Future of Education and Professional Training. *Keynote at 14th Biennial Conference of the European Association for Research on Learning and Instruction (EARLI),* August 30 – September 3, 2011 in Exeter (GB).

Gautschi P., Moser D.V., Reusser K. & Wiher P. (2007), *Geschichtsunterricht heute. Eine empirische Analyse ausgewählter Aspekte,* Bern: h.e.p. Verlag.

Helmke A. (2009), *Unterrichtsqualität und Lehrerprofessionalität: Diagnose, Evaluation und Verbesserung des Unterrichts*; Franz Emanuel Weinert gewidmet (1. Aufl.), Seelze-Velber: Klett.

Helmke T., Helmke A., Schrader F.-W., Wagner W., Nold G. & Schröder K. (2008), Die Videostudie des Englischunterrichts, in: DESI-Konsortium (Hg.), *Unterricht und Kompetenzerwerb in Deutsch und Englisch. Ergebnisse der DESI-Studie*, Weinheim: Beltz, 345-363.

Klieme E., Pauli C. & Reusser K. (2003) (Hg.), Dokumentation der Erhebungs- und Auswertungsinstrumente zur schweizerisch-deutschen Videostudie „Unterrichtsqualität, Lernverhalten und mathematisches Verständnis", *Materialien zur Bildungsforschung*, Band 15, Frankfurt am Main: GFPF.

Kocher M., Wyss C., Baer M. & Edelmann D. (2010), Unterrichten lernen: den Erwerb von Unterrichtskompetenzen angehender Lehrpersonen videobasiert nachzeichnen. Eine explorative Längsschnittuntersuchung an der Pädagogischen Hochschule Zürich, in: *Lehrerbildung auf dem Prüfstand* 3/1, 23-55.

Kocher M. & Wyss C. (2008), *Unterrichtsbezogene Kompetenzen in der Lehrerinnen- und Lehrerausbildung: Eine Videoanalyse*, Deutsche Universitätsedition: Bd. 28, Neuried: ars et unitas.

Krammer K. & Reusser K. (2005), Unterrichtsvideos als Medium der Aus- und Weiterbildung von Lehrpersonen, in: *Beiträge zur Lehrerbildung*, 23/1, 35-50.

Krauss St. (2011), Das Experten-Paradigma in der Forschung zum Lehrerberuf, in: Terhart E., Bennewitz H. & Rothland M. (Hg.), *Handbuch der Forschung zum Lehrerberuf*, Münster: Waxmann, 171-191.

Kunter M., Baumert J., Blum W, Klusmann U., Krauss S. & Neubrand M. (2011) (Hg.), *Professionelle Kompetenz von Lehrkräften. Ergebnisse des Forschungsprogramms COACTIV*, Münster: Waxmann.

Larcher S., Müller P., Baer M., Dörr G., Edelmann D., Guldimann T., Kocher M. & Wyss C. (2010), Unterrichtskompetenz über die Zeit: Unterrichten lernen zwischen Studienbeginn und Ende des ersten Berufsjahres, in: Abel J. & Faust G. (Hg.), *Wirkt Lehrerbildung? Antworten aus der empirischen Forschung*, Münster: Waxmann.

Larcher Klee S. (2005). *Einstieg in den Lehrerberuf. Untersuchungen zur Identitätsentwicklung von Lehrerinnen und Lehrern im ersten Berufsjahr*, Bern: Haupt.

Lipowsky F. (2003), *Wege von der Hochschule in den Beruf. Eine empirische Studie zum Berufserfolg von Lehramtsabsolventen in der Berufseinstiegsphase*, Bad Heilbrunn: Klinkhardt.

Maier U., Kleinknecht M., Metz K. & Bohl Th. (2010), Ein allgemeindidaktisches Kategorien-system zur Analyse des kognitiven Potenzials von Aufgaben, in: *Beiträge zur Lehrerbildung* 28/1, 84-96.

Neubrand J. (2002), *Eine Klassifikation mathematischer Aufgaben zur Analyse von Unterrichtssituationen: Selbsttätiges Arbeiten in Schülerarbeitsphasen in den Stunden der TIMSS-Video-Studie*, Hildesheim: Franzbecker Verlag.

Pauli C., Ineichen G. & Suhner R. (2009), *Codiermanual zur Untersuchung des Klassengesprächs*, Institut für Erziehungswissenschaft, Universität Zürich.

Pauli C. & Reusser K. (2006), Von international vergleichenden Video Surveys zur videobasierten Unterrichtsforschung und –entwicklung, in: *Zeitschrift für Pädagogik*, 52/6, 774-798.

Reusser K. (2005), Situiertes Lernen mit Unterrichtsvideos: Unterrichtsvideografie als Medium des situierten beruflichen Lernens, *Journal für Lehrerinnen- und Lehrerbildung* 2, 8-18.

Reusser K. (2009), Unterricht, in: Andresen A., Casale R., Gabriel T., Horlacher R., Larcher Klee S. & Oelkers J. (Hg.), *Handwörterbuch Erziehungswissenschaft*, Weinheim/Basel: Beltz Verlag, 881-896.

Rimmele R. (2004), *Videograph. Multimedia-Player zur Kodierung von Videos* (Version 2.3.2), Kiel: Leibniz-Institut für die Pädagogik der Naturwissenschaften (IPN).

Seidel T. (2003), *Lehr-Lernskripts im Unterricht*, Münster: Waxmann.

Seidel T., Dahlehefte I. M. & Meyer L. (2001), Videoanalysen – Beobachtungsschemata zur Erfassung von „Sicht-Strukturen" im Physikunterricht, in: Prenzel M., Duit R., Euler M., Lehrke M. & Seidel T. (Hg.), *Erhebungs- und Auswertungsverfahren des DFG-Projektes „Lehr-Lern-Prozesse im Physikunterricht – eine Videostudie"*. Kiel: Leibniz-Institut für die Pädagogik der Naturwissenschaften (IPN).

Seidel T., Prenzel M., Duit R. & Lehrke M. (2003) (Hg.), *Technischer Bericht zur Videostudie "Lehr-Lern-Prozesse im Physikunterricht"*, IPN-Materialien, Kiel: IPN.

Seidel T. (2011), Lehrerhandeln im Unterricht, in: Terhart E., Bennewitz H. & Rothland M. (Hg.), *Handbuch der Forschung zum Lehrerberuf*, Münster: Waxmann, 214-231.

Fokussierte Auswertung von Videoaufzeichnungen als Methode in der Lehrerausbildung

Niels Brouwer (Radboud Universität Nijmegen) &
Fokelien Robijns (Ijsselgroep Zwolle)[1]

1   Einführung

Seit der Digitalisierung des Mediums Video etablieren sich Videoplattformen in der Lehrerbildung und der -fortbildung (vgl. u.a. www.timssvideo.com und www.unterrichtsvideos.ch). Videoaufzeichnungen von Unterricht sind für Lehrer und Lehrerausbilder attraktiv, denn Video verbindet Praxis und Theorie und es macht die Interaktionen innerhalb des didaktischen Dreiecks konkret und anschaulich. Als Zuschauer erlebt man die Unterrichtssituation mit und wird dadurch sowohl kognitiv als auch emotional einbezogen. Dieser Mehrwert von Video wird häufig als selbstverständlich angenommen, seine Wirkung jedoch wird kaum erforscht. Gleichzeitig erweist sich in der Ausbildungspraxis das Ziel, angehenden Lehrern Einsicht in die Zusammenhänge zwischen Lehren und Lernen zu vermitteln, als schwer erreichbar, weil tiefgreifendes Beobachten, Analysieren und Reflektieren keine Fähigkeiten und Gewohnheiten sind, die angehende Lehrer von sich aus mitbringen. Auch bei Mentoren und Ausbildern ist dies nicht immer selbstverständlich. Sollen Lehrer also einen Blick entwickeln für die vielfältige Art und Weise, in der Schüler lernen, dann erfordert das Training im Beobachten und Analysieren von Lehr-Lernprozessen (vgl. Brophy, 2004).

Was nehmen Lehrer eigentlich wahr, wenn sie Videoaufzeichnungen einer Unterrichtsstunde anschauen? Wie deuten sie, was sie sehen? Folgern sie aus ihren Beobachtungen Konsequenzen für ihr eigenes Unterrichten und wenn ja, welche? Welche Art von Unterstützung beim Anschauen von Unterricht trägt dazu bei, einen feinfühligen Blick für die Zusammenhänge zwischen Lehren und Lernen zu entwickeln? Seit den 90er Jahren wird auf internationaler Ebene eine sowohl theoretische als auch empirische Grundlage für derartige Unterstützungssysteme entwickelt, vor allem in den Vereinigten Staaten (Stigler & Hiebert, 1999; Sherin, Jacobs & Philipp, 2011), der Schweiz (Reusser, Pauli & Waldis, 2010) und Deutschland (Schwindt, 2008; Kobarg, 2009; Seidel, Stürmer, Blomberg, Kobarg & Schwindt, 2011; Blomberg, Stürmer & Seidel, 2011).

---

1   Dieser Beitrag wurde von der Grundschullehrerausbildung Iselinge Hogeschool zu Doetinchem und der Open Universiteit in den Niederlanden gefördert. Zur Datenerhebung und -analyse trugen Coby Bos, Henk Hofman und Bart Joosten bei.

Das Ziel der vorliegenden Studie war festzustellen, welche Merkmale Beobachtungshilfen besitzen sollen, um angehende Grundschullehrer dabei zu unterstützen, Einsicht in die Unterrichtsfähigkeiten zu entwickeln, mit denen sie das Lernen von Kindern wirksam fördern können. Eine Beobachtungshilfe ist eine in unterschiedliche Themen gegliederte Sammlung von Beobachtungspunkten, die die Aufmerksamkeit auf sichtbares Lehrerverhalten richtet, für dessen Effektivität Forschungshinweise bestehen (Besselink, Brouwer & Muller, 2011).

Diese Untersuchung schließt an eine Studie von Chan & Harris (2005) an, die mit Hilfe der Methode des lauten Denkens die Gedanken von sechs Muttersprache-Lehrern untersuchten, *während* diese Videoaufzeichnungen des Unterrichts von Kollegen angesehen haben. Anders als bei Untersuchungen, in denen *im Nachhinein* von Lehrern geschriebene Kommentare zu Unterrichtsaufzeichnungen analysiert werden (Schwindt, 2008; Kobarg, 2009), kann man bei der Methode des lauten Denkens annehmen, dass ein eher direkter Zugang zu den Kognitionen der Lehrer erreicht wird. Dazu stellen Chan & Harris das Cognitive Development Process Model vor, in dem verschiedene Arten von Gedanken von Lehrern während des Anschauens von Unterrichtsaufzeichnungen unterschieden werden (vgl. Tab. 1).

Tab.1: Cognitive Development Process Model

Bewusstsein	Reflexion				
	Verstehen	Annehmen	Verwerfen	Mitteilen	Wunsch zum Handeln
O1 Einfaches bemerken O2 Fortgeschrittenes bemerken O3 Sich erinnern	B1 Deuten B2 Unsicherheit äußern B3 Vermuten	A1 Zustimmen A2 Nett finden A3 Positiv bewerten	V1 Ablehnen V2 Nicht mögen V3 Negativ bewerten	D1 Überzeugungen mitteilen D2 Vergleichen D3 Erfahrungen mitteilen	H1 Anwenden H2 Nachfragen

Das Modell enthält zwei Hauptkategorien (Bewusstsein und Reflexion) und beruht auf der Annahme, dass eine Person nur über etwas reflektieren kann, was sie mit einem bestimmten Maß an Bewusstheit wahrnimmt. Die Bedeutungen der Subkategorien unter Bewusstsein und Reflexion wird unten mit je einer charakteristischen Aussage illustriert.

> *Bemerken*: „Die Schüler hören zu."
> *Verstehen*: „Sie fängt jetzt mit betreutem Üben an und macht eine Runde durch die Klasse."
> *Annehmen*: „Sie verarbeitet die Schulreise in ihren Rechenaktivitäten, das ist nett, kreativ ausgedacht."
> *Verwerfen*: „Sie erzählt viel, aber sie zeigt es nicht. Und das finde ich sehr schade."
> *Mitteilen*: „Es ist ein bisschen laut, aber sie dürfen sich miteinander beraten. Das ist dann auch wohl erlaubt, denke ich."

Wunsch zum Handeln: „Ich würde gerne wissen, wie sie sich das ausgedacht hat, dass sie den Schülern diese Aufgabe erteilt."

Die Untersuchung von Chan & Harris befasst sich nicht nur mit der Wahrnehmung von Lehrern, sondern auch damit, wie diese mit ihrer Urteilsbildung, ihrem Handeln und ihren Vorhaben verbunden ist. Chan & Harris (2005, S. 367) formulieren die Annahme, dass der beobachtende Lehrer die in ihrem Modell bezeichneten Kognitionen oder „Denkhandlungen" in einer linearen Abfolge durchläuft Allerdings gibt es Gründe, daran zu zweifeln. So weisen Miller (2011) und Erickson (2011) darauf hin, dass Lehrer zu "split-second judgments" geneigt sind. Wenn sie sich Unterrichtsaufzeichnungen von Kollegen anschauen, tun sie das nicht unbefangen. Sie verbinden ihre Wahrnehmung vielfach mit einer ethischen oder pragmatischen Abwägung. Typisch ist zum Beispiel die Kombination der Wahrnehmung eines gezeigten Unterrichtsstils mit der Abwägung, ob der gezeigte Stil auch im eigenen Unterricht wünschenswert oder machbar wäre.

In diesem Beitrag beschreiben wir, wie niederländische angehende Grundschullehrer sich eine Zusammenstellung von Ausschnitten einer Rechenstunde angeschaut haben, welche Gedanken das bei ihnen hervorrief und in welcherlei Hinsicht sich ihre Reaktionen unterschieden, abhängig von den Bedingungen, unter denen sie die Videoclips der Rechenstunde schauten. Die Forschungsfragen lauteten:

I.   Ist das von Chan & Harris (2005) entwickelte Cognitive Development Process Model geeignet, um die Gedanken von niederländischen Grundschullehrern in ihrem zweiten Ausbildungsjahr beim Betrachten von Videoclips einer Rechenstunde explizit zu machen?

II.   Über welche Art von Gedanken berichten diese angehenden Grundschullehrer, während sie Videoclips einer Rechenstunde betrachten?

III. Unterscheiden sich ihre Reaktionen abhängig von den äußeren Bedingungen der Beobachtung, d.h. ob sie keine, eine globale oder eine strukturierte Beobachtungshilfe zur Verfügung gestellt bekamen?

2   Forschungsdesign

Soweit uns bekannt ist die Untersuchung von Chan & Harris noch nirgendwo repliziert. Darum haben wir in der Iselinge-Hochschule in Doetinchem eine Voruntersuchung mit vier Grundschullehrern im zweiten Ausbildungsjahr durchgeführt, um das Cognitive Development Process Model in einer niederländischen Ausbildungssituation zu testen. In der folgenden Hauptuntersuchung ist eine vereinfachte Fassung dieses Kategoriensystems bei zwölf Studenten benutzt worden. Erforscht wurde, ob mit dieser Fassung Protokolle von lautem Denken reliabel zu quantifizieren und analysieren waren (Forschungsfrage I), in welche Subkategorien die Aussagen der Studenten fielen (Forschungsfrage II) und ob und wie ihre Reaktionen sich abhängig von den äußeren Bedingungen der Beobachtung unterschieden (Forschungsfrage III).

2.1 Voruntersuchung

Bei der Voruntersuchung beobachteten vier angehende Grundschullehrer Bildmaterial aus dem Fall *Fantasialand* der Videoplattform Didiclass (www.didiclass.nl und http://portal3.rdmc.ou.nl/casusbank). Dieses Material betrifft eine Rechenstunde, in der eine angehende Grundschullehrerin die Kinder als Vorbereitung auf einen Ausflug zum Vergnügungspark Fantasialand in Paaren einen Kostenvoranschlag für den Ankauf von Getränken, Süßigkeiten und Obst erstellen lässt.

2.1.1 Datenerhebung in der Voruntersuchung

Jeder Student betrachtete das Videomaterial unter anderen Bedingungen. Drei Studenten betrachteten eine dreieinhalbminütige Zusammenstellung von Teilen der Stunde, in der vor allem die Instruktion durch die angehende Lehrerin und ihre Interaktion mit den Schülern zu sehen waren. Dabei galt: der erste Student erhielt weder Beobachtungshilfe noch Zwischentitel in der Video-Kompilation (Bedingung A). Der zweite Student bekam eine globale Beobachtungshilfe, allerdings keine Zwischentitel in der Video-Kompilation (Bedingung B). Der dritte Student erhielt eine strukturierte Beobachtungshilfe und zudem Zwischentitel in der Video-Kompilation (Bedingung C).

Ein möglicher Einwand gegen das beschriebene Untersuchungsdesign war, dass unter den Bedingungen A bis C der Zusammenhang des ganzen Falles entfällt. Darum wurde in der Voruntersuchung eine Beobachtungssituation D hinzugefügt, in der der Betrachter das unveränderte Fragment der Rechenstunde und die Interviews mit der angehenden Lehrerin, ihrer Mentorin und zwei Schülern anschauen konnte.

Alle Probanden bekamen die Aufgabe, während des lauten Denkens das Video zu unterbrechen, um Gedanken, Einfälle und Ideen in Bezug auf das Gesehene zu äußern. Dabei konnten sie sich das Bildmaterial in non-linearer Folge anschauen, d.h. nach Belieben durchforsten Auch wurde darauf hingewiesen, dass ausschließlich ihre Gedanken wichtig waren, dass also von guten oder falschen Antworten keine Rede war. Der Versuchsleiter stellte während des Betrachtens der Videos und der Phase des lauten Denkens nur kurze Erläuterungsfragen, meistens nachdem der Student selbst das Video unterbrochen und einen Gedanken berichtet hatte. Zusätzlich wurden im Anschluss an das laute Denken Interviewfragen gestellt, um mehr über die unterschiedlichen Denkhandlungen nach Chan & Harris zu erfahren.

2.1.2 Datenauswertung in der Voruntersuchung

Die Aufnahmen des lauten Denkens während der Voruntersuchung sind global daraufhin analysiert worden, ob solche Sitzungen ausführbar sind und ob die anschließenden Interviewfragen ausreichend ausführliche Aussagen hervorrufen. So kam das Datenerhebungsprotokoll zustande, das in der Hauptuntersuchung verwendet wurde. Desweiteren sind die Aufnahmen des lauten Denkens und das darauf folgende Interview in Bedingung D einer qualitativen Inhaltsanalyse unterzogen worden, um zu untersuchen, inwieweit sich die Reaktionen beim Betrachten des ganzen Falles von denen des Betrachtens unter den Bedingungen A bis C unterscheiden.

2.2   Hauptuntersuchung

In der Hauptuntersuchung schauten sich zwölf durch Zufall ausgewählten Studenten aus dem zweiten Ausbildungsjahr, zwei Frauen und zwei Männer in jeder Bedingung, die Video-Kompilation der Rechenstunde aus dem Fall Fantasialand an.

2.2.1   Datenerhebung in der Hauptuntersuchung

Im Anschluss an das laute Denken wurden in allen Bedingungen die aus dem Cognitive Development Process Model abgeleiteten Interviewfragen gestellt. Diese waren in Anfangsfragen und weitergehende Fragen unterteilt (siehe die von 1 bis 11 nummerierten Fragen in Tab. 2). Das Interview wurde mit rückblickenden Fragen abgeschlossen, die sich zum einen auf die eigene Erfahrung mit dem Unterrichten von Mathematik bezogen, zum anderen auf die eigene Meinung bezüglich des Erteilens von Mathematikstunden und die Verwendung von Beobachtungshilfen. Die Fragen zum letzten Thema wurden nur in den Bedingungen mit Beobachtungshilfen (B und C) gestellt.

2.2.2   Datenerhebung in der Hauptuntersuchung

Die Videoaufnahmen der zwölf Sitzungen mit lautem Denken wurden vollständig transkribiert, aufgrund festgelegter Regel sequenziert und gemäß der Kategorien des Modells von Chan & Harris (2005) kodiert. Die Kodierung wurde von sechs Ratern ausgeführt. Um eine ausreichende Reliabilität zu erreichen, wurden zunächst alle Protokolle von zwei Ratern analysiert. Wenn ihre Beurteilungen sich unterschieden, wurden die entsprechenden Aussagen von einem dritten Rater kodiert. Falls möglich, wurde die endgültige Kodierung durch die Mehrheit von zwei Ratern bestimmt. Verbleibenden Divergenzen in den Kodierungen wurden diskutiert und im Konsens kodiert.

Erst wurde die Häufigkeitsverteilung der Codes in der ganzen Untersuchungsgruppe berechnet. Dann wurden die Häufigkeiten in den verschiedenen Bedingungen verglichen und die Unterschiede zwischen ihnen mithilfe einer Einweg-Varianzanalyse auf Signifikanz überprüft. Ferner wurde jeweils der Effekt zwischen den Bedingungen A-C, B-C und A-B ermittelt. Dabei wurden Effektgrößen > 0,25 < 0,50 als klein, Effektgrößen > 0,50 < 0,75 als mittelgroß und Effektgrößen > 0,75 als groß eingestuft (Grissom & Kim, 2005, Kap. 3). Die Interviewaussagen der Probanden wurden einer Cross-case-Inhaltsanalyse unterzogen.

Tab. 2: Interviewfragen im Anschluss an das laute Denken

Be-wusst-sein*	Reflexion				
	Verstehen	Anneh-men	Verwerfen	Mitteilen	Wunsch zum Han-deln
Einfaches Bemerken / Fortgeschrittenes Bemerken	Deuten / Unsicherheit äussen / Vermuten	Zustimmen / Nett finden / Positiv bewerten	Ablehnen / Nicht mögen / Negativ bewerten	Überzeugungen mitteilen / Vergleichen / Erfahrungen mitteilen	Anwenden / Nachfragen
Anfangsfragen 1. Was ist Dir in dieser Rechenstunde am meisten aufgefallen?	3. Beschreibe bitte in eigenen Worten wie diese Stunde verläuft.	5. Was ist Deine Meinung über diese Stunde?		8. Deute bitte Aspekte in dieser Stunde an, die Deiner Meinung nach lehrreich für die Ki...	10. Wenn Du mit der Lehrerin in dieser Stunde sprechen könntest, was wür...
Weitergehende Fragen 2. Was ist daran für Dich interessant?	4. (Anlässlich der Beschreibung und/oder Deutung:) Was meinst Du mit ... [Zitat]?	6. Was findest Du gut an dieser Stunde?	7. Was sollte diese Lehrerin nach Deiner Meinung an dieser Stunde verbessern?	9. Hast Du selbst auch mal so eine Rechenstunde gegeben? Bitte erzähl mir darüber.	11. Möchtest Du diese Rechenstunde auch so geben? Falls ja: Wie würdest Du diese Stunde selbst ausführen? Falls nein: Wie denn?

* Die Kategorie „sich erinnern" ist nicht anwendbar.

3   Ergebnisse

In diesem Absatz beschreiben wir, in welcher Form das Cognitive Development Process Model sich in einer niederländischen Ausbildungssituation als anwendbar herausstellte. Dargestellt wird, wie viele und welche Aussagen die Studenten während des lauten Denkens machten, auf welche Aspekte der Rechenstunde sie hinwiesen und welche Unterschiede zwischen den Bedingungen hervortraten. Auch wird zusammengefasst, wie die Studenten auf das laute Denken zurückblickten und welche Meinung sie zum Gebrauch von Beobachtungshilfen äußerten

3.1   Zusammenstellung der Untersuchungsgruppe

Der Rücklauf betrug sowohl in der Vor- als der Hauptuntersuchung 100%. Die Studenten in der Hauptuntersuchung hatten durchschnittlich 19,7 Rechenstunden gegeben und erteilten ihren eigenen Rechenfähigkeiten eine Note von durchschnittlich 7,9 auf einer Skala von 1 bis 10. Wie attraktiv das Erteilen von Rechenstunden für sie war, werteten sie durchschnittlich mit 4,17 auf einer Skala von 1 bis 5.

3.2   Vereinfachte Fassung des Cognitive Development Process Model

Die Voruntersuchung zeigte, dass die beabsichtigte Untersuchung mittels lauten Denkens gut durchführbar war. Diese ist dann auch in der Hauptuntersuchung verwendet worden. Nach der ersten Runde der Ratings betrug der Prozentsatz identisch kodierter Aussagen 51%. Nach Einschaltung eines dritten Raters stieg diese Quote auf 82% an. Konsens bei der endgültigen Kodierung musste vor allem in den Subkategorien „Bewusstsein" und „Verstehen" hergestellt werden.

Zur Kennzeichnung der Aussagen von Studenten in einer niederländischen Grundschullehrerausbildung erwiesen sich die Kategorien des Modells als überraschend gut anwendbar. Sie machten durchschnittlich 15,17 unterschiedliche Aussagen pro Protokoll (mit einem Maximum von 34 und einem Modus von 11). Im Durchschnitt waren nur 1,2 Aussagen (oder 8% aller Aussagen) nicht einzuordnen. Keine einzige Aussage fiel in die Subkategorie „Wunsch zum Handeln". Deshalb kann festgestellt werden, dass fünf der sechs Subkategorien replizierbar waren. Auch die Unterscheidungen innerhalb der Subkategorie „Verstehen" stellten sich als replizierbar heraus. Innerhalb der Subkategorien „Bemerken", „Annehmen", „Verwerfen" und „Mitteilen" konnten die von Chan & Harris definierten Unterscheidungen jedoch nicht genügend reliabel kodiert werden. Bei „Annehmen" und „Verwerfen" ist dies vermutlich darauf zurückzuführen, dass hier eher von Unterschieden von Intensität oder Niveau, als von qualitativ verschiedenen Gedanken die Rede ist.

Aufgrund dieser Befunde haben wir eine vereinfachte Fassung des Cognitive Development Process Model aufgestellt (vgl. Tab. 3, nächste Seite).

3.3   Aussagen über die Rechenstunde

Die Sitzungen des lauten Denkens und die anschließenden Interviews zeigten in verschiedener Weise, was die Studenten anlässlich der angeschauten Video-Kompilation der Rechenstunde dachten.

Tab. 3: Vereinfachtes Cognitive Development Process Model

Bewusst-sein	Reflexion				
	Verstehen	*Annehmen*	*Verwerfen*	*Mitteilen*	*Wunsch zum Handeln*
O1 Bemer-mer-ken	B1 Deuten B2 Unsicher-heit äu-ßern B3 Vermuten	A1 Zustim-men / Nett fin-den / Positiv bewerten	V1 Ablehnen / Nicht mö-gen / Negativ bewerten	D1 Überzeu-gungen mitteilen / Verglei-chen / Erfahrun-gen mit-teilen	H1 Anwen-den H2 Nachfra-gen

3.3.1 Aussagen während des lauten Denkens

In der Hauptuntersuchung waren die Aussagen der gesamten Teilnehmergruppe (N=12) während des lauten Denkens über die verschiedenen Subkategorien verteilt (vgl. Abb. 1).

Abb. 1: Verteilung der Aussagen über die Subkategorien

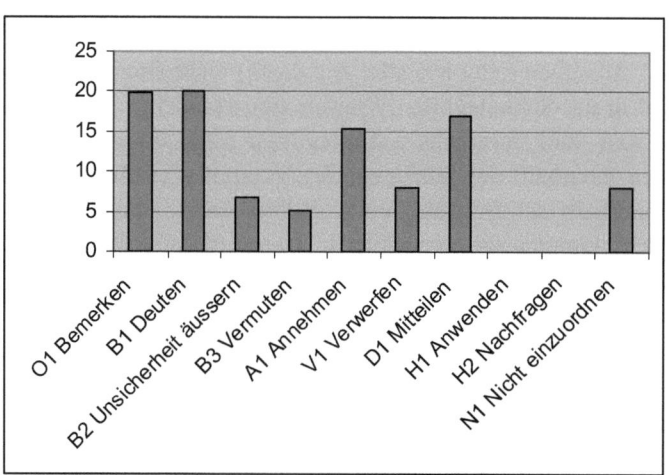

Die Studenten machten während des lauten Denkens vor allem Aussagen, die zeigten, dass sie einzelne Aspekte der Rechenstunde bemerkten und deuteten (19,8% bzw. 20,1%). Fast ebenso viele Bemerkungen bezogen sich auf das Mitteilen von Überzeugungen und Erfahrungen (16,9%). Was sie sahen, werteten die Studenten eher positiv als negativ (15,4% und 8% für „Annehmen" bzw. „Verwerfen"). Bedeutend weniger Aussagen fielen in die Subkategorien „Unsicherheit äußern" und „Vermuten" (6,7% bzw. 5 %).

3.3.2 Aussagen während des Interviews

Während ihrer Interviews machten die Studenten klar, auf welche Aspekte der Rechenstunde sie vor allem achteten. Aufmerksamkeit schenkten sie in einem ersten

Schritt dem Instruktionsverhalten der Lehrerin. An zweiter Stelle beachteten sie, wie diese die Schüler durch die Abfolge von Aktivitäten, die Veranstaltung von Gruppenarbeit, ihr Unterrichtsgespräch mit den Kindern und durch das Lob, das sie für sie aussprach, anregte und motivierte. Eine klare Mehrheit der Studenten beurteilte die Stunde als durchaus befriedigend bis stark, vor allem weil die Lehrerin ein sozial sicheres Lernklima schuf und den Kindern Hilfe anbot. Über den Ertrag der Stunde äußerten sich die Studenten kritischer. Sie fanden den Inhalt – Addition bis zu einem bestimmten Limit – recht einfach und meinten, die Lehrerin hätte die Aufgabe im Unterrichtsgespräch mit den Schülern eingehender auswerten können. Anlässlich der Frage, was sie an der Stunde lehrreich fanden, erwähnten die Studenten überwiegend allgemein didaktische Aspekte, wie die Partnerarbeit.

Anders als während des lauten Denkens brachten die Studenten während der Interviews das, was sie gesehen hatten, mit ihrem eigenen Handeln in Verbindung. 18 der insgesamt 28 Bemerkungen über dieses Thema betrafen die Phasen im Ablauf der Stunde. Die Studenten wollten vor allem die Motive hinter der Unterrichtsvorbereitung der Lehrerin kennenlernen. Sie fragten sich zum Beispiel, warum sie die Einführung so gestaltete, wie sie es tat, warum sie bestimmte Wahlmöglichkeiten bei der Einkaufsliste, die die Schüler zu erstellen hatten, einschränkte, warum sie die Schüler zur Zusammenarbeit motivierte und in welchen Fällen sie die Stunde wegen Unruhe hätte fortsetzen oder unterbrechen sollen. Zehn Bemerkungen wurden in der Art „Warum hat sie nicht (mehr) …?" formuliert, wonach die Studenten Verhaltensalternativen nannten, die sie selber bevorzugten. Sieben Studenten gaben zu erkennen, dass sie dem Modell der direkten Instruktion expliziter folgen würden, d.h. dass sie das Lernziel ausdrücklicher mitteilen und die Instruktion nachdrücklicher ausführen würden. Auch wollten sie die Lernaktivität mehr vormachen, sie in einem Unterrichtsgespräch mit der gesamten Klasse auswerten und die Stunde in einer klareren Weise beschließen.

3.4   Unterschiede zwischen den Bedingungen

Vor der Prüfung, inwieweit sich die Aussagen während des lauten Denkens unter den äußeren Bedingungen des Beobachtens unterscheiden, haben wir die Rolle der Hintergrundvariablen für eventuelle Unterschiede untersucht, nämlich die Zahl der selbst erteilten Rechenstunden, das Urteil über die eigene Rechenfähigkeit und das Maß, gemäß dem die Studenten das Erteilen von Rechenstunden attraktiv fanden. Die Einweg-Varianzanalyse ergab, dass sich die Verteilung der Aussagen während des lauten Denkens in diesen Hinsichten nicht signifikant zwischen den Bedingungen unterschied.

Wie in Abbildung 2 dargestellt variiert die Gesamtzahl der Aussagen zwischen den Bedingungen. Dieser Unterschied ist jedoch nicht signifikant auf dem 5%-Niveau. In der am stärksten strukturierten Bedingung C machten die Studenten durchschnittlich 20,5 Aussagen, während die Studenten in den Bedingungen B und A durchschnittlich 11,75 bzw. 13,25 Aussagen machten.

Abb. 2: Zahl der Aussagen in den verschiedenen Bedingungen

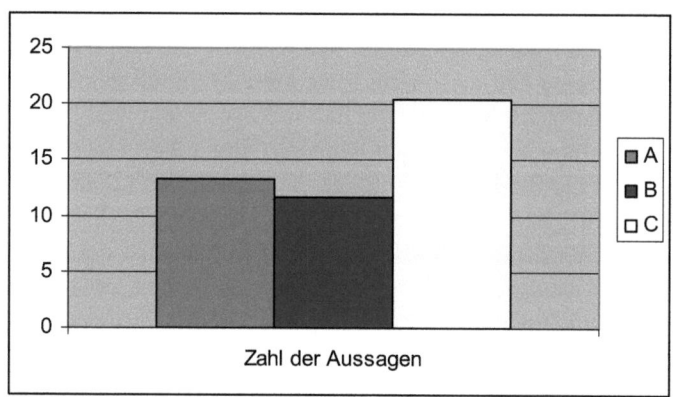

Die Häufigkeiten der Aussagen innerhalb der Subkategorien des Cognitive Development Process Models unterschieden sich klar zwischen den Bedingungen. Abbildung 3 zeigt, dass unter Bedingung C vor allem deutlich mehr bemerkende und deutende Aussagen gemacht wurden. Auch finden sich weniger Aussagen in den Subkategorien „Annehmen", „Verwerfen" und „Mitteilen". Aufgrund der Einweg-Varianzanalyse lässt sich aber nur ein signifikanter Unterschied feststellen, und zwar in der Subkategorie „Deuten" ($F=8{,}793$; $p =0{,}01$). Von den 11 antwortenden Studenten machten drei in Bedingung A durchschnittlich 8% deutende Aussagen. Die vier Studenten in Bedingung B machten durchschnittlich 10% und die vier Studenten in Bedingung C durchschnittlich 39% deutende Aussage. Diese Effekte sind mittelgroß (0,69 im Vergleich zwischen Bedingungen C und A; 0,61 im Vergleich zwischen Bedingungen C und B).

Die Vergleiche zwischen den Bedingungen in Abbildung 3 ergaben nur kleine Effektgrößen in den Subkategorien „Bemerken" (variierend zwischen 0,03 und 0,19), „Verwerfen" (variierend zwischen -0,33 und 0,03) und „Mitteilen" (variierend zwischen -0,40 und 0,08). Wohl aber gab es deutlich verschiedene Effektgrößen bezüglich der Zahl der annehmenden Aussagen. Die Studenten in Bedingung C machten durchschnittlich 4% annehmende Aussagen, was deutlich weniger ist als die 23% der Studenten in Bedingung B und die 20% in Bedingung A. Es handelt sich hier um einen großen bzw. mittelgroßen Unterschied von -1,94 bzw. -0,55. Zwischen den Bedingungen A und B sind nur Unterschiede mit einer kleinen Effektgröße gefunden worden.

Abb. 3: Art der Aussagen in den verschiedenen Bedingungen

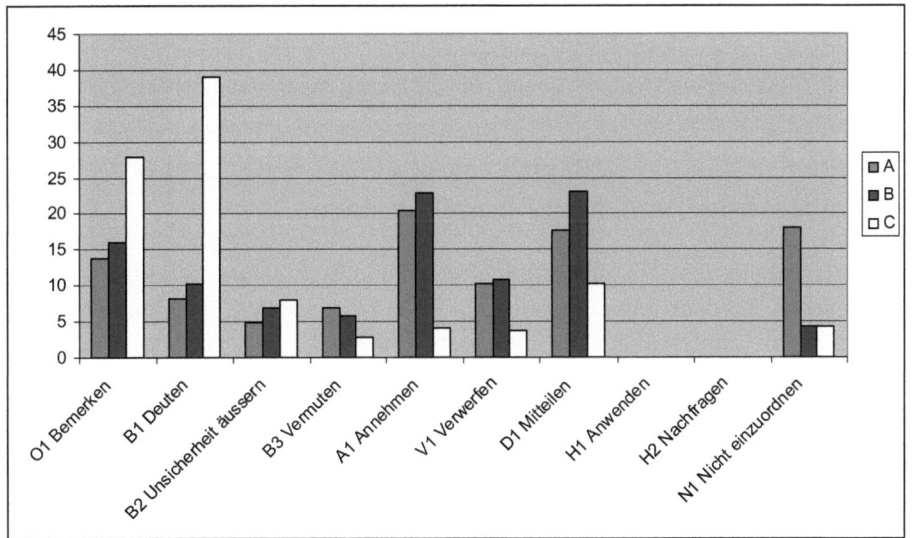

Zusammenfassend machten die Studenten, die die strukturierte Beobachtungshilfe erhielten, während des lauten Denkens mehr Aussagen. Im Vergleich zu den Studenten, die keine oder eine globale Beobachtungshilfe hatten, waren die Aussagen der zuerst genannten Studenten vor allem geprägt durch ihren bemerkenden und deutenden Charakter, weniger durch Elemente des Annehmens, Verwerfen oder Mitteilens.

3.5   Die Verwendung von Beobachtungshilfen

In den Interviews äußerten sich die meisten Studenten positiv über die Verwendung von Beobachtungshilfen. Fünf der acht Studenten in den Bedingungen mit Beobachtungshilfe (B und C) erzählten, dass sie mit der Beobachtungshilfe mehr Aspekte bemerkt hätten als ohne. Gerade die vier Studenten in der meiststrukturierten Bedingung C meinten, dies würde der Fall sein. Die Studenten, die die globale Beobachtungshilfe zur Verfügung gestellt bekamen (Bedingung B), fanden es hilfreich, dass explizite Punkte angeboten wurden, auf die man achten konnte. Insgesamt sieben der acht interviewten Studenten bejahten, dass Beobachtungshilfen, wie in der Hauptuntersuchung verwendet ihnen bei Praktika und Ausbildung helfen würden, um Punkte zur Verbesserung ihres eigenen Unterrichts zu formulieren. Die Studenten gaben die folgenden Empfehlungen für die Verwendung von Beobachtungshilfen:

–   „Ermögliche bitte eigene Items hinzuzufügen.“
–   „Schaue einen Clip an, ziehe die Beobachtungshilfe heran, spreche darüber, pausiere und wiederhole dann diese Vorgehensweise.“

- „Benutze Beobachtungshilfen um darüber nachzudenken, warum die Dinge während einer Stunde geschehen so wie sie geschehen."
- „Benutze Beobachtungshilfen, um den Übergang vom Rückblick auf die letzte Stunde zur Vorbereitung der nächsten zu vollziehen."
- „Sowohl Studenten als Mentoren können die genannten Auswertungsschritte ausführen, selbstständig und/oder zusammen."

4 Schlussfolgerungen und Empfehlungen

Diese Untersuchung führt zu Schlussfolgerungen und Empfehlungen mit einer klaren praktischen Relevanz. Wir beantworten jetzt die gestellten Forschungsfragen und formulieren Empfehlungen für die Ausbildung und Weiterbildung von Lehrern.

4.1 Schlussfolgerungen

Die erste Forschungsfrage lautete, inwiefern das von Chan & Harris (2005) entwickelte Cognitive Development Process Model brauchbar ist, um die Gedanken von niederländischen Grundschullehrern während des Betrachtens einer Video-Kompilation einer Rechenstunde explizit zu machen. Auf der Ebene der Subkategorien hat es sich in der Tat als möglich erwiesen, die Reaktionen von niederländischen Studenten reliabel zu kodieren. Unterscheidungen innerhalb der Subkategorien waren aber nur für Verstehen und Wunsch zum Handeln replizierbar. Zuverlässige Unterscheidungen innerhalb der übrigen Subkategorien scheinen nur möglich, insoweit die einschlägigen Aspekte sich inhaltlich deutlich unterscheiden. Letzteres ist in der aus unserer Voruntersuchung abgeleiteten, vereinfachten Fassung des Modells gewährleistet.

Bezüglich der zweiten Forschungsfrage folgern wir, dass die untersuchten angehenden Grundschullehrer in der Tat verschiedene Denkhandlungen im Sinn des Modells von Chan & Harris vollzogen. Die Mehrzahl der Aussagen während des lauten Denkens bezeugte „Bemerken", „Deuten", „Annehmen", „Verwerfen" und „Mitteilen". Die Studenten befassten sich also vor allem damit, zu verstehen, was sich in den gezeigten Teilen der Unterrichtsstunden ereignete, gleichzeitig aber bildeten sie sich darüber ein Urteil. Die Interviews im Anschluss an das laute Denken machten klar, dass das Bildmaterial die Studenten zu einer beträchtlichen Zahl von konkreten Kommentaren, Diskussionsthemen und Ideen für das eigene Lehren anregte.

Die meisten Studenten achteten eher auf interaktionale als auf fachdidaktische Aspekte. Ein Grund dafür ist vermutlich, dass die angebotene Beobachtungshilfe auf allgemein didaktischer Ebene formuliert war. Die Studenten schienen geneigt, die Qualität der Stunde an der Art der Interaktion zu messen: wenn die Lehrerin den Schülern zuvorkommend begegnete, fanden sie die Stunde gut. Kritische Anmerkungen zu dem Maße, in dem die Stunde die Schüler kognitiv herausforderte, wurden nur von einer Minderheit gemacht. Alles in allem schienen die Studenten wenig geneigt solchen Aspekten Aufmerksamkeit zu schenken, die aus anderen Gesichtspunkten heraus formuliert waren als sie von sich aus mitbrachten. Als Gruppe brachten sie aber eine reich gefächerte Menge von Gedanken hervor.

Ein wichtiges Anliegen dieser Untersuchung war es herauszufinden, ob Beobachtungshilfen die Reaktionen von angehenden Lehrern auf Videoaufzeichnungen einer Unterrichtsstunde beeinflussen. Die quantitativen Befunde zu dieser dritten Forschungsfrage liefern deutliche Hinweise für den Einfluss derartiger Beobachtungshilfen. Je stärker diese Beobachtungshilfe strukturiert war, desto mehr Aussagen machten die Studenten und desto eher befassten sie sich mit der Deutung der angeschauten Stunde. Dies ging mit dem Äußern von weniger – positiven oder negativen – Urteilen einher. Anders gesagt, die Studenten schauten sich die Stunde kritischer an, je stärker die verfügbare Beobachtungshilfe strukturiert war. Es machte dagegen keinen Unterschied, ob keine oder eine globale Beobachtungshilfe angeboten wurde.

Unsere Schlussfolgerung lautet daher, dass eine stark strukturierte Beobachtungshilfe mit vielen Beobachtungspunkten Studenten hilft, vieles zu bemerken, Aspekte im Stundenverlauf zu unterscheiden, Zusammenhänge zu erkennen, für das Lehren relevante Details zu entdecken und schnelle Urteile fürs Erste aufzuschieben. Es ist erfreulich, dass dies nicht nur in den Protokollen des lauten Denkens festzustellen ist, sondern auch in der Erfahrung der Studenten. Das Anbieten einer Beobachtungshilfe ist an sich eine einfache Intervention. So gesehen ist es überraschend, dass davon soviel Einfluss ausgehen kann.

4.2 Empfehlungen

Die Befunde dieser Untersuchung bestätigen die Idee, dass Videoaufzeichnungen von authentischen Unterrichtsstunden ein geeignetes Mittel darstellen, um die Wirklichkeit des Klassenzimmers in die Ausbildung hineinzubringen. Das Anschauen solchen Bildmaterials kann Ausbildern helfen, Theorie und Praxis zu verbinden, vorausgesetzt, dass dessen Analyse zielgerichtet strukturiert wird. Deshalb formulieren wir die folgenden Empfehlungen für die Entwicklung und Anwendung von Videomaterial und Beobachtungshilfen in der Lehrerausbildung.

Ob und was angehende Lehrer von Videomaterial lernen, hängt nicht nur von der Verfügbarkeit und dem Inhalt von Beobachtungshilfen und von ihrer Anwendungsweise ab, sondern auch von der Natur des Videomaterials selbst. Eine wichtige Frage dabei ist, welche Merkmale die Bilder besitzen sollen, damit Lehrer den gezeigten Unterricht aus einer (fach)didaktischen Perspektive verstehen und bewerten können. Das wichtigste Merkmal ist unseres Erachtens, dass die lernstoffbezogene Interaktion zwischen Lernenden und Lehrern sichtbar gemacht wird (vgl. Roelofs, 2007).

Das Analysieren von Unterrichtsvideos ist etwas, das gelernt werden soll. Für die Hochschuldidaktik erscheint es deswegen wichtig, dass Lehrerausbilder Beobachtungshilfen entwickeln und anwenden. Eine erste Priorität dabei ist, dass Beobachtungshilfen die Aufmerksamkeit auf Lehrerverhalten lenken, denn das Lehrerverhalten fördert, wie die Forschung oder wenigstens die Theorie plausibel gemacht hat, das Lernen von Schülern. Mit anderen Worten sollten die verwendeten Beobachtungspunkte von Theorie und Forschung untermauert sein. Um Schlussfolgerungen für das Handeln zu ermöglichen, sollte diese Grundlegung vorzugsweise auf einer konkreten fachdidaktischen Ebene erfolgen. Wünschenswert dabei ist, dass alltägliche Lehrersprache mit Expertensprache verbunden wird.

Desweiteren ist es wichtig, dass sowohl angehende Lehrer wie Lehrerausbilder und Mentoren sich in der Anwendung von Beobachtungshilfen üben. Eine geeignete Herangehensweise ist, sich Videoaufzeichnungen von Unterricht erst global und danach wiederholt anzuschauen, mit Hilfe von Beobachtungspunkten, die aus spezifischen und/oder persönlichen Gründen ausgewählt werden. Auch ist es für das Lernen mit Video förderlich, wenn dies im Rahmen von kollegialer Beratung stattfindet, damit die Teilnehmer ihre Wahrnehmungen austauschen und deren Bedeutung miteinander besprechen. Wie sich in unserer Untersuchung gezeigt hat, kann eine Gruppe eine Vielfalt von Gesichtspunkten hervorbringen. Lehrerausbilder können diese Vielfalt als Anhaltspunkt benutzen, um das Entdecken und Verstehen von neuen Gesichtspunkten zu fördern.

Literatur

Berliner D.C. (2001), Learning about and learning from expert teachers, in: *International Journal of Educational Research* 35, 463-482.

Besselink E., Brouwer C. N., Muller G. (2011), Verbeteren van opbrengstgerichte instructie via video [Verbesserung ergebnisorientierter Instruktion mithilfe von Video], in: *Onderwijsinnovatie* 13/3, 14-16.

Blomberg G., Stürmer K., Seidel T. (2011), How pre-service teachers observe teaching on video: Effects of viewers' teaching subjects and the subject of the video, in: *Teaching and Teacher Education* 27, 1131-1140.

Brophy J. (2004), Introduction, in:Brophy J. (ed.) *Using Video in Teacher Education. Advances in Research on Teaching, Volume 10,* Amsterdam: Elsevier.

Brouwer C. N. (2007), *Verbeelden van onderwijsbekwaamheid. Een literatuurstudie naar het gebruik van digitale video t.b.v. opleiding en professionele ontwikkeling van leraren* [Veranschaulichung von Unterrichtsfähigkeit. Eine Literaturstudie zur Verwendung von digitalem Video bei der Aus- und Weiterbildung von Lehrern.], Heerlen: Ruud de Moor Centrum, Open Universiteit (http://www.ou.nl/web/look/publicaties-look). Brouwer C. N. (2011), *Equipping Teachers Visually*, Zoetermeer: Kennisnet (http://onderzoek. kennisnet.nl/onderzoeken-totaal/equippingteachersvisually).

Chan P. Y. K., Harris R. C. (2005), Video Ethnography and Teachers' Cognitive Activities, Brophy, J. & Pinnegar S. (eds.), *Learning from Research on Teaching: Perspective, Methodology and Representation. Advances in Research on Teaching, Volume 11*, Amsterdam: Elsevier JAI, 337-375.

Erickson F. (2011), On Noticing Teacher Noticing, in: Sherin M. G., Jacobs V. R. & Philipp R. A. (eds.), *Mathematics Teacher Noticing. Seeing Through Teachers' Eyes*, New York/London: Routledge, 17-35.

Grissom R. J. & Kim J. J. (2005), *Effect Sizes for Research. A Broad Practical Approach*, New York/London: Lawrence Erlbaum Associates.

Kleinknecht M. & Schneider J. (2012),. *Observing Videos of Teachers Own or Others' Classroom. What Do Teachers Learn When They Analyze Two Different Video Types?* Vortrag während der Konferenz der American Educational Research Association (AERA).

Kobarg M. (2009), *Unterstützung unterrichtlicher Lernprozesse aus zwei Perspektiven. Eine Gegenüberstellung*, Münster: Waxmann.

Miller K.F. (2011), Situation Awareness in Teaching: What Educators Can Learn from Video-Based Research in Other Fields, in: Sherin M. G., Jacobs V. R. & Philipp R. A. (Hg.), *Mathematics Teacher Noticing. Seeing Through Teachers' Eyes*, New York/London: Routledge, 51-66.

Reusser K., Pauli C. & Waldis M. (2010), *Unterrichtsgestaltung und Unterrichtsqualität*, Münster: Waxmann.

Roelofs E. (2007), *Protocol bewijsvoering videodossiers: een stappenplan* [Protokoll zur Herstellung von Videoportfolios], Arnhem: CITO.

Sabers D. S., Cushing K. S., Berliner D. C. (1991), Differences Among Teachers in a Task Characterized by Simultaneity, Multidimensionality, and Immediacy, in: *American Educational Research Journal* 28/1, 63-88.

Schwindt K. (2008), *Lehrpersonen betrachten Unterricht. Kriterien für die kompetente Unterrichtswahrnehmung*, Münster: Waxmann.

Seidel T., Stürmer K., Blomberg G., Kobarg M., Schwindt K. (2011), Teacher learning from analysis of videotaped classroom situations: Does it make a difference whether teachers observe their own teaching or that of others?, in: *Teaching and Teacher Education* 27, 257-269.

Sherin M.G., Jacobs V.R., Philipp R.A. (2011) (eds.), *Mathematics Teacher Noticing. Seeing Through Teachers' Eyes*, New York/London: Routledge.

Stigler J. W. & Hiebert J. (1999), *The Teaching Gap. Best Ideas from the World's Teachers for Improving Education in the Classroom*, New York: The Free Press.

Gemessene Kompetenz und Unterrichtsqualität

Überprüfung der Validität eines Kompetenztests mit Hilfe der Unterrichtsvideografie

Christoph Vogelsang & Peter Reinhold (Universität Paderborn)

1   Einleitung

Unter dem Eindruck der als defizitär empfunden Ergebnisse deutscher Schüler[1] in internationalen Schulleistungsstudien und in Folge der Einführung von Standards für die fachwissenschaftliche Lehrerbildung durch die Konferenz der Kultusminister (KMK, 2008) wird die Ausbildung von Lehrkräften auch verstärkt Gegenstand naturwissenschaftsdidaktischer Forschung. Die Frage, ob Lehrkräfte der Naturwissenschaften die notwendigen Kompetenzen erwerben, um erfolgreich schulisch tätig zu werden, wird dabei in mehreren Projekten aufgegriffen. Verschiedene Forschungsgruppen schlagen Strukturmodelle vor, um die Kompetenzen von Naturwissenschaftslehrkräften zu beschreiben, und entwickeln Testverfahren zu ihrer Erfassung. Ziel bleibt es letztlich, die Wirkung der Lehrerbildung zu evaluieren. Dabei bilden Projekte aus der Domäne der Mathematik (z.B. Kunter, Baumert, Blum, Klusmann, Krauss & Neubrand, 2011) einen konzeptionellen und methodischen Referenzstandard, an den sich Modelle aus den Naturwissenschaften anlehnen.

Zur Modellierung der Kompetenz von Lehrkräften wird hierbei auf den Kompetenzbegriff nach Weinert zurückgegriffen, der diese als

> „die bei Individuen verfügbaren oder durch sie erlernbaren kognitiven Fähigkeiten und Fertigkeiten, um bestimmte Probleme zu lösen, sowie die damit verbundenen motivationalen, volitionalen und sozialen Bereitschaften und Fähigkeiten, um die Problemlösungen in variablen Situationen erfolgreich und verantwortungsvoll nutzen zu können" (Weinert, 2001, S. 27f.)

versteht. Kompetenz bildet also eine Disposition zur Bewältigung spezifischer Handlungsanforderungen. Als wichtiger Bestandteil von Kompetenz wird das professionelle Wissen von Lehrkräften angenommen (Baumert & Kunter, 2006), weshalb bisherige Tests zur Erfassung von Kompetenz im Kern aus Wissenstests bestehen. Angelehnt an Testverfahren der Psychologie werden diese hauptsächlich als schriftliche Leistungstests realisiert.

---

[1]   Wenn aus Gründen der Lesbarkeit und des Umfangs zur Bezeichnung von Gruppen Begriffe wie Schüler oder Lehramtsanwärter verwendet werden, sind immer weibliche und männliche Personen gleichermaßen gemeint.

Das Vorhandensein von Kompetenz bei einer Person zeigt sich allerdings in der Bewältigung einer spezifischen Handlungsanforderung, auch als Performanz bezeichnet (Klieme & Hartig, 2007). Wird Kompetenz für einen Test zur Evaluation der Lehrerbildung aber wesentlich als Wissen definiert, wird implizit angenommen, dass das so erfasste Wissen auch tatsächlich eine Disposition für das Bewältigen von Anforderungen der Lehrertätigkeit bildet. Eine der wesentlichen Anforderungen ist in diesem Kontext das Unterrichten. Dementsprechend wird bei Kompetenztests meist angenommen, dass das erfasste Wissen eine Voraussetzung für kompetentes Handeln im Unterricht bildet. Die Aussagekraft von Schlussfolgerungen für die Wirksamkeit von Lehrerbildungsprogrammen auf Basis solcher Tests hängt daher davon ab, wie zutreffend diese Annahme ist. Es sollte deshalb für ein vorliegendes Instrument zur Erfassung von professioneller Kompetenz überprüft werden, inwiefern es tatsächlich valide bzgl. der Handlungsebene ist.

Eine geeignete Methode zur Erfassung dieser Ebene und damit der Performanz von Lehrkräften bietet die Videografie von Unterricht. Am Beispiel eines an der Universität Paderborn entwickelten Testinstruments zur Erfassung professioneller Handlungskompetenz (angehender) Physiklehrkräfte wird daher im Folgenden eine Studie beschrieben, in der mit Hilfe videografierten Unterrichts die Validität eines Kompetenztests untersucht wird. Hierzu werden zunächst theoretische Grundlagen zum Zusammenhang von Lehrerwissen und Lehrerhandeln dargestellt, anschließend das Paderborner Instrument beschrieben und darauf folgend das Untersuchungsdesign der Studie dargestellt. Den Abschluss bilden eine Darstellung ausgewählter, erster Ergebnisse und eine Diskussion des Verfahrens.

2 Theoretischer Rahmen

Eine Untersuchung der Wirksamkeit der Lehrerbildung erfordert eine Vorstellung davon, auf welche Weise eine Lehrkraft im System Schule ‚wirkt'. Eine solche Vorstellung, die vielen Projekten zur empirischen Analyse der Lehrerbildung zu Grunde liegt, ist das Modell der so genannten *Wirkkette der schulischen Bildung* (Abb. 1).

Abb. 1: Modell der Wirkkette

In diesem Modell ‚steuern' die Kompetenzen einer Lehrkraft ihre Unterrichtsgestaltung, welche wiederum den Lernerfolg auf Seiten der Schüler beeinflusst. Abschnitte der Lehrerbildung – wie z.B. das Studium – verändern wiederum die Kompetenzen einer Lehrkraft. Das Modell bildet also eine logische Kette an Kausalzusammenhängen zur Wirkbeschreibung. Die Wirkkette ist wiederum selbst ein vergröberter Ausschnitt von *Angebots-Nutzungs-Modellen* zur Beschreibung von schulischen Wirkungen (Helmke, 2009; Fischer, Borowski, Kauertz & Neumann, 2010). Diese wiederum modellieren schulisches Lernen als Zusammenspiel von unterrichtlichem Lehrangebot durch die Lehrkraft und der Lernnutzung dieses Angebots durch die Schüler. Die Prozesse von Angebot und Nutzung sind dabei neben der Kompetenz von Lehrkräften von weiteren Einflussfaktoren abhängig, wie z.B. schulischen Rahmenbedingungen, dem Curriculum und den Lernvoraussetzungen der Schüler.

Über welche Kompetenzen eine Lehrperson im Detail verfügen sollte, wird je nach theoretischer und auch schulpraktischer Perspektive unterschiedlich modelliert. Eine Möglichkeit bildet die Beschreibung in Strukturmodellen. Baumert & Kunter (2006) formulierten ein allgemeines, heuristisches Modell professioneller Kompetenz, das in ähnlicher Form die Basis vieler Projekte zur Lehrerbildung in den Naturwissenschaften bildet. Darin wird das professionelle Wissen einer Lehrperson als grundlegender Bestandteil von Kompetenz verstanden. Dieses Wissen bezeichnet dasjenige Wissen, das zum einen charakteristisch für die Profession des Lehrerberufs ist. Zum anderen wird aber auch implizit angenommen, dass es eine notwendige Voraussetzung bildet, um im Feld der Profession erfolgreich beruflich handeln zu können. In Anlehnung an das Modell werden in der deutschsprachigen Lehrerbildungsforschung meist drei inhaltliche Wissensdimensionen betrachtet: fachliches Wissen, fachdidaktisches Wissen und pädagogisches Wissen.

Unter *fachlichem Wissen* wird Wissen über Inhalte der Fachdomäne verstanden, in der eine Lehrperson unterrichtet. Darunter werden z.B. Kenntnisse zu Inhalten des schulischen Curriculums verstanden, die auch im Unterricht gelernt werden. Inwieweit ‚höheres‘ Fachwissen, wie es Bestandteil des universitären Lehramtsstudiums ist, als notwendiger Bestandteil des Wissens von Lehrkräften gelten sollte, wird in verschiedenen Ansätzen unterschiedlich modelliert (vgl. Riese, 2009). *Fachdidaktisches Wissen* wird in der deutschsprachigen Forschung meist in Anlehnung an den Begriff des *Pedagogical Content Knowledge* konzeptualisiert, das von Shulman (1986) formuliert wurde. Demnach beinhaltet es

> „for the most regularly taught topics in one's subject area, the most useful forms of representation of those ideas, the most powerful analogies, illustrations, examples, explanations, and demonstrations – in a word, the ways of representing and formulating the subject that make it comprehensible to others. […] Pedagogical content knowledge also includes an understanding of what makes the learning of specific topics easy or difficult: the conceptions and preconceptions that students of different ages and backgrounds bring with them to the learning of those most frequently taught topics and lessons." (Shulman, 1986, S. 9)

Fachdidaktisches Wissen bezeichnet daher ein für Lehrkräfte spezifisches Wissen, das sich gerade auf die Tätigkeiten des Unterrichtens bezieht. Shulmans Konzeption wurde in der Folge von verschiedenen Autoren um weitere Aspekte erweitert, der Kern des Begriffs allerdings beibehalten (vgl. Gramzow, Riese & Reinhold, eingereicht). *Pädagogisches Wissen* von Lehrkräften bezieht sich auf Wissen über allgemein pädagogische Konzeptionen. Bspw. werden Kenntnisse zur Klassenführung dieser Wissensdimension zugeordnet. Darüber hinaus werden in verschiedenen Modellen weitere Konzepte der Erziehungswissenschaft als Bestandteile pädagogischen Wissens verstanden (vgl. König & Seifert, 2012).

Bezogen auf das Professionswissen kann aus der Perspektive von Angebots-Nutzungs-Modellen folgende Annahme getroffen werden. Eine Lehrperson, die über eine spezifische Ausprägung von Professionswissen verfügt, gestaltet ihren Unterricht in einer solchen Weise, dass ihre Schüler im Vergleich zu Lehrkräften mit geringerer Ausprägung dieses Wissens einen ‚höheren' Erfolg beim Erreichen spezifischer Lernziele aufweisen. In diesem Sinne kann Wissen von Lehrkräften als Indikator für die Wirkung der Lehrerbildung verstanden werden. Aus testökonomischen Gründen erfolgt eine Erfassung des Wissens meist in Form schriftlicher Tests. Damit es aber als Indikator herangezogen werden kann, muss überprüft werden, ob ein solcher Test auch wirklich Handlungsdispositionen im Sinne der Wirkkette erfasst.

Aus theoretischer Sicht betrifft diese Frage den Zusammenhang von *Wissen* und *Können* – Handeln mit spezifischer Qualität – von Lehrkräften, der aus der Perspektive der Lehrerbildung mit anderen Begrifflichkeiten auch als *Theorie-Praxis-Problem* diskutiert wird (Neuweg, 2011). Ob und in welcher Form zwischen explizitem, z.B. im Studium erworbenem, Wissen und dem unterrichtlichen Handeln Zusammenhänge bestehen, wird wiederum in verschiedenen Theoriekonzeptionen unterschiedlich modelliert. Es lassen sich aber in Anlehnung an Neuweg (2011) zwei extreme Modellpole unterscheiden. Zum einen Konzepte, die einer *Transfervorstellungen* entsprechen, nach der systematisch erworbenes, explizierbares Wissen ‚in' Können transferiert wird. Aus dieser Sicht muss Wissen bspw. ‚angewendet' werden. Zum anderen gibt es Konzepte, die eher einer *Differenzvorstellung* entsprechen und annehmen, dass dem unterrichtlichen Handeln Wissen einer anderen Kategorie zu Grunde liegt, das keinen bzw. kaum Zusammenhänge zu systematisiertem Ausbildungswissen aufweist. Teilweise wird dessen Explizierbarkeit prinzipiell theoretisch angezweifelt und ein hoher Anteil impliziten Wissens angenommen. Alle bestehenden theoretischen Konzepte zum Zusammenhang von Wissen und Können lassen sich auf einem gedachten Kontinuum zwischen diesen beiden Polen positionieren. Bspw. entspricht der Prozess der so genannten *Prozeduralisierung* deklarativen Wissens, wie er in der Expertiseforschung (Bromme, 1992) angenommen wird, eher einer Transfervorstellung. Wie genau er verläuft, ist allerdings theoretisch und empirisch nicht eindeutig beschrieben. Ein Beispiel für eine stärkere Differenzposition ist das Modell des *Reflective Practitioner* von

Schön (1983), der eine besondere Wissensform des Unterrichtspraktikers annimmt. Das sogenannte *Tacit-Knowing-in-Action* wird hauptsächlich aus der Erfahrung generiert und bestimmt das eigentliche Handeln. Explizites Ausbildungswissen wird nach Schön als eine Grundlage für die Reflexion ‚über' Unterricht verstanden und steht nicht in einem direkten Wirkzusammenhang zum *Knowing-in-Action*.

Da ein schriftlicher Wissenstest per se explizites Wissen erfasst, kann theoretischen Modellen folgend nicht einfach davon ausgegangen werden, dass er tatsächlich Handlungsdispositionen erfasst. Deshalb sind weitere Untersuchungen notwendig, die das tatsächliche Handeln direkt in Beziehung zu dem in einem Test erhobenen Wissen setzen. Eine hierfür geeignete Methode ist die Videografie, die einen direkten Blick auf unterrichtliches Verhalten von Lehrkräften und Schülern ermöglicht. Ein solche Untersuchung soll im Folgenden für einen an der Universität Paderborn entwickelten Test zur Erfassung professioneller Handlungskompetenz (angehender) Physiklehrkräfte vorgenommen werden. Hierzu werden zunächst das dem Test zu Grunde liegende Kompetenzmodell und der Test selbst kurz beschrieben.

3 Paderborner Kompetenztest

Um Erkenntnisse zur Wirkung des Physiklehramtsstudiums zu erhalten, entwickelte Riese (2009) ein Strukturmodell zur Beschreibung professioneller Kompetenzen von Lehramtsabsolventen im Fach Physik. Auf Basis dieses Modells wurde anschließend ein standardisierter, schriftlicher Test entwickelt, der in mehreren Befragungen von Studierenden eingesetzt wurde. Das Strukturmodell lehnt sich stark an das heuristische Modell von Baumert & Kunter (2006) an und unterscheidet zwischen dem Professionswissen und motivationalen, volitionalen und sozialen Bereitschaften und Fähigkeiten. Als Facetten des Professionswissens wurden fachliches Wissen, fachdidaktisches Wissen und pädagogisches Wissen modelliert. Die stärker affektiven Anteile von Kompetenz wurden ausdifferenziert in so genannte *Beliefs* bspw. Einstellungen zum Lehrerberuf und motivationale Orientierung, wie z.B. die fachbezogene Selbstwirksamkeitserwartung.

Da in der Durchführung nur 90 Minuten Testzeit zur Verfügung standen, wurde das Testinstrument inhaltlich fokussiert. Zum einen wurde der Test auf den physikalischen Inhaltsbereich der Mechanik fokussiert, bezogen auf das fachdidaktische Wissen auf das Experimentieren im Unterricht. Der Test erhebt daher keinen Anspruch auf die Erfassung aller relevanten Kompetenzbereiche. Dennoch war es ein Teilziel, möglichst viele Facetten des Modells zu erfassen, um das Zusammenspiel aller Bereiche näher untersuchen zu können. Die Operationalisierung einzelner Facetten soll im Folgenden exemplarisch am Beispiel der Dimension des fachdidaktischen Wissens dargestellt werden. Es wurde mit Hilfe eines eindimensionalen Modells konkretisiert, in dem fünf Wissensbereiche inhaltlicher Art unterschieden werden (Abb. 2).

Abb. 2: Modell fachdidaktischen Wissens

deklarativ

A) Wissen über allgemeine Aspekte physikalischer Lernprozesse
B) Wissen über den Einsatz von Experimenten
C) Gestaltung von Lernprozessen
D) Beurteilung und Reflexion von Lernprozessen
E) Adäquate Reaktion in kritischen Unterrichtssituationen

prozedural

Generell wird angenommen, dass gerade fachdidaktisches Wissen auch stark prozeduralisierte Wissensanteile beinhaltet. Neben Items, die eher deklaratives Wissen im *Multiple-Choice*-Format erheben, wurden daher auch *Unterrichtsvignetten* entwickelt, um eher prozedurales Wissen zu erfassen. Hierbei handelt es sich um kurze Beschreibungen typischer Unterrichtssituationen. Im Sinne eines *Situational-Judgement*-Tests bestehen Items zu Vignetten z.B. aus der Analyse der Situation oder fordern Handlungsvorschläge, wie die Situation fachdidaktisch sinnvoll fortgesetzt werden sollte. Ein exemplarisches Beispiel ist in Abbildung 3 dargestellt.

Die Operationalisierung fachlichen Wissens erfolgte in Anlehnung an Modellierungen aus der Domäne der Mathematik in einem mehrdimensionalen Modell, in dem neben physikalischen Inhaltsbereichen, Niveaustufen (Schulwissen, vertieftes Wissen, Universitäres Wissen) und kognitive Aktivitäten zur Itembearbeitung (Reproduzieren, Verstehen, Beurteilen und Analysieren) unterschieden wurden. Neben diesen Eigenentwicklungen wurde zur Erfassung pädagogischen Wissens auf ein bestehendes Instrument zurückgegriffen (vgl. König & Seifert, 2012), ebenso zur Erfassung zur Erfassung von Beliefs und motivationalen Orientierungen.

Das Testinstrument durchlief mehrere Schritte der Pilotierung in kleineren Stichproben und wurde danach jeweils überarbeitet. Zusätzlich wurden zur Prüfung der Validität zum einen Interviews mit Experten (erfahrene Lehrkräfte, Fachdidaktiker, Fachleiter) geführt, um die Relevanz und Repräsentativität der Unterrichtsvignetten zu analysieren und einen breiten Erwartungshorizont für die objektive Testbewertung zu schaffen. Zum anderen fand eine separate Konstruktvalidierung des fachdidaktischen Testteils statt, indem dieser zusammen mit einem anderen Test zur Erfassung von fachdidaktischem Wissen im Bereich Physik (Olszewski, 2010) in Befragungen eingesetzt und korrelative Zusammenhänge zwischen den Ergebnissen beider Tests untersucht wurden. Nach Abschluss aller Voruntersuchungen erfolgte eine deutschlandweite Querschnittsuntersuchung von Physiklehramtsstudierenden aller Semester (N=311) an insgesamt 11 Standorten der Lehrerbildung. Alle Testskalen zeigten statistisch zufriedenstellende Testgütekriterien (Riese, 2009). Mittlerweile wurden weitere Gruppen mit Hilfe des Tests untersucht (z.B. Lehramtsstudierende in Österreich, Studierende an pädagogischen Hochschulen), weshalb eine große Zahl an Vergleichsdaten vorliegt.

Abb. 3: Beispiel einer Unterrichtsvignette

Bei der Einführung des Prinzips „Actio = Reactio" (9. Klasse) versucht der Lehrer, dieses Prinzip mit Hilfe einer Anordnung aus Feder und Gewicht zu demonstrieren. Es spielt sich folgende Szene ab:

Lehrer: Wenn ich das Gewicht an die Feder hänge, wird sie ein bestimmtes Stück ausgelenkt. Nehme ich das Gewicht weg und ziehe stattdessen mit einem Kraftmesser, dann muss ich mit etwa 10 N ziehen, damit die Feder genauso weit ausgelenkt wird. Das ist die Kraft, mit der das Gewicht an der Feder zieht. Wie ihr seht, muss ich mit derselben Kraft am Gewicht ziehen, damit es nicht nach unten fällt. Die Kraft, mit der die Feder am Gewicht zieht, ist also genauso groß.

Klasse signalisiert Zustimmung.

Lehrer: Stellt euch jetzt einmal vor, ein Apfel hängt an einem Baum. Wo haben wir hier jetzt Actio und Reactio?

Schüler A: Na, ist doch klar, der Apfel zieht am Ast und der Ast hält den Apfel oben!

Lehrer: Ja richtig – schön, ihr habt es verstanden! Was ist denn dann, wenn der Apfel jetzt herunterfällt? Also während des Fallens, wo ist da Actio und Reactio?

Ein Gemurmel stellt sich ein.

Schüler B: Ja gilt das denn dann überhaupt noch? Ich meine, ist doch immer nur ideal, dass das gilt?!?

Schüler A: Klar hast du noch Actio und Reactio, nur Actio wird halt immer größer, der Apfel wird ja schließlich schneller beim Fallen!

Schüler B: Ich dachte, die müssen gleich sein? Wo willst du überhaupt Reactio haben, der fällt doch frei und wird nicht mehr gehalten!?!

Schüler A: Hm. Na Actio hast du auf jeden Fall schon mal, er bewegt sich ja. Und er wird ja auch nicht beliebig schnell, die Luftreibung bremst ihn ja. Das ist deine Reactio!

A) Offensichtlich haben die Schülerinnen und Schüler die Ausführungen des Lehrers nicht richtig verstanden, der Übertrag auf die Situation mit dem frei fallenden Apfel funktioniert nicht. Analysieren Sie die Szene: Inwiefern ist das Vorgehen des Lehrers nicht optimal?

Neben der testinternen Validierung fehlt bisher allerdings eine Überprüfung derart, inwiefern die in diesem Instrument erfasste Kompetenz auch tatsächlich eine Handlungsdisposition für die Gestaltung des Unterrichts bildet. Ob unterschiedliche Ausprägungen in erzielten Testwerten auch mit unterschiedlichen Ausprägungen in der Unterrichtsgestaltung einhergehen, wird daher in einem laufenden Folgeprojekt untersucht, dessen methodische Anlage nachfolgend dargestellt wird.

4   Design und Methoden

4.1   Generelle Anlage

Für die Untersuchung des Zusammenhangs von Testwissen und Unterrichtshandeln wird zunächst die Annahme getroffen, dass sich unterschiedliche Ausprägungen von unterrichtlichem Können in der Qualität des unterrichtlichen Angebots zeigen (Fischer et al., 2010). In der Unterrichtsqualitätsforschung (Helmke, 2009) bilden die fachlichen Lernzuwächse auf Seiten der Schüler, sowie die Entwicklung positiver motivationaler Orientierungen, z.B. eines positiven Selbstkonzepts, klassische Zielkategorien, an denen sich die Qualität von Unterricht unterscheiden lässt. Um also die Handlungsrelevanz des in einem Test erfassten Wissens zu erfassen, sollte überprüft werden, inwiefern der Unterricht befragter Personen Merkmale von Unterrichtsqualität aufweist.

Diese Annahmen implizieren das folgende methodische Untersuchungsdesign. Zum einen wird bei Probanden die professionelle Kompetenz mit Hilfe des Paderborner Testinstruments erhoben. Zum anderen erfolgt eine Erfassung des Unterrichtshandelns mit darauf aufbauender Analyse der Qualität mit Hilfe der Videografie. Zwischen beiden Variablenkomplexen werden anschließend Zusammenhangsanalysen, sowohl qualitativer als auch quantitativer Art, vorgenommen.

Zusätzlich zur Erhebung von Kompetenz und Performanz erfolgt eine Erfassung der subjektiven Sicht der Akteure auf das Unterrichtsgeschehen, um zum einen die Intentionen der handelnden Lehrpersonen zu erheben und zum anderen Kenntnisse zu den subjektiv wahrgenommenen Rahmenbedingungen im Sinne des Angebots-Nutzungs-Modells zu erhalten. Zu diesem Zweck werden nach dem Unterricht videobasierte *Stimulated-Recall*-Interviews geführt. Chronologisch erfolgt zunächst die Erfassung des Unterrichtshandelns und anschließend die Erhebung der Kompetenz und der Akteurssicht, um das Unterrichtshandeln nicht im Vorfeld zu ‚beeinflussen‘. Implizit liegt diesem Untersuchungsansatz also eine Transfervorstellung zum Zusammenhang von Wissen und Können zu Grunde. Differenzvorstellungen werden allerdings bei der Interpretation von Testdaten berücksichtigt.

Der Zielgruppe des Kompetenztests folgend wird Unterricht von Studierenden im Fachpraktikum Physik und Lehramtsanwärtern im Vorbereitungsdienst zur Analyse herangezogen. Die technische Umsetzung der Videografie erfolgt nach den Richtlinien der IPN-Videostudie *„Lehr-Lern-Prozesse im Physikunterricht"* (Seidel, Prenzel, Duit & Lehrke 2003). Um eine Vergleichbarkeit des Unterrichts sicherzustellen, wird versucht eine möglichst große Ähnlichkeit der unterrichtlichen Anforderungen zu erzielen, auf die die Ergebnisse des Kompetenztests bezogen werden. Es wurden daher folgende Rahmenvorgaben festgelegt. Der Unterricht soll zum einen eine gleiche *Zielstruktur* aufweisen, weshalb Unterricht videografiert wird, der die Einführung eines physikalischen Begriffs oder Konzepts zum Ziel hat, im Gegensatz z.B. zu einer ‚Übungsstunde‘. Zum anderen soll eine ähnliche *inhalt-*

lich-fachliche Struktur vorliegen, die sich auf den fachlichen Schwerpunkt des Kompetenztests bezieht (Mechanik). Weiterhin soll die Gruppe der Schüler hinreichend ähnlich sein, um von einer vergleichbaren Anforderung ausgehen zu können. Deshalb wird möglichst Unterricht der *Mittelstufe* videografiert. Eine Erhebung der persönlichen Voraussetzungen der Lernenden sowie der Lernleistungen über den videografierten Unterricht hinweg wird aus Gründen des Aufwands nicht vorgenommen. Weitere Vorgaben betreffen den Schwerpunkt des fachdidaktischen Testteils, demnach mindestens ein *Experiment* im Unterricht durchgeführt werden soll, und die Festlegung der zur Verfügung stehen Unterrichtszeit auf zwei zu videografierende Unterrichtsstunden um die *Time-On-Task* vergleichbar zu halten.

In der praktischen Durchführung der Untersuchung unter schulischen Feldbedingungen erwies es sich allerdings als schwierig, eine ausreichend große Stichprobe zu erzielen, die allen Rahmenbedingungen genügt. Da die Datenerhebung im Bundesland Nordrhein-Westfalen unter freiwilligen Teilnehmern erfolgt, ist eine zeitgleiche Festlegung von inhaltlichen Schwerpunkten und Klassenstufe aufgrund schulinterner Curricula schwer möglich. Auch erfahren Lehramtsanwärter zeitlich eher kurzfristig in welchen Klassen ihr eigenverantwortlicher Unterricht durchgeführt werden soll, weshalb die Organisation der Videografie erschwert wird. Ähnliche Probleme betreffen eigenständigen Unterricht von Studierenden im Fachpraktikum, weshalb es nötig war auch Unterricht miteinzubeziehen, der die Einführung in Konzepte anderer Inhaltsbereiche zum Ziel hatte. Diese Einschränkungen sollten bei der Interpretation der Daten berücksichtig werden.

4.2 Erfassung der Unterrichtsqualität

Um den Zusammenhang zwischen allen erfassten Dimensionen des Kompetenzmodells und der Qualität unterrichtlichen Handelns zu erheben, wurde eine ‚breite‘ Operationalisierung von Unterrichtsqualität vorgenommen. Ausgehend von Ergebnissen der Unterrichtsqualitätsforschung (Helmke, 2009; Fischer et al., 2010), theoretischer Konzepte der pädagogischen Psychologie und normativen Setzungen allgemeiner Didaktik werden insgesamt die folgenden sechs Qualitätsdimensionen von Unterricht unterschieden.

– Motivierung
– Kognitive Aktivierung
– Strukturierung
– Adaptivität
– Klassenführung
– Umgang mit Experiment

Aus der Perspektive der *Motivierung* wird der Unterricht dahingehend betrachtet, inwiefern die Lehrperson ihre Schüler motiviert und den Aufbau von Interessen unterstützt. Bzgl. *kognitiver Aktivierung* wird untersucht, inwiefern das Handeln der Lehrperson bedeutungsvolle Wissenskonstruktionsprozesse bei den Schülern unterstützt und sie bspw. zum ‚Denken' über physikalische Inhalte anregt. Die Dimension der *Strukturierung* bezieht sich darauf, ob es der Lehrperson gelingt, das Lernen der Schüler strukturell zu organisieren und eine fachlich ‚sinnvolle' Unterrichtsstruktur zu erzeugen. Aus Sicht der *Adaptivität* wird der Unterricht dahingehend untersucht, ob Handeln der Lehrperson erkennbar ist, das dazu beiträgt die Heterogenität von Voraussetzungen der Lernenden zu berücksichtigen. Im Bereich *der Klassenführung* wird überprüft, ob die Lehrperson im Sinne des *Classroom-Managements* z.B. eine reibungslose Unterrichtsorganisation vornimmt oder störungspräventiv agiert. Die Dimension des *Umgangs mit Experimenten* bezieht sich auf den fachdidaktisch angemessen Einsatz von Experimenten, bspw. ob der ‚Sinn' von Experimenten deutlich gemacht wird.

Abb. 4: Übersicht über die Kategorien unterrichtlicher Qualität

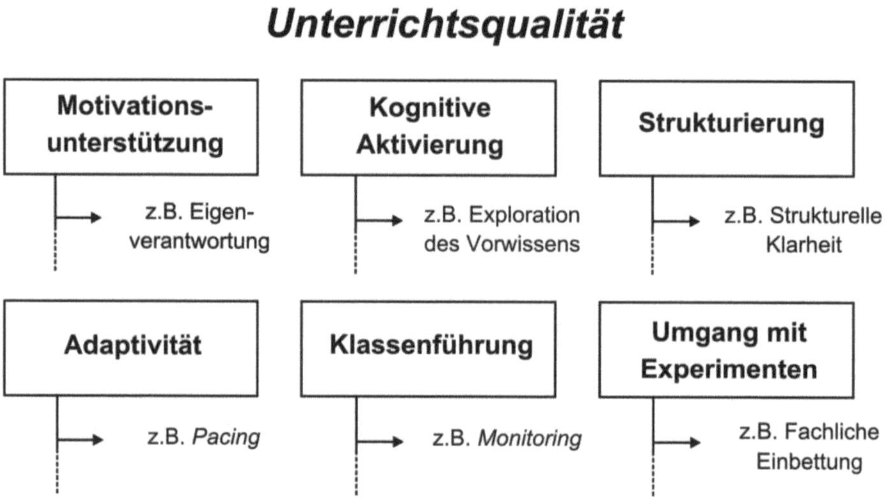

Die Erfassung dieser Qualitätsdimensionen erfolgt zum einen durch eher niedriginferente Kategoriensysteme und zum anderen durch die eher hochinferente Einschätzung von Qualitätskriterien durch Beobachter. Das letztgenannte Verfahren soll im Folgenden exemplarisch näher erläutert werden. Zur detaillierteren Bewertung der Qualitätsdimensionen wurden bestehende Instrumente zur Einschätzung von Qualität, wie z.B. von Rakoczy, Lipowsky, Buff & Klieme (2006) adaptiert und zur Konkretisierung der Qualitätsdimensionen herangezogen. Hierbei wurden verschiedene Subkategorien gebildet, die Aspekte einer Dimension abbilden. Eine Übersicht aller Kategorien ist in Abbildung 4 dargestellt.

Zur weiteren Konkretisierung der Kategorien wurden Indikatoren, also Handlungen von Lehrpersonen oder Lernenden im Unterricht, anhand derer auf die Ausprägung einer Kategorie geschlossen werden kann bzgl. des Physikunterrichts adaptiert oder entwickelt. Anschließend wurden alle Kategorien zu einem Beurteilungsinstrument zusammengefasst, das durch Erläuterungen zum theoretischen Hintergrund ergänzt wurde. Die Einschätzung des Unterrichts auf Basis der Videoaufnahmen erfolgt in diesem Instrument auf Ebene der Indikatoren, deren Ausprägung durch Beobachter auf einer vierstufigen Rating-Skala eingeschätzt wird. In Tabelle 1 werden Beispiel-Indikatoren zu einigen Subkategorien der Dimension Kognitive Aktivierung beschrieben.

Tab. 1: Beispiel-Indikatoren zur Kognitiven Aktivierung

Subkategorie	Beispiel-Indikator
Bewusstmachen des Lernstatus im gesamten Thema	Die LP gibt am Beginn der Stunde einen Ausblick darauf, welche Inhalte thematisiert werden sollen.
Exploration der Denkweisen der Schüler	Die LP fragt die Schüler, wie sie zu einer bestimmten Antwort gelangt sind.
Herausfordernde Lerngelegenheiten	Die LP stellt Fragen, die die Schüler dazu anregen, verschiedene physikalische Konzepte miteinander zu verknüpfen.
...	...

Zusätzlich wird zu den Einschätzungen einzelner Indikatoren eine vierstufige Gesamteinschätzung zur Umsetzung jeder Subkategorie im Unterricht eingefordert, um abzuschätzen, ob eine gebildete Skala aus Indikatoreneinschätzungen von einer Gesamteinschätzung einer Subkategorie abweicht. Zur Auswertung werden auf Subebene zunächst Skalenmittelwerte aus den Indikatoreinschätzungen gebildet und, um eine Übersicht über die Unterrichtsqualität zu erhalten, zu einem Mittelwert je Dimension zusammengefasst. Um die Aussagekraft hinsichtlich der Ausprägung von Qualität zu erhöhen, werden dabei Subkategorien, die keine ausreichende Varianz aufweisen aus der Mittelwertbildung ausgeschlossen. Bei dieser Analyse wird implizit angenommen, dass die Daten intervallskaliert vorliegen.

Tab. 2: Interraterreliabilität (2 Rater, 11 Videos, *p<.05, **p<.001)

Qualitätsdimension	ICC_{unjust}
Motivierung	.66*
Kognitive Aktivierung	.73*
Strukturierung	.49
Adaptivität	.72*
Klassenführung	.93**
Umgang mit Experimenten	.61*

Zur weiteren Instrumentenüberprüfung wurde eine Auswahl von elf Testvideos von zwei unabhängigen Ratern nach vorhergehender inhaltlicher Klärung der Qualitätsdimensionen eingeschätzt. Um die Objektivität des Instruments zu prüfen und die Interraterreliabilität beider Beobachter zu bestimmen, wurden aufgrund der vorliegenden Skalen Intra-Klassen-Korrelationskoeffizienten bestimmt (Tab. 2). Aufgrund der häufigen niedrigen Reliabilität (ICC_{unjust} <.7) für einige Dimensionen wurde zum einen das Instrument überarbeitet und zum anderen beschlossen, alle Videos von beiden Beurteilern einschätzen zu lassen und eine anschließende Einigung auf einen Wert im Sinne einer kommunikativen Validierung vorzunehmen.

5 Ergebnisse

Im Folgenden werden einige erste Analysen bezüglich des Zusammenhangs zwischen Ergebnissen des Paderborner Kompetenztests und der Qualität des videografierten Unterrichts vorgestellt. Bisher liegen insgesamt Daten von N_{LA} = 8 Lehramtsanwärtern, sowie N_{ST} = 14 Studierenden im Fachpraktikum Physik vor. Der Unterricht der Lehramtsanwärter bezieht sich inhaltlich auf eine Einführung in den Kraftbegriff, derjenige der Studierenden auch auf andere Inhaltsbereiche. Eine Übersicht über die Stichprobe ist in Tabelle 3 dargestellt. Zur Abschätzung der Unterrichtserfahrung wurde bei Anwärtern erfasst, seit wie vielen Monaten sie bisher eigenständig unterrichten, bei Studierenden die Anzahl eigenständig gehaltener Unterrichtsstunden in allen bisher absolvierten Praktika.

Tab. 3: Stichprobe (Mediane, MW bei Abiturnote)

	L-Anwärter	Studierende
Anzahl	8	14
Schulformen	Gym (2)	Gym (7)
	HR (6)	HR (7)
Alter	26	23
Abiturnote	2,5	2,4
Eigene U-Stunden	---	9
Monate eigenv. Unterricht	8,5	---

Die Streuung innerhalb der Gruppen hinsichtlich der Unterrichtserfahrungen ist allerdings relativ groß. Zur Einschätzung des Professionswissens der Probanden werden die summativen Testscores für alle Wissensbereiche auf die Stichprobe von Lehramtsstudierenden aus der Befragung von Riese (2009) normiert (MW = 100, SD = 20) (Tab. 4).

Tab. 4: Professionswissen, normiert

	L-Anwärter		Studierende	
	MW	*SD*	*MW*	*SD*
Fachliches Wissen	106,4	11,1	111,9	18,2
Fachdidaktisches Wissen	112,9	17,3	120,1	32,1
Pädagogisches Wissen	128,7	11,7	109,7	16,3

Bezogen auf die Vergleichsgruppe scheint es sich bei den befragten Probanden um eine starke Positivauswahl zu handeln. In den Bereichen des fachlichen und fachdidaktischen Wissens unterscheiden sich die befragten Gruppen nicht signifikant (vgl. Borowski & Riese, 2010). Bezüglich des pädagogischen Wissens konnte allerdings schon bei der kleinen Stichprobe ein signifikanter Gruppenunterschied festgestellt werden (t-Test, p = .01*). Dieser Unterschied könnte darin begründet sein, dass gerade die im Test erfassten Aspekte pädagogischen Wissens Inhalten entsprechen, die in den Hauptseminaren des Vorbereitungsdienstes gelehrt werden. Die Lehramtsanwärter verfügen also über das Studium hinaus über weitere Lerngelegenheiten. Aus anderer Perspektive könnte aber auch vermutet werden, dass gerade pädagogisches Wissen für den Unterrichtsalltag im Vorbereitungsdienst eine Relevanz besitzt, weshalb gerade dieses Wissen bei Anwärtern in hohem Maße vorliegt. Die Ergebnisse der Analyse der Unterrichtsqualität mit Hilfe der Skalen zur hochinferenten Einschätzung sind in Tabelle 5 beschrieben.

Tab. 5: Qualität des Unterrichts (4=hohe Qualität, 1=niedrige Qualität)

	L-Anwärter		Studierende	
	MW	SD	MW	SD
Motivierung	3,1	0,3	2,7	0,3
Kognitive Aktivierung	2,9	0,4	2,5	0,3
Strukturierung	3,2	0,4	2,9	0,5
Adaptivität	2,9	0,5	2,8	0,5
Klassenführung	3,5	0,5	3,1	0,4
Umgang mit Experimenten	2,7	0,4	2,4	0,4

Zunächst lässt sich feststellen, dass die Lehramtsanwärter der Stichprobe im Durchschnitt allen Bereichen mit ‚höherer' Qualität unterrichtet haben als die Studierenden (allerdings nicht signifikant). Letztere erzielen aber auch durchschnittliche Qualitätswerte, die fast alle über dem Skalenmittelwert liegen (nach Ausschluss von Subkategorien geringer Varianz). Der videografierte Unterricht war z.B. äußerst störungsarm, weshalb Einschätzungen zur Störungsintervention nicht mit einbezogen wurden. Ein ähnliches Ergebnis liegt in der ALPHA-Studie vor (Baer, Kocher, Wyss, Guldimann, Larcher & Dörr 2011), in der ebenfalls Unterricht von Studierenden hochinferent eingeschätzt wurde. Auch hier erzielten Lehranfänger im Durchschnitt Werte über dem Skalenmittelwert (bei einer sechsstufigen Skala).

Um den Zusammenhang zwischen Kompetenz, operationalisiert durch das Professionswissen, und Performanz, operationalisiert, durch die eingeschätzte Unterrichtsqualität zu untersuchen, wurden zwischen beiden Variablenkomplexen Korrelationen bezogen auf die gesamte Stichprobe berechnet. Aufgrund der Stichprobengröße und möglicher Ausreißer unter den Werten wurde *Kendalls Tau* als angemessener Rangkorrelationskoeffizient bestimmt (Tab. 6).

Tab. 6: Zusammenhang von Testscore und Qualität (τ, *p<.05, **p<.001)

	Fachl. Wissen	Fachd. Wissen	Päd. Wissen
Motivierung	-.15	.10	.49**
Kognitive Aktivierung	-.04	.12	.37*
Strukturierung	-.14	.26	.41**
Adaptivität	-.22	-.10	.16
Klassenführung	-.21	.10	.56**
Umgang mit Experimenten	.00	.26	.44**

Werden beide Gruppen als Ganzes betrachtet, zeigen sich signifikante korrelative Zusammenhänge nur zwischen dem pädagogischen Wissen und einigen Qualitätsdimensionen. Der Grund hierfür liegt in den relativ hohen Testscores der Lehramtsanwärter im pädagogischen Wissen, die mit der höheren Unterrichtsqualität korrespondieren. Die Frage, ob das Paderborner Instrument Wissen erfasst, das zur Gestaltung Unterrichts mit hoher Qualität notwendig ist, könnte vor diesem Hintergrund vorerst also nur für das pädagogische Wissen positiv beantwortet werden. Insbesondere zeigt sich kein eindeutiger Zusammenhang von fachdidaktischem Wissen und Unterrichtsqualität. Betrachtet man allerdings nur die Gruppe der Studierenden finden sich z.B. rangkorrelative Zusammenhänge zwischen dem fachdidaktischen Wissen und der Strukturierung (τ = .54**) und dem adäquaten Umgang mit Experimenten (τ = .45*). Hieraus könnte die Hypothese abgeleitet werden, dass universitär erworbenes, explizites Wissen gerade für Studierende im Praktikum eine Handlungsdisposition darstellt, für Lehrende mit größerer Erfahrung allerdings ,andere' Dispositionen eine wichtigere Rolle für die Unterrichtsgestaltung einnehmen. Für eine genauere Analyse werden allerdings mehr Daten benötigt.

6   Zusammenfassung und Ausblick

In diesem Artikel wurde zunächst begründet, dass schriftliche Tests zur Erfassung professioneller Kompetenz von Lehrkräften bzgl. ihres Zusammenhangs zum Unterrichtshandeln überprüft werden sollten, damit Aussagen zur Wirksamkeit der Lehramtsausbildung fundierter eingeordnet werden können. Am Beispiel eines an der Universität Paderborn entwickelten Tests zur Erfassung der Kompetenz von Physiklehrkräften wurde ein Verfahren vorgestellt, wie eine solche Überprüfung mit Hilfe der Unterrichtsvideografie vorgenommen werden kann. Erste Ergebnisse ließen auch erste Einschätzungen dazu zu, inwiefern das Paderborner Instrument auch tatsächlich Dispositionen erfasst, die relevant für die Unterrichtsgestaltung sind. Nach diesen kann der einfache Schluss, dass eine ,höhere' Wissensausprägung im Sinne der Wirkkette mit ,höherer' Unterrichtsqualität korrespondiert nicht einfach angenommen werden. Für eine differenziertere Analyse sollten allerdings weitere Probanden in die Stichprobe mit einbezogen werden. Die Aussagekraft der Ergebnisse wird darüber hinaus durch die praktisch nicht vollständig umgesetzten

Vergleichbarkeitsbedingungen eingeschränkt. Ebenfalls einschränkend wirkt die Untersuchung von nur zwei Unterrichtsstunden, da davon ausgegangen werden kann, dass zu einer genaueren Qualitätseinschätzung eine längerfristige Analyse des Unterrichts notwendig ist.

Trotz dieser Aussagegrenzen liefert das vorgestellte Projekt einige Erkenntnisse, um den Zusammenhang zwischen Wissen und Performanz aufzuklären. Inwiefern das Wissen von Lehrkräften eine Voraussetzung für qualitativ ‚guten' Unterricht ist, sollte aber im Licht verschiedener Studien betrachtet werden. Bspw. konnte in einer internationalen Vergleichsstudie zum Physikunterricht ein signifikanter, korrelativer Zusammenhang zwischen dem *Pedagogical Content Knowledge* von Lehrkräften und dem Ausmaß *kognitiver Aktivierung* festgestellt werden (Olszewski, 2010, mit anderer Operationalisierung). Auch in dieser Studie dienten Unterrichtsvideos als Datenquelle zur Beurteilung von Unterrichtsqualität. Bezogen auf das *fachliche Wissen* konnte – ähnlich zu den hier vorgestellten Ergebnissen – in einer deutschen Videostudie zum naturwissenschaftlichen Sachunterricht in der Grundschule kein Zusammenhang zur *Strukturierung* des Unterrichts beobachtet werden (Ohle, 2010). Für weitere Schlussfolgerungen zur Handlungsrelevanz professionellen Wissens erfasst in schriftlichen Tests liegen aber insgesamt noch zu wenige Daten vor und es bedarf weiterer Untersuchungen.

Über reine Validitätsanalysen hinaus sind solche Studien auch deshalb bedeutsam, weil den verschiedenen Phasen der Lehrerbildung unterschiedliche Kompetenzschwerpunkte zugeschrieben werden. Dabei wird angenommen, dass schon in der ersten Phase Grundlagen für die unterrichtspraktische Ausbildung in der zweiten Phase erworben werden (KMK, 2008). Die Analyse des Zusammenhangs zwischen universitär erworbenem Wissen und Unterrichtshandeln kann aus dieser Perspektive auch als Evaluation der Ausbildung insgesamt gesehen werden und Reformen der Lehrerbildung empirisch fundieren. Insbesondere die Videografie hat sich hierbei als fruchtbare Methode erwiesen und sollte zunehmend als ein Standardverfahren zur Qualitätsanalyse herangezogen werden.

Literatur

Baer M., Kocher M., Wyss C., Guldimann T., Larcher S. & Dörr G. (2011), Lehrerbildung und Praxiserfahrung im ersten Berufsjahr und ihre Wirkung auf die Unterrichtskompetenzen von Studierenden und jungen Lehrpersonen im Berufseinstieg, in: *Zeitschrift für Erziehungswissenschaft* 14/1, 85-117.

Baumert J. & Kunter M. (2006), Stichwort: Professionelle Kompetenz von Lehrkräften, in: *Zeitschrift für Erziehungswissenschaft* 9/4, 469–520.

Borowski A. & Riese J. (2010), Physikalisch-fachdidaktisches Wissen. Was kommt in der Praxis an?, in: *Praxis der Naturwissenschaften – Physik in der Schule* 59/5, 5–8.

Bromme R. (1992), *Der Lehrer als Experte. Zur Psychologie des professionellen Wissens*, Göttingen: Hans Huber.

Fischer H., Borowski A., Kauertz A. & Neumann K. (2010), Fachdidaktische Unterrichtsforschung. Unterrichtsmodelle und die Analyse von Physikunterricht, in: *Zeitschrift für Didaktik der Naturwissenschaften* 16, 59–75.

Gramzow Y., Riese J. & Reinhold P. (eingereicht), Modellierung fachdidaktischen Wissens angehender Physiklehrkräfte, in: *Zeitschrift für Didaktik der Naturwissenschaften*.

Helmke A. (2009), *Unterrichtsqualität und Lehrerprofessionalität. Diagnose, Evaluation und Verbesserung des Unterrichts*, Seelze: Klett/Kallmeyer.

Klieme E. & Hartig J. (2007), Kompetenzkonzepte in den Sozialwissenschaften und im erziehungswissenschaftlichen Diskurs, in: *Zeitschrift für Erziehungswissenschaft* 10 (Sonderheft 8), 11–29.

KMK (2008), *Ländergemeinsame inhaltliche Anforderungen für die Fachwissenschaften und Fachdidaktiken in der Lehrerbildung. Beschluss der Kultusministerkonferenz vom 16.10.2008.* Verfügbar unter: http://www.kmk.org/fileadmin/veroeffentlichungen_ beschluesse/2008/2008_10_16-Fachprofile-Lehrerbildung.pdf [26.09.2012]

König J. & Seifert A. (2012), *Lehramtsstudierende erwerben pädagogisches Professionswissen. Ergebnisse der Längsschnittstudie LEK zur Wirksamkeit der erziehungswissenschaftlichen Lehrerausbildung*, Münster: Waxmann.

Kunter M., Baumert J., Blum W., Klusmann U., Krauss S. & Neubrand M. (2011), *Professionelle Kompetenz von Lehrkräften. Ergebnisse des Forschungsprogramms COACTIV*, Münster: Waxmann.

Neuweg G.H (2011), Das Wissen der Wissensvermittler. Problemstellungen, Befunde und Perspektiven der Forschung zum Lehrerwissen, in: Terhart E., Bennewitz H. & Rothland M. (Hg.), *Handbuch der Forschung zum Lehrerberuf*, Münster: Waxmann, 451-477.

Ohle A. (2010), *Primary school teachers' content knowledge in physics and its impact on teaching and stundents' achievement*, Berlin: Logos.

Olszewski J. (2010), *The impact of physics teachers' Pedagogical content knowledge on teacher action and student outcomes*, Berlin: Logos.

Rakoczy K., Lipowsky F., Buff A. & Klieme E. (2005), *Dokumentation der Erhebungs- und Auswertungsinstrumente zur schweizerisch-deutschen Videostudie „Unterrichtsqualität, Lernverhalten und mathematisches Verständnis"*, Frankfurt am Main: DIPF.

Riese J. (2009), *Professionelles Wissen und professionelle Handlungskompetenz von (angehenden) Physiklehrkräften*, Berlin: Logos.

Schön D. A. (1984), *The reflective practitioner. How professionals think in action*, New York: Basic Books.

Seidel T., Prenzel M., Duit R. & Lehrke M. (2003) (Hg.): *Technischer Bericht zur Videostudie „Lehr-Lern-Prozesse im Physikunterricht"*, Kiel: IPN.

Shulman L. S. (1986), Those Who Understand: Knowledge Growth in Teaching, in: *Educational Researcher* 15/4, 4-14.

Weinert F.E. (2001) (Hg.), *Leistungsmessung in Schulen*, Weinheim: Beltz.

WAXMANN

Bernd Ralle, Susanne Prediger,
Marcus Hammann,
Martin Rothgangel (Hrsg.)

Lernaufgaben entwickeln, bearbeiten und überprüfen

Ergebnisse und Perspektiven
fachdidaktischer Forschung

Fachdidaktische Forschungen, Band 6,
2014, 264 Seiten, br., 34,90 €,
ISBN 978-3-8309-3070-9
E-Book: 30,99 €, ISBN 978-3-8309-8070-4

Unter dem Titelthema „Lernaufgaben" vereint die Gesellschaft für Fachdidaktik (GFD) ausgewählte Beiträge der Fachtagung aus dem Jahr 2013. Lernaufgaben stellen einen entscheidenden Baustein für die Verwirklichung didaktischer Ziele im Unterricht dar und sind somit konstituierend für das Gelingen kompetenzorientierter Lehre. Dennoch kommt ihrer Erforschung, Bearbeitung und (Weiter-)Entwicklung in vielen Fachdidaktiken bisher vergleichsweise wenig Beachtung zu. Unter den Kernbegriffen „Kontextualität" und „Komplexität" fragen die Beiträge nach dem Stand der fachdidaktischen Auseinandersetzung mit dem Thema, aktuellen Entwicklungen, Perspektiven und Herausforderungen im Bereich der Lernaufgabenentwicklung. Ergänzend werden aktuelle Forschungsprojekte vorgestellt, die empirisch fundierte Erkenntnisse im Bereich der fachdidaktischen Lernaufgabenforschung versprechen.

Der Band vereint Beiträge aus den Fachdidaktiken der Naturwissenschaften, Mathematik, Geisteswissenschaften und Sozialwissenschaften und ergänzt diese um Perspektiven aus der Pädagogischen Psychologie und der Pädagogik.

Ulrich Riegel, Sigrid Schubert,
Gesa Siebert-Ott, Klaas Macha (Hrsg.)

Kompetenzmodellierung und Kompetenzmessung in den Fachdidaktiken

Fachdidaktische Forschungen, Band 7,
2015, 296 Seiten, br., 29,90 €,
ISBN 978-3-8309-3236-9
E-Book: 26,99 €, ISBN 978-3-8309-8236-4

Dieser Band, der auf die Tagung „Kompetenzmodellierung und -messung in den Fachdidaktiken" vom März 2013 an der Universität Siegen zurückgeht, zieht eine Zwischenbilanz zur Kompetenzforschung in den Fachdidaktiken. Dabei wird aufgezeigt, wie Kompetenz in den unterschiedlichen Domänen modelliert wird und mit welchen Mitteln und Ansätzen diese Kompetenzmodelle empirisch erfasst werden. Diese Zwischenbilanz erstreckt sich über die gesamte Breite der Fachdidaktiken. Neben den gut ausgestatteten Didaktiken der Mathematik, der Sprachen und der Naturwissenschaften erhalten auch die Didaktiken der sogenannten kleinen Fächer eine Plattform für ihre einschlägige Forschung, um den interdisziplinären Austausch zu ermöglichen. Zudem bietet der Band Nachwuchsforscherinnen und -forschern ein Forum, ihre Projekte vorzustellen und zu diskutieren.

Diese Publikation stellt damit eine repräsentative Zwischenbilanz zum aktuellen Stand kompetenzorientierter Forschung in den verschiedenen Fachdidaktiken dar.